U0136238

戴文鋒

臺灣史研究名家論集

（初編）

蘭臺出版社

作者簡介（依姓氏筆劃排序）

王志宇　1965 年出生於臺灣彰化縣田中鎮，1988 年移居臺中。現為逢甲大學歷史與文物研究所專任教授，曾任逢甲大學歷史與文物研究所所長、臺灣古文書學會理事長、臺灣口述歷史學會理事等職。專攻臺灣史、臺灣宗教及民俗、方志學，並對近代中國史頗有涉略，著有《臺灣的恩主公信仰》、《苑裡慈和宮志》、《儒家思想的實踐者－廖英鳴先生口述歷史》、《寺廟與村落－臺灣漢人社會的歷史文化觀察》等書，編有《片雲天共遠》、《傳承與創新－逢甲大學近十年的發展，1998-2007》、《閩臺神靈與社會》、《大里市史》等書，並著有相關論文三十餘篇，也參與《集集鎮志》、《竹山鎮志》、《苑裡鎮志》、《外埔鄉志》、《臺中市志》、《南投縣志》、《新修彰化縣志》、《大村鄉志》、《續修南投縣志》等方志的寫作，論述豐碩。

汪毅夫　男，1950 年 3 月生，臺灣省臺南市人。曾任福建社會科學院研究員，現任中華全國臺灣同胞聯誼會會長，福建師範大學社會歷史學院兼職教授、博士生導師，享受國務院特殊津貼專家。撰有學術著作《中國文化與閩臺社會》、《閩臺區域社會研究》、《閩臺緣與閩南風》、《閩臺地方史研究》、《閩臺地方史論稿》、《閩臺婦女史研究》等 15 種，200 餘萬字。曾獲福建省社會科學優秀成果獎 7 項。

卓克華　文化大學史學碩士，廈門大學歷史博士。曾先後兼任過中山、空中、新竹師範、中原、中國醫藥、中國技術、文化等等大學教職，現在佛光大學歷史系所為專職教授。先後擔任過臺灣眾多縣市的古蹟審查委員，現為文化部古蹟勞務主持人之一。早年專攻臺灣經濟史，近二十年轉向古蹟史、宗教史、社會史，撰寫古蹟調查研究報告書超過八十本，已出版學術著作有《清代臺灣行郊研究》、《從寺廟發現歷史》、《寺廟與臺灣開發史》、《古蹟‧歷史‧金門人》、《竹塹媽祖與寺廟》、《民間文書與媽祖廟之研究》、《臺灣古道與交通研究—從古蹟發現歷史卷之二》，著作等身，為臺灣知名學者。

周宗賢　臺灣臺南市人，生於 1943 年。文化大學史學碩士。曾任淡江大學歷史系教授、系主任、主任、所長，內政部暨文建會古蹟評

　　鑑委員。現任淡江大學歷史系榮譽教授，臺北市、新北市文化資產審議委員。學術專長為臺灣史、臺灣民間組織、臺灣文化資產研究、淡水學等，著有《逆子孤軍──鄭成功》、《清代臺灣海防經營的研究》、《黃朝琴傳》、《臺南縣噍吧哖事件的調查研究》、《淡水輝煌的歲月》等。是臺灣知名的臺灣史、臺灣文化資產研究的學者。

林仁川　1941 年 10 月出生於龍岩市。1964 年復旦大學歷史系本科畢業，1967 年研究生畢業。教育部文科百所重點研究基地──廈門大學臺灣研究中心首任主任、教授、博士生導師，享受國務院特殊津貼專家。曾兼任福建省人大常委會常委、廈門市政協副主席。現任兩岸關係和平發展協同創新中心教授，廈門市炎黃文化研究會會長。主要著作有《大陸與臺灣歷史淵源》、《閩台文化交融史》、《臺灣社會經濟史研究》、《明末清初私人海上貿易》、《閩台緣》等多部專著。編寫十三集大型電視專題片《海峽兩岸歷史淵源》劇本和國家級博物館《中國閩台緣博物館》、《客家族譜博物館》展覽文本。在國內外各種刊物上發表學術論文近百篇。多次承擔國家文化出版重點工程、國家哲學社會科學重大項目、教育部文科重點項目，均任課題組長。主持編寫《現代臺灣研究叢書》、《圖文臺灣》、《中國地域文化通覽──臺灣卷》、《臺灣大百科全書──文化分冊》。曾多次榮獲全國及省部級哲學社會科學優秀成果獎。

林國平　歷史學博士，兩岸協創新中心福建師範大學文化研究中心首席專家，福建師範大學社會歷史學院教授、博士生導師，福建省高等院校教學名師，享受國務院特殊津貼的專家。主要從事閩臺民間宗教信仰研究，代表作有《林兆恩與三一教》、《福建民間信仰》、《閩臺民間信仰源流》、《籤占與中國社會文化》等。

韋煙灶　學歷：國立臺灣師範大學文學博士【地理學】（2003）
　　　　現職：國立臺灣師範大學地理學系教授
　　　　學術專長：鄉土地理、水文學（地下水學）、土壤地理學、地理教育
　　　　主要著作（專書）：《鄉土教學與教學資源調查》（2002）、《臺灣全志：卷二土地志（土壤篇）》【與郭鴻裕合著】（2010）、《與海相遇之地：新竹沿海的人地變遷》（2013）
　　　　研究領域：早期的研究偏向於自然地理學，奠定後來地理研究之厚實知能。2004 年以後的研究重心逐漸轉向鄉土地理、歷史

地理（閩客族群關係）與地名學研究，已發表相關學術期刊論文約 40 篇。

徐亞湘　臺北藝術大學戲劇系教授、中國文化大學戲劇系兼任教授、《戲劇學刊》主編、中華戲劇學會理事、華岡藝校董事。學術專長為臺灣戲劇史、中國話劇史、中國戲劇 及劇場史。著有戲劇專書《日治時期中國戲班在臺灣》、《日治時期臺灣戲曲史論──現代化作用下的劇種與劇場》、《Sounds From the Other Side》、《臺灣劇史沉思》等十餘冊。

陳支平　1952 年出生，歷史學博士。現任廈門大學人文與藝術學部主任委員、國學研究院院長，兩岸關係和平發展協同創新中心首席專家，兼任中國西南民族學會會長、中國明史學會常務副會長、中國朱子學會副會長、中國民族學與人類學研究會副會長等學術，職務。主要著作有《清代賦役制度演變新探》、《近 500 年來福建的家族社會與文化》、《明史新編》、《福建族譜》、《客家源流新論》、《民間文書與明清賦役史研究》、《歷史學的困惑》、《透視中國東南》、《民間文書與明清族商研究》、《臺灣文獻與史實鉤沉》、《史學水龍頭集》、《虛室止止集》等，編纂大型叢書《臺灣文獻彙刊》100 冊等。2006 年胡錦濤總書記訪問美國時，曾把《臺灣文獻彙刊》作為禮品之一贈送給耶魯大學。是書 2009 年入選「建國 60 周年教育成就展」。

陳哲三　1943 生，南投縣竹山鎮人，東海大學歷史系歷史研究所畢業，逢甲大學歷史與文物研究所教授，退休。先治中國現代史，著有：《中華民國大學院之研究》（臺北，商務印書館，1976）、《鄒魯研究初集》（臺北，華世出版社，1980）、《中國革命史論及史料》（臺北，商務印書館，1982）、《問學與師友》（臺中，大學圖書供應社，1985）等書。後治臺灣史，著有《竹山鹿谷發達史》（臺中，啟華出版社，1972）、《臺灣史論初集》（臺中，大學圖書供應社，1983）、《古文書與臺灣史研究》（臺北，文史哲出版社，2009）。教學研究之餘，又主修《逢甲大學校史》（未刊稿，1983）、《集集鎮志》（南投，集集鎮公所，1998）、《竹山鎮志》（南投，竹山鎮公所，2001）、《南投縣志》（南投縣政府，2010）、《南投農田水利會志》（南投，南投農田水利會，2008）等書。

陳進傳　1948 年生，台灣宜蘭人。淡江大學歷史系、歐洲研究所畢業，

曾任宜蘭大學副教授、教授，嶺東科技大學教授，現為佛光大學文化資產與創意學系教授。早年先治明史，著有論文多篇，其後研究轉向宜蘭史，並曾擔任宜蘭縣文化、文獻、古蹟、藝術各種委員會委員及宜蘭縣政府顧問，撰述《清代噶瑪蘭古碑之研究》、《宜蘭傳統漢人家族之研究》、《宜蘭擺厘陳家發展史》（合著）、《宜蘭本地歌仔—陳旺欉生命紀實》（合著）、《宜蘭布馬陣—林榮春生命紀實》（合著）、《宜蘭的傳統碗盤》（合著）等及論文約 80 篇。

鄭喜夫　台南市籍澎湖人，民國三十一年生。財校財務科畢業、興大歷史所碩士。高考會審人員考試及格。曾任臺灣省及北、高二市文獻會委員，內政部民政司專門委員。編著有臺灣史管窺初輯、民國連雅堂先生橫年譜、民國邱倉海先生逢甲年譜、清鄭六亭先生兼才年譜、重修臺灣省通志財稅、文職表、武職表、武職表三篇、南投縣志商業篇、臺灣當代人瑞綜錄初稿等書十餘種。

鄧孔昭　1953 年生，福建省三明市人。1978 年廈門大學歷史系畢業。後留系任教。1982 年轉入臺灣研究所。先後任助理研究員、副研究員、研究員、教授。1996 年起，兼任臺灣研究所副所長，2004 年改為副院長。2012 年退休。現為兩岸關係和平發展協調創新中心成員。
已經出版的著作有：《臺灣通史辨誤》、《鄭成功與明鄭在臺灣》等。

戴文鋒　1961 年生，臺南人，國立臺灣大學歷史學學士、國立成功大學歷史語言研究所碩士、國立中正大學歷史研究所博士，日本國立一橋大學言語社會研究科客員研究員，國立臺南大學臺灣文化研究所教授兼所長。學術領域為臺灣史、臺灣民俗、臺灣民間信仰、臺灣文化資產，重要專著有《府城媽祖行腳》、《萬年傳香火、世代沐法華——萬華寺廟》（以上 2002）、《萬華觀光案內》（2004）、《走過·歷史·記憶——鏡頭下的永康》（2008）、《萬年縣治所考辨》（2009）、《東山鄉志》、《在地的瑰寶——永康民俗祭儀與文化資產》、《永康的歷史遺跡與民間信仰文化》（以上 2010）、《九如王爺奶回娘家傳統民俗活動之研究》（2013）、《重修屏東縣志·民間信仰》（2014）、《山谷長歌——噍吧哖事件在地繪影與歷史圖像》（2015）等十餘冊。

目　錄

臺灣史研究名家論集——總序

　　《臺灣史研究名家論集》(初編)即將印行,忝爲這套叢刊的主編,依出書慣例不得不說幾句應景話兒。

　　這十幾年我個人習慣於每學期末,打完成績上網登錄後,抱著輕鬆心情前往探訪學長杜潔祥兄,一則敘敘舊,問問半年近況,二則聊聊兩岸出版情況,三則學界動態及學思心得。聊著聊著,不覺日沉西下,興盡而歸,期待半年後再見。大約三年前的見面閒聊,偶然談出了一個新企劃。潔祥兄自從離開佛光大學教職後,「我從江湖來,重回江湖去」(潔祥自況),創辦花木蘭出版社,專門將臺灣近六十年的博碩論文,有計畫的分類出版,洋洋灑灑已有數十套,近年出書量及速度,幾乎平均一日一本,全年高達三百本以上,煞是驚人。而其選書之嚴謹,校對之仔細,書刊之精美,更是博得學界、業界的稱讚,而海峽對岸也稱許他爲「出版家」,而不是「出版商」。這一大套叢刊中有一套《臺灣歷史文化叢刊》,是我當初建議提出的構想,不料獲得彼首肯,出版以來,反映不惡。但是出書者均是時下的年輕一輩博、碩士生,而他們的老師,老一輩的名師呢?是否也該蒐集整理編輯出版?

　　看似偶然的想法,卻也是必然要去做的一件出版大事。臺灣史研究的發展過程,套句許雪姬教授的名言「由鮮學經顯學到險學」,她擔心的理由有三:一、大陸學界有關臺灣史的任務性研究,都有步步進逼本地臺灣史研究的趨勢,加上廈大培養一大批三年即可拿到博士學位的臺灣學生,人數眾多,會導致臺灣本土訓練的學生找工作更加雪上加霜;二、學門上歷史系有被社會科學、文學瓜分,入侵之虞;三、在研究上被跨界研究擠壓下,史家最重要的技藝——史料的考訂,最後受到影響,變成以理代証,被跨學科的專史研究壓迫的難以喘氣。中研院臺史所林玉茹也有同樣憂慮,提出五大問題:一、是臺灣史研究受到統獨思想的影響;二、學術成熟度仍不夠,一批缺乏專業性的人可以跨行教授臺灣史,或是隨時轉戰研究臺灣史;三、是研究人力不足,尤其地方文史工作者,大多學術訓練不足,基礎條件有限,甚至有偽造史料或創造歷史

的情形,他們研究成果未受到學術檢驗,卻廣爲流通;四、史料收集整理問題,文獻資料躍居成「市場商品」,竟成天價;五、方法問題,研究者對於田野訪查或口述歷史必需心存警覺和批判性。

十數年過去了,這些現象與憂慮仍然存在,臺灣史學界仍然充滿「焦慮與自信」,這些焦慮不是上文引用的表面問題,骨子裡頭真正怕的是生存危機、價值危機、信仰危機,除此外,還有一種「高平庸化」的危機。平心而論,臺灣史的研究,不論就主題、架構、觀點、書寫、理論、方法等等。整體而言,已達國際級高水準,整個研究已是爛熟,不免凝固形成一僵硬範式,很難創新突破而造成「高平庸化」的危機現象。而「高平庸化」的結果又導致格局小,瑣碎化、重複化的現象,君不見近十年博碩士論文題目多半類似,其中固然也有因不同學門有所創見者,也不乏有精闢的論述成果,但遺憾的是多數內容雷同,資料重複,學生作品如此;學者的著述也高明不到哪裡,調研案雖多,題材同,資料同,析論也大同小異。於是乎只有盡量挖掘更多史料,出版更多古文書,作爲研究創新之新材料,不過似新實舊,對臺灣史學研究的深入化反而轉成格局小,理論重複,結論重疊,只是堆砌層累的套語陳腔,好友臺師大潘朝陽教授,曾諷喻地說:「早晚會出現一本研究羅斯福路水溝蓋的博士論文」,誠哉斯言,其言雖苛,卻是一句對這現象極佳註腳。至於受統獨意識形態影響下的著作,更不值得一提。這種種現狀,實在令人沮喪、悲觀,此即焦慮之由來。

職是之故,面對臺灣史這一「高平庸化」的瓶頸,要如何掙脫困境呢?個人的想法有二:一是嚴守學術規範予以審查評價,不必考慮史學之外的政治立場、意識形態、身份認同等,二是返回原點,重尋典範。於是個人動了念頭,很想將老一輩的著作重新整理,出版成套書,此一構想,獲得潔祥兄的支持,兩人初步商談,訂下幾條原則,一、收入此套叢書者以五十歲(含)以上爲主;二、是史家、行家、專家,不必限制爲學者,或在大專院校,研究機構者;三、論文集由個人自選代表作,求舊作不排除新作;四、此套書爲長期計畫,篩選四、五十位名家代表

作，分成數輯分年出版，每輯以二十位爲原則；五、每本書字數以二十萬字爲原則，書刊排列起來，也整齊美觀。商談一有結論，我迅即初步擬定名單，一一聯絡邀稿，卻不料潔祥兄卻因某些原因而放棄出版，變成我極尷尬之局面，已向人約稿了，卻不出版了。之後拿著企劃書向兩家出版社商談，均被婉拒，在已絕望之下，幸得蘭臺出版社盧瑞琴女史遞出橄欖枝，願意出版，才解決困局。但又因財力、人力、市場的考慮，只能每輯以十人爲主，這下又出現新困擾，已約的二十幾位名家如何交待如何篩選？兩人多次商討之下，盧女史不計盈虧，終於同意擴大爲十五位，並不篩選，以來稿先後及編排作業爲原則，後來者編入續輯。

我個人深信史學畢竟是一門成果和經驗累積的學科，只有不斷累積掌握前賢的著作，溫故知新，才可以引發更新的問題意識，拓展更新的方法、理論，才能使歷史有更寬宏更深入的研究。面對已成書的樣稿，我內心實有感發，充滿欣喜、熟悉、親切、遺憾、失落種種複雜感想。本叢刊初編自有遺珠之憾，也並非臺灣史名家只有這十四位，此乃初編，將有續編，我個人只是斗膽出面邀請同道之師長友朋，共襄盛舉，任憑諸位自行選擇其可傳世、可存者，編輯成書，公諸同好。總之，這套叢書是十四位名家半生著述精華所在，精采可期，將是臺灣史研究的一座豐功碑及里程碑，可以藏諸名山，垂範後世，開啓門徑，臺灣史的未來新方向即孕育在這套叢書中。展視書稿，披卷流連，略綴數語以說明叢刊的成書經過，及對臺灣史的一些想法，期待與焦慮。

卓克華

2016.2.22 元宵　於三書樓

臺灣史研究名家論集——推薦序

　　臺灣史研究的興盛，主要是從二十世紀八十年代開始的。臺灣史研究的興起與興盛，一開始便與政治有著密切的聯繫。從大陸方面講，「文化大革命」的結束與「改革開放」政策的實行，使得大陸各界，當然包括政界和學界，把較多的注意力放置在臺灣問題之上。而從臺灣方面講，隨著「本土意識」的增強，以及之後的「臺獨」運動的推進，學界也把較多的精力轉移到對於臺灣歷史文化及其現狀的研究之上。經過二三十年的摸索與磨練，臺灣歷史文化的學術研究，逐漸蔚爲大觀，成果喜人。以大陸的習慣性語言來定位，臺灣史研究，可以稱之爲「臺灣史研究學科」了。

　　由於二十世紀八十年代以來臺灣史研究的興起與興盛，大體上是由此而來，這就造成現今的中國臺灣史研究的隊伍，存在著兩個明顯的特徵。其一，大部分的所謂臺灣史研究學者，特別是大陸的學者，都是「半路出家」，跨行或轉行而來，並沒有受過比較系統而嚴格的臺灣史學科的基礎訓練，各自的學術參差不齊，惡補應景和現買現賣的現象頗爲不少。其二，無論是大陸的學者，還是臺灣的學者，對於臺灣史的研究，似乎都很難擺脫政治性的干擾。儘管眾多的研究者們，依然希望秉承嚴正客觀的歷史學之原則，但是由於各自政治立場的不同，大家對於臺灣歷史文化的關注點和解讀意趣，還是存在著諸多的差異，有些差異甚至是南轅北轍的。

　　儘管如此，從學術發展的立場出發，臺灣史研究的這兩個特徵，也未嘗不是一件好事。不同的政治立場、學術立場；不同的學術行當、學術素養，必然形成多視野、多層次、多思維的學術成果。即使是學術立場、觀點迥異的學術成果，也可以引起人們的不同思考與討論。借用大陸的一句套話，就是「百花齊放」，或者「毒草齊放」了。百花也好，毒草也罷，正是有了這般林林總總的百花和毒草，薈兮蔚兮，百草豐茂，在兩岸學者的共同努力之下，形成了臺灣史研究的熱潮。

　　蘭臺出版社有鑑於此，聯絡大陸和臺灣的數十位臺灣史研究學者，

出版了這套《臺灣史研究名家論集》。在這部洋洋大觀的名家論集中，既有較早拓荒性從事臺灣史研究的鄭喜夫、周宗賢、林仁川等老先生的論著，也有諸如王志宇、戴文鋒等年富力強的中生代的力作。在這眾多的研究者中，各自的政治社會立場姑且不論，僅以學術出生及其素養而言，既有歷史學、語言文學的，也有宗教學、戲劇學、地理學等等。研究者們從各自不同的學術行當和研究意趣出發，專研各自不同的研究專題，多有發見，多有創新。因此可以毫不誇張地說，這套《臺灣史研究名家論集》，在一定程度上體現了當今海峽兩岸臺灣史學術研究的基本現狀與學術水平。這套論集的出版，相信對於推動今後臺灣史研究的進一步開拓與深入，無疑將產生良好積極的作用。

陳支平

2016 年 3 月于廈門大學國學研究院

一滴微不足道的小水滴——自序

接到卓教授克華兄的電話，說要出版一套《臺灣史研究名家論集》，希望我能將近二十多年來所研究發表過的論文整理集結成冊，方便後人閱讀。一聽到《臺灣史研究「名家」論集》，我直覺先是抗拒，因爲面對浩瀚無涯的歷史大海，無論如何皓首窮經，我微不足道的研究不過是一滴小水滴。

抗拒歸抗拒，最終我之所以接受集結出版的原因，主要是考慮到時代的差異。二、三十年前出版事業並不如現在發達，網際網路也尚未普及。現在的學子應該很難想像，早年刊物要跑打字行打字、校對，排版以幾乎都是直排，橫排的方式剛剛開始，個人電腦跑的是倚天中文和慧星一號，直到 1995 年全球第一個華文搜尋引擎「蕃薯藤」才在臺灣成立。在我就讀研究所時期，許多資訊、論文只能泡在圖書館內逐一檢索、查閱、影印，學術研究基本上處於「純手工業」的時代。1998 年 Google 誕生之後，強大的搜尋功能，讓可以搜尋到的網頁變得愈來愈多，資訊時代宣告來臨，但也出現副作用。網上的網頁資訊良莠不齊，東拼西湊，大多數不會說明資料來源與出處，偏偏歷史研究講究的就是史料出處與考證功夫。筆者就發現有些媽祖廟的網頁，直接大剌剌就從我辛苦寫過的論文整章整節截取抄錄，據爲己有，更有與其他資料拼貼組合，張冠李戴的情形。這些亂象導致研究者搜尋相關網頁資訊時，無從判斷哪些資訊正確有據、哪些以訛傳訛，更完全不知道這些網路資訊的原始出處。換言之，研究生對原始史料的敏感度與掌握能力逐年降低，因爲他們大多數是 e 世代，習慣透過網路搜尋找資料，早期的刊物、論文若沒被搜羅建置，就如同人間蒸發。因爲走過這樣的歷程，理解世代間的差異，我最後同意整理論文集出版，如此一來，網路資料哪些事涉抄襲、抄自何處，就可一目瞭然。

抱持這樣的想法，交出首批文稿，出版社告知個人頁數已超過五百頁，總字數三十二萬餘字，而卓總編輯爲了叢書的整齊美觀與規格的一致性，限定每一位作者以二十萬字爲原則。基於前述的出版理由，我在

取捨之時僅有一個單純的想法，不是以論文代表性，而是以論文出版年代爲篩選標準，愈是年輕時期的論文愈要收錄，因此本書所收論文從個人二十幾歲到四十幾歲等階段都有，五十歲以後的論文如〈臺南地區民間無祀孤魂轉化爲神明的考察〉（《臺灣史研究》18 卷 3 期，2011）、〈一個天主教村落的形成──萬金與聖母聖殿的天主教文化〉（《屏東文獻》第 17 期，2013）、〈史實是站在史料基礎上不斷求真的辯證歷程──全臺第一所幼稚園考證與立碑經緯〉（《臺南文獻》第 6 輯，2014）、〈權力遊戲──一個「大明慈悲國」多把帝王寶座之謎〉（《臺南文獻》第 8 輯，2015）等，因爲容易查詢，反倒暫時擱置。我的考慮是這樣的，一則因爲早期的論文較不容易被網路搜尋得到，二則也希望藉此誠實展現一個研究者的研究軌跡與心路歷程，與我的學生分享共勉。

　　除了一些天生早慧者之外，學術論文不可能一開始就很成熟，許多論點不一定是讀出來、想出來，也有聊出來、辯出來的。大學與研究所階段我有幸受到良師啓發，更有許多益友相互切磋，白天在課堂上開始的討論往往延伸到夜晚的研究室，不同領域的前後屆同學相聚，佐茶佐酒，各逞機鋒，激烈論辯，夜深始散。當時我和同學都是全職學生，除了上課，不是泡在圖書館找資料，就是窩在研究室讀書寫報告，白天黑夜幾乎沒有差別。研究室還有兩張中古榻榻米靠在牆邊備用，誰讀書讀累了就躺下小憩，醒來繼續奮戰。我們研究室就像 7─11 一樣，總是燈火通明。於今回想，青春歲月可以這樣無憂無慮把時間心力投擲於自己喜愛的臺灣史閱讀、書寫，又時有良朋論辯之樂，實在是一種無上幸福。

　　〈育嬰堂與清代臺灣的兒童救濟事業〉是研究生時代參加臺灣史蹟源流會研究班的作品，非常感謝當時中央研究院人文社會科學研究中心湯熙勇、梁其姿老師的鼓勵支持。〈琉球兩屬問題研究〉一文是在成大修習梁華璜老師「中日關係史」所撰寫的期末報告，後來發表於《東方工商學報》。梁華璜老師時任所長，他是謙和儒雅的日本紳士，不論四季，一身襯衫西褲皮鞋，永遠筆挺整潔。有次在文學院走廊上遇見梁老師，他露出他那特有的含蓄微笑說：「下次不要把浴室的拖鞋穿到學校

來」，我低頭一望，頓悟我的夾腳拖（為了長期抗戰，我在研究室習慣會換上夾腳拖）在老師心目中不但是拖鞋，而且還只能在浴室穿，想必老師已經忍耐了很久。同樣也以研究室為家的林瑞明老師，在他一天的研究工作結束，打道回府前，總是騎著那輛破舊腳踏車順道繞過來「巡視」我們，或者一起宵夜，這時候通常已過深夜一、兩點了。林老師的名言是：「學問是『坐』出來的」，歷史研究者必須耐得住久坐。可想而知，在他發表賴和研究、奠定臺灣文學研究大師的基礎之前，不知他已經靜默地「坐/做」了多少寒暑。就讀中正史研所博士班期間，由於林滿紅教授的關懷敦促，才完成了〈《海關醫報》與清末臺灣開港地區的疾病〉，發表於《思與言》。〈臺灣鄉土地名之今昔與問題〉以降的論文，就都是進入臺南大學臺灣文化研究所任教以後的作品。以下簡要羅列各篇出處：

一、〈育嬰堂與清代臺灣的兒童救濟事業〉

《臺灣史蹟源流研習會研究班論文集》，頁117～196，1990年9月。

二、〈琉球兩屬問題研究〉

《東方工商學報》第16期，頁6～30，1993年3月。

三、〈《海關醫報》與清末臺灣開港地區的疾病〉

《思與言》33卷2期，頁157～214，1995年6月。

四、〈臺灣民間有應公信仰考實〉

《臺灣風物》46卷4期，頁53～110，1996年12月。

五、〈臺灣鄉土地名之今昔與問題〉

《臺灣文化研究所學報》第2期，頁21～45，2005年1月。

六、〈臺南三山國王廟創建年代考論〉

《思與言》43卷2期，頁179～224，2005年6月。

七、〈臺灣媽祖「抱接砲彈」神蹟傳說試探〉

《南大學報》39卷2期，頁41～66，2005年10月。

八、〈安平海頭社魏大猷史事試探〉

《臺灣文獻》61卷4期，頁197～236，2010年12月。

九、〈「媽祖」名稱由來試析〉

《庶民文化研究》第 3 期，頁 40～91，2011 年 3 月。

這些不同階段的論文，回顧起來，的確有些令人赧顏，但這些青澀不成熟的吉光片羽，正是學術生涯最真實的歷程，也是我最想要與我學生分享的部分。大膽問出只有你才會問的問題，上天下地找尋能滿足自己的答案，你的方向就會逐漸豁然開朗。有次上課時研究生問起要如何做學術研究？我不假思索地回答說：「任何學術研究，不外就是一種修行。」因為始終我相信，只要心裡耐得住寂寞，只要行動能持之以恆，所有的青澀終會邁向進步成熟，未來終究會走出屬於自己的桃源蹊徑。

2016 年 4 月于臺南大學臺灣文化研究所

育嬰堂與清代臺灣的兒童救濟事業

一、前言

兒童救濟（或謂兒童福利）[1]為現代國家社會救濟（social relief）或社會福利（social welfare）行政之一項重要措舉。就兒童福祉發展史而言，20 世紀堪稱兒童福利發展的極至。源自瑞典人 Fllen Key（1849～1929）《兒童的世紀》（*The Century of Child*）一書出版後，其所強調兒童除了應持有被愛、被理解、被教育的三項目權利外，尚有選擇父母及親人的權利，此觀念在世界各國盛行的結果，在美國形成了所謂的兒童中心主義（Child Centered）運動，特別是社會事業界，更將此一運動直稱為兒童福祉運動（Child Welfare Movement）[2]。此外，20 世紀以來世界許多專家學者與從政官員，均認為兒童保教工作不僅是家庭的責任，也是國家責無旁貸的義務；政府機關對不幸兒童要加以救濟，也要協助一般兒童健全發展[3]。因之，今日各國政府對兒童福利行政益趨重視，並通過各種有關兒童福利的法案，以使兒童福利行政體制完整，兒童福利行政工作更落實。

我國憲法第一五六條明文：「國家為奠定民族發展之基礎，應保護母性，並實施婦女兒童福利政策。」民國 35 年，全國兒童福利計畫會議於上海開會，研討戰後復員兒童福利工作之策劃與推行，並確定兒童福利行政工作應從社會、教育、衛生、心理等各方面密切配合，同時推

---

[1] 民國以前，有關歷代的慈幼之政或兒童救濟措施，一般研究社會福利之學者都將之視為兒童福利。以廣義論之，或並無不可，但「社會福利」一詞乃近代社會之產物，與傳統的「社會救濟」不同。所以兒童救濟與兒童福利仍有區別的必要，就意識型態而言，前者為政府「卹政」之一部分，是為政者廣皇仁、普利濟、愛育黎元之「仁政」表現，即政府或民間善士單向施與；後者則為人民已認定此為政府之義務與本身之權利。就措施內容及性質而言，前者屬消極性的社會事業，即著重與幼兒之善生、善養、善保等工作；而後者則為積極性的社會事業，其除注意幼童之生、養、保外，尤重視善教的問題。因之，兒童救濟可視為兒童福利的基礎事業。

[2] 德永寅雄〈兒童福祉的歷史發展〉（《社會發展季刊》第 8 號，1979），頁 131。

[3] 林勝義《兒童福利行政》（臺北市：五南，1986），頁 22。

進。會後成立了「兒童福利研究社」，經常舉辦全國性兒童福利的調查、諮詢、設計、實驗等工作[4]。至民國 62 年，兒童福利法完成立法程序，使得現代化的兒童福利行政有了明確可據的標準。

其實，中國的兒童救濟思想及其事業發軔甚早，此即歷代所謂的「慈幼」之政。本文以清代臺灣的育嬰堂為主要探究課題，首先溯及歷代慈幼事業，以便了解中國過去兒童救濟事業的發展情形，其次論述各地溺嬰或棄嬰之風及其形成的主要原因，與歷代政府對民間溺殺幼嬰的態度、民間勸戒溺嬰的情形。繼而述及收容養育棄嬰的中心機構──育嬰堂之沿革與在臺灣建置經過。另外，育嬰堂自身資產經費之來源，與內部行政組織之結構、運作方式、堂務規章等，皆屬本文討論範圍。最後，試釋清代臺灣育嬰堂置設之意義，並進一步解析其與國家及地方社會之關係，期能廓清清代臺灣兒童救濟事業之面貌。就社會事業史而言，拙文或可作為清代時期臺灣社會救濟事業的一個初步了解。

二、歷代慈幼之政

中國對兒童救濟夙極重視，禮運大同篇即嘗標舉「幼有所長，矜寡孤獨廢疾者，皆有所養」之理想，孟子亦闡發「幼吾幼以及人之幼」精神，並認為天下有四種人，政府首須給予安置，即「老而無妻曰鰥，老而無夫曰寡，老而子無曰獨，幼而無父曰孤。此四者，天下窮民而無告者，文王發政施仁，必先斯四者。（見梁惠王篇明堂章）」《周禮》卷十〈大司徒〉更載有保息之政六：一曰慈幼，二曰養老，三曰振窮，四曰恤貧，五曰寬疾，六曰安富。首列「慈幼」之政，以養萬民。管子入國篇亦倡君主臨民，應發政施仁，行九惠之教，一曰老老，二曰慈幼，三曰恤孤，四曰養疾，五曰合獨，六曰問疾，七曰通窮，八曰振困，九曰接絕。其中之「慈幼」與「恤孤」，即屬兒童救濟之政。然則何謂慈幼？即「凡國皆有掌幼。士民有子，子有幼弱不勝養為累者，有三幼者無婦

---

[4]　周建卿〈我國兒童福利政策及立法的演進和展望〉（《社區發展季刊》第 33 號，1986），頁 27。

徵，四幼者盡家無徵，五幼又予之葆。受二人之食，能事而後止，此之
謂慈幼。」何謂恤孤？即「凡國皆有掌孤，士人死，子孤幼，無父母所
養，不能自生者，屬之其鄉黨、知識、故人，養一孤者，一子無徵，養
二孤者，二子無徵，養三孤者，盡家無徵。掌孤數行問之，必知其食飲
饑寒身之臑胜而哀憐之，此之謂恤孤。[5]」此外，《管子》五輔篇亦載：
「德有六興，……養長老，慈孤幼，恤鰥寡，問疾病，弔禍喪，此謂匡
其急。衣凍寒，食飢渴，匡貧窶，振罷露，資乏絕，此謂振其窮。凡此
六者，德之興也。」

　　從以上這些記載看來，中國的慈幼思想萌芽甚早。雖然，《周禮》
一書的作者及其成書年代，後人頗多懷疑，有人認為該書乃戰國末年之
作品，亦有學者認為周官（即周禮）是王莽、劉歆等人，以官制來表達
他們政治思想的書，其內容係綜合先秦諸子思想，外加穿鑿附會而成
[6]。然不論其真象為何，《禮記》、《周禮》、《管子》等書，無疑是究研中
國古代社會福利思想或社會救濟思想之重要典籍。尤其是管子一書，其
社會救濟思想更是周密完備。這類思想即是中國歷代政府實施社會救濟
行政工作之思想基礎[7]。

　　嗣後，歷代政府慈幼之政，史不絕書。概括言之，約可分成三類：
即獎勵善生、注重善養與實施善保。在獎勵善生、著重善養方面，如越
王勾踐就施行「將免者（免者分娩也）以告，公令醫守之。生丈夫（男
嬰），二壺酒、一犬；生女子，二壺酒、一豚（犬為陽畜，豚為陰畜也）；
生三人，公與之母（保母、乳母也）；生二人，公與之餼。[8]」在漢代，

---

[5] 見《管子》卷十八「入國篇」第五十四。另上述九惠之教中。以合獨及接絕二者較不易由字
　　面了解其意，茲再依入國篇說明於後：「所謂合獨者，凡國皆有掌媒，大夫無妻曰鰥，婦
　　女無夫曰寡，取鰥寡而合和之，予田宅而家室之，三年然後事之，此之謂合獨。」又「所
　　說接絕者，士民死上事、死戰事，使其知識、故人，受資於上而嗣之，此之謂接絕也。」

[6] 分別參見黃沛榮〈論周禮職方氏之著成年代〉，收錄於《三禮研究論集》（臺北市：黎明，
　　1981）；以及徐復觀《周禮成文之時代及其思想性格》（臺北市：學生，1980）。

[7] 黃進豐〈先秦社會福利思想的起源與發展〉，《社會學與社會工作》第6期，中興大學社會
　　學系編印，1984。

[8] 見《國語》卷二十「越語」上。另漢·趙曄《吳越春秋》，「勾踐伐吳外傳」第十，亦有類
　　似記載：「將免者（免者免身脫也，謂生子），以告於孤，令醫守之。生男，二賦之以壺
　　酒、一犬；生女，二賜以壺酒、一豚；生子三人，孤以乳母。」

高祖曾規定：「民產子，復勿事二歲[9]。」章帝時詔曰：「令云：『人有產子者，復勿算三歲。』今諸懷妊者，賜胎養穀，人三斛，復其夫，勿算一歲，著以爲令。[10]」此外，章帝又有廩給之令：「蓋君人者，視民如父母，有愍怛之憂，有忠和之教，匍匐之救，其嬰兒無父母親屬，及有子不能養食者，廩給如律。[11]」這些政令措施，頗似於現代國家給予生育家庭生育津貼或恤金等補助之福利措施。

　　就善保之政而言，其例甚多，尤其是災燹旱潦之際，政府每下令地官對不能自存者加以救濟，或施粥活民，或賑予口糧。如東漢時光武帝詔曰：「往歲水旱蝗蟲爲災，穀價騰躍，人用困乏。朕惟百姓無以自贍，惻然愍之。其命郡國有穀者，給廩高年、鰥、寡、孤、獨及篤癃，無家屬貧不能自存者，如律。二千石勉加循撫，無令失職。[12]」南北朝時梁武帝亦下詔曰：「凡民有單、老、孤、稚、不能自存者，郡縣咸加收養，贍給衣食，每令周足，以終其身。又於京師置孤獨園，孤幼有歸，華髮不匱。若終年命，厚加料理。[13]」在唐代，文宗嘗詔：「天下有家中長大者皆死，所餘孩稚十二歲至襁褓者，不能自活，必至夭傷，長吏勒其近親收養，仍官中給兩月糧。[14]」

　　及至宋代，政府對慈幼之政的講求更爲重視，如修胎養之令，凡下戶有懷妊不能自存者，頒賜之以粟。並以戶絕之戶的財產沒官充其費，如宋史食貨志載：「凡鰥、寡、孤、獨、癃、老、疾、廢，及貧乏不能自存應居養者，以戶絕屋居之，無則居以官屋，以戶絕財產充其費。[15]」宋徽宗時，也在京師置居養院，以處鰥、寡、孤、獨，仍似戶絕財產給

---

[9]　漢・班固《漢書》，卷一下，高帝紀第一下（臺北市：鼎文，1975），頁 63。

[10]　宋・范曄《後漢書》，卷三，肅宗孝章帝紀第三（臺北市：鼎文，1979），頁 148。

[11]　宋・范曄《後漢書》，卷三，肅宗孝章帝紀第三（臺北市：鼎文，1979），頁 154

[12]　宋・范曄《後漢書》，卷一下光武帝紀第一下（臺北市：鼎文，1979），頁 47。又此類之令甚多，如光武帝建武 6 年、29 年、30 年、31 年等均有類似之令。

[13]　唐・姚思廉等《梁書》，卷三，本紀第三，武帝下（臺北市：鼎文，1986），頁 64。

[14]　唐文宗太和 6 年之詔，見楊景仁壽濟篇卷三。轉引自柯象峰《社會救濟》（上海：正中書局，1947），頁 145。

[15]　元・脫脫《宋史》，卷一七八，志第二百三十一，食貨上，六「振恤」（臺北市：鼎文，1978），頁 4239。

養[16]。而宋理宗時，更令「天下諸州置慈幼局。……必使道路無啼饑之童。[17]」另地方官對兒童救濟事業之倡辦，成效亦彰，如李宥知蘄州時，「歲凶人散，委嬰孩而去者相屬於道，宥令吏收取，計口給穀，俾營婦均養之。每旬閱視，所活甚眾。[18]」又劉彝知處州時，「會江西飢歉，民多棄子於道上，彝揭榜通衢，召人收養，日給廣惠倉米二升，每月一次，抱至官中看視。又推行於縣鎮。細民利二升之給，皆為之養，故一境生子無夭閼者。[19]」真德秀因謀推廣朝廷德政，遂措置諸州縣沒官田產，立為一莊，召人租佃，量其所入，計其所出，倡辦慈幼莊。其法為：「凡有遺棄小兒，即時責鄰保勘會，見得遺棄分明，再行委官審實，附籍給曆頭與收養之家，每月支錢一貫文，米六斗，至五歲止；其無人收養者，所屬官司召募有乳婦人寄養，月給一同，至七歲止。其欲以為己子者，……抱養之初，襁褓未備，則以錢兩貫文給之，其病患者，聽自陳給與藥費，死亡者支錢一貫文，即時除籍。[20]」

以上所言「勒其近親收養」、「召人收養」、「召募有乳婦人寄養」等方法，實亦與近代「寄養家庭」（foster home）制度相仿，所差者惟科學方法耳。餘如嬰兒局、慈幼局、舉子倉、舉子田、舉子錢庫等兒童救濟機構，置設頗多[21]，足見宋代慈幼事業之發達矣！

---

[16] 元‧脫脫《宋史》，卷十九，徽宗本紀第十九（臺北市：鼎文，1978），頁 365。又見《中國歷代食貨典》，卷七十六（臺北市：臺灣中華書局，1970），頁 382。此種以戶絕財產作為救濟經費的措施，在宋代慈幼政策中亦常見，如學子田多以戶絕田或冒占田撥充。

[17] 清‧嵇璜《續文獻通考》，卷三十二，國用考三「振恤」，考二一〇六（臺北市：臺灣商務印書館，1987）。理宗詔創慈幼局，以收養道路遺棄初生嬰兒之事，又見《宋史》，卷四十三，理宗本紀第四十三（臺北市：鼎文，1978），頁 840。

[18] 元‧脫脫《宋史》，卷三百一，列傳第六十〈李宥傳〉（臺北市：鼎文，1978），頁 9995。

[19] 宋‧董煟《救荒活民書》，卷三，葉九「劉彝給米收棄子」項（收錄於清‧張海鵬輯《墨海金壺‧史部》，臺北市：藝文印書館，1968），總頁 12305。又見宋‧李元綱《厚德錄》，卷一，葉一二（《百川學海》乙集，臺北市：新興書局，1969），總頁 425。

[20] 宋‧周應合《景定建康志》，卷二十三，城闕志四「廬院」，葉三十八下，三十九上（清嘉慶 7 年重刊本《宋元地方志叢書》第二冊，大化書局影印，1980），總頁 1063～1064。

[21] 有關宋代嬰兒局等育嬰機構之救濟事業，可參閱下列諸書及論文：
王德毅《宋代災荒的救濟政策》，中國學術著作獎助委員會，1970。
王德毅《宋代之養老與慈幼》，宋史研究第六輯，中華叢書，1971。
徐益棠〈宋代平時的社會救濟行政〉，《中國文化研究彙刊》第 5 卷，1950。
鄭壽彭〈宋代開封府之社會救濟〉，《法律評論》44 卷 4 期，1978。

　　在歷代慈幼事業中，較爲常見者爲孤貧救恤，災荒旱潦時頒賜口糧，或收養棄兒等救濟措施。更重要的是，政府對兒童的保護方面，在消極作法上，如漢時賈彪爲新息長，小民貧困多不養子[22]，彪科條寬其繇役，所活數千人。又如虞永文以荻場之利代民輸身丁錢，俾民不棄子、殺子。在積極的作法上，則是通過法令禁止幼童販賣之風。如南北期時，北魏文帝嘗詔曰：「前以民遭飢寒，不自存濟，有賣鬻男女者，盡仰還其家；或因緣勢力，或私行請託，共相通容，不時檢校，令良家子息仍爲奴婢，令仰精究，不聽取贖，有犯加罪，若仍不檢還，聽其父兄上訴，以掠人論。[23]」唐太宗貞觀二年，遣使巡關內諸州，恤飢民，鬻子者，出金寶贖還之[24]。而明代政府於慈幼之政，行之最有實效，莫過於協助百姓贖回所鬻子女。《明史·食貨志》載：「鬻子女者，官爲收贖……給糧以收棄嬰。[25]」另外，對軍民人等有能收養小兒者，每名日給一升外，更令動支官銀收買遺棄子女，州縣官設法收養，若民家有能收養至二十口以上者，給與冠帶[26]。此即政府立法嚴禁兒童販賣，出金爲民贖回鬻子，使幼兒能返其父母身邊，以受保育而全骨肉也。

　　由前所述，得知慈幼之政，歷代相繼不絕。而「恤孤養疾，本屬古制」[27]，朝廷動用公帑，收育遺幼，協助飢貧不能自存之民贖回子女，誠可謂保赤之善政，慈幼之曠典也。

　　高　邁〈宋代的救濟事業〉，《文化建設月刊》2卷12期，1947。
　　今堀誠二〈宋代における嬰兒保證事業について〉，《廣島大學文學部紀要》8號，1955。
[22] 柯象峰《社會救濟》（上海：正中書局，1947），頁145～146。
[23] 北齊·魏收《魏書》，卷五，高宗文成帝紀第五（臺北市：鼎文，1975），頁121。
[24] 後晉·劉昫《舊唐書》，卷二，太宗本紀第二（臺北市：鼎文，1976），頁33～34。又清·汪鍾霖《九通分類總纂》，卷三十三國用類（鼎文新校本，1975），頁191載：「唐太宗貞觀二年，山東旱，遣使振恤飢民，鬻子者，出金寶贖還之。」
[25] 清·張廷玉等《明史》，卷七十八，志第五十四，食貨二「賦役」（臺北市：鼎文，1982），頁1908。清·陸曾禹《康濟錄》（臺北市：臺灣商務印書館，1983），卷四上，事後之政，一·贖難賣以全骨肉，即詳歷代官贖鬻子之政。又關於明代慈幼之政可另參蔣武雄〈明代災荒與救濟政策之研究〉（文化史學研究所博士論文，1986），頁273～277。
[26] 明·申時行《大明會典》，卷十七，災傷（臺北市：臺灣商務印書館，1968），頁471。
[27] 清·趙翼《陔餘叢考》，卷二七，養濟院育嬰堂義塚地，葉三十下，臺北市：世界，1970。

三、育嬰堂成立的背景

（一）溺嬰棄嬰的問題

　　人類棄殺幼兒的行為，無論在東方或西方的社會裡，均有一段長遠的歷史。在希臘社會中，幼嬰常遭到委棄於野的命運。斯巴達即嘗採行一種嚴格殘酷的教育法，上層階級在新生幼童當中，將身體虛弱或畸型之嬰兒遺棄於泰格塔斯山（Mount taygotus）。因斯巴達人深信，唯有健康、有生命力的幼兒，才能造成整個城邦的興盛強大[28]。而中國自古以來，就實行一種異於「墮胎」的節育方法；即把初生幼兒活活溺斃，其中溺斃的多半屬於女嬰，形成溺女之風。諺云：「牛雖蠢而猶知舐犢，虎雖猛而未嘗食子。」又云：「人非草木，孰能無情。」所以非到萬不得已之境，誰忍心將親生骨肉，委於草野而不顧，甚或無端溺斃。

　　然究竟是何種因素促使這些父母萌殺溺之心呢？據日本西山榮久氏的考察，原因共有下列十三項：一是由於迷信，二是因奇蹟的懷孕，三是中國孝道的觀念[29]，四是為了自己的利益而討好他人，五乃因一時之衝動，六是由於家庭不和，七是因妻妾間的嫉妒，八是遇到緊急或危險的情況，九是因為男女之亂倫，十則為兒女過多，十一乃是生出畸型殘廢幼兒，十二是由於饑餓，十三為顧慮將來的負擔[30]。在這些原因之中。最主要的恐怕還是由於經濟問題與中國固有的家庭制度所引起。茲將這些因素，歸納為個人與社會者二端。以個人因素言之，主要係因貧困無以為生，或男女私通所產之非婚子（即私生子）等造成。《洪江育嬰小識》即指出：「貧民自給艱鉅，食指日繁，溺女棄孩，在所不免，實因貧為之，非必忠心而出此。」「大凡溺女之風，或因家貧無養，憤迫棄溺者有之；或因生養過多，氣憤故溺者有之；甚至曖昧難明，不得

---

[28] 王正華譯述〈希臘世界的母與子〉（《歷史月刊》第 16 期，1989），頁 77～78。

[29] 諺謂：「不孝有三，無後為大。」中國自古即認為沒有後代來祭祀祖先，便是對祖先最大的不孝，而且中國之家庭制度，只男子能繼承家系，在此種孝道觀念之影響下，男子懼畏「絕嗣」，於是多娶妻妾之家庭制度傳統儼成社會常規。

[30] 參西山榮久〈支那民間の infanticide について〉，《東亞經濟研究》第 13 卷 1 號，1929。

不溺者有之。[31]」貧困之民典妻鬻子之事，屢載史冊，已不足爲奇；甚或有出溺殺遺棄之下策者，亦不乏其例。而非婚子非惟難容於社會道德，亦且毫無法律地位之合法性保障，是以多被棄於山林，棄之田野，甚或溺於糞坑，以求滅跡。

就社會因素而言，則包括男尊女卑[32]價值觀影響，嚴別璋瓦，遂使女嬰之生、養、保、教之育遭到蔑視。或因民風迷信觀念所致，如在服忌中生兒育女常被視爲不祥之事，所生幼嬰往往遭暗中活埋；或產廢病幼兒，亦會被認爲不祥之化身，而遭殺害或遺棄[33]。有些地方習俗厚於婚葬，慮生女將來無法負擔鉅大嫁奩而溺之；更有一種弊習，即在遺產分割完畢後，始降生之嬰孩，未及襁褓，便予殺害[34]。另外，災荒兵燹波及層面亦廣，尤對原無立錐之地的窮民而言，益是饔餐不繼，難以存活。在兵荒馬亂之際，爲求逃亡之便，女嬰首當其衝，有時男嬰亦難倖免，是以無辜幼子，捐於道旁，誠非罕事。嚴重之時，且可釀成「野有餓殍，轉塡溝壑」，「易子而食，析骸以爨」之慘劇[35]。此實爲歷代社會民生受到災荒兵燹波及時的殘酷寫照。

中國溺棄幼嬰之俗，究昉自何時，今已難考知。惟據既有文獻推測，至遲應不晚於春秋戰國之時。《左傳》即有「宋芮司徒生女子，赤而毛，

---

[31] 《洪江育嬰小識》，識緣起，光緒六年五月十六日條。又此資料係中央研究院梁其姿老師所提供，謹此誌謝。

[32] 《詩經‧小雅‧斯干》將璋、瓦之別說得很具體：「乃生男子，載寢之床，載衣之裳，載弄之璋。其泣喤喤，朱芾斯皇，室家君王。乃生女子，載寢之地，載衣之裼，載弄之瓦。無非無儀，唯酒食是議，無父母詒罹」。另參：1.鮑家麟〈陽尊陰卑、乾坤定位──陰陽學說與婦女地位〉，《歷史月刊》第 2 期，1988。2.余秉愉〈正位於內──傳統社會的婦女〉，《中國文化新論（社會編：吾土與吾民）》，臺北市：聯經，1987。3.劉維開〈傳統社會下我國婦女的地位〉，《社會建設季刊》第 36 號、37 號，1979。4.范清宏〈中國古代女權的探討〉，《社區發展季刊》第 37 期，1987。

[33] 曾我部靜雄撰、鄭清茂譯〈溺女考〉，《文星》10 卷 1 期，1962，頁 52。

[34] 見清‧徐松《宋會要輯稿》（臺北市：世界書局，1976），第 165 冊，卷二萬一千七百七十七，刑法二之四九，（徽宗大觀三年）五月十九日條。其云：「福建路風俗，……父母生存，男女共議，私相分割為主，與父母均之，既分割之後，繼生嗣續，不及襁褓，一切殺溺，俚語之蓐子。慮有更分家產，建州尤甚，曾未禁止。」按蓐之意為拔去田中草之謂，即宋代福建地方把分割家產之後的產兒溺斃，猶去田中之草。

[35] 《左傳》宣公十五年載：「使華元夜入楚師，登子反之床，起之曰：『寡君使元以病告曰：敝邑易子而食，析骸以爨。雖然，城下之盟，有以國斃，不能從也。』」

棄之堤下」之記載[36]。《韓非子‧六反篇》亦嘗云：「且父母之於子也，產男則相賀，產女則殺之。此俱出父母之懷妊，然男子受賀、女子殺之者，慮其後便，計其長利也。故父母之於子女，猶用計算之心以相待也。[37]」漢代之時，此風仍盛。《漢書》記載其情形曰：「聘妻送女無節，則貧不及，多不舉子。[38]」魏晉南北朝時，女嬰殺溺之風亦未稍歇。《顏氏家訓》提及：「太公曰：養女太多，一費也。陳蕃云：盜不過五女之門。女之爲累，亦已深矣！然天生蒸民，先人傳體，其如之何？世人多不舉女，賊行骨肉，豈當如此而望福於天乎？[39]」可見昔有「盜不過五女之門」之諺，乃因「女貧家也」之故。是以防患於未然，多女之家，女嬰多遭溺殺。

　　及至宋代，婦女地位益形低落，殺女之風尤熾。自此以後，溺女之詳細事例，開始大量出現於文獻。在當時之官書、私人筆記、文集、諸臣奏議等，都可找到溺嬰之記載。如《蘇東坡文集》「與知鄂州（鄂州知事朱壽昌）書」便談到：「岳鄂間田里小人，例只養二男一女，過此輒殺之。尤諱養女，以故民間少女多鰥夫。初生，輒以冷水浸殺，其父母亦不忍，率常閉目背面，以手按之水盆中，咿嚶良久乃死。[40]」此種將幼嬰置於水盆浸殺的情形，在朱松《韋齋集》裏亦可找到事例：「吾鄉之人多止育兩子，過是，不問男女，生輒投水盆中殺之。父母容有不忍者，兄弟懼其分己貲，輒亦從旁取殺之。[41]」尤其在福建地方，時當地人謂溺嬰爲「洗兒」。李元綱《厚德錄》便描述福建的洗兒之風云：「閩人生子，多者至第四子，則率皆不舉，爲其貲產不足贍也。若女則不待

---

[36] 見《左傳》襄公二十六年（《春秋左傳會注》，高雄市：復文，1986），頁1117。

[37] 《韓非子》，卷之十八〈六反篇〉（《中國子學名著集成》第七十本，臺北市：中國子學名著集成編印基金會，1978），頁575～576。

[38] 漢‧班固《漢書》，卷七十二〈王吉傳〉（臺北市：鼎文，1975），頁3064。

[39] 北齊‧顏之推《顏氏家訓》，第一卷〈治家篇〉第五（臺北市：臺灣中華，1979），頁14。

[40] 《東坡集》，第三十卷〈與朱鄂州書〉，葉六下（《四部叢刊集部》，臺北市：新興，1959），頁193。此條又爲明‧朱維吉《救荒活民補遺書》所引。

[41] 宋‧朱松《韋齋集》，卷十〈戒殺子文〉條，葉十一下～十三《四庫全書別集類，集部七三，第1133冊》（臺北市：臺灣商務印書館，1965），總頁530～531。

三,往往臨蓐,以器貯水,才產即溺之,謂之洗兒。[42]」考洗兒之意,原為幼兒生後三日所行之沐浴儀式。其儀式於孟元老《東京夢華錄》有云:「洗兒會,煎香湯於盆中,下果子、綵錢、蔥蒜等,以數丈之綵繞之,名曰圍盆。以釵子攪水,謂之攪盆。觀者各散錢水中,謂之添盆。盆中棗子直立,則婦爭取食之,以為生男之徵。[43]」惟當時閩地溺嬰甚盛,故洗兒也被借喻為溺嬰了。

宋之後的元朝亦然。如至元時,「據前福州路閩清縣尉張寧呈:南方之民,有貧而不濟,或為男女數多,初生之時,遽行溺死。[44]」明代之時,在通俗文學的字裏行間,對民間溺棄幼嬰之事有著極為深刻的描述,如馮夢龍三言中的《醒世恆言》即載有:「往時之婦女,曾在寺求子,生男育女者,丈夫皆不肯認,大者逐出,小者溺死。[45]」;另《警世通言》中亦敘及私生子遭殺害之命運云:「寡婦邵氏與人通姦,果生一男,邵氏將男溺死,用蒲包裹來,教得貴密地把丟埋了。[46]」到了清代,則溺女之風更加嚴重,幾乎遍及各地。據日本西山榮久氏研究之結果,發現:

> 一、溺女最多的地方,為福建、江西二省,其中以福州[47]為最盛行之所在,該地郊外池沼之旁,且豎有「禁溺女」之石碑。
> 二、廣東之地溺殺幼兒之事亦不少,客家族之溺女風氣最盛。
> 三、香港亦有殺小孩之事。

---

[42] 宋・李元綱《厚德錄》,卷四,收《百川學海乙集》,頁511。又宋・王得臣《麈史》(臺北市:新文豐,1989),卷上〈惠政條〉亦同。清・鮑廷博輯《知不足齋叢書》,第三十集(臺北市:興中書局,1964),總頁7976。

[43] 宋・孟元老等著《東京夢華錄(外四種)》,卷之五〈育子〉條(臺北市:大立,1980),頁32。

[44] 曾我部靜雄撰、鄭清茂譯〈溺女考〉(《文星》10卷1期,1962),頁53。

[45] 明・馮夢龍《醒世恆言》,第三十九卷〈汪太尹火焚寶蓮寺〉(臺北市:鼎文,1978),頁851。

[46] 明・馮夢龍《警世通言》,第三十五卷〈祝太守斷死孩兒〉(臺北市:鼎文,1974),頁539。

[47] 此條說法與曾我部靜雄氏之看法(見〈溺女考〉,頁57)頗有出入,曾我部靜雄認為在福建八州中,以建州、劍州、汀州、邵武州這四州最為盛行,但在福州卻不常見。福州在五代為王氏閩國之都,王氏獎勵佛教、建寺院、集佛經,因受佛教影響,故在福建地方,惟福州溺女最少。但無論如何,就省域而言,福建溺女之風仍首屈一指。

四、浙江省有溺女風習，十九世紀初溫州道尹嘗有嚴令禁止。

五、安徽溺女風習，以徽州為最。

六、雲南以昭通府為最盛行。

七、據道格拉斯的報告，北京之棄兒每年有數千之多，在城內並有公開「包門打胎」之營業。[48]

依前舉各例可知，溺女之風，幾乎無代不有，至有清一代，更達到無地無之的嚴重地步。就地域而言，自宋代以來，江南之地殺嬰風習最熾，尤其是福建，其溺嬰之盛更冠於全國。據日人桑原騭氏對中國人口問題的研究結果，福建地方，所有女嬰當中，約五分有之一會遭到溺殺[49]。其所以致此，除前述閩地原有「洗兒」風俗外，主因福建山多田瘠，物產不豐，地狹人稠，無以贍養，故生子多不舉。是以宋官司中有舉子倉之設置，專儲米糧予生子之貧者，以為濟助[50]。加以閩地又有厚於婚嫁之習，當地嫁女甚為奢侈，宋·廖剛述及漳洲的情形道：「有習俗之弊，婚嫁喪祭，民務浮侈，殊不依倣禮制。娶婦之家，必大集里鄰親戚，多至數百人。椎牛行酒，仍分綵帛錢銀，然後以為成禮。女之嫁也，以妝奩厚薄外人不得見，必有隨車錢。大率多者千緡，少者不下數百貫。倘不如此，則鄉鄰訕笑，而男女皆懷不滿。……訪泉、福、興化（即泉州、福州、莆田等地）亦有此風。[51]」此種厚於婚嫁之習，勢必影響到當地溺女之風。更值得注意的現象是，溺女之俗非僅存在閩地之一般貧戶，於富有之家，此習亦甚熾，如陳盛韶《問俗錄》即載福州府古田縣「水溺」之俗曰：「古田嫁女，上戶費千餘金，中戶費數百金，下戶百餘金。往往典賣田宅，百債難償。……然則曷儉乎？爾曰：懼為鄉黨訕

[48] 李長年〈女嬰殺害與中國兩性不均問題〉（《東方雜誌》32卷11號，1935），頁97～101。

[49] 曾我部靜雄、鄭清茂譯〈溺女考〉（《文星》10卷1期，1962），頁5。

[50] 關於舉子倉之置設及其事例，可參見《宋史》、《朱子文集》、《趙汝愚奏議》與其他文獻，但記載最為詳悉且完整者，則為明·黃仲昭所編纂《八閩通志》。

[51] 宋·廖剛《高峰文集》，卷五〈奏狀〉，葉十，漳州到任具民間利病五事（《四庫全書別集類》，集部八一，第1142冊，臺北市：臺灣商務，1965），總頁364。又閩地此種厚於婚喪的記載甚多，如清·徐松《宋會要輯稿》刑法二，徽宗政和二年四月十二日條云：「臣僚言，福建愚俗，溺子不育，已立禁賞，頑愚村鄉，習以為常，……究其弊源，蓋緣福建路厚其婚葬。」

笑，……緣是不得已，甫生女即溺之。他邑溺女多屬貧民，古田轉屬富民。然則曷與人為養媳乎？曰女甫長成，知生父母，即逃歸哭泣，……蓋習俗之極重難返如此，昏（婚）禮不得其正，久而激成溺女之禍，可不思拔本塞源之道乎？[52]」可見厚於婚嫁之禮，實為釀成溺女之禍的要因。吾人查《福建通志・風俗志》所載，各府皆有「婚嫁頗尚侈靡」之習，另查閩地各縣志，育嬰堂之置設亦幾乎無地無之。足見閩地溺女弊俗已至積重難返的地步。

　　綜觀前述，可知溺殺幼嬰問題到了清代時期，幾已成全國性嚴重社會問題。《詩經・小雅》云：「無父何怙，無母何恃。」幼失怙恃，實堪憐憫，是以歷代政者或有存孤之訓，施為仁政；而仁人君子、地方善士，亦本「幼吾幼以及人之幼」的惻隱之心，予以濟助。所以清初無論是民間或是政府，都開始積極地在各地籌設育嬰堂，以為收養孤貧、遺棄、廢病幼嬰之所。期能挽救無辜幼小生命，止遏溺女弊俗。

（二）政府之禁溺與倡設

　　面對社會嚴重的溺女問題，清代政府除以法律遏止外，同時亦囑地方官隨時稽察，剴切示禁。並詔各地建堂收養遺棄嬰孩，飭各地好善士紳於當地設局保嬰，集貲收養。對於熱心地方公益慈善事業，或捐奉貲穀者，輕則頒予樂善好施、急公好義之匾額，重則予以獎敘，以資鼓勵，使一般民眾知所衿式。此種獎勵辦法之規定，在《大清會典事例》中即明言：「凡士民等，養恤孤寡，捐貲瞻族，助賑荒歉，捐修公所，及橋梁道路，或收瘞屍骨等樂善好施者；及凡士紳商民捐貲助餉，捐修文廟、書院、義倉，捐輸兵食，修建城堡等急公好義者，政府皆敘其善行，予以旌表。[53]」

　　此外，政府又以法律來處罰或阻遏民間之殺子行為，宋代即嘗規

---

[52] 清・陳盛韶《問俗錄》（北京：書目文獻出版社，1983），卷二〈水溺〉條。此資料係中央研究院陳秋坤老師提供，謹此誌謝。

[53] 清・崑岡《大清會典事例》，卷四〇三，禮部一百十四，葉一～八（臺北市：新文豐，景印光緒 25 年刻本，1976），總頁 10408～10411。

定：「故殺子孫徒二年」及「殺子之家，父母、鄰保與收生之人，皆徒刑編置。[54]」孝宗時亦頒行「諸生子孫而棄之者，徒二年；殺者，徒三年。收生人共犯，雖為從，殺者與同罪。棄者，徒二年半。並許人告，若地方及鄰保知而不告，殺者徒一年，棄者，減一等。[55]」即連知而不告者亦罪之，但是仍無法有效阻止，故當時政府亦輔之以慈幼局、舉子倉、慈幼班等救濟措施。元代，對溺嬰之刑罰更重。刑法志規定：「諸生女溺死者，沒其家財之半以勞軍。首者為奴，即以為良。有司失舉者，罪之。[56]」而元典章亦有「溺子依故殺子孫論罪」之條文[57]。明代律法並無針對溺女的刑罰規定。至清代時，乾隆朝之大清律例，亦只有殺子孫及家奴之條，並無禁溺之條例。及後來臨時臺灣舊慣調查會所編纂的《清國行政法》，才可見「凡是殺死嬰兒者，得依同治五年上諭，處以故殺成長子孫」相同之罪的規定[58]。

政府除以律法來阻遏溺嬰之習外，有些地方官員為避免無辜女嬰橫罹慘毒，乃札飭民人知悉：「凡殺嬰者，一經訪聞，或被告發，定照故殺子孫律治罪，其鄰居徇情容隱，一並究治。[59]」以溺女最盛的閩地而言，時藩臺為除弊清源，以全生命而挽頹風，嘗立下章則或規定辦法，以阻禁溺女風習。如《福建省例》刑政例下「清訟事宜八條」載：「第八條，挽回地方惡習，閩省惡習，大要有四；曰火葬，曰溺女，曰花會[60]，曰械鬥。有司隨時稽察查拏，剀切示禁，並遴選矜士分投勸諭。」

---

54 見《東坡集》，第三十卷〈與朱鄂州書〉。另見明・楊士奇編《歷代名臣奏議》，卷一〇八〈編舉子錢米疏〉，臺北市：臺灣商務，1983。

55 宋・陳傅良《止齋先生文集》，卷四十四〈桂陽軍告諭百姓榜文〉（四部叢刊初編集部，第二三七本，臺北市：臺灣商務，1965），頁222。

56 明・宋濂《元史》，卷一〇三，志第五十一，刑法志二〈戶婚〉條（臺北市：鼎文，1978），頁2640。此條禁令有鼓勵告發之意，若告發者是奴隸，則可獲賞為普通良民。

57 曾我部靜雄撰、鄭清茂譯〈溺女考〉（《文星》10卷1期，1962），頁53。

58 臨時臺灣舊慣調查會編《清國行政法》，第四卷（臺北市，南天，1989複刻），頁199。

59 見《洪江育嬰小識》，卷一〈識緣起〉，光緒六年十月初六日條。

60 花會為賭博之一種。書三十六古人名於紙，任取一名，納筒中，懸之樑間，博者自認一名，各注錢數，投入櫃中，如適中筒中之名，即得三十倍之利。清・慵訥居士《咫聞錄》（臺北市：新興書局，1983）云：「閩中有花會之局，以宋時嘯聚三十六人，日標一名，視資本之多寡，勝負總以三十倍為準。」按此種博賭，昔曾盛行各地，非僅閩中為然；其法亦各有更易也。

[61]另《省例》卹賞例中亦有「嚴禁溺女」之示:「溺女者冥報最爲酷烈,而育女者未必不如生男。如緹縈之請贖父罪,木蘭之代父從征,古來孝女,指不勝屈。故曰生男勿喜,生女勿悲。爾民亦何苦忍心爲此?或謂嫁奩贈需費,不知荆釵裙布,遺範可師,正無庸多費也。合行曉示。爲此,示仰所屬軍民人等一體知悉:嗣後爾民當互相勸誡,凡嫁女者各崇省儉,不得以珠翠綺羅誇耀鄉里,並永戒溺女惡習。」「倘不遵禁令,仍有溺女者,許鄰右親族等首報,將溺女之人照故殺子孫律治罪。如係奴婢動手者,即照謀殺家長期親律,治以死罪。如係隱婆致死者,即照謀殺人爲從律,擬絞。其鄰右親族人等,知情不首報者,照知情謀害他人不即阻擋首告律治罪。[62]」即先動之以情,使知生女未必不如生男之理;復嚴之以法,使懼溺殺子女與知情不報之罪。

由於溺女而導致姦淫盜賊之禍叢起,地方官因之諭曰:「一邑之中,曠鰥十居六七。男女之情乖,則嬲淫之事起;室家之念絕,則盜賊之心生。姦淫則風俗不正,盜賊則地方不寧。是溺女之害,不特滅絕一家之天理,而且種成姦淫盜賊之禍根。今嚴禁痛飭,爲此,示仰縣屬民人等知悉:自示之後,凡生女之家,一概撫養。如有仍前溺死遺棄者,鄰右即報保長,舉首以憑,按律究擬。如鄰右保長不報不舉,……除本犯治罪外,鄰右保長各責四十板、枷號一個月。舉首之人,就於犯人之名下,追銀二兩給賞。如犯人赤貧,即於隱匿之保長鄰右名下,責罰銀追給,決不爽信。[63]」

當然,法律條文的刑罰與地方官的示禁,亦只能減輕溺嬰問題的嚴重性,並不能達到全面遏息的效果。因之,政府或地方官員一方面也佐以救濟措舉,即詔令各地建立育嬰堂,以收養嬰孩之遺棄者。《大清會典》蠲卹條有云:「五曰養幼孤,京師廣渠門設育嬰堂,收養嬰孩之遺棄者,給庫帑,立產歲收租息,以供乳哺之費。順天府尹覈其實而支給

---

[61] 臺銀編《福建省例》(臺北市:臺銀,1964),刑政例下〈「清訟事宜八條〉,頁1038。

[62] 臺銀編《福建省例》(臺北市:臺銀,1964),卹賞例〈嚴禁溺女條〉,頁473。

[63] 陳壽祺重纂《福建通志》,卷五十六〈風俗〉,「又嚴禁溺女諭」,同治15年重刊本(中國省志彙編之九,臺北市:華文影印),總頁1155。

之，直省則有司經理，倡好義之民以廣其惠濟，擇良善爲眾所信服者董
其事。所收嬰孩識其年、月、日、時，及長，有願收爲子孫者，登諸籍
而予之，其本家有訪求者，歸之。[64]」即在京畿暨直省州縣，設堂育嬰，
廣事收養。另外，高宗於乾隆 6 年時，亦諭文各督撫，轉飭有司，實力
奉行收容棄兒等工作。同治年間，穆宗且諭廣東、福建、浙江、山西等
各地督撫責成地方官勸諭士紳，籌募款項，收養棄兒，嚴禁溺女惡風[65]。
另一方面政府也動用地方資源，獎勸地方善士、士紳、富商等地方精英，
捐貲設局保嬰。最顯著的事例是在雍正朝時，鼓勵各地方仿照京師之
例，廣建育嬰堂：「又聞廣渠門內，有育嬰堂一區，凡孩稚之不能養者，
收留於此。數十年來，成立頗眾。夫養少存孤，載於月令，與扶衰恤老，
同一善舉，爲世俗之所難。朕心嘉悅，特頒匾額，並賜白金。爾等其宣
示朕懷，使知益加鼓勵。再行文各省督撫，轉飭有司，勸募好善之人，
於通都大邑，人煙稠集之處，照京師例，推而行之。其於字弱恤孤之道，
似有裨益；而凡人怵惕惻隱之心，亦可感發而興起矣。[66]」其後，許多
育嬰堂的創建皆宣稱係「仿京師之例」而置，並且獲得官方資助，足見
其成效頗彰。

　　眾所周知，清代育嬰堂設置之前，早在南宋之時已有官方設立的慈
幼局之育嬰事業。儘管育嬰堂的建立於明末清初才開始，且育嬰堂與慈
幼局於性質上亦有顯著差異，如育嬰堂一開始成立便是私人所辦而非官
營，而慈幼局則完全靠官方經費來經辦，可以說是官營的救濟事業之
一。但兩者收容棄嬰、改善溺女之習的用意則是一致的。因之，清代育
嬰堂的設立雖未必仿自南宋的慈幼局，不過慈幼局此種育嬰事業應留給
清人一定程度的影響或印象。《洪江育嬰小識》卷一識緣起云：「育嬰何

---

[64] 《洪江育嬰小識》，卷一〈恭識政典〉，會典蠲卹則。

[65] 《皇朝政典類纂》，卷一百八十二，國用二十九，蠲卹，葉四（《近代中國史料叢刊續編》
　　第 89 輯，臺北市：文海，1982），總頁 2914～2915。

[66] 見 1.黃彭年《畿輔通志》，卷一〇九，略六十四，經政略，卹政二，葉一六上（清宣統 2 年
　　刊本重印《中國省志彙編》之十一，臺北市：華文，1968），總頁 3528。2.《清朝文獻通
　　考》，卷四十六，國用八，考五二九七，臺北市：臺灣商務，1987。3.《大清會典事例》，
　　卷二百六十九，戶部一百十八，蠲卹，葉一六上。4.《皇朝政典類纂》，卷一百八十二，國
　　用二十九，蠲卹，葉四。

自昉哉。宋史理宗淳祐十年正月詔給官田五百畝，命臨安府創慈幼局，收養道路遺棄嬰兒，此後世郡縣堂養之始。」而趙翼《陔餘叢考》卷二十七「養濟院育嬰堂義塚地」條更云：「又淳祐七年創慈幼局，乳遺棄小兒，民間有願收養者，官為僱貧婦，就局乳視，官給錢米，此又後育嬰堂之始。」足見基本上，至少在當時人的心目中，一般皆認為育嬰堂是繼承宋代的慈幼局。而兩者之收養辦法，亦頗為相近。吳自牧《夢梁錄》曾描述當時慈幼局之狀況曰：「局（指施藥局）側有局名慈幼，官給錢典僱乳母，養在局中。如陋巷貧苦之家，或男女幼而失母，或無力撫養，拋棄於街坊，官收歸局養之。月給錢米絹布，使其飽暖。養育成人，聽其自便生理，官無所拘。若民間之人，願收養者聽，官仍月給錢一貫，米三斗，以三年住支。[67]」較之清代育嬰堂，慈幼局收育之法，實與之相去不遠，所差者，惟育嬰堂之組織更完善、條規較嚴密耳。此外，從吳農祥〈育嬰堂碑〉記載之事實，似可得到一有力的旁證：「我杭郡之有育嬰堂也，傲之京師，而立法之始，則見諸有宋。高宗紹興十三年與理宗淳祐七年創為慈幼局，乳遺棄小兒。民間有願收養者，官為僱貧婦，就局乳視，官給錢米為令。[68]」故清代之育嬰堂，實亦奠基於慈幼局保赤全幼之傳統，並加以發揚推廣，使其組織更完密，置設更普遍。

（三）民間慈善活動的興起

前述溺女問題的嚴重性，與政府方面的倡導、獎設、禁溺等措施，及原有的慈幼傳統，係清初育嬰堂形成過程中幾個重要的因素。但這些因素尚不足於解釋何以清代早期並未見官方創辦育嬰事業的相關記載。因此清代育嬰事業的發展，似應從另一角度——即民間方面來切入觀察，方可解決停頓了三百年的慈幼局之傳統，竟可在清初時又告「復

---

[67] 宋・吳自牧《夢梁錄》，卷十八〈恩霈軍民〉條（《東京夢華錄外四種》，臺北市：古亭書屋，1975），頁 293。

[68] 《杭州府志》，卷七十四。轉引自高邁〈我國戶內救濟之過去與今後〉，《東方雜誌》41卷 14 號，1945，頁 10。

活」這一難題。

　　緣官營的慈幼局雖曾在南宋時普遍設立，但歷經元、明二朝後，即已告消聲匿跡。慈幼局何以不能有效的維續下去，而走向沒落覆亡之運呢？原因甚多，如溺女問題至元明之時可能已不似宋代時那麼嚴重；且慈幼局，為貧而棄子者設，久而名存實亡」以及「收哺於既棄之後，不若先其未棄保全之[69]」的訊息。雖然，官營的育嬰事業已漸廢絕，然民間在地方從事慈善事業的傳統卻未嘗中斷。至十六世紀末期，此種民間的慈善活動，透過結社的組織方式，使得其活動更加頻繁、活躍，尤其是在溺女棄嬰問題最嚴重的江南一帶[70]。富商、士紳、慈善家等地方精英，開始在當地主持參與公益事業或慈善活動，以增加他們自身對於地方上的影響力，此種情形似已形成明末以來一個極普遍的現象。

　　其實，民間人士對慈善公益事業的參與，無論是個別的或團體的活動，皆由來已久，史例不勝枚舉。此種行善觀念的產生，固然是受到儒家仁義思想與佛家果報觀念之影響，如一般民眾，他們深信「救貧濟乏，養老育嬰，種種善果，天必佑之。[71]」同時，也與中國固有的血緣組織、同業組織、秘密結社組織等民間團體的發達有關[72]。這些民間組織所扮演的角色是多重的，包括政治、經濟、教育、宗教、社會救恤等功能。另外，民間宗教團體對慈善公益事業的貢獻，亦不可忽視。諸如孤貧之救濟、老弱之恤養、難民或游民之收容、疾病之醫療、粥飯之施捨、喪葬之料理、罪犯之教化等慈善活動，以及修橋舖路、井水開鑿、旅人歇宿等公益事業，均屬之[73]。可見在歷代的慈善或救濟事業中，除了倉儲、

---

[69] 元‧脫脫《宋史》，卷四三八〈黃震傳〉（鼎文版），頁12993～12994。

[70] 梁其姿〈明末清初民間慈善活動的興起──以江浙區為例〉，《食貨月刊》15卷7、8期，1986。

[71] 清‧張伯行輯、夏錫疇錄《課子隨筆鈔》，卷四，臺北：廣文書局，1975。

[72] 經觀榮《中國社會扶助事業的理論與實際》（著者出版，1979），頁82～86。

[73] 關於宗教對社會福利、慈善、公益事業的貢獻，請參：1.道端良秀著、關世謙譯《中國佛教與社會福利事業》（高雄市：佛光，1986）。2.丁敏〈方外的世界──佛教的宗教與社會活動〉，收於《中國文化新編（宗教禮俗篇：敬天與親人）》（臺北市：聯經，1987）。3.方豪〈宋代佛教對社會及文化之貢獻〉，《現代學苑》第6卷第9～11期，1969年9～11月。4.方豪〈宋代僧徒對造橋的貢獻〉，《東方雜誌》復刊3卷4期，1969。

調粟、賑濟、工賑、糶糴、薄徵、緩徵、蠲賦等大規模的「荒政」之外，民間團體無疑是一股鉅大的推動力量，其地位絕不下於官方事業。

然則何以至明末之時，民間慈善活動才告甦活呢？此一則由於中國昔日之社會救濟事業，除以救荒爲中心的政府設施外，民間之活動多沉沒於一般社會關係及制度中，隱而不彰。蓋因中國社會組織係基於家族（血緣）及鄉閭（地緣）關係之上，故社會中之有不幸者，首家庭、次宗族，皆有相互贍養扶持之義務。而各家族祠堂之行政及財產，亦大半爲著族人之救濟或公益事業之用，因之對於濟貧、恤嫠、養老、施藥、代葬、義學、貸款等設施夙極重視。此外，如范文正公所倡之義莊、所立之義田，用以濟助族人，使「日有食，歲有衣，嫁娶凶葬皆有贍」之法，後人多仿行之。而同鄉會館之設施與組織規章中，均有救濟鄉人之法。二則晚明時期，或由於宋以來儒、釋、道三者思想的影響，以及《自知錄》、《陰騭錄》等善書的出現與普及，或受明末士人好結社風氣的影響[74]，使得個人主動參加福利結社的情形開始普遍化。各種善堂、善會開始不斷地湧現與增加，諸如放生會（放生社）、一命浮圖會、救生船、恤嫠會、普濟堂、育嬰會等。其救濟對象也開始擴大，除傳統的人身救濟，如遺骨、未亡人、水難者、貧寡孤老者外，也普及到魚畜等一般動物身上。而清初育嬰堂之開設，正是此類民間慈善結社組織衍生的一個結果。

明末最早的同善會成立於 1590 年，爲楊東明所創。稍後在崇禎之時，江浙等地均有類似的結會。這些組織中，較爲著名者有高攀龍在無錫縣、陳龍正（師事高攀龍）在嘉善縣所成立的同善會，以及祁彪佳在紹興縣所辦的藥局，蔡連（一作璉）、李宗孔、閔世璋等士紳、商人在揚州捐貲倡設的育嬰社（1655 年，順治 12 年）。這是以育嬰爲目的而結成的典型善會，就像其他同善會、放生會、一命浮圖等組織一樣，揚州育嬰會亦有其社規。當時之社員已達數百人，所育嬰孩達千人以上，

---

[74] 夫馬進〈善會善堂の出發〉，頁 219，收錄於小和野子編《明清時代の政治と社會》，京都大學人文科學研究所，1983。

此後，揚州周圍如高郵州、儀徵縣等地逐踵其規，開始建堂育嬰[75]。所以前文雖然提到育嬰堂受到宋代慈幼局一定程度的影響，及育嬰堂乃是廢絕三百餘年的慈幼局之「復活」云云，但事實上，這種看法乃是以「機能論」的觀點作為出發點的，即作為收容棄嬰的社會救濟事業，兩者功能一致，所以可認是慈幼局是育嬰堂的前身或源流。

雖然，傳統慈幼局已完全俱備收育遺孤功能，但揚州育嬰堂的成立，對清代以後育嬰堂的發展，仍具有嶄新的意義。此點除表現在前者為官方救濟事業，而後者為私人慈善事業之不同外；另外明末江南社會所叢生的善會、善堂，亦是此前絕無僅有的現象，且若從「機能論」來看，事實上也並非此時期的每一種慈善事業，均可像育嬰堂一樣找到其前身。如救生船的組織則晚至順治時期才出現，而此前應有許多水難者，何以以前沒有類似的慈善救濟事業？第二，一般認為的北京育嬰堂是清代育嬰堂設立的先驅與模範，是不足為據的。此種看法殆受到官方記載的誤導，如《清朝文獻通考》便有如下記載：「康熙元年，於京師廣渠門內建立育嬰堂。遇有遺棄病廢之嬰兒，收養於堂。有姓名年月日時可稽考者，一一詳註於冊，雇覓乳婦；善為乳哺撫養。有願收為子孫者，問明居址姓名，方與之，仍補註於冊籍。至本家有訪求到堂識認者，亦必詳細問明，與原註冊籍無偽，方許歸宗。[76]」加以雍正 2 年的敕諭：「於通都大邑，人煙稠集處，照京師例，推而行之……」此條聖諭頒行後，各地廣為建堂之情況，一則容易讓人以為育嬰堂與傳統的養濟院無異，皆屬官營機構。再者，也予人各地育嬰堂皆因「照京師例，推而行之」而成立的印象。其實，康熙元年（1662 年）京師所設之育嬰堂仍屬於一種民間機構，雖然有許多官僚實際參與了此項事業，但他們並不是以官方身分或作為公務行政來從事此一業務；相反地是站在私人的立場來經營育嬰堂的。況且前述的揚州育嬰堂更早在北京設立的前七年

---

[75] 參夫馬進〈同善會小史〉，《史林》65 卷 4 號，1982。

[76] 1.見《清朝文獻通考》，卷四十六，國用八，考五二九六。2.黃彭年《畿輔通志》，卷一〇九，經政略，卹政二，葉一五下亦同。3.《大清會典事例》，卷二百六十九，戶部一百十八，葉十五下。4.《皇朝政典類纂》，卷一百八十二，國用二十九，葉四。

（1655 年）出現了。所以江南一帶民間所從事的慈善結社活動，尤其是揚州的育嬰堂（社）與施藥局（後來發展為普濟堂），早在順治時期即已開展，並蔚為風氣，為各地爭相仿效，而清代不管是官方或民間對育嬰事業的重視，基本上也是沿著此一路線而拓展出來的。

　　對於溺女問題的關切，前面已述及官方的禁溺措施，至於民間方面，主要係透過善書之流傳、戒溺女歌之撰作等文字宣傳的方式，來達到勸誡的目的。歷代所作戒溺女之歌文甚多，其內容或稍有不同，但勸溺目的則一。如宋代朱松守建安時，見當地百姓喜殺子，乃作〈戒殺子文〉加以勸誡，文曰：「自予來閩中，聞閩人不喜多子，以殺為常，未嘗不惻然也。無故殺子孫，官有法甚明，顧牽於習俗之昏，雖有法而不能勝，則亦何事於吾言？然吾聞吳道子畫酆都之變，都人不屠宰累月。夫人固不可以法勝，而可以理動者，庖宰且可罷，況其天性之愛乎？是未可以厚誣斯人，而懸斷其必不可告也。[77]」斯文雖假借神怪之說、冥漠之事以為辭，然其不以法勝而以理動的用心亦甚良苦。又清代褚稼軒所著《堅瓠集》第五集卷三，載有〈戒殺女歌〉，為莆田人周石梁所作。茲錄其文於下：

> 虎狼性至惡，猶知有父子，人為萬物靈，奈何不如彼？生男與生女，懷抱一而已。生男則收養，生女顧不舉。我聞殺女時，其苦狀難比。胞血尚淋漓，有口不能語。咿嚶水盆中，久久乃得死。吁嗟父母心，殘忍一至此！

　　這首歌文係描寫溺女之慘情，並慨人性殘忍甚於虎狼。施閏章亦撰有〈溺女歌〉，歌曰：「若云養女致家貧，生兒豈必皆怡親，……若云舉女礙生男，後先遲速誰能知：……有女莫愁難遣嫁，裙布荊釵是佳話，……殺女求兒兒不來，暮年孤獨始悲哀，不如有女送終去，猶免白骨委蒿萊，……古往今來多殺機，可憐習俗不知非，人命關天況骨肉，

---

[77] 宋・朱松《韋齋集》，卷十〈戒殺子文〉條，葉十一下～十三《四庫全書別集類，集部七三，第 1133 冊》（臺北市：臺灣商務印書館，1965），總頁 530～531。

莫待回頭淚滿衣。[78]」歌文洋洋灑灑，長達 428 字，詞情並茂，可謂道盡歷來殺嬰溺女之因。

　　福建之地所刊行〈溺女歌〉則達五百餘言，歌云：「戒溺女！戒溺女！……不知作俑者為誰，重男輕女竟如許，可憐胞血尚淋漓，禍水一盆等江渚，……若謂無用惟女身，生兒奚自有娘親。……若謂家貧虞食奪，在此計較尤微末。……若謂兒生賦命薄，花開還聽花自落。……踵事增華非一日，增華直至婚嫁奢，慈心逐緣過慈失，農嘗問訊富家翁，所言大抵略相同。自言前年嫁一女，千金費盡囊幾空，一之為甚其可再，不如遣赴水晶宮。……果能體此意嫁女，隨分設施量力舉，勿貪重聘勿厚奩，養女雖多容易處。……或以中年艱子息，竊恐養女誤遲胎，豈知子息天所賦，有無遲速皆定數。……天怒不可干，務求此心安，心安理自得，獲福當無難。今撰歌詞雖俚鄙，舉勸諸君勿作等閒看。[79]」此首歌文係咸豐 5 年（1855 年）閩省舉人鄢韶成所作，對於閩地厚於嫁奩而將女嬰「遣赴水晶宮」之況，頗多描述勸誡。此俗在僻鄉尤甚，「蓋由女之父母生計艱難，不能養贍，且恐多此一塊肉，將來無以供粧奩之費，亦有其母急於生男，恐以乳女故，延其時期，故寧以數升水了其生命。[80]」

　　當然，除了勸溺之外，善書亦有勸募善金以積陰德之功能。如吳雲所撰《得一錄》，卷一同善會章程附善會講語「勸善講語」條即云：「大要思量思量的，有益莫如行方便，長春真人方便文說道：人生世間，方便第一。力行方便，錯過可惜。……夏月施湯水，冬月施老病衣服，存恤鰥寡孤獨，收養遺棄孩兒，死而無棺者，施之棺木。……費小功大。[81]」

---

[78] 詳見《古今圖書集成》，明倫彙編家範典第五十四卷，女子部藝文二。此條資料係成大歷史系廖秀真老師提供，謹此誌謝。

[79] 劉訓瑺《閩清縣志》，卷五〈惠政志〉，葉二下、三上（中國方志叢書第 101 號，臺北：成文，1967），頁 154。

[80] 劉訓瑺《閩清縣志》，卷五〈禮俗志〉，葉四下。

[81] 清・吳雲《得一錄》，收錄於王有立主編《中華文史叢書之八十四第十輯》（臺北：華文，1969），頁 95～96。

四、臺灣育嬰堂的建置

臺灣之地於清治初期，一則荒野甫啓，草萊初闢；二則因當時政府嚴禁移民攜眷渡臺，是以當時雖多貧弱無告，惟當時棄嬰溺女之事絕少。乾隆 11 年范咸所修纂的《重修臺灣府志》，即有如下之記載：「顧臺地土著者少，戶口未繁，嬰孩從無棄者，惟流寓孤獨，恆不免轉死溝壑。[82]」逮及乾隆之際，攜眷之禁既解，且闢地漸廣，生齒日繁；加以渡臺移民者多屬在原籍地難以謀生之貧困窮民，一旦生活陷入困境，求生不易，乃漸呈露閩粵之地溺女之遺風弊俗。爲明瞭當時臺灣各地溺女棄嬰的情況，茲依《臺灣慣習記事》所引述古籍所載當地溺女陋習之一斑，列舉於下：

> 一、臺南鄉婦，常有溺女事，一生女孩，翁姑不喜，氣迫於心，而溺女於水，故郡內紳商，有好生之心，聞有此事，不忍坐視，公捐一文緣金，賣買田業房屋生息，共設育嬰堂於郡城（臺南地方舊記）[83]。
> 一、臺北之地，此風於道光咸豐年間有之，至同治後，各廳縣官紳籌款，倡設育嬰堂收養（淡水廳誌）。
> 一、澎湖地區，近頗有之，或謂時下娶婦甚難，職此之故，丁丑年通守劉家聰，議設育嬰堂，自捐鉅資為倡（光緒十九年編澎湖廳誌）。

總括來看，臺南鄉婦，如生女嬰，其心原已悵望，又不得翁姑之心，乃萌溺女之意。至於北部之起因，雖未明言，但一般情形，皆爲不願首胎爲女嬰，或忌諱產下三胞胎。因之，此風不僅存於普通妻妾間，寡婦、姦婦亦常彷此習[84]。足見臺灣至清代中晚期後，漸萌棄嬰溺女之風，益

---

[82] 清・范咸《重修臺灣府志》，卷二〈規制〉，「養濟院」條附考云：「直省各州縣並設普濟、育嬰二堂。臺郡以在海外獨闕，顧臺地土著者少，戶口未繁，嬰兒從無棄者。」（北京：中華書局，1985），總頁 1468～1469。

[83] 不詳《安平縣雜記》，風俗義舉附考（臺北市：臺銀，1959），頁 15～16。

[84] 臺灣慣習研究會《臺灣慣習記事》，第參卷下，第十一號（臺灣省文獻會譯編，1984），頁 255～256。

演益熾，弊端叢生，為害甚鉅。

自乾隆以降，臺灣各地溺女棄嬰之風漸盛，澎湖列島因地瘠民貧，生計困灘，溺女之風尤熾[85]。是以嘉慶年間，大山嶼沙港人陳崑山嘗作〈戒溺女文〉以勸世，聞有女將溺，亟謂其家厚給之，今哺活。且捐建萬善祠，廣印「感應篇」、「敬信錄」等善書[86]。惟其戒文至今似已不存。又徐宗幹《斯未信齋雜錄》，卷二「小浣霞池館隨筆」亦嘗提及「趙也愚（秉忠）勸誡溺女歌，言之悱惻」[87]，然亦不得知傳世存否？此外，善書之宣講流傳，對民間溺女之勸誡亦有正面價值。如文衡聖帝十二戒規云：「一戒不孝父母，二戒侮辱兄長，三戒道人過失，四戒好勇鬥狠，五戒驕傲滿假，六戒污穢灶君，七戒嫖，八戒賊，九戒打胎溺女，十戒食牛、犬、鰍、鱔等肉，十一戒穢溺字紙，十二戒唆人爭訟。」司命真君訓男子六戒云：「一戒不孝父母，二戒不和兄弟，三戒嫖賭溺女，四戒鬥狠唆訴，五戒穢污字紙，六戒好設闈闡。」司命真君訓女六戒亦云：「一戒不孝公婆，二戒不敬丈夫，三戒不和妯娌，四戒打胎溺女，五戒拋撒五谷，六戒黤粗廢字。[88]」另相傳為全臺首著第一部善書的《覺悟選新》[89]，亦有〈戒溺女〉之文。要之，斯類書籍之流傳，大多為道德

[85] 此外，澎湖又有「好善堂」一所，惟非以育溺為其中心事業，乃是兼具各種慈善事業的「善堂」性質，故文中不列入，其建置在光緒6年（1880年），為八罩嶼（望安）士紳許清香、吳常魁、許清音等倡捐而設。緣當地不僅有溺女之風，亦不知情憐山之耕牛、海之龜鱉，往往加以殘害，該堂有鑑於此，乃規定養女嬰者每名給錢一千，以息溺棄。拾字紙工人給錢六十，以敬惜字紙。老耕牛每隻貼錢二千，以禁屠殺。龜鱉捉獲者每斤給錢十文，以利放生。

[86] 參見1.清・林豪《澎湖廳志》（臺北市：臺銀，1963），卷七〈人物〉（上）「鄉行」條，陳崑山傳。2.清・蔣鏞《澎湖續編》（臺北市：臺銀，1961），卷上人物紀「鄉行」條，頁26。

[87] 清・徐宗幹《斯未信齋雜錄》（臺北市：臺銀，1960），頁50。

[88] 陳南要《儒宗神教的考證》，第十六章〈儒宗神教的宣講〉，臺中鸞友雜誌社，鸞友雜誌創刊五週年紀念叢書之二，1974。

[89] 此書乃號稱「全臺鸞務開基」之澎湖馬公—新社（原名普勸社）樂善堂扶鸞著造，原書係光緒十八年之作，內容則為諸佛菩薩神仙聖賢所降之詩話，以及訓俗醒世之文詞（參閱鄭喜夫〈清代臺灣善書初探〉，《臺灣文獻》33卷3期）。斯書對於當時社會風俗轉移甚大，書上卷一，頁20載：「開設普勸社，為臺澎首創宣講，普遍勸人，去惡從善，當時並藉朝廷之力，公告勸民踴躍聽講，力挽頹風，如有喧嘩或阻礙者，必嚴責不貸。因此，教化大行，從勸者甚多，社會風移俗轉，一時大收宏效。」

家或慈善家、宗教家所著，內容不外乎勸誠俗民趨善避惡，痛除惡習等。
還有一種不同於文字宣傳的勸誠方式，日人佐倉孫三所撰《臺風雜記》
「講善」條云：「在稠人廣坐之中，諄諄說彝倫道德慈善之理。引證雖
鄙近，不流謔；辭氣雖不高尚，不失邪。使聽者自發慈悲仁愛之心，而
己未嘗受一錢。……其勸善懲惡之效，亦不鮮少。[90]」即以通俗鄙近之
語，人世日常之道，達到勸人為善、改惡風、除弊習的目的。

　　通有清一代，臺灣育嬰堂之置設，計有嘉義、彰化、臺南（時為臺
灣縣）、枋橋（今板橋）、艋舺、新竹、澎湖七所。其中以嘉慶元年（1796
年）之嘉義育嬰堂置設最早，最遲置設者為光緒 6 年（1880 年）之澎
湖育嬰堂，兩者相距八十餘年。茲將各育嬰堂創建動機、置設經過，依
年代先後，分述如下：

（一）嘉義育嬰堂

　　嘉義育嬰堂創立於嘉慶元年，以城隍廟左堂為辦事處。其創設動機
乃鑑於地方遺棄病廢貧苦不能自養及私生幼兒之風漸盛，於是民間紳商
始廣籌義金，以為收養經費。此即臺灣之育嬰堂之濫觴。堂設有董事等
職員，以理堂務。另雇乳婦若干，專責哺育。若有願攜回自宅撫育者，
則由該堂月給津貼撫養金一元，惟須出具不得轉賣為婢為娼之具結。而
女嬰在堂撫養年滿 16 歲者，該堂有權主持其婚嫁事項，並得酌收聘金
以充經費。若附近有貧民之家，無力娶妻，亦准將嬰女許配之。其收容
人數隨時而有增減，一般平均在 20 名左右。

　　其經費年約有二千四百元，除向民間捐募外，另亦購置田產生息，
以為堂費支出之用。後以經費不足，經營困難，乃陷於無力為繼之境。
加以同治元年（1862 年）戴萬生事件波及，同治 3 年育嬰事業終告廢
止。亂後民生凋敝，難以為生者，往往將幼嬰棄諸豬砧腳。《嘉義縣志·
人物志》云：「嘉義市街（今公明路）豬砧四、五處，凡貧家不能自養，

---

[90] 佐倉孫三《臺風雜記》（臺北市：臺銀，1961），頁 31。

或因他故，生子不欲養者，棄諸豬砧腳，日月有之，死者無數。[91]」同治6年，曾籌辦保安局拒退戴潮春圍城的嘉紳賴時輝與貢生陳熙年，乃議設義渡、義倉，以蘇民困，又鑑於育嬰事業廢止後，城內路有遺嬰，因倡重興。光緒21年（明治28年），日人治臺後仍為續辦，至明治35年（1902年），日當局以府令第六十二號，置設嘉義慈惠院，並將育嬰堂歸併之[92]。

（二）彰化育嬰堂

彰化育嬰堂乃道光年間（1821年），知縣高鴻飛為矯正當地殺溺遺棄幼兒之風而倡設，時官紳合捐經費，廣收貧不能自養之女嬰。其後經費不足，一時事業中止。及至光緒7年（1881年），知縣朱幹隆深以為憾，乃私捐貲二百元，鳩集秀才吳德功與鹿港紳商捐金及大小租業若干，並抄封家產等項，因得修建堂舍，重整其業。之後，即推吳德功、林拔英為董事，事業日興，規模頗大，所收嬰兒多至一百五、六十人；少時亦達六、七十名。自此以降，至日人治臺的13年間，共計收養幼兒有4,500餘名之多。其組織較之嘉義育嬰堂則益嚴密，堂內有董事二人，為無給職。司事二人，每人俸給年六十元，看守二人，年俸為司事之半，即三十元。乳母則按月酬給一元。至於幼兒之照顧亦較嘉義育嬰

[91] 1.賴子清《嘉義縣志》，卷七〈人物志〉（嘉義縣政府編，1976），頁184。2.賴子清《嘉義縣志》，卷三〈政事志〉，第六編社會（嘉義縣政府編，1978），頁247。3.林文龍〈同光間嘉城富紳陳熙年、賴時輝事蹟合考〉，《臺灣文獻》44卷3期，頁151。

[92] 以上參見下列數種資料：1.連橫《臺灣通史》，卷二十一〈鄉治志〉，附「臺灣善堂表」。2.杵淵義房《臺灣社會事業史》，第二編〈兒童保護事業〉（臺北：德友會，1940年），頁378～391。3.《臺灣省通志稿》，卷三〈政事志社會篇〉，1960，頁48～51。4.省文獻委員會編《臺灣省通誌》，卷三〈政事志〉社會篇，頁89～91。5.省文獻委員會編《臺灣史》（臺北：眾文，1984年），頁325～326。6.張柄楠〈臺灣社會福利簡史〉，《臺灣文獻》18卷4期，頁1～4。7.李騰嶽〈臺灣社會衛生救濟事業之演進〉，《文獻專刊》3卷3、4期合刊，頁5。8.盛清沂〈清代本省之一般貧困暨行旅救濟事業〉，《臺灣文獻》21卷4期，頁60～62。9.《臺灣私法物權編》（臺北市：臺銀，1963），第五節「慈善事業」，頁60～62。10.《臺灣私法附錄參考書》，第一卷下〈第六節慈惠的主體〉（臨時臺灣舊慣調查會編，1911年），頁288～317。11.織田萬《清國行政法》（臺北：華世，1979），第四卷，第一編第十一章〈救恤〉，頁198～206。

堂妥善，如遇嬰兒疾病等事，則另給醫藥費。死亡則支予棺木費。其殘病聾啞嬰兒，如至成人婚配之時，則更支予婚嫁之費。日人治臺後，併入彰化慈惠院[93]。

（三）臺南育嬰堂

臺南育嬰堂一名養生堂，咸豐 4 年（1854 年）富戶石時榮所倡建。石氏率先自捐土地家產以為堂所，並捐五千元生息，又向當地紳商勸募集款數千元，以為經費。後稟官批准，以出入安平的大小商船之課稅充為堂費，而其他富戶亦慨捐田園舖屋，入款頗多，事業甚隆。然至石氏死後，堂務逐為中止。至同治 8 年，分巡臺灣兵備道黎紹棠慨其中絕，乃勸諭紳商籌措捐金，委派官紳設法整頓，再興善舉，並以鴉片釐金年收一千元以為補助。未久，又因經費短絀，暫廢。同治 12 年正月間，夏獻綸道臺籌定洋藥抽捐彌補。至光緒 7 年 11 月，分巡臺灣道劉璈廢其例，洋藥抽捐截止，經費更屬不敷。據該堂紳董稟稱：「堂中原有田租共一十二款，每年連充黃敬租息，年計收銀一千元左右；而開銷年約銀二千六百餘元，尚不敷銀一千四、五百之譜。」光緒 8 年 11 月，劉道臺就於洋藥釐餘及海埔租息項下，提出六八洋銀六千元，發商生息。又於 11 年 12 月，就提回臺南司碼平餘銀二十六百三十七兩七錢六分，發商生息，所短無幾。堂基因之益固。及日人治臺，堂業遂廢，嗣於明治 32 年，依府令第九十五號規定，併入臺南慈惠院[94]。

（四）枋橋保嬰局

枋橋保嬰局創於同治 5 年（1866 年）正月，位於擺接堡枋橋街（今板橋市），為當地富豪林維源所倡辦。林氏先自捐金五千，嗣向該地富

---

93 同前註。

94 1. 許丙丁〈臺南救濟院發展史〉，《臺南文化》7 卷 1 期，頁 77～78。2. 洪波浪、吳新榮《臺南縣志》，卷四〈政制志（下）〉，第十一篇社政，1980，頁 99。又據石萬壽教授言：臺南育嬰堂，除又稱養生堂外，亦名為「廣愛堂」。關於臺南育嬰堂之建置，文獻記載最早者為唐贊袞《臺陽見聞錄》（臺北市：臺銀，1958），其事載於是書卷上〈政事〉，頁 78。

戶勸募得款二千元，以之置田生息，充爲經費，以收養擺接堡內棄嬰，及家貧不克自養之女嬰。其收養之嬰兒，則以生後四個月以內者爲限，由貧婦居家乳育，局支予一定乳育費，若家中兼有老者，亦酌予補助。嗣後因當地溺女之風幾近絕跡，而棄嬰之風亦漸泯，育嬰事業遂中止，而將該堂改爲貧民救濟的機構。日人治臺時此機構尚持續其貧民救濟之事業。明治 39 年時，日政府將之廢止，並以其財產捐贈於臺北仁濟院[95]。

（五）艋舺育嬰堂

艋舺育嬰堂位於淡水之艋舺街學海書院後方，爲同治 9 年淡水廳同知陳培桂首倡，夥同當地紳民集資，共得捐金二千三百元，購買黃姓地基新造而成[96]。至於其倡辦動機與經過，乃係因陳培桂會晤縣丞林桂芬時，林以爲：「艋舺諸臻美備，惜育嬰一事未行，余自擒入閩以來，福鼎本有育嬰堂，……並於鄉間勸行育嬰社法。……屬林君速議，并捐廉倡首，以期有成。……是役也，糜洋錢壹千貳百元有奇，經營佈置，皆林君桂芬之力居多，司其事則蘇內翰兌榮、翁別駕林英、林博士紹唐、蔡上舍瑞灝、林上舍有藻」等人[97]。惟因所籌募捐金，大部分已費於購地、興造等項，事業之經費支出，旋告短絀，難以維持。遂詳定撥三郊洋藥抽分每箱四元半，以爲補助，基礎始固。下迄光緒 10 年，基金已達五千元。其收養辦法，分爲堂內收養（筆者案：indoor relief），定額五十名，及堂外救濟（筆者案：outdoor relief）二種。若堂內定額有缺，

---

[95] 1.《社會救濟事業概要》（臺北州方面委員會編，1939），頁 150。2.陳全永〈本市救濟事業之過去及現在〉，《臺北文物》1 卷 1 期。3.古月〈臺北仁濟院之演變〉，《臺北文物》10 卷 1 期。

[96] 其建置時間有二說，日人杵淵義房《臺灣社會事業史》謂創堂在同治 6 年。而《臺灣省通誌》卷二〈人民志人口篇〉頁 134，則據日人之說亦作爲同治 6 年。餘多載爲同治 9 年。按陳培桂任淡水同知係在同治 8 年，且「艋舺新建育嬰堂碑記」亦明載爲同治 9 年，故 6 年之說，殆有誤而不取也。另據陳培桂《淡水廳志》，卷四，志三〈賦役志〉「卹政」條，其名稱稍有不同，而作擺接堡「育嬰局」。

[97] 收錄於《明清臺灣碑碣選集》，省文獻會編，1980。又收錄於《臺灣北部碑文集成》，臺北市文獻委員會印行，1986。「艋舺新建育嬰堂碑記」文中，有「艋舺諸臻美備，借育嬰堂一事未行」等字，「借」字殆爲「惜」之誤也。

則堂外可依序遞補。堂內設有乳母房六間，僱乳母四人專責哺育。乳母每人月給六元，另置有堂丁二人，每人月俸十五元；司事一人，月俸十元；堂委員一人，月俸二十元。此外，亦有其它雜費支出，如香油費月支三元，每年三月祭費十元，七月普渡費二十元。堂外收養則月給嬰兒生母一元，一年爲限，俾其居家養育。日人據臺，堂內人員悉逃，堂務遂廢。其財產暫爲日官員保管，至明治32年，日人於臺北創設仁濟院，乃將之歸併[98]。

（六）新竹育嬰堂

新竹育嬰堂與艋舺育嬰堂同爲同治 9 年時，淡水同知陳培桂所倡設，址在新竹城南門內龍王廟之右，係以當時官紳捐金及鴉片釐金之一部，用充經費，並購汪姓房屋改造而成。計有二進。光緒 11 年，巡撫劉銘傳裁廢該項釐金，經費因絀，遂廢。嗣後以其堂供臨水夫人神位，以祈佑幼童。朝夕點燈，春秋二季祭祀不絕。日治以後，其財產爲地方官保管，至明治32年，與艋舺育嬰堂共歸併於臺北仁濟院[99]。

（七）澎湖育嬰堂

先是光緒 3 年，澎湖廳通判劉家聰鑑於當地溺女之習爲害，遂倡議捐建育嬰堂，惜當地人士或有陰爲阻之者，而劉通判亦於不久解任，事遂不成。《澎湖廳志》載：「溺女之風，近頗有之，或謂時下娶婦甚難，職此之故，丁丑年（即光緒 3 年）通守劉家聰議設育嬰堂，自捐鉅資爲倡，事垂成矣，有陰阻之者，未幾通守解任，竟不果。」嗣於光緒 6 年（1880 年），通判李郁偕、水師營副將蘇吉良，再倡興建，遂與馬公街

---

[98] 見註92、註95。另參見：1.王榮峰〈日治初期北市救濟事業〉，《臺北文物》6 卷 3 期。2.《臺灣慣習記事》（臺灣省文獻會譯編，1984），第參卷上第六號〈關於臺灣北部之救恤事業〉，頁309～312。

[99] 見註92。另參：1.陳金田譯〈清代新竹地區的社會事業〉，《臺灣風物》29 卷 2 期。2.黃旺成《新竹縣志》，卷五〈政事志〉，第八篇社會事業。3.清·鄭鵬雲、曾逢辰《新竹縣志初稿》（臺北市：臺銀，1959），卷二〈賦役志〉，「卹政」條，頁88。

邵公祠董事陳維新等，同官紳廣募義金，改築邵公祠爲堂舍。初以「監生林瓊樹董其事，嗣後歸廳辦理。又奉文每月於鹽課項下，撥出番銀五十兩，以給育嬰諸費。至光緒十八年十二月，育有女嬰三十三名；每名月給口糧八百文。凡新入者，每名賀錢六百文，裙帕二副，錢約二百文，皆以原母養原女八個月，則截止不復給矣。計開：堂內管賬，月支錢六千文；堂丁二名，月支工食二千文：書辦月支紙張銀五百文；又什費四千八百五十文。」光緒 21 年，日人以其財產歸地方官保管，至明治 34 年，併入澎湖普濟院[100]。

　　以上爲清代臺灣七所育嬰堂之置設經過。除枋橋名爲保嬰局（《淡水廳志》作育嬰局）外，餘皆稱育嬰堂。查有清一代，類於育嬰堂的育嬰機構名稱甚多，諸如育嬰公所、接嬰公所、保嬰會、留嬰堂、育嬰會、恤嬰會、接嬰會、六文會等[101]。其中以堂、所名之者，爲有堂舍、所址之謂，而以會爲名者，大抵爲捐助育嬰事業的慈善團體，如《續修浦城縣志》載：「育嬰會，在津宵里富嶺街。光緒九年，里人徐培華、徐嘉賓等倡捐田租一百六十石，充育嬰經費。一在安樂里秀嶺。咸豐十年，里人吳瑞喜等倡捐田租六十餘石，充育嬰經費。[102]」凡以留嬰、接嬰而育者，一般皆不僱乳嫗，僅作爲暫時收留幼嬰之處。即慮偏鄉荒村，民人途遠畏勞、跋涉爲難，無法將初生幼嬰抱送縣城之育嬰堂，乃暫爲收育，以待後日接送也。故此類機構多設於交通不便之偏遠村落。從其功能來看。此種接嬰堂（會）、留嬰堂（會）可視爲育嬰堂的補助機構[103]。惟臺灣當時並未見此類機構。

　　上舉這些育嬰機構，名稱雖異，但皆與「嬰」字有關，惟福建霞浦縣名曰「眾母堂」。該縣志載：「溺女之習，甯郡尤甚，嬰堂、嬰社之設，

[100] 見註 92。另見：1.清・林豪《澎湖廳志》（臺北市：臺銀，1963），卷二〈規制〉，「卹政」條，頁 77。2.蔡平立編著《澎湖通史》（臺北市：眾文圖書，1979），卷十一〈政事篇〉，頁 585。

[101] 星斌夫《中國の社會福祉の歷史》（東京：山川出版社，1988），頁 280～296。

[102] 清・翁天祐、呂渭英、翁昭泰《續修浦城縣志》，卷之〈八卹政〉，葉二〇下（《中國方志叢書》第 96 號，臺北：成文，1967），頁 129。

[103] 星斌夫《明清時代社會經濟史の研究》，第三編〈清代の社會福祉政策〉（東京：國書刊行會，1989），頁 398。

吾甯無此財力，驟難集事。同治三年，郡守程宋春下車，所著政績如新
學宮、靖鄰寇；後對於眾母堂之設，尤見精心獨運。特定寄乳章程二十
八則，集鉅款、建公局，遴公正紳士黃鍾澤、張國輪等為總董。至銀錢
出入、收育嬰孩，及一切稽查，又分別遴董以專責成。陸續設法廣捐，
購置田產店屋，為常年經費；著眾母堂彙編一冊，刊千餘本，垂為長久
之計。迄今六十餘年，閤邑嬰孩得獲生全之福。[104]」此條記載，雖未明
言救養方式如何，但就行文揣測，似有集眾乳母於一堂之意，故應屬僱
乳母於堂內哺育幼嬰的救養方式。

　　另有清各地以局為名的育嬰機構相當少，在臺灣僅枋橋屬之，甚為
特殊。以福建為例，平潭縣即為清代少數幾個保嬰局中的一個。該縣志
載：「清同治八年，同知李煥菠任一載，痛潭民生女多溺死，出示嚴禁，
犯者無赦。一面督同士紳分同十二區勸募，得二千餘緡，設局五福廟後
殿。凡貧民生女無力撫養者，向局領錢四千文，以資撫養，委紳董其事。
[105]」又《續修浦城縣志》載：「邑人周禮門、徐鴻英、詹賢嗣、孟殿榮
等後先繼起，倡捐巨款，分赴浙江辦理賑饑、埋骼諸事，復籌款舉辦義
學、育嬰等善舉十條，隨地設局，初無定所，迨建屋後，始易局名為堂。
[106]」「重建育嬰堂，在北隅里皇華山麓，光緒十七年，署縣陳銑倡捐鼎
建，屋凡二棟。前棟廳事奉安順天聖母，左居司事，右為客廳，兩廂房
居丁役。後棟隔牆別成院落，以居乳媼；後棟之右，建倉房為收租儲穀
之所，規制稍備。先是光緒九年，邑人季忠懷，首捐置田租三百三十餘
石，充育嬰經費，稟縣立案。知縣熊汝梅、官運委員宋尊望復捐廉，並
提撥各款，勸捐紳富，就雙忠祠設局舉辦。至是改建落成，更局名曰育
嬰堂。[107]」由上舉幾項資料可知，局與堂之不同者在於救養方式，前者

[104] 羅汝澤《霞浦縣志》，惠政志，葉三下（《中國方志叢書》第 120 號，臺北：成文，1967），頁 191。
[105] 黃履思《平潭縣志》，卷二十二〈惠政志〉，葉八上（《中國方志叢書》第 79 號，臺北：成文，1967），頁 198。
[106] 清·翁天祐、呂渭英、翁昭泰《續修浦城縣志》，卷之八〈卹政〉，葉一九下。
[107]《續修浦城縣志》，葉一九下、葉二〇上。又余治《得一錄》，對局與堂之別也作了有力的說明，該書卷二〈保嬰會規條〉載：「一、集會之始，未及建堂，先就寺廟公所設局。」

以戶外救濟（outdoor relief）為主，後者則以戶內救濟（indoor relief）為主，或兼採二種方式。局因無定所，且未建屋，故僅能在堂外救養；迨建屋後，始更名為育嬰堂。因此。臺灣七所育嬰堂中，獨枋橋以局為名，或因其堂舍未成，或因在戶外救養之故也。

五、臺灣育嬰堂之組織與運作

關於臺灣各育嬰堂之建置經過，前節已有詳述。然其行政組織為何？如何運營？舊志載記過於簡略，資料零散，且多屬斷簡殘篇，故難考知全貌。如新竹育嬰堂，在連橫《臺灣通史》卷二十一〈鄉治志〉僅載「在縣治龍王廟之右」寥寥數字，餘皆不詳，而其他育嬰堂亦僅有數十字之說明。為明瞭臺灣育嬰堂的性質，以便後文分析、茲雜採舊志及其他文獻，分列資產經費、堂規章程，組織運作三項，析述於下，藉知梗概。

（一）資產經費之來源

清代臺灣育嬰堂依倡導者身分之不同，約略可分為二類：一為地方領袖或士紳富商倡辦；一為該處之同知、知縣、通判等倡議，由官紳共議合捐、募勸集資創設而成。前者形同私辦，如嘉義育嬰堂即屬之。其經費完全由義捐而來，後一度因經費不足而中衰，至同治年間，當地士紳陳熙年等倡捐，方又重興。另臺南育嬰堂與枋橋育嬰堂亦分由富紳石時榮、林維源倡辦，石氏非惟自捐家屋，充為堂用，亦見慨捐五千圓生息，以為經費。林氏除自捐五千圓外，復募捐義金二千圓，置田生息。後者則屬官方倡設或官民集資倡辦性質，如彰化育嬰堂為知縣高鴻飛倡設，艋舺與新竹育嬰堂同為淡水同知陳培桂倡辦，澎湖育嬰堂則為通判劉家聰倡設。儘管如此，其經費主要仍是依靠地方士紳捐資，置田生息，以為經費。一般民眾捐助不拘何物，款數多寡亦不限，俱准其到堂（局）投櫃。一布一棉，故衣舊被，五穀藥材，有可為嬰兒之用，均可施濟。

尚有婦人發心乳哺，醫生療病，此種不受工資的善行，亦可節省堂費開支（見下文所錄金門育嬰堂規條第十七條）。或有人往往爲了求名、求壽、求嗣，而發願捐款救命（金門育嬰堂規條第二十四條）。

此外，育嬰堂也採行總捐、日積、抽釐等募捐之法。如是有力殷實之家，可成數交明者，則聽其量力總捐。一般舖戶，可按日施捨，或每日積貯一二文、三五文，至月底，堂發單派堂役走取。客商行郊，往來船隻，則就貨物出入多寡，加以酌抽勸捐（金門育嬰堂規條第十三條）。

然育嬰費浩，經營困難，是以政府有勸捐之法，慈善家「凡捐私資，養育孤貧，賑恤荒歉，築修公所道路橋樑等，施慈行善，捐銀千兩或千兩以上，及捐穀價準此者，並許建坊題曰樂善好施坊。未滿千兩，乃給匾額，題曰樂善好施，有時吏部定議，給與頂戴。[108]」清代臺灣善士嘗受頒與「樂善好施」、「善行可風」、「好義急公」、「尚義恤鄰」等旌表殊榮的匾額，至少在十八個以上[109]。雖然，這些旌表未必皆與養育孤幼有關，然亦可稍知臺灣地方善士好善恤鄰之風。

厥後，各育嬰堂或有經費短缺，難以爲繼者，如彰化育嬰堂，即靠募捐或抄封家屋田產，以爲資產，乃得再興。臺南育嬰堂亦嘗稟官批准，以出入安平之商船抽稅充爲堂費。然石氏死後，經費即告不足，堂業一時中絕，經巡道黎紹棠再倡，並以洋藥課稅、鴉片釐金提撥以爲補助。及光緒 8 年時，分巡臺灣道劉璈廢其例，另代以司庫平餘及鹽課餘款充爲經費。另艋舺育嬰堂，亦嘗遭遇資金不足之困，後以議撥三郊[110]鴉片抽捐每箱四元半，以爲補助，基礎乃固。新竹育嬰堂亦是以當時鴉片釐金之一部分充作經費，但至光緒 11 年，劉銘傳巡撫臺灣時，裁除釐金，堂務遂廢。

臺灣育嬰堂，不論其屬民設或屬官倡，其經費來源主要仍以民間爲主，即當地士紳富商本著爲善濟人之心，自動捐貲置設；或地方官首倡，

---

[108] 日・織田萬《清國行政法汎論》（臺北：華世，1979），頁 169。

[109] 據鄭喜夫、莊世宗《光復以前臺灣匾額輯錄》（省文獻會編印，1988）一書之統計。

[110] 當時建堂碑記所載五大紳商之一的林有藻，應即是臺北三郊首創於大稻埕之林又藻。請參《臺灣私法商事編》（臺北市：臺銀，1961），〈臺北三郊沿革及其事業〉，頁 28～35。

士紳捐募籌辦。其有不足者，除購田置產生息外，則以鴉片釐金、船舶課稅、鹽課、司庫平餘等款項充爲堂費。總之，此種恤政善舉，「有獨歸官辦者，有專歸紳董者，有官紳協理者，大抵動公項者什一二，由集捐者什八九。[111]」

（二）堂規章程

清代育嬰堂之置設幾乎遍至全國，蓋由於溺女棄嬰之社會弊病至清代已臻極至，故夙爲朝野所重。然其制見於《大清會典》第十九卷〈戶部〉蠲卹之部，僅略曰：「直省建立育嬰堂，遇遺棄廢病之嬰兒，收養於堂，有姓名生年月日可稽者，一一註於冊，僱乳婦善爲乳哺撫育。有願收爲子孫者，問明居地姓名，方與之。仍補註於冊，其經理報銷，與普濟堂同。」又〈戶部則例〉亦載曰：「凡通都大邑，各應建育嬰堂，收養遺棄嬰孩，僱乳婦，善乳哺，委官役董司其事。」即規定幼嬰收養時，應詳細稽查其姓名、出生等身世資料，列載於冊，且僱請乳婦哺育之。

自嘉慶以降，臺灣各地育嬰堂紛紛置設，惜府、縣、廳各志及諸采訪冊，並無育嬰堂條規之相關記載。徐宗幹因鑑於澎湖地方，貧民被災之後，屢有流離、幼子夭亡或鬻賣子女之事，乃示「諭收養幼孩[112]」，計開條規七項，然亦與堂規無涉。至今得知者，惟見於福建省例之「卹賞例」，該條規係於乾隆33年所定，其時臺灣尚未有育嬰堂之置設，不過由於臺灣當時仍隸屬福建省之一府，故該條規仍適用於臺灣各育嬰堂[113]。其內容計有十條，茲節略其要如下（爲便於討論，私編列各號碼於條文後）：

一、乳婦嬰孩，宜設立腰牌，以杜冒濫也。（1）

[111] 清・翁天祐、呂渭英、翁昭泰《續修浦城縣志》，卷之八〈卹政〉，葉二〇下（《中國方志叢書》第96號，臺北：成文，1967），頁129。
[112] 清・徐宗幹《斯未信齋文編》（臺北市：臺銀，1960），頁114。
[113] 請參：1.織田萬《清國行政法汎論》（臺北：華世，1979），頁117～118。2.李汝和《臺灣省通志》（臺灣省文獻委員會，1972），卷三〈政事志〉，司法篇，頁14～15。

一、堂門宜常鎖禁，以嚴出入也。（2）

一、乾糉宜額定兼糉，以節靡費也。（3）

一、乳婦宜歸單糉，以收實效也。（4）

一、堂孩病故，宜令醫生結報，以杜捏斃也。（5）

一、支放口糧，宜設定日期，照依時價，預期曉示，以杜剋扣也。（6）

一、製給裙衫，宜預為備辦，以免買用舊物也。（7）

一、製冬衣宜官令官辦，以杜侵漁也。（8）

一、堂門各役，宜定年限更換，以防勾出舞弊也。（9）

一、堂內各孩，年過十二歲，即宜自食其力，不得長糉在堂，靡費錢糧。（10）[114]

以上各條，係針對乳婦乳汁缺乏或本身無乳，冒領工食，或所乳之嬰已故，諱匿不報，將本生子女假充堂孩，冒領口糧。及乳婦棄孩出堂，竟日不歸；或兼乳過多，以致堂兒瘦斃。或領出私賣，藉屍報斃。或董事胥役扣剋糧銀，專買舊物薄衫搪塞。或堂門各役，在堂年久，熟悉乳婦，堂氣相通，互為勾串。及幼童已長，長養在堂，耗費錢糧等諸弊端而制定的。條規除飭各屬育嬰堂遵行外，且令各堂粘抄於堂內，以為經理之據。

雖然，遍查文獻未見條規著錄，但幸施瓊芳所著《石蘭山館遺稿》中，存留有施氏為臺南育嬰堂創建者石時榮所作之〈育嬰堂給示呈詞[115]〉，詞曰：「為溺女心殘，僉呈懇禁，育嬰費浩，請示勸捐事。……勝殘去殺，實資官長之施仁；救敝補偏，亦賴士夫之尚義。職員石時榮，本其樂善之念，倡為育嬰之堂，仿泉郡以立規，相觀而善。[116]」由此可推知，臺灣育嬰堂大抵仿福建各府以立規，臺南育嬰堂則直仿泉郡條規。泉州府志雖未著錄條規，基本上亦應與省例相去不遠，惟金門育嬰堂載有條規，規定甚為詳密，不但為其他育嬰堂所少見，且「所有章程，

---

[114] 詳見《福建省例》（臺北市：臺銀，1964），卹賞例「育嬰堂條規」，頁 472～476。

[115] 此一呈詞原稿嘗於 1977 年時在成大歷史文物館展出（見成大《史蹟勘考》第 5 期），該物由黃典權先生向藏主借出展示，今館中並無度藏。

[116] 見施瓊芳先生《石蘭山館遺稿專輯》（《臺南文化》8 卷 1 期，1965），頁 17。

皆仿效泉州條規而損益之。」故不憚冗長附錄於後，以供為臺灣育嬰堂
務運作之參考與比對。

金門育嬰堂條規：

一、凡抱來嬰女，須報姓氏里居，登簿存查。如不欲著名置嬰路
旁者，當書明姓氏、八字繫於嬰側，俾路人並字拾交。其旁人救
來送局，在十里內者賞錢六十文，二十里外賞錢一百文，本街抱
來者賞錢二十文。本生父母抱來，自無受錢之理，冒領者，查出
究懲。

一、女嬰寄養乳婦之家，不僱入堂內，以杜弊端而省費。

一、乳婦工資另給錢一千文，分作初一、十五二期按號發給，不
得借支。領錢時，將嬰抱驗。如不用心乳哺，致面黃肌瘦者，罰
扣工資百文；下月如能復原，賞還。

一、堂右有轉斗一個，若姦生子女畏人知者，由此抱送。

一、嬰孩有疾，乳婦家當速報明局中，請醫調治。不幸夭亡，亦
即到局報之，以便董事親驗收埋扣賬。如有違延不報而擅收埋、
冒領月資者，稟官拘拿究懲。

一、遠近居家，願領為義女、苗媳者，准具領字，託端正有家身
之人及殷實店舖取保，親到育嬰堂報明居里姓氏。若欲為媳，聲
明配合伊男某名、年幾歲，登賬存查；堂中給公照付執，以當婚
帖。不娶身價，並給隨身衣裙。領去後，如有轉賣及作婢女者，
查出稟究。

一、領去女嬰養為苗媳者，配合諸事有本堂分照為憑；本生父母
不得干預爭執，以杜串詐諸弊。惟嬰女長成，本生母子要相認者，
許其到局查明姓氏居里。

一、生女之家，苟不能割愛仍願領回自養者，聽之。若已被人領
作義女、童媳，不允給還。

一、媒婆人等，能將局養女說合與人領作女、媳者，每一口賞錢
一百文。

一、乳婦一人准育一嬰，不得兼收並育，以致撫養不周。

一、嬰孩初收時，給與布帽一頂、布衫二件、布裙二件，寒天加
棉襖一件；四個月後，加褲二條，週歲後，加鞋襪各一雙。由堂

製買發給，不准乳母領買。

一、嬰女如有未經領去者，限至八歲，即為央媒擇配。

一、仿泉州育嬰堂募捐之法，分作總捐、日積、抽釐各款。如有力之家，可以成數交明，則用總捐之法。其大小舖戶，本街計有二百餘間。其中亦有殷實，聽其量力總捐外，每間生理各給竹筒一個，權作按日施捨，或定每日積貯一二文、三五文不等。每至月底，由堂中發單該堂工人持單走取，此用日積之法也。其典商，除總捐外，每月仍如各舖戶先題定月捐若干，亦於每月底提單走取。又廈門、同安二處渡船，亦先題定月捐若干，亦由堂工於月底持單走取，此用月捐之法也。其客商行郊，就貨出入酌抽絲毫，應由該行郊勸收，交局中董事隨時給予收單，發賬撥用。又南門出入口岸掛驗商、漁船隻，於舖保持牌掛驗時，南北船隻每隻勸捐錢二百文，臺澎船隻每隻捐錢三百文，由舖保隨牌繳局，給予收單，則用抽釐之法也。

一、文武衙門，除各總捐外，各於本署立案，每月月捐錢若干，預於捐簿題定數目，每月底，由董事送單請發。

一、總捐如有存貯，應將銀行利一分寄典商生息，立借字手摺，逐月董事簡摺收利，或置買店屋園地收租。

一、堂中銀錢，除成數另行生息置產外，其月收、日支現存銀錢，應做木櫃一個存貯封鎖，寄放當店，以便隨時開發取用。每月底，由董事交接時核賬盤查。

一、捐助不拘何人何物，不論銀錢些少，聽其到局投櫃。或一布一棉、故衣舊被、五穀藥材，有可為嬰兒之用，均可施濟；以及婦人發心乳哺、醫生療病、裁縫成衣，不受工資，均係陰德，聽從其便。

一、局中賬目，月終用原、收、出、存，日查月結，由董事核對明白，即責成專管賬目之人，照造四柱清摺，呈送分縣衙門通報上憲察核；房書不准花用筆費。

一、堂中事物，由董事公請老成、明白、字算清楚之人，日月在局中專管諸事，並書筆墨登記賬目，月結工食二千二百文、紙札八百文。又僱誠實可靠僱工一人，日月在局專司看堂灑掃、神前香燭、差取捐資及一切雜差，月給工錢二千四百文。又僱誠實老

婦一人，司驗乳汁、抱嬰付養、領嬰付人，月給工食一千丈。又神前油燭香火，董事到局稽核賬目；又茶水柴炭，准管賬人開銷錢一百文。以上各人，務必常川在堂；倘有疏懶作弊，查出公辭另請，以專責成。

一、公選醫生一人，專醫女嬰。每年三節送禮，共銀三圓。

一、嗣後若生女故意扼溺，定按「故殺子孫律」，查出聞官究辦。如係初生自死者，應投局報明，免地保詐索。

一、應救女嬰，以初生為准；如生養多日始抱者，不受。

一、尼姑、娼優一切雜流，不許混冒領養。其生疏難憑者，須有引進中引。倘數年後鬻入娼者，查出送官究治。

一、如有人求名、求壽、求嗣，發願買救命若干，聽其到神前貼白願救幾命，將所費陸續交繳；願滿之日，將白勾完存局，榜示聞眾。可兩人共行、可一人獨舉，可量力而止、可計時而為；較之刻文印送，其行事尤為著實，獲福更靡涯矣。

一、查福州育嬰堂廢疾撥入普濟堂，給與孤貧日糧。現金門並無此堂，俟臨時由董事酌議，不得令其失所。

一、每月朔、望兩日，董事赴堂核查，分任其事；俱係自己發心行善，不取堂中分毫之利，以杜旁撓謗毀之端。倘有應議事務，須會同斟酌，不得專擅。

一、在堂家司什物，充置後登明底冊；日久損壞，註銷另備。不得任意作踐，私自借用。倘有遺失，管堂者賠償。[117]

在上各條規的行文中，「堂」、「局」二字往往互用，實值注目。蓋因金門育嬰堂之前身可能是保嬰局，迨堂屋建成，易名為堂後，仍沿其舊有的戶外救養方式，故條規第二款即載：女嬰寄養乳婦之家，不僱入堂內，以杜弊端而省費。

（三）成員組織與堂務運作

育嬰堂在創建後，一般皆由始創人親為「董事」管理堂務或選人擔

---

[117] 清‧林焜熿《金門志》（臺北市：臺銀，1960），頁70～73。另見左樹燮《金門縣志》（金門文獻委員會印行，1958），卷八〈建設〉，頁86～89。

任。其主要職員除正、副董事（或稱司事）各一人外，其下尚置有醫生、堂役、供事、乳婦諸員以處理堂務。至於其組織之人數則不一，多者包括雜役可置一、二十人，甚或二、三十人，少者僅寥寥數人。以福建省城育嬰堂爲例，其成員計有正、副董事各一、內外總理各一、醫生、供事各一，共六人。而乳婦則不列爲正式堂內之職員，其僱請人數亦隨各堂所需乳哺幼嬰之多寡而有不同。就臺灣七所育嬰堂而言，僅艋舺育嬰堂有明載「堂內設置乳母堂六房，僱乳母四名」（《臺灣慣習記事》第三卷上第六號，頁 312），餘皆未明乳婦僱請數目。不過，依推測可能應在數名或十數名之間。

　　另外，堂內職員數目與名稱，各堂亦有所不同。據《臺灣私法物權編》「慈善事業」第二「育嬰堂記事」之記載，有管事、前外管事（後改書記）、堂丁一名、堂婦一名、乳媼等員。而艋舺育嬰堂則置有乳母四名、堂丁二名、司事一名、委員一名。又據日人杵淵義房《臺灣社會事業史》記載，彰化育嬰堂置有董事二人、司事二人、看守員二人、乳媼若干。餘如臺南、枋橋、新竹、澎湖等育嬰堂，於成員組織之記載均不明。儘管如此，仍可推知一般育嬰堂之組織成員，至少包括董事或司事、堂丁或堂役等要員，其中董事或司事之職，多由倡設捐辦者擔任，或爲神矜、邑商及當地貢監生員司其事。一般而言，任斯職者不予薪俸，即無給職[118]。如彰化育嬰堂據《臺灣社會事業史》之調查，堂內置董事二人，即屬無給職。金門育嬰堂規條第二十六條亦規定，董事分任其事，俱係自己發心行善，不取堂中分毫之利，以杜旁撓謗毀之端。但事實上亦未必全然如此，如前揭「育嬰堂記事」之嘉義育嬰堂及艋舺育嬰堂，均有委員、管事、司事給俸之記載。而新竹縣制度考「育嬰堂遞年應收各款及開銷條目」之開銷項目，更明載「育嬰堂董事傅兆祥全年薪水三十元，董事林亦圖全年薪水三十元，堂丁傅添福、許火全年辛工銀三十元」[119]等條目。又依日人於明治 34 年所作之臺灣舊慣事項諮問之紀錄，

---

[118] 梁其姿〈十七、十八世紀長江下游之育嬰堂〉（《中國海洋發展史論文集》，中研院三研所編印，1984），頁 110。

[119] 不詳《新竹縣制度考》（臺北市：臺銀，1961），頁 88～89。

有「關於董事者」之問答部份，亦透露出董事之待遇「有給者亦有，無
給者亦有」之訊息。茲摘錄其略如下：

> 問：何謂慈善事業？
>
> 答：亦為公共事業，凡是求公眾之利益為目的的事業，均為公共
> 事業。
>
> 問：公共事業是否非設置董事不可？或可免設？
>
> 答：必為設置，因如無董事，則萬般事務，乏人處理。
>
> 問：為救濟臨時災害等，擬募捐時，是否再設董事？
>
> 答：舊政府時期，清國山西發生饑饉之際，前來勸募救助金，及
> 河南之黃河溢水，另修築堤防前來勸募捐款時，均由官方囑託董
> 事處理，所詢乙節依例由發起人做董事。
>
> 問：董事有無待遇之支給？
>
> 答：有給者亦有，無給者亦有。[120]
>
> 問：慈善事業即有關育嬰時之董事如何？
>
> 答：由官方選任之。
>
> 問：然則官方所選任之董事及公共事業請列舉之？
>
> 答：孔子廟、育嬰堂、節孝祠、白沙書院、義倉等孤兒院由官直
> 接管理置董事。
>
> 問：董事有無俸給與之？
>
> 答：有與者，有不與。
>
> 問：若官選時即如何？
>
> 答：那也是同樣有給約有不給的。[121]

　　據以上日人的這些調查筆錄，得知總理育嬰堂務的董事，並非皆屬
無給職。而董事之產生，大抵由發起人或地方士紳、有財力名望者任之，
或由官方選任之。前者即屬自任、私選，或地方薦舉者於官者，在此情
形下，官方亦准予任之，鮮有駁回之事。

---

[120] 臺灣慣習研究會《臺灣慣習記事》（臺灣省文獻會譯編，1984），第壹卷上第六號，「關
於董事者」條，頁187～192。

[121] 臺灣慣習研究會《臺灣慣習記事》（臺灣省文獻會譯編，1984），第壹卷下第十二號，「有
關董事項」，頁232～239。

　　臺灣育嬰堂之收養情形與堂務運作，由前揭二條規可窺其一斑。一般的運營方式可分二種，即堂內收養與堂外救濟；臺灣各育嬰堂之救濟方式大部分屬於前者，而枋橋育嬰堂則屬後者。彰化、艋舺育嬰堂兼採兩者。堂內所收嬰兒數額亦不一，少者二、三十名，如嘉義育嬰堂；多者五、六十名，如艋舺育嬰堂；再多者，則達一、二百名，如彰化育嬰堂。惟視各堂之經費、資產、場地之多寡大小而定之。堂中事務由董事或司事總責處理，聘僱乳婦專務乳育，按月支給銀兩。惟婦齡雖無明文規定，但必擇二十至三十歲間年輕乳婦充之，親身乳育（見《福建省例》條規第一條）。以免乳婦本身無乳，冒領工食，或致嬰兒瘦斃。另外，為使路旁郊野棄嬰能全活救養，有拾遺抱送嬰兒者至堂者，一名給付賞金半元，以資鼓勵[122]。至於堂內嬰兒養育待遇、收容年限如何呢？基本上，嬰孩定月皆支給口糧、布疋、衣物、被服等，有疾、病亡，則支予藥費、棺木費。其收養年限，未見明文規定，惟入堂資格，似應以初生幼兒、嗷嗷待哺者為限，如生養多年，無需乳育，始抱送入堂，則不予受理。如金門育嬰堂規即有此一規定。而枋橋育嬰堂亦規定限於四個月內的初生嬰兒，始予收養。然此似亦非定制，山西巡撫曾國荃於光緒4年時，嘗奏曰：「晉省上年被旱成災，……其年在十二歲以下，四歲以上之男女幼孩，既不能令其赴廠就食，又不獲收入育嬰堂，孤苦零丁，毫無依倚，非乞食於街衢，即呻吟於破屋。[123]」可知3歲以下的幼兒，有的育嬰堂亦加以收養。臺灣各地育嬰堂除枋橋外，對於嬰兒之收養資格，文獻未嘗記載，故以上乃就一般情形加以推測耳。而事實上，幼兒已養育至四、五個月後，父母亦較不忍心拋棄，而多勉力留養，《得一錄》云：「蓋初生時，或因困乏，或因氣惱厭惡，或欲代人乳哺，一時無奈，遂至忽而出此。若養而四、五月後，小兒已能嬉笑，嬌憨之態，最動人憐，父母必有不忍拋棄而勉力留養者。[124]」在養育過程中，為辨

---

[122] 杵淵義房《臺灣社會事業史》，（臺北：德友會，1940年），頁384。

[123] 蕭榮爵編《曾忠襄公（國荃）奏議》，卷十〈京外文武捐廉助賑數目疏（光緒四年七月二十六日）〉，收錄於沈雲龍主編《近代中國史料叢刊之四三二、第44輯》，臺北：文海，1966），總頁919～920。

[124] 清・余治《得一錄》（臺北：華文，1969），卷二〈保嬰會規條〉，葉三下，總頁108。

識方便，留養一至十二個月的嬰兒，在頭上留置前、後、左、右、中等髮式，以供識認。一年以上者，髮可全留置[125]。若有慈善之士領養者，除問明其地址姓名外，且須具不得轉售爲婢爲娼之具結。至於收養至幾歲截止，《省例》條規云：「堂內各孩，年滿十二歲，即各食其力，不得長黎在堂，靡費錢糧也。」但臺灣之情形則與省例之育嬰堂條規有所不周。如嘉義育嬰堂，黎養可長達 16 年，堂並有權處理其婚嫁。彰化育嬰堂對於殘廢聾啞幼嬰，亦養有至成人婚配時，更支予其婚配費用。

　　堂外救濟方式，又可分爲二類，一爲由嬰兒生母領回，居家養育。此種情形大多屬貧困無以自養而棄嬰，且可查出其生母爲何人者。其法爲：堂先派人至該家調查確實屬貧，無力養育，方准濟助，每兒每月給予堂外助養費一元，補助以一年爲限，如艋舺育嬰堂之堂外救濟即屬之。另一類爲傭僱乳媼，哺養於堂外或乳媼之家。在一般情形下，堂外乳婦一人只准乳育一嬰，不得兼收並育，以致撫養不周，此在省例條規第四款、金門育嬰堂規條第十款，均有規定。其法爲：每月每兒支給養育費半元，如彰化育嬰堂之堂外救濟即屬之。與堂內收養者一樣同支給被服等禦寒之物，惟乳媼須每月抱送堂內兩次，以查驗養育情形，兼領工資。其規一如金門育嬰堂規條第三款。此法之產生，殆由於經費不足，或堂地狹小，若需救養者日多，堂內不足容納所採行的補救方式。然當堂內額定收養之嬰兒，遇有死亡，或爲人領養而有缺額時，則可按請求收養先後之序，依次遞補。總之，金門育嬰規條各款，除第四、十二、十四、十六、十八等條尚無法確定臺灣育嬰堂是否亦有此規定外，其餘各款均與臺灣育嬰運作情形相似。

六、育嬰堂與清代臺灣的社會變遷

　　清代臺灣的的社會救濟事業，廣義而言，可包括救荒措施與救濟措施。前者又可分成災前的勸農桑、勵墾荒、備倉儲、與水利等預備性救

濟；與災時災後的蠲免、緩征、發賑、減糴、輪免、貸賑等事後性救濟。
無論是災前或災後之救濟，都係針對臺灣的風災、水災、火災、旱災、
震災等自然災害，所作的事前預防或事後挽救的救濟措施。而平時的救
濟措施，則依其救濟對象之不同，或救濟機構（或措施）本身機能之不
同，可分成（1）一般貧困救濟：如養濟院、普濟堂、棲流所、留養局
等。（2）喪葬救濟：如義塚、厲壇、殯舍、萬善同歸所等。（3）行旅救
濟：如義渡、津梁、路亭等。（4）婦嬰救濟：如恤嫠局、育嬰堂等。

　　救荒之政，在中國不僅歷代皆有，在任何社會、國家亦不能免。而
平時的社會救濟事業，則因社會問題之不同而有不同的救濟措施，其置
設則因當時社會上各種問題的輕重緩急而有先後之別。綜觀清代臺灣社
會救濟事業之演進過程中，以養濟院置設最早，其創設於康熙 23 年
（1684 年），由臺灣知縣沈朝聘、鳳山知縣楊芳聲、諸羅知縣季麒光等
置設於各縣地[126]。即於領臺一年後，已注意到「所有鰥寡孤獨及殘疾無
告之人」的照顧，俾窮民「毋致失所」、「均沾實惠」[127]。其後普濟堂、
棲流所於乾隆 12 年（1747 年），由巡臺御史六十七與范咸二人命臺灣
知縣李閶權置設於縣治城隍廟側[128]，而留養局則創設是乾隆 29 年（1764
年）由彰化知縣胡邦翰捐俸倡建[129]。收瘞貧屍及塚埋枯骨的義塚，亦於
康熙年間即已建置，高拱乾〈勸埋枯骨示〉曰：「開墾止於一方，……
而豪強視為世守之業，……嗣後凡有未墾荒埔，果係官地，聽民營葬，
若係批照在民，未經開墾者，亦准附近人民營葬，不許阻撓！[130]」可見
清代臺灣社會救濟事業開展甚早，且多屬官倡官辦，惟育嬰事業遲至嘉

---

126 高拱乾《臺灣府志》（北京：中華書局，1985），卷二〈規制志〉「恤政」，總頁 518～519。
127 雍正元年論各處所有鰥寡孤獨及殘疾無告之人，有司留心以時養贍，毋致失所。臺灣之養
　　濟院於清領翌年即設立，可見其開設甚早。此論見：1.黃彭年《畿輔通志》，卷一〇九〈經
　　政略〉，卹政二，葉一二上，總頁 3522。2.《清朝文獻通考》，卷四十六，國用八，考五
　　二九六。3.《大清會典事例》，卷二百六十九，戶部一百十八，葉十九下。
128 清・范咸《重修臺灣府志》，卷二〈規制〉，「養濟院」條附考（北京：中華書局，1985），
　　總頁 1468～1469。
129 其建置經緯詳見「留養局碑記」，收錄於《臺灣中部碑文集成》、《文獻專刊》5 卷 3、4
　　期，與余文儀《臺灣府志》。
130 高拱乾《臺灣府志》（北京：中華書局，1985），卷十〈藝文志〉，總頁 1059～1064。

慶朝方始建置，並由地方善士紳商首倡私辦後，官方才重視到這一方面的社會問題。此一特殊現象的產生，實與當時臺灣社會的變遷有密切的關係。

（一）育嬰堂與臺灣人口結構之變化

臺灣之有育嬰事業，雖以嘉慶初年嘉義育嬰堂的建置為嚆矢，不過依文獻記載推測，早在乾隆之時臺灣可能已呈現溺女棄嬰之跡。因之，時彰化知縣蘇渭生嘗有捐建育嬰堂之議。周璽《彰化縣志》載：「蘇渭生，雲南新平人。……乾隆 14 年[131]，調任彰化。下車即修衙署，增建旁廊。又以牢獄狹隘，重新而恢廓之。復捐俸修城隍廟。時縣治新設，居民尚少土著。自內地寄籍者，十之六七，每慮死無葬地，渭生捐置快官、八卦二山旱園數段為義塚，俾客死者皆可葬。其潔己愛民，不吝己貲，類如此。當在彰任內，每值賓興，先期猶寄白金數百，以助南平寒士卷資。蓋培養人材之意，無日不縈於懷也。嘗謂彰化有留養局，以惠孤老；而育嬰堂、棲流所二者，亦仁政所必及也。方議捐建，適擢他任事，遂中輟[132]。」查蘇渭生未調在彰化知縣前，嘗知南平，故不僅屢助南平寒士卷資，亦在當地創建育嬰堂。《延平府治》載：「南平育嬰堂，在縣治前龍鼎坊。初縣本無育嬰堂，乾隆十年，巡道明某與知縣蘇渭生創議，將城內龍鼎坊之觀音堂，改建暫為育嬰之處。嗣於十三年，購買民房一所，以資乳媼居住，收育嬰孩。[133]」

在蘇渭生任完南平知縣而調任彰化時，雖欲仿前例、倡育嬰，然其時臺灣仍屬移墾時期，人口結構上除呈現任何移墾社會皆有的男女比例懸殊之現象外，其人口的年齡組成，亦呈現以壯年男子為主，老年人其次，婦女又次，幼童最少的現象。這種社會人口年齡組合的差異在初墾

---

[131] 清・周璽《彰化縣志》（臺北市：臺銀，1960），卷三〈官秩志〉，頁 77 載，十三年二月任。乾隆十三年時，周璽仍任南平知縣，調任彰化知縣應為十四年。

[132] 清・周璽《彰化縣志》（臺北市：臺銀，1960），蘇渭生傳，頁 101。

[133] 清・陶元藻《延平府志》，卷十〈一恤政〉，葉三七上（《中國方志叢書》第 99 號，臺北：成文，1967），頁 205。

期尤為明顯，所以育嬰之議在當時臺灣社會中，只是為了顯示政者「仁政所必及」，而非有阻溺救棄之實際需要。就康熙 60 年諸羅縣大埔庄的情形來看，當地庄裏一共有七十九戶、二百五十七人。其中村裏僅有女人一名，六十歲以上的老人六名，十六歲以下的幼童一個也沒有[134]。雍正 6 年時，藍鼎元所作〈經理臺灣疏〉云：「統計臺灣一府，惟中路臺邑所屬，有夫妻子女之人民。自北路諸羅、彰化以上，淡水、雞籠山後千有餘里，通共婦女不及數百人。南路鳳山、新園、瑯嶠以下四、五百里，婦女亦不及數百人。[135]」這種婦女幼童人口比例稀少的社會，必然衍生出各府縣無父母妻子之繫累者（即羅漢腳），群聚結黨，隨處游移的治安問題。同時亦造成「鄉間之人至四、五十歲而未有室者比比皆是。閩女既不可得，或買掠販之女以為妻，或購掠販之男以為子。女則十四、五歲至二十歲，男則自五、六歲至十五、六歲，均不為訝」[136]的現象，以及「臺俗八、九歲至十五、六，皆購為己子，更有年未衰而不娶，忽援壯夫為子，授之屋而承其祀」[137]的情形。

　　清代早期臺灣特殊的人口結構，除了是初期移民社會的必然現象外，也與清政府的禁止移民攜眷渡臺的規定有密切的關係。但此種男女比例懸殊、人口組成中幼童稀少的社會現象，至何時始告紓解呢？在文獻上似不容易得到其解。不過育嬰堂在臺的開設，倒提供一條重要線索。緣在清代，大陸各地育嬰堂的普遍化是在雍正朝[138]，而臺灣則始於嘉慶初，普及於咸豐年間，足見臺灣移墾社會人口結構不正常現象，到了嘉慶朝的 19 世紀初以後才漸呈現定居社會（或稱土著社會、文治社會）的正常人口結構。蓋育嬰堂為收容棄嬰之所，尤其是女嬰，而其置設的先決條件除了人口壓力外，為 16 歲以下的幼童在整個社會人口組成中必佔有一定比例。再者，女性人口也需達到一定的比例，女嬰才有遺棄的可能。若於早期「男多於女，有村庄數百人，而無一眷口者。……

134 清·藍鼎元《東征集》（臺北市：臺銀，1958），頁 83。
135 清·藍鼎元《平臺紀略》（臺北市：臺銀，1958），頁 67。
136 清·陳文達《臺灣縣志》（臺北市：臺銀，1961），〈輿地志一〉，風俗條，頁 59。
137 清·周鍾瑄《諸羅縣志》（臺北市：臺銀，1962），卷八〈風俗志〉，頁 148。
138 星斌夫《中國の社會福祉の歷史》（東京：山川出版社，1988），頁 246～252。

娶一婦動費百金」[139]的情形下，溺女棄嬰之俗則無由產生。

　　再就臺灣七所育嬰堂置設時間（1796 年～至 1880 年）的間隔密度來觀察，咸豐期以後有密度愈高的傾向，即長則十餘年，短則幾年，就成立一所育嬰堂，由此現象亦得知嘉慶後的臺灣人口結構中的性別比例與年齡組成開始產生變化，至咸豐以後逐漸改善，直到 1896 年男女比例已幾達平衡的狀態，時男女之比為 119：100[140]。這種變化的產生，一則因攜眷之禁的弛解引起，一則也是雍乾時期臺灣人口「社會增加」（social increase，即移入人口數量多於移出人口數量）快速所致。清領臺前三年（康熙 19 年，1680 年）時，臺灣人口數僅有 12 萬，至嘉慶 16 年（1811 年）時，已幾達 200 萬。及至光緒 19 年時，約達 250 萬[141]。自康熙 19 年至嘉慶 16 年約 130 年間，臺灣人口年增加率為 2.2%，此在農業社會中，確為鮮見的高增加率。此時期的人口成長，主要係靠社會增加（即移民），自然增加應不致太高。而且嘉慶 16 年以降，至光緒 19 年的 80 餘年間，年增加率則由前期的 2.2%，降為 0.3%；變化甚大。顯然，在此期間，臺灣人口已呈飽和，謀生更難。《渡臺悲歌》（道光以後之作）嘗慨歎曰：「勸君切莫過臺灣，臺灣恰似鬼門關，……總有臭餿脯鹹菜，每日三餐兩大盤，想愛出街食酒肉，出過後世轉唐山。[142]」實因初墾時期的臺灣，謀生容易，至嘉慶、道光以後，不但平坦可耕之地漸少，而住民的社會階層已漸成型，所以對道光、咸豐年間渡臺的下層移民而言，自難養家活口。嘉慶以後，臺灣棄溺嬰的問題日益嚴重，即因人口壓力之故。

　　因此，育嬰堂的創建到普及化，不但可視為清代臺灣社會變遷中，人口結構之性別比例、人口成長與年齡組成開始產生變化的一個轉型階段；也是臺灣社會發展中由移墾社會轉向定居社會的一個重要指標。

---

[139] 清・周鍾瑄《諸羅縣志》（臺北市：臺銀，1962），卷十二〈雜記志〉，頁 292。

[140] 李汝和《臺灣省通志》（臺灣省文獻委員會，1972），卷二〈人民志〉人口篇，頁 61。

[141] 1.見陳紹馨《臺灣的人口變遷與社會變遷》（臺北：聯經，1979），頁 453～454 之表。《臺灣省通志》，卷二〈人民志〉人口篇，頁 57 之表亦同。2.另參李棟明〈臺灣早期的人口成長與漢人移民之研究〉，《臺北文獻》直字第 13、14 期合刊，1970。

[142] 黃榮洛《渡臺悲歌》（臺北：臺原，1989），頁 22～51。

（二）育嬰堂與國家及地方社會的關係

前已說明清代臺灣社會中人口結構不正常的現象，至嘉慶期時始產生變化，而至育嬰堂普及化的咸同時期；才由移墾社會邁向定居社會。但何以早期臺灣之社會救濟事業多以官方倡辦為主、民辦者少見？育嬰堂的創建在臺灣社會的變遷中有著什麼樣的意義？它和官方及民間的關係為何？這是以下所要探討的課題。

清代臺灣在乾隆朝以前的移墾社會中，文教不興，社會以開墾或經濟活動為主。當時社會領導階層，以身份言，無科舉功名的豪強型領導份子較多，包括領導投資土地開墾的墾首、隘首、管事和從事經濟活動的富商，而士紳較少[143]。以功能言，經濟型領導人物較多，而文教型領導人物則甚少。由於豪強型的社會領導階層與政府間的關係較不密切，較少參與社會慈善救濟事業，故清代早期臺灣救濟事業多屬官倡官辦。另外，清初領臺，或基於治安上的顧慮，或為收攬民心，因而亦相當注意臺灣的救濟事業[144]，何況養濟院、普濟院、棲流所、義塚、義渡等著重貧、老、廢、病、死的救恤制度，在臺灣移墾時期的社會，實屬非常急要迫切之事，且清政府這些救恤機構大抵亦是沿續明代卹政的傳統。職此之故，清領臺不久，即展開貧老廢病之救養、游民流丐之收容等社會事業。

育嬰堂在清初的興起，地方紳商的凝聚與形成實為一股推動力量。此時中央政權雖甚強，且社會上一般的救濟事業大多為官方所掌握，即為官營性質，但紳商階層仍透過育嬰事業的創辦而發揮其在地方社會強勢的影響力。此即育嬰事業一開始形成便是地方商紳所從事，與其他社會救濟機構大多屬於官辦不同的主要原因。臺灣在清初移墾社會中，紳

---

[143] 參閱蔡淵絜下列論文：
　　1.〈清代臺灣社會領導階層的組成〉，《史聯雜誌》第 2 期，1983。
　　2.〈清代臺灣社會領導階層性質之轉變〉，《史聯雜誌》第 3 期，1983。
　　3.〈清代臺灣行郊之發展與地方權力結構之變遷〉，《東海歷史學報》第 7 期，1985。
　　4.〈清代臺灣社會上升流動的兩個個案〉，《臺灣風物》30 卷 2 期，1980。
[144] 黃秀政〈清初臺灣的社會救濟措施〉，《臺北文獻》直字第 33 期，頁 143～160，1975。

商在民間社會的力量並未形成，即在社會上尚未形成一有力的領導階層。是以康熙、雍正、乾隆時期，內地各處育嬰事業已普遍興起，雍正時期官方更各以種不同的方式積極介入民營的育嬰事業時[145]，臺灣的社會救濟事業仍屬官倡官辦階段。因此，地方領導人物或善士僅依個人名義出資義捐，參與官方事業。雖然乾隆時臺灣可能已出現溺女棄嬰之跡，但商紳階層並未匯集成一股力量，主動倡辦。

　　這種官營救濟事業在臺灣社會的強大優勢，直到 18 世紀末、19 世紀初才稍滅弱。嘉慶年間由民間士紳共同舉辦的第一所育嬰堂的成立，正代表臺灣地方紳商階層的凝聚與形成，亦象徵著紳商階層在民間影響力的加強。就臺灣七所育嬰堂來看，其創設主要係靠官、紳、商三者合力形成。三者之中，代表民間力量的紳商階層尤屬重要，其經費的來源主要亦是來自民間，而官方撥官銀協助，或發起捐募運動之貢獻，仍屬次要。此在臺灣早期的育嬰事業尤為明顯，如嘉義、彰化、臺南、板橋等四所皆屬民營（其中彰化育嬰堂之設，知縣雖有倡設之功，但當地紳商出力更多）；到後期（同治以後）則官方勢力漸伸入育嬰堂的經營。因此，艋舺、新竹、澎湖三所育嬰堂皆由當地地方官倡設而成。可見在臺灣育嬰堂的倡設與經營中歷經了一個重要的轉折，此即同治年間以後，官方色彩逐漸增強。

　　官方勢力所以伸入民營的育嬰堂事業，與私辦育嬰堂的經費籌措困難有關。如臺南育嬰堂即曾向官方申請以出入安平的商船課稅作為補助經費，但石氏死後事業即告終絕。為延續其業，官方遂以鴉片釐金收入作為補助，設法整頓重興。餘如艋舺、新竹、澎湖等育嬰堂，都受到官方鹽課、鴉片釐金、三郊洋藥抽分的補助，始足以維續。另外，官方介入育嬰事業，亦凸顯出地方官僚層與民間商紳的互動關係。育嬰堂在臺灣創設之初，由於紳商階層主動與辦慈善救濟事業，使其在社會上身份地位逐漸重要，其具體表現在透過「事上接下」的過程中，而漸掌握主裁地方行政或公務之職權。在事上方面，如防海、平匪、派義民、助軍

---

[145] 梁其姿〈清代慈善機構與官僚層的關係〉（《中研院民族所集刊》66 期，1988），頁 87～92。

需。在接下方面，以賑恤、捐金、義舉、調處為主[146]。即商紳階層在民間或地方社會可發揮其影響力。而後期的育嬰事業，則多呈現出官方倡議在先，官紳合辦在後的性質，此則顯示出官方對地方社會控制力的加強。因之，臺灣育嬰堂由早期的「歸紳捐紳辦，而地方官初僅居董勸之名，以杜侵污之弊[147]」，轉變為後期官民合營的事業。

　　我們由嘉義育嬰堂與新竹育嬰堂為例，來考察其性質的演變經過，當可了解其間的差異與轉變。嘉義育嬰堂之創設是：「從前嘉義四方貧民者多，……由小兒自己抱埋，當時眾紳商人等目擊心傷，邑紳出為勸捐置業，大舉行善。建設公堂一所，在本城城隍廟左邊，名曰育嬰堂。[148]」基本上，育嬰堂與其他的民間社團，如贊助科舉教育、慈善事業及地方公益為主的文社、善堂等各種民間鄉紳組織一樣，其財產權益均屬當地紳商及捐資者所共有，在經營上亦由商紳選出董事來管理[149]。這種私人團體所倡辦的社會救濟、慈善事業，名稱甚多，因地因事而有不同，如樂善堂、同善堂、修善堂、普善堂、廣善堂、合善堂、素善堂、素仁堂、好善堂、積善堂、厚德堂等。其救濟範圍亦甚廣，諸如保嬰、恤嫠、養老、濟貧、借貸、賑災、惜字、救生、義學、義塚、義倉、義渡、施粥、施米、施茶、施衣、施診給藥、施棺掩埋等民生疾苦，幾乎無所不包。像澎湖好善堂就是綜合放生、惜字、敬牛、保嬰等事業的善堂。而到後期的新竹育嬰堂，其經營則變成「由官專派司事經理[150]」的方式，且其財產亦由原有的捐資者共同共有轉歸為「官有建物[151]」。另澎湖育嬰堂亦是初由監生林瓊樹董其事，但不久即「歸廳辦理」，足見官方之介入育嬰事業至同、光年間已相當普遍。故一般認為育嬰堂的董事均屬無給職，為何文獻上仍可找到例外，由後期官方色彩漸強的新竹育嬰堂

---

[146]　《臺灣私法商事編》（臺北市：臺銀，1961），頁13。

[147]　臨時臺灣舊慣調查會《臺灣私法附錄參考書》（臺北市：臨時臺灣舊慣調查會，1911），第一卷下，頁305。

[148]　《臺灣私法物權編》（臺北市：臺銀，1963），「育嬰堂記事」，頁1477。

[149]　鄭振滿〈清代臺灣鄉族組織的共有經濟〉（《臺灣研究集刊》第2期，1988），頁14～15。

[150]　清·鄭鵬雲、曾逢辰《新竹縣志初稿》（臺北市：臺銀，1959），頁88。

[151]　不詳《新竹縣制度考》（臺北市：臺銀，1961），「官有建物及諸廟宇」條，頁48。

來看，其經營者既由官委任，則受薪俸之事，實不難理解。

由前所述，得知在育嬰堂創設的 19 世紀初期，臺灣的紳商階層在地方社會的勢力漸茁壯，但到同治年間，則由於官方的積極介入紳商捐辦的育嬰事業，使紳商階層在民間力量稍挫，唯一例外者為板橋育嬰堂，即為當地紳商林維源所私辦，未嘗受到官方任何補助，官方勢力亦無法介入。施士洁〈侍郎銜太僕寺卿林公壙志（代叔臧京堂作）〉云：「府君姓林氏，諱維源，字友逢，號時甫。先世由漳州龍溪，遷居臺灣淡水之枋橋。……府君獨捐鉅資，設育嬰，葺廢墳，平陂路。復創養濟院，以恤窮黎；修『淡水志』，以存文獻；闢『大觀社』，以惠士林。大甲溪歲溺，人稱奇險，府君與諸當道造浮橋，民獲安渡。臺灣撫墾內山時，府君方以內閣侍讀學士在都供職，奉旨幫辦臺灣撫墾事務。凡築鐵道、開煤礦、建行省郡垣之役、賑順、直、晉、豫之荒，心力交瘁。在臺十餘年，帝心簡在，歷遷太常少卿、通政副使、太僕正卿。甲午，中日事起，命授督辦全臺團防大臣。[152]」可知後期官方對地方控制力加強的同時，板橋林家的勢力仍熾盛不滅。因此，一般將清代臺灣的育嬰事業籠統稱為「官紳集資合營」[153]，似有待商榷。應可將其性質分為早期的紳商私營與後期的官倡或官紳合辦兩個階段，始足瞭解政府地方官僚與民間的紳商階層的互動關係，及二者間勢力的消長情形。

七、結語

綜觀歷代兒童救濟事業的發展過程中，歷經了兩次重大的變革。其一是在宋之時出現的慈幼局等育嬰機構，在此之前，政府的各種兒童救濟措施均混同於其他老、廢、殘、疾、貧、病之救濟機構中，係採混合收容的救濟方式。慈幼局此種單純以「幼」為對象的救濟機構出現，象

---

[152] 清‧施士洁《後蘇龕合集》（臺北市：臺銀，1965），頁 373～374。

[153] 截至目前為止，學者研究有關清代臺灣之社會救濟事業或育嬰事業者（參前各註所引之文），與一般省、縣、市所編的省通志、市志、縣志，皆如省通志所載：「綜觀本省清代之救恤機構，多為官、紳、商出資合營，乃為有清二百餘年，本省救恤事業之特色（卷三〈政事志社會篇〉，眾文版，頁 2）。」

徵著兒童救濟事業完全擺脫固有傳統，而邁向一個新的里程。其二是育嬰堂在明末清初的置設與興起。此種慈善救濟事業則完全由民間善士、紳商義捐自辦，這是中國第一次出現有組織、有制度、純由民辦的兒童救濟事業，實值得注目。其後在雍乾時期官方開始介入民辦育嬰事業的同時，臺灣因尚處移墾社會，幼童人口稀少，棄嬰絕少，故至嘉慶年間始有育嬰堂之設。其創辦稍晚大陸各地約一百多年，惟創設之初仍由地方紳商義捐私辦，則兩者毫無不同。

　　就臺灣各地育嬰堂的創設過程來看，大抵以中南部為先，北部稍慢，離島的澎湖最晚。此一則與各地開發程度不同、人口多寡有關；一則亦與各地紳商階層形成的早晚有關。以墾殖先後而論，南先於北，以紳商階層形成的先後而言，亦是南早北晚。在育嬰事業之經營方式方面，臺灣育嬰堂已兼採戶內救濟與戶外救濟兩種形態。前者即由機關救養來「承哺」，後者則由貧婦家庭來「兼哺」，蓋因堂內房屋不敷居住，仍將女嬰分寄貧婦家庭哺養，其補助則較之「承哺」者口糧銀減半[154]。戶內救濟（indoor relief）又稱留養救濟、院（堂）內救濟或機關救濟。探究中外救濟事業的起源與發展，皆是先有戶外救濟，而後再有戶內救濟。《洪江育嬰小識》載：「就團防故地，設局試辦，責成方董，實心察訪。有貧不能舉子者，月給口糧銀，盡期年止。初報予以衣糯，仍令生母自哺，謂之贍嬰。後以道路遺嬰，無生母乳哺，……開堂雇婦乳哺，謂之堂嬰。[155]」可見未開堂的設局階段，多採戶外救濟方式。中國關於幼兒戶內救濟之出現，則以慈幼局之設為濫觴，嗣後清代的育嬰事業仍是以戶內救濟為主，以戶外救濟為輔。

　　就育嬰堂收容對象來看，幾乎皆以女嬰為主，亦兼收容殘疾廢病聾啞之幼兒。或有收容男嬰時，則多有人家收養作子。此種情形無論在大陸各地或臺灣之育嬰堂均同。此可由一般育嬰堂碑記、建置經過或育嬰堂條規之記載：其或曰「凡貧苦之家，無力養育女嬰者，抱女到堂報名」；或志云：「僱傭乳母收集女孩撫養」；或載：「如有乳婦自願留作養媳以

---

[154] 清・周凱《廈門志》（臺北市：臺銀，1961），頁78。
[155] 《洪江育嬰小識》，卷一〈識緣起〉，葉二。

配其子者，例給費三年。……其男孩則多有人家以養作子」等語[156]，窺知其概。而彰化育嬰堂更明載兼收殘疾聾啞幼兒，澎湖育嬰堂在光緒18年統計時，全堂收容33名均為女嬰，由此亦可推知其情。至於臺灣育嬰堂建置後，其事業的經營成效如何？頗難確實評估。以育嬰堂本身的維持時間來看，頗多中輟廢止的情形，如嘉義育嬰堂於嘉慶元年創設，嗣後中輟，至同治6年時，因商紳陳熙年、賴時輝之捐倡，方告重建。彰化育嬰堂創於道光年間，後以經費短缺，事業遂廢，至光緒時以抄封家產及當地紳商之捐助，規模始具。臺南育嬰堂在創設者石時榮死後，堂務即告廢止，嗣官方乃勸諭紳商捐金，事業始續，然未久又因經費不足而暫廢。即如官方色彩濃厚的新竹、艋舺育嬰堂，亦嘗礙於經費，而有後繼無力之感。可見育嬰堂事業所需經費龐大，經費足否，直接影響到事業能否有效持續。誠如民國29年四川省政府對成都慈惠堂之調查報告所云：「成都有慈惠堂已歷八、九十年，同係地方士紳辦理，收養孤兒聾童，……就各端而論，惟育嬰堂最不易辦理。[157]」即知其經辦不易之一斑了。

另外，關於女嬰或殘疾廢病幼者，收養後其存活率為何，文獻付之闕如。否則，當可就此角度加以評估其事業。而對女嬰受人抱養之保障，最基本的規定是不准轉賣為婢為娼。但其行政規定與實際執行情形，恐亦難保不無差距。在廈門育嬰堂就有「虛報物故，鬻作婢娼」[158]之情形，即領養人將所抱養女嬰轉賣為婢為娼，而以女嬰已病亡為詞，向堂捏報。臺灣女嬰是否常遭此命運，雖不得知，但以清代無論臺灣或大陸各育嬰堂，均有女嬰准聽良家具養，或為女，或為苗媳，毋許轉賣為娼為婢之規定來看，此既有利可圖，各處或多或少應有轉賣之事。光緒初年吳子光描述：「臺俗貧人多重女輕男，所謂生男勿喜、女勿悲者，此非為門楣計，為一株錢樹子計耳。[159]」此則記載即說明了貧民每視女兒為

---

[156] 前見《雲霄縣志》，卷八政治「民政」（臺北市：成文，1975），頁259。後見《同安縣志》，卷之二十二「惠政」（北市福建省同安縣同鄉會，1986重印），頁618。

[157] 柯象峰《社會救濟》（上海：正中書局，1947），頁102～104。

[158] 清‧周凱《廈門志》（臺北市：臺銀，1961），頁77。

[159] 清‧吳子光《臺灣紀事》（臺北市：臺銀，1959），卷一〈臺灣紀略〉，頁19。

搖錢樹。故難以擔保貧民無暫領堂嬰，伺機藉故轉賣圖利。或者「甚有地方惡棍，設計抱養女孩，名爲苗媳，即長不爲之擇配，逼令爲娼[160]」等事發生。而事實上，貧家生女，亦未必皆抱送至堂撫養。貧家之婦，身爲母者，本已嘆薄命，今又生女，亦不過徒增一可憐而已！其自家不能養活者，或寄養人家，或爲童養媳，或鬻爲婢女，或被輾轉販賣淪爲娼妓，聽人蹂躪。清代臺灣婢女久受錮而不嫁，苗媳逼爲娼妓，於文獻記載甚多。即連紳官、殷實之家、好善樂施者，亦多「隱造此孽」[161]。所以，貧家之女，降生初始，即已注定其坎坷多舛的一生。

就臺灣育嬰堂救養方式來看，或採戶外救養，或採戶內救養，或兼採二者。然各種方式皆有其利弊。戶外救養可節經費、省雜支，毋需購地建堂，以供乳媼幼嬰居住等，此其長。惟無論由貧婦居家自養，或由堂（局）另僱乳婦乳哺於外，皆易釀成轉賣爲娼婢之情形，此其短。緣戶外救養之助養金原則上以一年爲限，不若戶內救養可完全由堂方負責養育至成年，一般貧婦至無力支撐撫育之費時，往往即予轉養。而受僱在外乳育幼嬰之乳婦，堂方所支給乳糧銀既少，每「虛報物故，鬻作娼婢」。戶內救養，雖較不易產生此弊，但仍准抱養爲女、爲苗媳，此亦不免使女嬰有被轉賣的可能，尤其是育嬰費浩，每有難以爲繼之虞。臺灣育嬰堂大部分均屬此種戶內救濟方式，是以多有中止暫廢之情形，即因此故。

姑不論臺灣育嬰堂之育嬰事業成效如何，真正值得注意的是臺灣育嬰堂之創設與發展，在清代臺灣社會變遷中具有什麼的意義？就本文初步觀察，它至少解釋了清代臺灣社會由移墾型態轉向定居性質，及臺灣紳商階層形成的約略時間，即 19 世紀開始，臺灣社會已漸產生變化，初墾社會的一些特殊現象，如男女比例不平衡，幼童人口稀少，社會領導階層以投資土地開墾的人物爲主，這些性質已漸不明顯。再者，育嬰堂對於臺灣社會仍有其重要頁獻。基本上它已達到其設立的初衷——

---

[160] 《臺灣私法人事編》（臺北市：臺銀，1961），第四章親子，第十諭示，頁 647～648。
[161] 清‧丁曰健《治臺必告錄》（臺北市：臺銀，1959），卷五〈戒錮碑文〉，頁 366～367。

「轉溺爲棄」[162]，改善了社會上的溺女風習，如板橋育嬰堂即因當地溺女之風幾近絕跡，而棄嬰之跡亦漸泯，乃終止育嬰而改爲貧民救濟機構。僅就此點而言，其立意就已值得推許與肯定了。

徵引書目

一、古籍與文獻

先秦

《韓非子》，臺北：中國子學名著集成編印基金會，1978。

《國語》臺北：里仁書局，1981。

《管子》臺北：中國子學名著集成編印基金會，1983。

《春秋左傳會注》，高雄：復文書局，1986。

漢

班固《漢書》，臺北：鼎文書局，1975。

趙曄《吳越春秋》臺北：臺灣商務印書館，1983。

南朝·宋

范曄《後漢書》，臺北：鼎文書局，1979。

北齊

魏收《魏書》，臺北：鼎文書局，1975。

顏之推《顏氏家訓》，臺北：臺灣中華書局，1979。

唐

姚思廉等《梁書》，臺北：鼎文書局，1986。

五代·後晉

劉昫《舊唐書》，臺北：鼎文書局，1976。

宋

---

[162] 《蘇州府志》，卷二十三「張遇恩記」，載長州縣育嬰堂的置記序云：「育嬰者，所以體窮民不得已之心，轉溺爲棄，而予以生全也。」轉引自梁其姿〈十七、十八世紀長江下游之育嬰堂〉一文，頁120～121。

蘇軾《東坡集》,《四部集要集部》, 臺北:新興書局, 1959。

朱松《韋齋集》,《四庫全書集部》, 別集類, 臺北:臺灣商務印書館, 1965。

廖剛《高峰文集》,《四庫全書集部》, 別集類, 臺北:臺灣商務, 1965。

陳傅良《止齋先生文集》,《四部叢刊初編集部》, 臺北:臺灣商務, 1965。

董煟《救荒活民書》, 收錄於清·張海鵬輯《墨海金壺·史部》, 臺北:藝文印書館, 1968。

李元綱《厚德錄》,《百川學海》乙集, 臺北:新興書局, 1969。

吳自牧《夢梁錄》,《東京夢華錄外四種》, 臺北:古亭書屋, 1975。

孟元老等著《東京夢華錄(外四種)》, 臺北:大立出版社, 1980。

周應合《景定建康志》, 清嘉慶 7 年重刊本, 臺北:大化書局, 1980。

王得臣《塵史》, 臺北:新文豐, 1989。

元

脫脫《宋史》, 臺北:鼎文書局, 1978。

明

申時行《大明會典》, 臺北:臺灣商務印書館, 1968。

馮夢龍《警世通言》, 臺北:鼎文書局, 1974。

馮夢龍《醒世恆言》, 臺北:鼎文書局, 1978。

宋濂《元史》, 臺北:鼎文書局, 1978。

楊士奇編《歷代名臣奏議》, 臺北:臺灣商務印書館, 1983。

黃仲昭《八閩通志》, 臺北:學生書局, 1987。

清

鮑廷博輯《知不足齋叢書》, 臺北:興中書局, 1964。

陶元藻《延平府志》, 臺北:成文出版社, 1967。

翁天祜、 呂渭英、翁昭泰《續修浦城縣志》臺北:成文出版社, 1967。

黃彭年《畿輔通志》, 清宣統 2 年刊本重印, 臺北:華文書局, 1968。

余治《得一錄》，臺北：華文書局，1969。

趙翼《陔餘叢考》，臺北：世界書局，1970。

汪鍾霖《九通分類總纂》，臺北：鼎文書局，1975。

張伯行輯、夏錫疇錄《課子隨筆錄》，臺北：廣文書局，1975。

徐松《宋會要輯稿》，臺北：世界書局，1976。

崑岡《大清會典事例》，臺北：新文豐，景印光緒 25 年刻本，1976。

陳夢雷《古今圖書集成》（明倫彙編家範典第五十四卷，女子部藝
　　　文二），臺北：鼎文書局，1976。

張廷玉等《明史》，臺北：鼎文書局，1982。

席裕福、沈師徐《皇朝政典類纂》，臺北：文海出版社，1982。

陸曾禹《康濟錄》臺北：臺灣商務印書館，1983。

慵訥居士《咫聞錄》，臺北：新興書局，1983。

吳錫璜《同安縣志》，臺北市福建省同安縣同鄉會，1986 重印。

秬璜《續文獻通考》，臺北：臺灣商務印書館，1987。

張廷玉《清朝文獻通考》，臺北：臺灣商務印書館，1987。

民國

左樹援《金門縣志》，金門文獻委員會印行，1958。

蕭榮爵編《曾忠襄公（國荃）奏議》，臺北：文海出版社，1966。

羅汝澤《霞浦縣志》，臺北：成文出版社，1967。

楊宗彩、劉訓瑞《閩清縣志》，臺北：成文出版社，19674。

黃履思《平潭縣志》，臺北：成文出版社，1967。

徐炳文、鄭豐稔《雲霄縣志》，臺北：成文出版社，1975。

二、臺灣方志與史料

1687（康熙 26 年）

蔣毓英《臺灣府志》，北京：中華書局，1985。

1696（康熙 25 年）

高拱乾《臺灣府志》，北京：中華書局，1985。

1719（康熙 58 年）

　　周鍾瑄《諸羅縣志》，臺北：臺銀，1963。

1720（康熙 59 年）

　　陳文達《臺灣縣志》，臺北：臺銀，1961。

1722（康熙 61 年）

　　藍鼎元《東征集》，臺北：臺銀，1958。

1747（乾隆 12 年）

　　范咸《重修臺灣府志》，北京：中華書局，1985。

1732（雍正 10 年）

　　藍鼎元《平臺紀略》，臺北：臺銀，1958。

1760（乾隆 25 年）

　　余文儀《臺灣府志》，臺北：臺銀，1962。

1826（道光 6 年）

　　周璽《彰化縣志》，臺北：臺銀，1960。

　　陳盛韶《問俗錄》，北京：書目文獻出版社，1983。

1832（道光 12 年）

　　蔣鏞《澎湖續編》，臺北：臺銀，1961。

1839（道光 19 年）

　　周凱《廈門志》，臺北：臺銀，1961。

1848～1966（道光 28 年～同治 5 年）

　　徐宗幹《斯未信齋雜錄》，臺北：臺銀，1960。

　　徐宗幹《斯未信齋文編》，臺北：臺銀，1960。

1867（同治 6 年）

　　丁曰健《治臺必告錄》，臺北：臺銀，1959。

1871（同治 10 年）

　　陳培桂《淡水廳志》，臺北：臺銀，1963。

　　陳壽祺《重纂福建通志》，臺北：華文書局，1968。

1874（同治 13 年）

　　《福建省例》，臺北：臺銀，1964。

1875～1922（光緒年間～1922）

　　施士洁《後蘇龕合集》，臺北：臺銀，1965。

1877（光緒 3 年）

　　吳子光《臺灣紀事》，臺北：臺銀，1959。

1882（光緒 8 年）

　　林焜熿《金門志》，臺北：臺銀，1960。

1891（光緒 17 年）

　　唐贊袞《臺陽見聞錄》，臺北：臺銀，1958。

1893（光緒 19 年）

　　林豪《澎湖廳志》，臺北：臺銀，1963。

1895（光緒 21 年）

　　不詳《安平縣雜記》，臺北：臺銀，1959。

1898（光緒 24 年、明治 31 年）

　　鄭鵬雲、曾逢辰《新竹縣志初稿》，臺北：臺銀，1959。

　　佐倉孫三《臺風雜記》，臺北：臺銀，1961。

1901～1907（明治 34 年～40 年）

　　臺灣慣習研究會《臺灣慣習記事》，臺灣省文獻會譯編，1984。

1909（明治 42 年）

　　織田萬《清國行政法汎論》，臺北：華世出版社，1979。

1911（明治 44 年）

　　臨時臺灣舊慣調查會《臺灣私法附錄參考書》，臺北：臨時臺灣舊
　　　　慣調查會。

　　臨時臺灣舊慣調查會《清國行政法》，臺北：南天書局複刻，1989。

　　臨時臺灣舊慣調查會《臺灣私法商事編》，臺北：臺銀，1961。

　　臨時臺灣舊慣調查會《臺灣私法人事編》，臺北：臺銀，1961。

　　臨時臺灣舊慣調查會《臺灣私法物權編》，臺北：臺銀，1963。

1917（大正 6 年）

　　不詳《新竹縣制度考》，臺北：臺銀，1961。

1920（大正 9 年）

連橫《臺灣通史》，臺北：臺銀，1962。

1940（昭和 15 年）

杵淵義房《臺灣社會事業史》，臺北：德友會。

1954

劉枝萬《臺灣中部碑文集成》，收錄於《文獻專刊》5 卷 3、4 期合刊。

1960

盛清沂《臺灣省通誌・卷三政事志・社會篇》，臺灣省文獻委員會。

1962

劉枝萬《臺灣中部碑文集成》，臺北：臺銀。

1965

黃典權點校《（施瓊芳）石蘭山館遺稿專輯》，《臺南文化》8 卷 1 期。

1972

李汝和《臺灣省通志・卷二人民志・人口篇》，南投：臺灣省文獻委員會。

1976

賴子清《嘉義縣志・卷七人物志》，嘉義縣政府。

1978

賴子清《嘉義縣志・卷三政事志》，嘉義縣政府。

1979

蔡平立編著《澎湖通史》，臺北：眾文圖書。

1980

洪波浪、吳新榮《臺南縣志》，臺南縣政府。

黃耀東《明清臺灣碑碣選集》，南投：臺灣省文獻委員會編印。

1983

黃旺成《新竹縣志・卷五政事志》，臺北：成文出版社。

1984

盛清沂、王詩琅、高樹潘《臺灣史》，臺北：眾文。

1986

　　邱秀堂《臺灣北部碑文集成》，臺北：臺北市文獻委員會印行。

1988

　　鄭喜夫、莊世宗《光復以前臺灣匾額輯錄》，南投：臺灣省文獻會
　　　　編印。

三、近人撰著與專書

1947

　　柯象峰《社會救濟》，上海：正中書局。

1970

　　臺灣中華書局編輯部《中國歷代食貨典》，臺北：臺灣中華書局。
　　王德毅《宋代災荒的救濟政策》，臺北：中國學術著作獎助委員會。

1971

　　王德毅《宋代之養老與慈幼》，宋史研究第六輯，臺北：中華叢書
　　　　委會。

1974

　　陳南要《儒宗神教的考證》，臺中：鸞友雜誌社。

1979

　　經觀榮《中國社會扶助事業的理論與實際》，著者出版。
　　陳紹馨《臺灣的人口變遷與社會變遷》，臺北：聯經。

1980

　　徐復觀《周禮成文之時代及其思想性格》，臺北：學生書局。

1981

　　黃沛榮〈論周禮職方氏之著成年代〉，收錄於《三禮研究論集》，臺
　　　　北：黎明。

1983

　　小和野子編《明清時代の政治と社會》，京都大學人文科學研究所。

1984

梁其姿〈十七、十八世紀長江下游之育嬰堂〉，收錄於《中國海洋
　　發展史論文集》，中研院三研所編印。

1986

林勝義《兒童福利行政》，臺北：五南圖書。

上道端良秀著、關世謙譯《中國佛教與社會福利事業》，高雄：佛
　　光。

1987

余秉愉〈正位於內——傳統社會的婦女〉，收錄於《中國文化新論
　　（社會編：吾土與吾民)》，臺北：聯經。

丁敏〈方外的世界——佛教的宗教與社會活動〉，收錄於《中國文
　　化新編（宗教禮俗篇：敬天與親人)》，臺北：聯經。

1988

星斌夫《中國の社會福祉の歷史》，東京：山川出版社。

1989

星斌夫《明清時代社會經濟史の研究》，東京：國書刊行會。

黃榮洛《渡臺悲歌》，臺北：臺原出版社。

四、期刊論文與學位論文

1929

西山榮久〈支那民間の infanticide について〉，《東亞經濟研究》第
　　13 卷 1 號。

1935

李長年〈女嬰殺害與中國兩性不均問題〉，《東方雜誌》32 卷 11 號。

1945

高邁〈我國戶內救濟之過去與今後〉，《東方雜誌》41 卷 14 號。

1947

高邁〈宋代的救濟事業〉，《文化建設月刊》2 卷 12 期。

1950

徐益棠〈宋代平時的社會救濟行政〉,《中國文化研究彙刊》第 5 卷。

許丙丁〈臺南救濟院發展史〉,《臺南文化》7 卷 1 期。

1952

李騰嶽〈臺灣社會衛生救濟事業之演進〉,《文獻專刊》3 卷 3、4
　　　期合刊。

陳全永〈本市救濟事業之過去及現在〉,《臺北文物》1 卷 1 期。

1955

今堀誠二〈宋代における嬰兒保證事業について〉,《廣島大學文學
　　　部紀要》8 號。

1958

王榮峰〈日治初期北市救濟事業〉,《臺北文物》6 卷 3 期。

1961

古月〈臺北仁濟院之演變〉,《臺北文物》10 卷 1 期。

1962

曾我部靜雄撰、鄭清茂譯〈溺女考〉,《文星》10 卷 1 期。

1967

張柄楠〈臺灣社會福利簡史〉,《臺灣文獻》18 卷 4 期。

1969

方豪〈宋代僧徒對造橋的貢獻〉,《東方雜誌》復刊 3 卷 4 期。

方豪〈宋代佛教對社會及文化之貢獻〉,《現代學苑》6 卷 9～11 期。

1970

盛清沂〈清代本省之一般貧困暨行旅救濟事業〉,《臺灣文獻》21
　　　卷 4 期。

李棟明〈臺灣早期的人口成長與漢人移民之研究〉,《臺北文獻》直
　　　字第 13、14 期合刊。

1975

黃秀政〈清初臺灣的社會救濟措施〉,《臺北文獻》直字第 33 期。

1978

鄭壽彭〈宋代開封府之社會救濟〉,《法律評論》44 卷 4 期。

1979

　　德永寅雄〈兒童福祉的歷史發展〉,《社會發展季刊》第 8 號。

　　劉維開〈傳統社會下我國婦女的地位〉,《社會建設季刊》第 36 號、
　　　　37 號。

　　陳金田譯〈清代新竹地區的社會事業〉,《臺灣風物》29 卷 2 期。

1980

　　張秀容〈清代慈善事業之意理研究〉,《中山學術文化集刊》第 26
　　　　集。

　　蔡淵絜〈清代臺灣社會上升流動的兩個個案〉,《臺灣風物》30 卷 2
　　　　期。

1982

　　夫馬進〈同善會小史〉,《史林》65 卷 4 號。

　　鄭喜夫〈清代臺灣善書初探〉,《臺灣文獻》33 卷 3 期。

1983

　　蔡淵絜〈清代臺灣社會領導階層的組成〉,《史聯雜誌》第 2 期。

　　蔡淵絜〈清代臺灣社會領導階層性質之轉變〉,《史聯雜誌》第 3 期。

1984

　　黃進豐〈先秦社會福利思想的起源與發展〉,《社會學與社會工作》
　　　　第 6 期。

1985

　　蔡淵絜〈清代臺灣行郊之發展與地方權力結構之變遷〉,《東海歷史
　　　　學報》第 7 期。

1986

　　周建卿〈我國兒童福利政策及立法的演進和展望〉,《社區發展季刊》
　　　　第 33 號。

　　蔣武雄〈明代災荒與救濟政策之研究〉,文化史學研究所博士論文。

　　梁其姿〈明末清初民間慈善活動的興起──以江浙區為例〉,《食貨
　　　　月刊》15 卷 7、8 期。

1987

范清宏〈中國古代女權的探討〉,《社區發展季刊》第 37 期。

1988

飽家麟〈陽尊陰卑、乾坤定位──陰陽學說與婦女地位〉,《歷史月刊》第 2 期。

鄭振滿〈清代臺灣鄉族組織的共有經濟〉,《臺灣研究集刊》第 2 期。

梁其姿〈清代慈善機構與官僚層的關係〉,《中研院民族所集刊》66 期。

1989

王正華譯述〈希臘世界的母與子〉,《歷史月刊》第 16 期。

1992

林文龍〈同光間嘉城富紳陳熙年、賴時輝事蹟合考〉,《臺灣文獻》44 卷 3 期。

琉球兩屬問題研究

一、前言

　　琉球群島為太平洋的中國東海面上，介在日本九州與臺灣島之間的一連串弧形島嶼。其最南端為與那國島，與臺灣僅一衣帶水之隔；最北端是種子島，與九州亦僅兩岸相望之遙。明代以前，《隋書・東夷傳》雖有「流求國」的記載，《元史・外國列傳》中亦有「瑠求」之稱謂，然其究指今之臺灣或是琉球之地，則因史籍文字曖昧未明，晦而難考，故學者頗多爭議[1]。姑不論明代之前文獻所載究指何地，僅就中琉二者關係之建立而言，當以 1372 年（洪武 5 年）明太祖遣行人楊載至琉招諭，琉球中山王察度派其弟泰期入貢為嚆矢[2]。嗣後，山南王、山北王

1　臺灣銀行經濟研究室嘗輯印《琉求與雞籠山》一冊（臺灣文獻叢刊第 196 種，以下簡稱臺文叢），彙集多種有關琉球與臺灣的記載，可供參研。認為古流求為今之臺灣者，如：
　　宋岑〈隋代流求確為臺灣〉，《學人》第 60 期。
　　連橫《臺灣通史》，卷一〈開闢紀〉，臺文叢第 128 種。
　　林熊祥《臺灣史略》，臺北，青文出版社，1977 年二版。
　　吳壯達《琉球與中國》，臺北，正中書局，1948 年。
　　郭廷以《臺灣史事概說》，臺北，正中書局，1970 年臺五版。
　　其它有關臺灣史之著作，大抵皆主此說，此不詳列。而主張古流求為後來的琉球者，如：
　　宋漱石《琉球歸屬問題》，臺北，中央文物供應社，1954 年。
　　高明《琉球》，行政院新聞局印行，1947 年。
　　梁嘉彬《琉球及東南諸島與中國》，東海大學出版，1965 年。
　　以上所舉，以吳、梁二氏析論較詳。而在日本，此一「臺灣論」與「沖繩論」之論爭筆訟，更長達半世紀之久。臺灣論者有伊能嘉矩、藤田豐八、市村瓚次郎、幣原坦、曾我部靜雄等人；沖繩論者則有秋天謙藏、喜田貞吉等人。
2　研究中琉關係之學者，頗好引《隋書》流求等文獻為據，以證實中琉關係確立之早，梁嘉彬前揭書之〈三國時代夷州亶州考〉、〈三國時孫權所伐夷州確為琉球而非臺灣之證據〉、〈古琉球即瀛洲考釋——中國琉球關係研究之一〉、〈流求史論正謬〉等文，更將中琉關係上溯至三國、甚至秦漢戰國之時。遑論上古、中古之時，中琉有無交通往來，在處理琉球兩屬問題時，則應以中琉二者之封貢關係為起點。理由如次：
　　一、明代之前，文獻所載有關中琉關係等情事，多晦而不明，難以為據，惟確切可徵信者為明洪武 5 年之時。
　　二、《明史》外國列傳〈琉球〉載：「琉球，居東南大海中，自古不通中國。元世祖遣官

亦仿中山王，相繼遣使入貢，雙方關係愈見密切，往來日益頻繁。

　　由於琉球勤修貢職，太祖憂琉人入貢航海風濤險惡，乃於 1392 年（洪武 25 年）派閩人善操舟者三十六姓赴琉，以擔任航海指導、外交文書之製作、語文翻譯、文化教育等工作[3]。至是，中琉雙方在文化上、血緣上之關係日益密切。這批福建籍的華人移民至琉國後，均定居於久米村，琉球人民稱他們為「唐營」或「唐榮」[4]。故久米村之華人在琉國史上具有重要的地位，鄭迵與蔡溫是當中最負盛名者，其對中國文化、思想、教育、學制之輸入，對琉國政治之輔助興革、經濟之開發建設，貢獻殊多[5]，堪稱中琉關係之橋樑。

　　儘管中琉關係如斯密切，然探究琉國的中日兩屬問題，不能單從文

招諭之，不能達。」而《新元史》亦言：「今之琉球，自明始與中國通。」二文所言，語意甚明。然有學者駁謂，琉球之通中國，早在明代之前，此殆將「通」字作「交通往來」解，遂認為《明史》、《新元史》等所言不可信據。筆者亦以為，琉球之與中國通往，當不會遲至明時，事實上，琉人以貿易、漁業為大宗，諒已遠抵南洋、跡至日韓各地。惟明史所言，「自古不通中國」，下則有「元世祖遣官招諭之，不能達」之語，足見其意當不止於交通往來，應是進一步「使節往來」、「招諭使達」等意。據此，琉球自古不通中國之記載，不僅無誤，亦且可信。

三、即設中琉關係可溯至上古時代，然此一關係亦僅止於中國發現該地或跡至該處耳。因之，若謂中琉早就「發生」關係尚可，如言早就「建立」關係則不可，蓋中琉封貢之形成昉自明時，厥後二者之「藩屬」、「君臣」關係才告確立。

3　關於賜閩籍三十六姓赴琉之事，文獻記載如下：
　《明史》卷三二三〈琉球列傳〉載：「洪武二十五年，中山又遣使請賜冠帶，……又嘉其修職勤，賜閩中舟工三十六戶，以便貢使往來。」
　徐葆光《中山傳信錄》，卷五〈氏族〉，頁 175 載（臺文叢第 306 種）：「久米三十六姓，皆洪（武）、永（樂）所賜閩人，至萬曆中存者蔡、鄭、梁、金、林五姓，萬曆三十五年，續贈者阮、毛兩姓。」
　張學禮〈中山紀略〉，頁 11 載（收於《清代琉球紀錄集輯》，臺文叢第 292 種）：「琉球，海中小國也。……賜三十六姓人教化三十六島子孫，世襲通使之職，習中國之語言文學，至今請封、謝恩、朝貢皆諸姓之後。」
　周煌《琉球國志略》，卷三〈封貢〉，頁 79 載（臺文叢第 293 種）：「三十六姓知書者，授大夫長史，以為朝貢之司；習航海者，授通事，總為指南之備。」
　至於「戶」是否為「姓」之誤，或者三十六姓即為三十六戶，每戶一姓，今則已難考知。

4　周煌《琉球國志略》，卷四〈疆域〉，頁 97。
　蔡世昌〈久米村記〉，頁 182，收於《清代琉球紀錄續輯》，臺文叢第 299 種。

5　參閱吳靄華〈琉球歷史上的久米村〉，《師大歷史學報》第 13 期。
　張希哲〈蔡溫對琉球的貢獻〉，《第一屆中琉歷史關係國際學術會議論文集》，中琉文化經濟協會出版，1988 年再版。

化與血緣上論述，而應直接切入中琉兩國的政治往來與外交關係，故封貢關係便成為明清時代中琉關係的重心所在。

（一）琉國之入貢

從 1372 年泰期入貢始，迄 1879 年（光緒 5 年、明治 12 年）日本併滅琉球止，507 年間琉國對中國的進貢，在明代計有 315 次，清代計有 104 次 [6]。琉國貢使或每歲必至，或一歲二、三至，甚或四至 [7]；亦有二年一貢，五年一貢，甚而十年一貢之情形 [8]。貢期雖屢經更易，但琉國對中國之進貢，則始終如一。揆究其因，係由於琉人入貢為自身主動意願，而非受迫入貢也。緣琉國山多田少，地且貧瘠，物產不豐，入貢中國，既可維繫二國情誼，杜絕他國窺伺之患；又能藉此兼得貿易之利，並受到「天朝」優厚的禮遇與賞賜，充實自身文化內容。因之入貢一事，對小國寡民的琉球而言，可謂有百利而無一害，豈待贅語。

琉國入貢，中國態度並不積極，儘管琉王嘗懇切表示：「所以殷勤效貢者，實欲依中華眷顧之恩，杜他國窺伺之患。[9]」但明朝政府對琉球入貢，則持「實假進貢，以規（窺）市販之利」[10]之想法；加以明末倭患益烈，海道不靖，中琉使節往來頗受其擾，故明末中琉關係已較前昔疏遠[11]。明亡之後，琉國依然向新政府清國示意歸誠，遣使入貢，請求冊封。但自乾隆以降，盛況已遜昔日。道光之時，清政府認為琉國二年一貢之慣例，為期較促，欲將之易為四年一貢，琉王奉詔後即呈請「仍

6　張希哲〈加強中琉歷史關係的研究〉，頁 1，《第一屆中琉歷史關係國際學術會議論文集》。

7　琉球入貢中國之初，中國對其貢期並未作規定，琉王每年或「遣使」或「兩遣」或「三遣」至中國，習以為常。至於「四遣」者亦不乏其例，如洪熙元年、宣德 5 年、宣德 7 年、正統 9 年、景泰 4 年等。迄天順 16 年，因琉人入貢時，不能箝束儓從，以致殺人縱火，強劫民財，明憲宗遂敕定二年一貢之例（以上各例，見周煌《琉球國志略》，卷三〈封貢〉，頁 48～67）。

8　《明史》卷三二三〈琉球列傳〉載：「天啟三年，尚寧已卒，其世子尚豐遣使請貢請封。禮官言：『舊制，琉球二年一貢，後為倭寇所破，改期十年。今其國休養未久，暫擬五年一貢，俟新王冊封更議。』從之。」

9　周煌《琉球國志略》，卷三〈封貢〉，頁 66。

10　徐葆光《中山傳信錄》，頁 104。

11　吳壯達《琉球與中國》，頁 84。

照舊例」，終因其請「情詞懇切」，清廷方復准依舊制入貢[12]。

（二）中國之冊封

琉國於明清兩代臣服中國期間，每遇琉王薨逝、世子繼位，必具表遣使向「天朝」報喪並奏請襲封。自 1404 年（成祖永樂 2 年）封武寧王始，至 1866 年（同治 5 年）封尚泰王止，中國共遣使冊封琉王 22 次，其中明代有 14 次[13]，清代 8 次[14]。但每次派遣冊封使臣均屬被動性質，即每當琉王薨逝，世子爲合法繼承王位，乃具表遣使前來報喪，奏請冊封。雖然新王在未取得中國冊封之前，祇稱「世子」，但中國皇帝從未主動冊封琉王，以避干涉其內政之嫌。

中琉之間的封貢關係，歷明清兩代，未嘗中斷。雖然琉國於慶長之役（容待後敘）受到薩摩藩主島津氏之攻伐，明廷以其國殘破，暫令十年一貢，但因該國「素稱忠順」，清廷旋改復其舊制二年一貢。是以明清時期，中琉政治上的「君臣」關係早已建立，毋待置辯，惟中琉關係非僅止於政治上的封貢耳，餘如琉國遣派貴族子弟入華受學[15]，琉商至華貿易，琉國漂流難民之恤助等，咸未間斷，因其與兩屬問題關涉無多，不予贅述。

二、慶長之役與兩屬問題的關係

---

[12] 請參吳靄華〈清代儒家思想對琉球的影響〉，《第一屆中琉歷史關係國際學術會議論文集》，頁 82～84；吳靄華〈明清時代琉球入貢中國之研究〉，《東方雜誌》復刊 9 卷 3 期。

[13] 或謂明代冊封計有 15 次，殆將第一次洪武遣行人楊載招諭中山王誤以爲是冊封。揆其實，此次爲招諭使之入貢性質，而第一次冊封始於永樂 2 年。

[14] 見《清代琉球紀錄集輯》，〈弁言〉部份。

[15] 琉國遣貴族子弟至中國受學之記載有：
王士禎〈紀琉球入太學始末〉言：「康熙二十三年，……中山王尚貞，親詣館舍，云下國僻處彈丸，常慚鄙陋，執經無地，嚮學有心，稽明洪武、永樂間，常遣本國生徒，入國子監讀書，今願令陪臣子弟四人，赴京受業，……會典載大琉球國，朝貢不時，王子及陪臣之子，皆入太學讀書。」另參見《清代琉球紀錄續輯》，頁 96～138，所載〈奏疏〉、〈虜給〉、〈師生〉、〈教習〉、〈官生〉、〈教規〉、〈答問〉各條。及《中山傳信錄》，卷五〈國學圖書〉等。

《明史》卷三二三〈琉球列傳〉云：「洪武五年，……入朝貢方物，……
迄崇禎末，並修貢如儀。後兩京繼沒，唐王立於福建，猶遣使奉貢。其
虔事天朝為外藩最。」然此一臣屬關係至 17 世紀初已有實質上的改變。
先是 1591 年（明萬曆 19 年），日本將軍豐臣秀吉覬覦朝鮮，乃向琉國
徵索兵員 15,000 名，琉國因武備廢弛已久，亦無兵糧可徵，故而拒從。
嗣後，豐臣縮減為兵員 7,000，軍糧 10 個月，亦遭強拒[16]。1609 年（萬
曆 37 年，慶長 14 年），日本一方面為懲處琉國拒徵兵糧的不合作態度；
另一方面也因其領土野心與經濟欲圖[17]，遂決意派兵入侵琉國，此即慶
長之役。是年，薩摩藩主島津氏在德川幕府的認可下，派兵三千，戰船
百艘，攻取大島，直逼首里那霸。相持月餘，首里王城告陷，尚寧王被
擄至日本江戶，幽囚二年後方被釋回。在此期間琉王被迫向日本謝罪、
入貢[18]，簽署降書，並割喜界島、大島、德之島、沖永良部島、與論島
等北部五島予薩。而琉國三司官鄭迴因拒決絕連署降書並殉國，後來琉
國國徽三巴旗即為紀念鄭氏而製[19]。

　　自琉國為島津氏入侵後，中琉政治上的臣屬關係由名實俱在而變為
空有其名。此役不僅對琉國歷史命運改變甚鉅，深入其政治、經濟、文
化、社會、宗教各層面，如琉王統治權落空，經濟受到操控等；亦使琉
國自此處於兩面效忠的尷尬立場[20]。陽與中國政府保持君臣的「藩屬」
關係，陰則是薩摩藩治下的傀儡與附庸。琉國依違於兩大之間，名份上
受中國冊封，實則背後受日本強力控制，正如史學家蔣廷黻所比喻的，

16　蔡璋《琉球亡國史譚》，頁 48，正中書局，1970 年臺二版。

17　吳靄華〈一六○九年日本薩摩藩入侵琉球之研究〉，頁 160～171，《教學與研究》第 7 期。

18　《譯署函稿》，卷九，頁 23～28，〈向德宏登覆寺島來文節略〉（收於吳汝綸編《李文忠公
　　（鴻章）全集》，臺北，文海出版社，1984 年）云：
　　（豐臣）秀吉致書琉球，略曰：「我邦百有餘年，群國爭雄，予也誕降以有可治天下之奇
　　瑞，遠邦異域，款塞來享，今欲征大明國，蓋非吾所為，天所授也。爾琉球宜候出師，期
　　明春謁肥前轅門，若懈怠期，必遣水軍悉麾島民。」敝國懼其威，因修聘焉。此中「修聘」
　　一詞，隱含著琉國對日本入貢的關係，故琉國向日入貢，諒非始於慶長之役也。

19　琉球人蔡璋《琉球亡國史譚》，頁 49 言：「鄭迴（閩人三十六姓之後，久米村人）於臨刑
　　前，趁二名監刑吏不備，猛力將之拖入油釜，作為殉葬，琉球之國旗即紀念鄭氏釜刑殉國
　　之慘狀也。」

20　楊仲揆〈中、日、琉關係之演變〉，頁 271，《近代中國》第 20 期。

斯一問題就好像「一個女人許嫁兩個男子」[21]，形成日後兩屬問題的根
源與國際法解釋上的困擾。然此一怪異的三角關係竟得以維持二百六十
餘年而相安無事，洵可探究。茲試析如次：

　　第一，兩屬問題的種子雖於慶長之役後已經埋下，但尙未生長、茁
壯。此時兩屬爲暗，「一屬」爲明。因薩摩藩發動此役之動機是，經濟
爲主、政治爲次，故未將問題公開化、明朗化[22]。自中琉建立封貢關係
後，琉國屢受中國之經濟援助，且以中國貨物在轉售各地，獲利極大，
而有「唐什倍」之稱，引起日人垂涎。加以明末倭患愈劇，明廷實施海
禁，下令禁止通商，日本商業受到重擊，頗欲藉中琉的良好關係而達到
其與中國通商貿易的企圖[23]。

　　日本爲達成以琉國爲利藪之經濟欲求，不但逐步干涉、控制琉國內
政，而且強迫琉球每年須繳納 8,000 石的穀物、進貢八分之一的全國總
歲收，即使是海外通商之利亦不能倖免，剝削壓榨已臻極至。誠如琉球
學者所言，此役已使琉國成爲日本「奈良河上之鷺鷥」，一隻被訓練成
爲人捕魚而毫不敢將魚吞下的鷺鷥。即因此故，日方無意也不敢公然對
明廷揭開日琉關係的面紗，反而費心掩飾隱藏，故中琉封貢、宗藩的表
面關係仍得以繼續維持。

　　其次，再檢視當時中國之態度與反應。此役之前三年，夏子陽曾於
1606 年（萬曆 34 年）出使琉國，發現日人在琉國活動的明顯跡象，但
夏氏態度甚爲謹愼，未嘗與在琉日人有過任何交涉[24]。而在更早，即 1554
年（嘉靖 13 年），明廷遣派使臣至琉國冊封其王尙淸時，亦得知日人
寓琉情事。陳侃〈使事紀略〉載：

---

[21]　蔣廷黻《近代中國外交史資料輯要》中卷，第三節〈琉球問題——引論〉，頁 171～172，
　　臺北，臺灣商務印書館，1959 年臺一版。
[22]　日本侵琉後，對中國尙多顧忌，故每遇中國使者至琉，即暫迴避，以掩使者耳目。而對於
　　琉王受冊封、被賜王印、使用中國正朔，日本亦皆予默認。
[23]　日本早在「戰國時代」各封建主即已爭相來華通商，因而有爭奪堪合之事。慶長之役後，
　　琉人之來華入貢，日人亦常潛伏其中，藉以圖利。
[24]　夏子陽〈使琉球錄〉（收於《使琉球錄三種》，臺文叢第 287 種）自序云：「頃余駐中山
　　時，倭舶卒至，……倭卒斂戢不敢肆，至有避道竊觀，嘖嘖漢官威儀，……余甚異焉！」

（尚清）王始至館相訪，令長史致詞曰：「（尚）清欲謁左右久矣，因日本人寓茲，狡焉不可測其衷，俟其出境而後行，非敢慢也。」[25]

慶長之役結束後，翌年，琉王之舅父毛鳳儀與長史金應魁欲向明廷稟報倭事，致緩貢期[26]；時因海外遼絕，聲息不靈，故神宗於 1612 年（萬曆 40 年）才由浙江總兵楊崇業的奏報：「探得日本以三千人入琉球國，執中山王，遷其宗器，宜敕海上嚴加訓練[27]」，得知此事。是年，琉球遣使柏壽、陳華等人，執琉國咨本，言其王已歸，特來修貢云云。時福建巡撫丁繼嗣奏曰：

臣竊見琉球列在藩屬，固已有年，但爾來奄奄不振，被拘日本；即令縱歸，其不足為國明矣！況在人股掌之上，保無陰違其間？且今來船方抵海壇，突然登陸，又聞已入泉境，忽爾揚帆出海，去來倏忽，跡大可疑。今又非入貢年分，據云以歸國報聞，海外遼絕，歸與不歸，則誰知之？使此情果真，而貢之入境有常體，何以不服盤驗、不先報知，而突入會城？貢之尚方有常物，何以突增日本物於硫磺、馬、布之外？貢之齎進有常額，何以人伴多至百餘名？此其情態，已非平日恭順之意，況又有倭為之驅哉！但彼所執有辭，不應驟阻，以啟疑貳之心。宜留正使及人伴數名，候題請處分，餘眾量給廩食，遣還本國。非常貢之物，一併給付帶回，始足以壯天朝之威，正天朝之體。[28]

以上這段奏文，足以說明此次琉人入貢，縱未必全為日方所偽託，至少亦受到日人之操控，此其一。日本藉琉人入貢之名，以行伺探中國態度之實，此其二。日本因不敢揭露日琉關係，故拒受盤驗，此其三。明廷對琉國情勢疏隔，時尚寧王已獲釋歸琉，然奏中尚有「歸與不歸，則誰知之」之語，此其四。明廷處理琉球入貢問題的態度十分消極，即知其

25　陳侃〈使琉球錄〉，《使琉球錄三種》，頁 19。

26　徐葆光《中山傳信錄》，卷三〈中山世系（封貢事蹟附）〉，頁 117。

27　周煌《琉球國志略》，卷三〈封貢〉，頁 79。

28　同前註，頁 79～80。

「不服盤驗」、「突入會城」、「突增日本物」、「人伴多至百餘」等事，一失常體，又違常物，再背常額，事態至爲嚴重，然明廷既未向日方展開積極交涉；又未進一步調查事情真相，僅將其超額人伴遣回，所增之日本貢物讓之一併帶回，此其五。

然彼時明廷之反應何以至此？仔細推敲，亦非無端。一則明末內因宦官敗政、宮廷鬥爭、懸案頻生、兵燹屢起；外因朝鮮之役的中日七年戰爭（1592～1598 年、萬曆 20～26 年），困頓不堪，且東北滿人勢力方興，威脅日熾，在內外交逼的政局中，自然無暇他顧。二則明廷得知「日本方強，有吞併之意」，但「琉球仍修貢不絕」（見《明史・琉球列傳》），故「天朝」之顏面仍持續如常。明亡之後，琉國對清國新政權仍示意歸誠，受中國頒賜王印，封貢未絕，故中國政府觀念裡對琉國的宗主權仍是持續有效的。

第二，彼時中日近代國家主權的觀念尚未明確，而國際關係亦極混沌，諸如暹羅、朝鮮、越南（安南）等國家均曾與中國有過臣屬關係。至 19 世紀中葉，中國敗於鴉片戰爭以來，屢遭外患，英法聯軍入侵，俄國乘機攻佔北方，並於新疆回亂時佔據伊犁。南方之藩屬緬甸、越南，因英法的入侵而汲汲不保；僅餘在日本附近的屬國朝鮮、琉球，日本早存覬覦不由分說，更遑言「天朝」威望日漸式微，中國之「中華世界秩序」[29]的宗藩體制，已崩解在即！

而日本自明治維新以還，對外政策則採「脫亞入歐」的近代化路線與東方爲主的「東亞盟主」路線爲原則[30]。1871 年（同治 10 年、明治 4 年）中日修好條約之締結，無疑地已使日本無論在形式上或實質上，退脫出中華世界的階層秩序，一躍而成爲與中國列於同等地位的國家[31]。

---

[29]　中國自古以來，對於政治世界的觀念是「天下」，即以中國爲中心，四鄰爲其邦屬，透過冊封、朝貢、和親、結盟等關係，自我形成一種天下」的「政治秩序」與「政治倫理」。

[30]　李永熾〈日本「大東亞共榮圈」理念之形成〉，頁 37，《思與言》15 卷 6 期。

[31]　在近代中日外交史上，1871 年中日修好條約之締訂，對二國外交之關係、國際地位之丕變，有著深刻的意涵。茲舉學者所言如次：
　　藤村道生認爲此約之締結，乃是中國自己否定東亞傳統的國際秩序（見吳文星〈中日修好條約初探〉，頁 6，《大陸雜誌》57 卷 1 期 ）。
　　張啓雄認爲，它宣告了傳統中華世界宗藩秩序的崩解（見氏撰〈何如璋的琉案外交〉，頁

對內方面，則致力於中央集權政策之貫徹，故在「大政奉還」、「廢藩置縣」之後，琉球歸屬問題隨之而起。緣日本既認為琉國原屬薩摩藩，自應「歸回」中央，而廢藩置縣前後的琉球歸屬問題與朝鮮問題，同被列為明治政府時代最重要的外交問題[32]。總之，維新政府除撤廢各諸侯領土權以鞏固中央外，也對琉球袒露勢在必得的霸態，故而敢直言兩屬態度已非世界大勢所許而不諱。

三、日併琉球始末

自 1871 年中日修好條約締訂後，至 1879 年（光緒 5 年、明治 12 年）日本正式實施「廢琉球藩，改置沖繩縣」止，短短數年，琉球國在日本軍事外交雙管齊壓下，被強予摘除其「王國之冠」，而成為日本領土，其來龍去脈頗值探討與鑑鏡。

在李鴻章與日本全權大臣伊達宗城簽完修好條約後，同年 11 月適值發生「琉球漂民事件」，即琉國遭風難民島袋筑登等 66 人（原 69 人，其中 3 人中途溺斃），漂流至臺灣南部琅嶠八瑤灣之地，卻不幸遭牡丹社原住民殺害。此事件不但使墨瀋未乾的中日「修好」條約受到了強烈考驗，也揭露了琉國國家的地位問題與日本對臺的領土野心[33]。事實上，從歷次發生的漂民事件來看，光是清代臺灣所遇到的琉球遭風難民事件，就多達 50 餘起，人數亦近千人，平均不到四年就一件，但因中

567～568，《第一屆中琉歷史關係國際學術會議論文集》）。

周仁華認為，此約代表中國傳統想法的重大改變，即中國由視日本為較低等的國家轉變成承認其與中國的平等地位（見氏撰〈一八七一年中日新外交關係之建立〉，《東海大學歷史學報》第 6 期）。

[32] 赤嶺守〈光緒初年琉球與中日兩國之關係〉，頁 28，臺大史研所碩士論文，1982 年。

[33] 1871～1874 年日本「征臺事件」，部分日本學者認為它是「琉球處分」之起點。當然，若僅從此事件之交涉結果中國被迫承認日本出兵臺灣是保「民」義舉看來，基本上可見將征臺事件視為日本琉球處分的一個出發點；但若就整個事件發展過程來研判，則征臺事件的意義尚不止於日本藉此興師問罪，以達成其解決琉球歸屬問題的目的，更在於對臺領土佔據的野心。藤井志津枝所著《日本軍國主義的原型——剖析一八七一～七四年臺灣事件》，即持此種看法（臺北，三民書局，1983 年）。事實上，征臺事件交涉過程中，日本即以「臺灣蕃地無主論」為其侵佔臺島東半部作辯飾，矧在征臺之前，日人佐藤信淵、吉田松陰等人侵臺的強烈思想，早已昭然若揭矣！

琉兩國關係密切，任一方遇有遭風難民漂至，均能依例救助撫卹，遣送回國[34]。日本此次竟係自第三國立場插手中琉之事，大有琉國爲其禁臠，他國不得染指之意。

　　事件發生後，日政府於翌年從在天津與李鴻章交涉改約的柳原前光寄給外務卿副島種臣[35]之書函中方得知此一訊息。嗣後，大藏省井上馨與外務省副島二人，即展開「立即合併琉球」與「處理琉球三條」兩方案的論爭。結果，日本政府接受副島的建議，採行「三條」方案，分三階段漸進地合併琉國，即先將琉王尙泰任命爲華族兼藩王，再把琉國之外交權移給外務省管轄，最後以九州之兵派至駐琉國。此案一定，同年9月14日，日皇利用琉國遣使赴日慶賀明治親政之機，敕詔尙泰爲琉球藩王，幷敘爲華族，至是，王冠已摘的琉國，轉被迫改披以「藩王之飾」。可見日本想藉著日琉「宗藩」政治關係的確立，作爲日後征臺之據。此舉正是日本完成「琉球處分」的基礎工作，也是琉球漸併計劃實施的第一步。9月15日，日本政府更一連串公佈琉球日本化的措施，如在琉球設立外務省那霸分部、把琉國和外國所締結之條約移管至外務省[36]、任命尙泰爲日本一等官等，逐步地使琉國脫離與中國的關係。

　　日併琉球所採漸進方略的第二步是，使琉國與中國之宗藩關係由脫離走向斷絕之路。1873年，先是日本政府內部因「征韓」意見分歧，而有「外征」與「內治」二派之權力鬥爭；翌年元月14日，反對征韓

---

[34]　吳幅貞〈清代臺灣所遇琉球遭風難民事件〉，頁230～247，收入《在臺叢稿》，著者自版，1988年。

[35]　副島種臣（1828～1905年）原佐賀藩士，亦是國學家，1871年任外務卿，舉凡日本對中國藩屬之朝、琉，版籍之臺島，所有侵併策略的擬定運用，無一不出其手。如「征韓論」之倡，即其與西鄉隆盛二人推動最力；「征臺之役」時，則重用美國駐廈門領事李仙得（C. W. Le Gendre）爲顧問，「琉球漸併主義」之策亦爲其所獻，堪稱爲日本近代外交史上之謀士與擴張主義的鋪路者。

[36]　美國因捕鯨事業發達，及鴉片戰爭後對華貿易激增，故急需船隻救恤補給場與加煤站，因之美國海軍提督伯利（Commodore M. C. Perry）乃先駐進那霸，強以那霸爲開港之列，與日議約，而日方以對琉無置喙之地拒之。美方於是認爲琉球爲一獨立國，而與之訂立琉美條約，其後法、荷踵繼之；惟各約之中，琉球仍沿用中國年號。是以19世紀中葉之時，日本仍明示琉球爲一獨立國，無法置喙，明治維新後，始萌吞併之意。（參閱張存武〈中國對西方窺伺琉球的反應〉，《中央研究院近史所集刊》16期。）

的岩倉具視遭征韓派武市熊吉擊傷後，2 月 1 日，續又發生征韓派江藤新平所發動的「佐賀之亂」，征韓聲浪儼已成爲日本政治不安的一座火藥庫。即因此一情勢的發展與變化，使得內治派急遽轉折路線——發動征臺，以挽救內政危機。於是日本政府於同年先將琉球事務由外務省劃歸內務省，以獲得進一步的控制琉球[37]；再一面遣柳原前光、大久保利通先後來華交涉，一面卻縱使西鄉從道（西鄉隆盛之弟，1843～1902年）出兵征臺。此役雖終因日本受到英美列強出面干涉、財政困難，以及征臺日軍病亡慘重等因素而得以和平解決，但中國因循畏事，承認侵臺事件爲日本之「保民義舉」，並以 50 萬兩轉圜成議，卻使日本輕視中國愈甚，此實李鴻章外交上之一大失策[38]。

　　日本既得「北京專約」中「保民義舉」之承諾，乃於 1875 年有恃無恐地進行併滅琉國的第二步——阻貢。是年正月，日政府催促琉國三司官赴日，並向之宣示「自今應斷絕與清交通」，琉三司官池城親方（毛有斐）雖再三懇求日本收回成命，但日本置之不理。5 月 7 日，日本太政官更向琉民佈告：「爲保護藩內起見，特派第六軍營熊本鎮台分遣隊前來駐紮。」11 日，駛華之琉國貢船歸返，齎來同治帝駕崩之「白詔」與光緒帝登基之「紅詔」，結果琉國親華派趁機彈劾明治維新慶賀使伊江王子尚建及宜野灣親方等人，親日派大臣被迫離職，親華派的富川親方（毛鳳來）繼任三司官。正當琉國忙於籌備朝貢中國之際，日本即遣松田道之、伊地知貞馨等人乘「大有丸」至琉，宣讀太政官三條實美之咨文和添附的說明書。其旨爲：禁向清遣使進貢、禁受清冊封、禁沿用清國年號而改奉行明治年號、刑律依行日本之制、敕任琉藩王爲一等官、廢止福州琉球館、琉王上京恩謝日本保護琉民而征臺之「義舉」、琉民不可反對日本派兵琉球駐要地。

　　琉國接獲上項咨文後，一面覆以「進貢爲我國自古以來之重恩，且

---

[37]　日本內務省於 1873 年新設立，時以內治派要員大久保利通任斯職，下設勸業、警保、戶籍、驛遞、土木、地理六寮。內務省開設後，琉球與東京航線即開始通行。整個看來，日本將副島外務卿時代原歸於「外交」的琉球問題，轉移到大久保的「內政」問題，實爲將來中國對日交涉時，以「此純係內政」爲由推諉，預先開路。

[38]　李守孔《李鴻章傳》，頁 219，臺北，1985 年再版。

自前明撫我甚爲優渥，……逮及清朝，待我更厚，其恩德昊天罔極，何可背義，竟絕朝貢。況我琉球孤立遠洋，國土偏少，微弱不克自保，賴清保護，而無內憂外患」；一面遣派紫巾官向德宏、隨員林世功等密航至中國求援[39]。林氏上書哀請總理衙門無應後自刎殉國，隨後清廷方以第一任駐日公使何如璋向日本展開「阻貢事件」的交涉。子峨力主強硬，然李鴻璋及總署卻一味退讓求和[40]，鑒於何氏一木難支，日本遂趁1877年「西南之役」內亂平息後，即速展開併琉的第三步——「廢藩改縣」，正式以武力併滅琉國。

　　1878年5月，日內務卿大久保利通遇刺，繼任的伊藤博文蕭規曹隨，仍採大久保路線。伊藤了解中日交涉中，琉國一直不服阻貢之令，何使又咄咄逼人，兼之琉人屢向各國公使請願，爲免事態擴大，另生枝節，伊藤認爲琉事應當機立斷，莫可遲疑，加以松田多方活動，日本政府乃決議「廢琉球藩，改置沖繩縣」，並命伊藤草擬方案。一切就緒後，1879年3月，太政官三條實美指派松田爲琉球處分官赴琉（此次已是松田第三次赴琉），隨行官員五十餘名，警力百餘，兵力四百，乘「新潟丸」從鹿兒島出發，至那霸港登陸，以尙泰「違命不恭」爲由，下令琉球「廢藩置縣」。琉國因武備久廢，舉國無兵，加以「天朝」亦無兵援，是以松田輕易地完成其「處分」任務。而尙泰王在此次「處分」行動中受俘，解赴東京，儼然是第二次的慶長之役[41]。

---

[39]　向德宏稟稿除見《譯署函稿》卷九外，又見左舜生編《中國近百年史資料初編》（臺北，臺灣中華書局，1966年臺二版）。

　　另林世功等一行至總署求謁，俱著中國服色，伏地哭拜不起，稟陳遭倭荼毒，竟至主辱國亡，二百年來忠效順藩，被倭凌虐待拯，乞求中國能宣揚「天威」。然時清廷因恐別生枝節，僅派員送之回閩，「以示體恤」。（見〈總署奏琉球官員到京乞援摺〉及〈附琉球國官員稟〉，收於王彥威、王亮編《清季外交史料》，卷一七，頁8～9，臺北，文海出版社，1964年再版。）

[40]　兩屬問題發生後，日本雖早已公開阻貢，然鴻章之態度較之明廷「置若罔聞」，亦僅多出「據理詰問」一策耳。殆因時局已呈「內憂外患」之勢，主政者皆主「不宜用武」，以免「多生枝節」。而對琉球軍事戰略的地位與重要性認識不足，與「懼日症」的心理陰影，似亦有以致之。

[41]　慶長之役發生於1609年，日併琉國於1879年，相距有270年之久。而兩次日本皆以武力爲之，第一次以兵力三千，迫琉國割讓北部五島，並埋下兩屬問題的種籽；第二次則僅以兵力四百，就使琉國亡於「廢藩改縣」。惟楊仲揆〈中、日、琉關係之演變〉一文，嘗提

　　綜觀這十年不到的時間裡，日本一面採取強硬態度「處分」琉國；一面也運用諸種外交手腕與清廷談判。其併滅琉國，則行漸進策略以探中國反應，用武力作爲後盾以達確立對琉主權之目的。其滅琉經緯，概要言之，可分三個階段：即「封藩」、「阻貢」、「廢藩改縣」。層層逼入，得寸進尺。琉國之亡，日本野心固不待言，就中國言之，態度消極[42]與外交失策[43]誠爲兩大誘因。

四、中日對兩屬問題之交涉

（一）何如璋對日之交涉

1875 年，日本正式阻止琉國向中國入貢，禁止琉國遣使慶賀清帝

出所謂的「琉球三次亡國論」，似值商榷。蓋薩摩藩入侵並未使琉球亡國（詳見本文「慶長之役與兩屬問題關係」一節）且至 19 世紀中葉，日本尚承認琉球爲一獨立國（參見註 36）。即設此次琉球已亡於日本，則至少此二、三百年間，琉球必曾復國，若國未復，豈有再亡之理？至於第三次之理亦同，楊氏認爲琉球第三次亡國於 1972 年，其實琉球於二次大戰之後，因日本戰敗而淪爲受託管之地，美國軍政府雖僅立於監督地位，而讓琉球人民政府自行治理內政，但琉球仍只是擁有「自治權」一個託管地，而非「獨立國」，更非「復國」。故 1972 年，美國政府一方面在琉球親日派的宣傳攻勢下，另一方面亦爲了早日完成美日和約的現實考量下，而將琉球「轉交」給日本。當然，日本視之爲「歸還」而非「轉交」。質言之，琉國被日本吞併後既未嘗復國，戰後雖擺脫日本統治，但卻淪爲託管地，終而成爲國際強勢外交與現實外交活生生的祭品。

[42] 林子侯〈同光年間中日、臺灣琉球之糾葛〉，《臺北文獻》直字 66 期，頁 47。

[43] 「北京專約」所訂「保民義舉」等條款，許多學者認爲此無異於默認琉球爲日本版圖之證據也。諸如：
劉彥原《中國外交史》，頁 89，臺北，三民書局，1979 年三版。
蔣廷黻《近代中國外交史資料輯要》，頁 107。
李則芬《中日關係史》頁 258，更指責此爲「最糊塗的一頁外交史」，臺灣中華書局，1970年。
梁中英則指出：「此約不當承認琉球爲日本屬土，……琉球之亡，豈得盡責日本之蠻橫貪婪哉？」（氏撰〈清代琉球懸案始末〉，《東方雜誌》復刊 3 卷 6 期，頁 75，該文又收錄於《中國近代現代史論集》，臺北，臺灣商務印書館，1985 年。）
蔡學海評謂：「檢討此次交涉之成敗，失多於得。默認琉球屬於日本，一失也；賄錢日本撤兵，鼓勵他國效尤，二失也。」（見氏撰〈李鴻章與中日臺灣番社事件交涉〉，《臺灣文獻》24 卷 2 期，頁 26。）
吳壯達論曰：「此約一訂，臺灣之事，雖告解決，而追隨中國已歷五百年的琉球國，便無異由我方自動承認其宗主權屬於日本。」（《琉球與中國》，頁 106。）

即位，並命其改奉日本明治年號。琉王無力抵拒，遂遣紫巾官向德宏等密航至閩，向清廷投訴日本阻貢之舉。向氏未達閩前，李鴻章似已注意及此事[44]；當向氏於 1877 年 2 月抵達閩地之後，謁見閩浙總督何璟、福建巡撫丁日昌，呈報琉情，何、丁二人據情上奏，略謂：「今琉球地瘠民貧，孤懸一島，本非邊塞扼要之地，無捍禦邊陲之益，有鄰邦釀釁之憂，徒以其恭順二百餘年，不忍棄之化外。[45]」清廷乃一面囑將要出使日本的何如璋，抵日之後，「相機妥籌辦理」；一面飭令琉國使臣先行回國，「毋庸在閩等候」[46]，而揭開了中日琉案交涉的序幕。

何如璋初抵東京未久，即有琉官毛鳳來、向篤忠等迭次密謁，指控日本處分琉事，抄呈近來琉日往來文書，並哀請中國出面干涉以救危亡[47]。何使據此於 1878 年 4 月將密謁之事及在日觀察所得呈報予李鴻章，力言：

> 日本國小而貧，自防不暇，何暇謀人，該國債逾二億，因去年薩亂（案：指西南之役），民心不靖，復議減租，國用益絀，……若又以日人無情無理，如瘈狗之狂、如無賴之橫，果爾，則中東和好，終不可恃。阻貢不已，必滅琉球，琉球既滅，行及朝鮮。[48]

同年 5 月，如璋再次致書總理衙門，籌擬三策，略其言曰：「一為先遣兵舶責問琉球，徵其入貢，示日本以必爭，此上策。一為據理與言，明約琉球，令其夾攻，示日本以必救，此中策。一為反覆辯論，徐為開導，

44　李氏奏摺曰：「臣遙為籌度，琉球距臺北千餘里，現日本分兵距（據？）琉球，難保不漸思吞噬。」此摺為光緒 3 年正月所上，而向德宏等則於同年 2 月方抵閩地。（見〈大學士直隸總督李鴻章奏籌議臺灣事宜摺〉，《清光緒朝中日交涉史料選輯》，頁 1～3，臺文叢第 210 種。）

45　見〈閩浙總督何璟等奏據情陳奏琉球職貢日本梗阻摺〉，《清光緒朝中日交涉史料選輯》，頁 5～7。

46　〈軍機處寄閩浙總督何璟等上諭〉，《清光緒朝中日交涉史料選輯》，頁 7。又見〈向德宏二次稟稿〉。

47　〈何子峨來函〉，《譯署函稿》，卷八，頁 2～4。另見〈總理各國事務衙門奏日本梗阻琉球入貢與出使商辦情形摺〉，《清光緒朝中日交涉史料選輯》，頁 9～11。

48　同前註。

若不聽命，或援萬國公法，以相糾責，約各國使臣評之，日人自知理屈，琉球僥倖圖存，此下策。[49]」

　　子峨初使日本，旁觀目擊，漸悉情偽，所擬三策，堪稱識深見遠。但鴻章卻不以爲然，其與總署函商之文有云：「所陳上中二策，皆小題大作，轉涉張皇，……此雖似下策，實爲今日一定辦法，……即使從此不封不貢，亦無關於國家之輕重，原可以大度包之，惟中東立約第一條，首以兩國所屬邦土，不可稍有侵越。琉球地處偏隅，尙屬可有可無。[50]」由此可見，李氏所持是一種「無所謂」的態度。覆子峨之函文亦謂：

> 琉球以黑子彈丸之地，孤懸海外，遠於中國而邇於日本，……蓋雖欲恤鄰救患，而地勢足以阻之。中國受琉球朝貢本無大利，若受其貢而不能保其國，固爲諸國所輕；若專恃筆舌與之理論，而近今日本舉動，誠如來書所謂無賴之橫、瘈狗之狂，恐未必就我範圍；若再以威力相角，爭小國區區之貢，務虛名而勤遠略，非惟不暇，亦且無謂。[51]

所以，鴻章所關注者，與其說是琉球本身的歸屬問題，毋寧說是中日修好條約之體面問題及現實考慮問題。因之，何使依李氏指示，採「據理詰問」、「依據情理辯論」之原則向日方交涉。

　　1878 年 8 月，何氏欲與日本外務省官員商議，是時日本因仿西例告假避暑，未能與議。子峨乃親至外務省造訪外務卿寺島宗則，寺島未予答覆。10 月，何公使照會其外務省，略謂：

> 我政府以爲日本堂堂大國，諒不肯背鄰交、欺弱國，爲此不信不義、無情無理之事。本大臣駐此數月，查問情事，切念我兩國自立修好條約以來，倍敦和誼。條約第一條即言：兩國所屬邦土不可互有侵越。……願貴國待琉球以禮，俾琉球國體政體，一切率

49　〈總署奏日本梗阻琉球入貢與使臣何如璋相機籌辦摺〉，《清季外交史料》，卷一三，頁 30。

50　〈密議日本爭琉球事〉，《譯署函稿》，卷八，頁 1～2。

51　〈覆何子峨〉，《譯署函稿》，卷八，頁 4～5。

由舊章，并不阻其貢事。[52]

詎料寺島直斥如璋照會「粗暴無禮」，措辭不遜，辱及日本，形成所謂的「暴言（失言）事件」[53]。據此，日本外務省聲言何氏若不刪改詞句，則將照會寄回總署，不與中國磋商琉案。如璋雖辯駁力爭，但仍未有結果。

1879 年正月，日決意併有琉國，強行廢藩置縣，故盡驅在日琉官回琉，意在斷絕其與外國接觸[54]。3 月，又派松田赴琉「處分」之，如璋得悉，往見內務卿，則覆以「必無他事」，然同時外務卿竟答以「既經派出，非所能阻。[55]」琉事至此，何氏認為事無可商，決定告歸，以示抗議；但總署則認為中國局勢現未能遠護琉國，且日本廢琉之事，亦派遣使臣宍戶璣來華，對中國尚存顧忌。若廢然返國，一露決裂痕跡，恐日後更難轉圜，故示意如璋暫駐緩歸[56]。雖然，日本已將琉國改置為沖繩縣，但中國既不改「據理詰問」初衷，亦無交涉未果不惜一戰之準備與決心。

宍戶璣以駐華公使身份於 1879 年 3 月抵華，不久即前往北京與總

52　所謂照會語氣「未能謙遜」者，主係指「日本堂堂大國，諒不肯背鄰交、欺弱國，為此不信不義、無情無理之事」等語。（見〈總署奏議何如璋函述日本梗阻琉球入貢一案相機酌辦摺〉，《清季外交史料》，卷一五，頁 11。）

53　梁嘉彬〈琉球亡國中日爭持考實（上）、（下）〉（《大陸雜誌》48 卷 5、6 期，頁 25）一文認為：「照會語氣如斯，確有不妥之處。」張啟雄〈何如璋的琉案外交〉則謂：「雖經再三熟讀（照文），仍不能發現該照會有任何有一語可相當於明治政府指責為「暴言」之處。管見以為，所謂「暴言」者，乃日本處心積慮併琉之藉口耳，與其視此為交涉中之偶發事件，毋寧將之視作日本加速亡琉之外交手段與策略運用方式之一。」依筆者推敲，此事件似為日方有意構陷子峨也，一可使調停者格蘭特等認為，交涉泥滯之責在於中國之照會，而非日本有意推託延宕；二可使鴻章對子峨產生「歷練未深，鋒芒稍重，照會之文，措詞本有過當，轉致激生變端」之不良印象（見〈密論何子峨〉，《譯署函稿》卷九，頁 44）。蓋如璋之強硬態度，咄咄逼人，對日而言，猶芒刺在背，必欲去之而後快。故以此為口實，欲向李鴻章等退讓主和派施壓，以期中國另遣大臣以易何使，加速完成併琉之行程。

54　黎造時〈琉球地位演變研究〉，頁 39～40，臺大政研所碩士論文，1978 年。

55　見註 52。

56　見〈總署奏日阻琉球入貢請飭使臣何如璋暫勿歸國摺〉及〈總署奏議覆何如璋函述日本阻梗琉球入貢一案相機酌辦摺〉，《清季外交史料》，卷一五，頁 18 及 13；另見〈總理各國事務衙門奏日本梗阻琉球入貢情形摺〉，《清光緒朝中日交涉史料選輯》，頁 16～18。

理衙門大臣會晤[57]，論及琉事，宍戶璣卻以「為修好而來，不能與聞此事」之詞推諉。而此時駐日公使何如璋，亦多次向外務省交涉，但外務省則覆以「此係內政，外務省不問。[58]」內外互相推託，毫無談判誠意。李鴻章見日本駐華公使對琉交涉事件一味推諉，乃知照子峨與日本外務省爭辯[59]。5 月，日本照覆中國，首先列舉地脈、文字、語言、神教、風俗、血緣諸條文，以為日琉關係密切、同為一體之據。再以「中國謂琉球自為一國，除受其貢職外，政教禁令，聽其自主，……往年臺灣生蕃劫殺琉球難民，我派兵查辦，中國亦認為義舉，……廢藩置縣，係我內政，……且中國既認為琉球自為一國，又據修好條規為斷，謂琉球為所屬邦土，二者不相立[60]」之論，斥責中國干涉日本內政。

中國因得琉官向德宏之助，方能將日本照文逐條駁正，再覆日本，茲簡略其文如次：

> 一、日本謂琉球國屬伊南島，久在政教之下，引伊國史謂朝貢日本事實在中國隋唐之際，此謊言也。考琉球在隋唐時漸通中國，嘗與日本、朝鮮、暹羅、爪哇、緬甸通商往來，……若據日史所言，則琉球於隋唐時已屬日本，何以至明萬曆年間，尚未入聘？言之不實，不辯自明矣！
>
> 一、察度王洪武年間賜名琉球，巴志王在永樂年間賜姓尚，至尚泰王或雖有嗣承，同係中國賜國號受姓之人，尚泰王之祖尚圓王，伊平島之人，乃天孫氏之裔也，日本何得認為日本之後耶？總歸時異世遷，斷不能妄援荒遠無稽之論，為此神人共憤之事。如按此論，則美國百年前之君為英吉利人，刻下英吉利能強要此美國之地乎？地球內如美國者極多，紛紛翻案，何有窮乎？
>
> 一、尚寧王被擒之事固有之，蓋因豐臣氏伐朝鮮之後，將搆兵於明，以琉國係日本鄰邦，前來借兵徵糧受拒，……尚寧王被擒，此逼立誓文之所由來也。……即以所逼誓文法章而言，亦無不准

---

[57] 〈論日本廢琉球〉，《譯署函稿》卷八，頁 25。

[58] 〈與美國格前總統晤談節略〉，《譯署函稿》卷八，頁 42。

[59] 〈論爭琉球宜固臺灣〉，《譯署函稿》卷八，頁 26。

[60] 《琉球一件》第二冊，轉引自梁嘉彬〈琉球亡國中日爭持考實〉，頁 30。

立國阻貢之事。

一、琉國亦多用漢文字，並非專用四十八字母也。如以參用四十八字母為據，則日本之向用中國漢文，不止四十八字母者，日本亦可為中國之物矣，有此牽強之理乎？

一、日本謂琉國有饑則發帑賑之，有仇則興兵報之，以為保庇其島民，……臺灣之役，實自圖其私，且將生端於琉球，故先以斯役為之兆，何嘗為琉國計哉？

一、日本謂琉國國體、國政，皆為所立，琉國無自主之權。夫國體、國政之大者，莫如膺封爵、錫（賜）國號、受姓、奉朔、律令、禮制諸鉅典，……且前經與佛、米、蘭（佛蘭西、米國、荷蘭）三國互立約言，琉國書中皆用中國年號，並寫琉國官員名，事屬自主，各國所深知，琉國非日本附庸，豈待辨論而明哉？[61]

由於向德宏對自己國家的歷史瞭若指掌，對琉國與中日政治、文化關係的來龍去脈、前因後果，析論清透，無疑是針對日本強詞奪理的官方說法的有力反駁。考該文內容，字字稽徵史實，句句援引國際公法，將日本惡意扭曲之文逐條辯正，使日本無言以對，而琉案交涉亦因之陷於泥著狀態。

（二）格蘭忒居間調停

正當琉案交涉陷入僵局時，適值美卸任總統格蘭忒（Ulysess S. Grant）攜眷環遊世界，1879 年 4 月抵達天津[62]，恭親王奕訢與李鴻章藉此懇請格蘭忒居間調停。4 月 23 日，李氏與格蘭忒晤談後，語之「三層道理」，鴻章云：

第一層，琉球向來臣事中國，又與美國立有通商章程，今日本如此辦法，固於中國萬不下去，即美國亦不好看。第二層，美國與中國通商，必須由太平洋過橫濱至上海，今日本如此強橫無理，難保不到失和地步，一經失和開兵，則橫濱等口美商船隻，斷難

61　〈向德宏登覆寺島來文節略〉，《譯署函稿》卷九，頁 23～28。
62　〈報美國前總統到津〉，《譯署函稿》卷八，頁 39。

順行；是日本滅琉，不但與中國啟釁，直將攪亂華美通商大局。
第三層，貴總統，聲名洋溢，中西各邦，人人欽仰，此次游歷中
東，適遇此事，若能從旁妥協調處，免致開釁，不但中國感佩，
天下萬國聞之，必皆稱道高義；否則，或疑貴前總統，意存觀望，
未免聲名稍減。[63]

格蘭忒對李氏這番說詞，似沒有太激情的回應，僅平淡地表示：「所言
均是正理，我最怕各國失和動兵，如善言調停息事，大家皆有益處。」
（見同前註）

5月，格蘭忒與隨員楊越翰（John R.Young）抵日，格蘭忒因忙於
酬對，楊越翰乃先行與日本政要會晤。日方官員語之：「幾百年前早認
琉球爲屬國，琉球各小島本隸日本界內，中國因臺灣之役賠償兵費，……
足見中國認琉球爲日本所屬之憑據。日本現廢琉球王，與前廢內地各藩
一例，派員改易琉球政令，是日本分所應爲。琉球前進貢中國，不過虛
名，祇爲貿易得利起見耳。[64]」楊越翰因知何公使如璋在日談判，日本
外務省每覆以「此係內政」，故意推拖；加以雙方交涉未了，日方已先
行併琉，態度蠻橫，遂義正辭嚴地責說：

兩國各有駐京公使，遇有交涉大事，應公道商量，何必詭行霸
氣，……不先商議，必致失和。……日本既不願各國待你有輕藐
不公之事，則日本即不應與東方和好之國自做輕藐不公之事，被
人訾議。[65]

此言一出，日方官員只好改口辯稱：「何欽差不熟悉交涉體例，前行文
外務省，措詞不妥，有辱及日本之意，是以不便回覆，置之不理。」厥
後，何如璋將琉事始末文卷送呈格蘭忒閱覽，格蘭忒閱畢後表示：「深

63　〈與美國格前總統晤談節略〉，《譯署函稿》卷八，頁41～44。
　　又此次晤談，並非僅單純地談論琉事，亦提及金山華工之事。緣華工至金山，於美國開荒
　　甚屬得力，惟有西洋各國外來之人，見華人工資甚賤，又奈勞苦，於是工作漸爲華人所奪，
　　致生妒忌，遂不相容，且美國朝議亦不從外人來。
64　〈譯美前總統幕友楊副將來函〉，《譯署函稿》卷九，頁10～14。
65　同前註。

以中國理足，毫無驕強之處。[66]」雖然美國較爲同情中國立場，但琉國
被日本強併亡國已是不爭之事實，今所謂「談判」、「交涉」亦僅口舌
之爭耳，欲改變事實並非易事；且英使巴夏禮（Sir Harry S. Parkes）從
中挑撥，兩邊唆弄，似欲中日失和而後快，使美方調停之舉更不易爲[67]。
楊幕友越翰見日本強橫，琉事已難轉圜，乃勸慰中國力求自強，認爲中
國交涉之大害並非「理」之不足，而在「弱」之一字。其函文云：

> 據愚見，中國若不自強，外人必易心生欺侮，……日本人以為不
> 但琉球可併，即臺灣及各屬地，動兵侵占，中國亦不過以筆墨支
> 吾而已，此等情形最為可惡。旁人（案：意指英使巴夏禮）看出
> 此情形，容易挑唆，從中多得便宜，中國如願真心與日和好，不
> 在條約，而在自強，蓋條約可以不照辦，自強不敢生心。[68]

可見楊越翰不但對中國徒以口舌相爭，而乏武力爲援之弊，了然於胸；
且對日本的強力外交政策與侵臺野心，亦能洞察深入。

　　6月，格蘭忒與內務卿伊藤博文、陸軍卿西鄉從道晤談於日光山。
格蘭忒語之曰：「中山王所用之印，是中國所頒，此係出令行政之物，
可爲臣服中國有據，琉球中南兩部之間，爲太平洋商船出入要道，自未
便聽日本專據，有礙美國通商之局。[69]」是以美國出面調處，固有其自
身商業利益之考慮。伊藤、西鄉二人皆默然，不發一語。至7月，格蘭
忒致函總署與鴻章，略謂：「看日人議論琉球事，與在北京、天津所聞
情節，微有不符。雖然不甚符合，日本確無要與中國失和之意，日人自
謂琉事係其應辦，並非無理，但若中國肯寬讓日人，日本亦願退讓中國，
足見其本心不願失和。[70]」鴻章獲悉，頓感晴天霹靂，驚愕不已。緣李
氏本對格蘭忒寄予厚望，故嘗謂：「竊揣格前總統語意，其於球事，甚

66　同前註，頁13。
67　〈述美前總統調處事〉，《譯署函稿》卷九，頁14。又見〈譯美國副將楊越翰來函〉，《譯
　　署函稿》卷九，頁30～31。
68　〈譯美前總統幕友楊副將來函〉，《譯署函稿》卷九，頁14。
69　〈何子峨來函〉，《譯署函稿》卷九，頁33。
70　〈譯美前總統來函〉，《譯署函稿》卷九，頁39～40。又見〈照譯美前總統來信〉，《清
　　季外交史料》，卷一六，頁22～23。

相關切，尚無推諉，……想伊到東必可從旁關說，……或有轉圜之機。[71]」而格蘭忒在華之時，似亦甚為同情中國，其曾語鴻章曰：「我甚願秉公持議，……我為伊漲膽子」；「今琉球事，……實係輕藐不公，美國調處亦與約意相合。……琉球自為一國，日本乃欲吞滅以自廣，中國所爭者土地，不專為朝貢。[72]」觀其在華言詞，頗有「路見不平，拔刀相助」之勢；詎料數月之隔，態度全非，判若兩人。事出蹊蹺，啟人疑思，筆者不敏，尋根索源，揆量其因，約致數端：

第一，格蘭忒祇以私人身份旅遊各地，至中國適逢此案，因李氏「三層道理」頗為動聽，遂萌調處之意。然其本身既非代表美方政府，亦不負有任何政府使命，及其抵日之後，漸對維新政府的新興氣象產生好感，不自覺地產生偏袒之心[73]。

第二，格蘭忒與楊越翰在日期間，英使巴夏禮從中挑唆，以圖鷸蚌相持之利，事情變得複雜難理，非二人原先想像單純。加以中日議論琉事，各執一是，差距甚大，仲裁頗難。

第三，格蘭忒輕信日方之詞，遂以為日本並無失和之意，而日本之所以牽延磋商，其責在於何公使之照會（參註 53），故格蘭忒致函中國就有「從前兩國商辦此事，有一件文書措詞太重，使日本不能轉灣（彎），如肯先行撤回，則日人悅服，情願特派大員與中國特派大員妥商辦法」[74]之語。

第四，調停者認為中日雙方各執一詞，僵局自無法打開，乃力勸雙方各退一步，以圖「兩全其美」，遂先與日本達成某種協議（即後待述之「三分琉案」）。此計雖犧牲琉國獨立自主的地位，但卻能不致開罪日本，也能避免中國責其「意存觀望」。

以上所析，後二者尤為重要，應為格蘭忒態度頓轉之關鍵所在。

如前所述，格蘭忒於 7 月致函中國所言者，不外為勸中國撤回照

---

[71]　〈議請美國前總統調處琉球事〉，《譯署函稿》卷八，頁 40。

[72]　〈與美國格前總統晤談節略〉，《譯署函稿》卷八，頁 42～43。

[73]　梁中英〈清代琉球懸案始末〉，頁 77。

[74]　〈譯美前總統來函〉，《譯署函稿》卷九，頁 39～40。又見〈照譯美前總統來信〉，《清季外交史料》，卷一六，頁 22～23。

會，另派大員與日方磋商等，作爲其即將離日返美前對琉案調處的交待。未久，總署與鴻章即分別接獲到何公使的書函，文謂：「見美國駐日使臣平安，據稱『事必須了，且必須兩國有光。已與前統領商一辦法：查琉球各島，本分三部，今欲將中部歸球，立君復國，中、東（筆者案：即中、日）兩國各設領事保護之。其南部近臺灣，爲中國要地，割隸中國；其北部近薩摩，爲日本要地，割隸日本。』未知貴國允否？當答以意在存琉，惟期球祚不絕而已，美使欣然。[75]」至是，中國政府方得知日美之間已有「三分琉國」之協議也。

（三）中日再開談判與分島改約問題

美日所達成的「三分琉島」之議，雖使得中日琉案談判有了眉目，但中國首須面對者除了是否要撤回照會外，尚有應派何人爲談判大員以及在何國會商等問題。李鴻章認爲中國另派大員前去日本，若「所議無成，怏怏而回，既輕國體，更無後者[76]」，執意要日方派員來華磋商。適有日大藏省官員竹添進一郎者，受新任外務卿井上馨之授意，以「閒員」之私人身份，假運米助賑之機，於 1879 年 10 月至天津拜謁李鴻章。其人漢學淹雅，與鴻章詩文酬答，成文字交。在與李氏筆談之頃，忽叩門上書，所言與外務省如出一口[77]。惟其筆鋒如刃，字字切入扼害，論琉事則必藉口「公法」，其書云：

> 天下無兩婚之婦，豈亦有兩屬之邦乎？……公法有一君兼統兩國，無一國兩屬於二君。……琉球之屬我者，公也；其貢於中國者，私也。今則以私責公，譬之有夫之婦與鄰人私通，私夫乃爭其婦爲己室，反加本夫以不信不義之名，是何道理？[78]

其喻中國力爭琉球之舉，猶如「私夫私通有夫之婦」，措詞辛辣，煞爲

---

[75] 〈總署奏美國前總統在日本調處琉球事擬有辦法摺〉，《清季外交史料》卷一六，頁 19。

[76] 〈論球案〉，《譯署函稿》卷一〇，頁 10。

[77] 李鴻章〈與日本竹添進一（郎）筆談節略〉云（《譯署函稿》卷一〇，頁 13）云：「閣下既係局外閒人，恐在處士橫議之列，否則，與貴國政府所言，一鼻孔出氣。」

[78] 〈日本竹添進一（郎）上書〉，《譯署函稿》卷一〇，頁 11。

無理，其言之暴，較之何公使照會，堪謂有過之而無不及矣！

鴻章獲悉竹添上書後，先以修好條約第一條相責，並覆以不必爭辯琉球係誰之屬邦，但求兩國宜敦好邦誼，最後囑之回日之後務必力勸其政府速派大員來華，彼此會商互讓之策[79]。竹添因之回國。

翌年（1880年）2月，竹添再度來華，於天津謁見李鴻章，自謂係奉命前來，若事不成，刻即返國。未久，竹添呈上說帖：「中國於西洋各商、使，均得入內地貿易，而我商民獨不得同其例，是疑於厚彼而薄我。夫中國與日本，人同其種，書同其文，有舊好之誼，有輔車之勢，宜同心戮力，以維持東洋全局。然中國相待之約，反不如待西人之優，我所深慨也。中國大臣果以大局為念，須聽我商民入中國內地，懋遷有無，一如西人，則我亦可以琉球之宮古島、八重山島，定為中國所轄，以劃兩國疆域也。[80]」美日於去年商議的「三分琉球案」，中國還未作出具體回應，今則日本馬上改口宣稱，要待中國允許日本商民至華內地貿易後方能商議「三分琉球案」，琉球問題愈演愈複雜，原只是爭論「歸屬」問題，經格蘭特調處後提出成「分島」（三分琉球島）之議，而中國尚未答應，日本又成提出「分島改約」之議。此固為中國所不能允，總署認為中日所論者琉球之事，「照會既經議明，從前辯論各節暫置弗提，願照美前統領信內所稱（案：指三分之議）次第辦理。[81]」鴻章亦以為：「抹去中島復球一層，與中國欲延球祀之命意不符，且無端改約，無異是節外生枝。[82]」故責以「今忽背前議，所謂務保好和，不願失和中國等語，形同空言。」竹添頓感錯愕，只好對曰：「只是私相探問，不算公事[83]。」繼則又矢口否認而辯稱：「小子實未聞前統領向中國公使發此言，敝國政府與前統領面晤之言及書函，皆悉使小子一閱，亦未

---

[79] 同註77，頁15。

[80] 〈日本竹添進一（郎）說帖〉，《譯署函稿》卷一〇，頁32～33。

[81] 〈總署奏日本廢滅琉球一案美國前總統擬加調停事已中變請派大員商辦摺〉，《清季外交史料》卷二一，頁25。

[82] 〈與日本委員竹添進一（郎）筆談節略〉，《譯署函稿》卷一〇，頁37。

[83] 同註81。

見有此言，想敝政府不知前統領有此言也。[84]」嗣後，竹添乾脆將責任推到美國駐日公使平安與中國駐日公使何如璋二人身上，故言：「美使所說，恐非前統領之意，抑何大人與美使言語不通，重譯之人，無乃或失其旨乎？[85]」

　　然吾人揣思，美使平安固無捏造三分球議之要，何使如璋更無憑空妄臆之理，且格蘭特致李鴻章之函文表示，「若中國肯寬讓日人，日本亦願退讓中國。」可見美日協議似已達成，因此該函明言雖未足，暗示則有餘也。惟察竹添之詞前後不一，閃爍不定，既言只是私相探問，又稱該國政府書函未見提及，復謂恐係重譯者失旨。矧琉案與改約之事本風馬牛不相及，今之談判竟欲將之牽強爲一，其意安在？正是司馬昭之心矣！蓋自日本與歐美各國簽訂不平等條約（如治外法權、協定稅率、最惠國待遇等）以降，頗思與歐美談判改約，而中日修約正是日本對西洋各國改約之前提，故欲藉琉事交涉之機，以成其改約之標的。且格蘭特對日態度和善，所提「三分琉球案」雖不能滿足日本之心，然於日本無害，不如暫且答應，等格蘭特返國後，再與中國重新談判，否認前議。

（四）琉事交涉之懸宕

　　三分琉島之議雖使琉案談判呈現一道曙光，但分島改約問題之烏雲驀然飄至，琉事交涉瞬成暗淡，久無終局。時值中俄伊犁條約初訂（1879年8月）未久，崇厚赴俄談判，割地賠款，僅換回伊犁一城，中國不滿此約，遂將之下獄[86]，並於1880年正月另派曾紀澤赴俄重新談判。時局因呈緊張之勢，中國恐日俄連結，不利中國，爲局大害，是以竹添之議（分島改約）得以死灰復燃。然一時朝議紛紜，而有琉案「速結」與「緩結」二派之論爭矣。

---

[84] 〈與日本委員竹添進一（郎）筆談節略〉，《譯署函稿》卷一〇，頁37～38。

[85] 〈日本委員竹添進一（郎）來書〉，《譯署函稿》卷一〇，頁41。

[86] 崇厚交涉訂約之事，時朝臣頗多非議，且有力主議治其罪者，如翰林院侍讀學士黃體芳奏崇厚專擅誤國，翰林院修撰王仁堪奏崇厚不宜減罪，內閣侍讀學士胡聘之等奏請俟俄約挽回就緒，再赦崇厚。（以上各摺詳見《清季外交史料》，卷一八，頁9、10；卷二一，頁7、10。）

　　二者之中，似以速結派居多，如張之洞主張祇要日方願持中立，兩不相助，則應速結此案。其奏云：「俄人專恃日本爲後路，宜速聯絡日本，所議商務可允者早允，但得彼國兩不相助，俄勢自阻。[87]」南洋大臣劉坤一注重能存球祀，故謂：「以南兩島重立琉球，俾延一線之祀，庶不負存亡繼絕初心，且可留爲後圖。[88]」復評鴻章延宕之不當，奏云：「李鴻章所謂支展者，將來仍以口舌持之，或以虛聲脅之，以日本之倔強，未必有濟，且支展之法，日人未必不知。[89]」浙撫譚鍾麟以爲當今之計，宜速結此案並加強戰備，其奏稱：「跨海遠征，勞費百倍，自揣數年之內，力恐有所未能，李鴻章支展之法，亦審時度勢有不可遽結之意，……臣愚竊謂琉案以速定爲要。[90]」奕訢認爲若堅執不結，一味支展，琉案必告夭折。乃奏曰：「揆諸現在事勢，中國若拒日太甚，日本必結俄益深，此舉既以存球，並以防俄，未始非計。……至宍戶璣請加一體均霑之條，臣等查各國約內，俱有此項明文，……臣等揣其情形，若仍照前堅執不允，球案必無從辦結。……凡此皆爲顧全大局，聯絡日本起見。[91]」總署則認爲球案不定，恐有兩面受敵之虞。其奏云：「不獨北島久爲日本所據，即中島、南島均歸日本收稅，琉球之隸中國其名，而屬日本其實；此事若不與定議，亦無策以善其後。兼之俄國兵輪現均停泊東洋海島，球事不定，恐俄人要結日本，又將另樹一敵。[92]」

　　反對遽結琉案者，似亦能言之成理。如右庶子陳寶琛以爲中日親好，不在改約結案，而端視中國實力如何。其奏稱：「論者謂速結琉球之案，即可聯倭以抗俄，臣愚殊不謂然。……日本之親我與否，亦視我強弱而已，……案一結，則琉球宗社漸矣；約一改，則中國之堤防潰矣！俄以一伊犁餌吾改約，日本又以一荒島餌吾改約，是我結倭驩以防俄而

[87]　〈右庶子張之洞奏因俄事條陳應防各要地事宜片〉，《清季外交史料》卷二二，頁10。
[88]　〈總理各國事務衙門奏與日本使臣議結琉球案摺〉，《清光緒朝中日交涉史料選輯》，頁25～26。
[89]　〈江督劉坤一奏球案宜速結日約宜慎重圖維摺〉，《清季外交史料》，卷二四，頁17。
[90]　〈浙撫譚鍾麟奏琉球案宜速結對日須戰守均有實力摺〉，《清季外交史料》卷二四，頁22。
[91]　〈總署奏日本廢琉球一案已商議辦結摺〉，《清季外交史料》卷二三，頁15～16。
[92]　〈總署奏琉球南島名屬華實屬日不定議無以善後片〉，《清季外交史料》卷二三，頁17。

重受其紿，倭乘俄衅挾我而坐享其利也。[93]」兩廣總督張樹聲亦奏稱：
「日本貪狡無賴，虐球畏俄，其力不足以助寇，其性不可以思結，……
彼既擄球君，縣球土，因中國責言，始以無足輕重之兩小島來相搪塞。
中國何負於倭，倭何德於中國，顧欲責償於中國之改約耶？[94]」張之洞
初主速結，後又認爲宜審時緩結，其謂：「若球案率結，寥寥荒島，即
復封，尚氏終難自存，我不能庇累朝臣僕之琉球，復不敢抗蕞爾暴興之
日本，從此環海萬國，接踵效尤，……數年之後，屛藩盡失。[95]」鴻章
對分島改約案之態度亦是反覆不一，初因洞悉日本脅制之心，故嘗嚴拒
竹添之議而斥言：「今議定琉界，是非已不分明，又欲牽及通商改約以
脅制中朝，中國非不敢許其無所損之事，蓋不能受人脅制也。故日通商
事當另議，斷不可混作一案。[96]」其後，似又不太堅持原意，有意結案，
乃曰：「鄙見琉球南島劃歸中國，似不便收管，祇可還之球人，固不能
無後患，然事已至此，在日本已算退讓，恐別無結局之法。至彼欲同西
洋各商入內地，賣洋貨，運土貨，原係中外通商公例。……而立言頗近
公平。[97]」又云：「琉球北部諸島，久經割隸日本，茲其所倂者中南二
部，若議將南部宮古、八重山二島改屬中國，已居琉球全部之半。……
中國原非因以爲利，如准所請，似應由中國仍將南部交還球王駐守，藉
存宗祀。[98]」最後又覺結案未妥，力主宕緩，而云：「宍戶璣論球案，
僅能歸我南島，仍許彼加約二條，詢以球王及子嗣，堅稱不能交出。……
然其所稱八重、宮古二島，土產貧瘠，無能自立，尤以割南島另立監國，
斷斷不能遵行。……此事似以宕緩爲宜。……若由中國另行設官置防，
徒增後累，而以內地通商均霑之實惠，易一甌脫無用之荒島，於義奚取？

93　〈右庶子陳寶琛奏琉案日約不宜遽訂摺〉，《清季外交史料》卷二三，頁 19。又見〈瀝陳
　　球案倭約疏〉，《道咸同光四朝奏議選輯》，頁 123～125，臺文叢第 288 種。

94　〈粵督張樹聲等奏琉案不必急議日約未便牽連摺〉，《清季外交史料》卷二四，頁 24～25。
　　又見〈覆陳球案倭約疏〉，《道咸同光四朝奏議選輯》，頁 132～133。

95　〈左庶子張之洞奏琉球案宜審緩急摺〉，《清季外交史料》卷二四，頁 1。

96　〈與日本委員竹添進一（郎）筆談〉，《譯署函稿》卷一〇，頁 28。

97　〈議球案結法〉，《譯署函稿》卷一〇，頁 26～27。

98　〈商改俄約兼論球案〉，《譯署函稿》卷一一，頁 28～29。

[99]」李氏態度數變，毫無定見，時而主速結，時而主緩宕，由此可見。當然，李氏最後還是傾向延緩之策。

由於時局窘迫，中國深恐日俄相結，爲害益烈，總署因而與宍戶璣於1880年9月議訂琉球草約及修改商約之底稿，琉案之結似指日可待。詎料草約一經奏報朝廷，即先遭陳寶琛反對，而左宗棠亦主「以靜制動」，因曰：「跨海與戰，先蹈危機，斷不宜輕爲嘗試，亦無取揚言遠伐，以虛聲相震撼。……督飭各營妥爲備豫，不動聲色，靜以待之。[100]」左氏所謂的加強戰備、以靜待動之策，實亦不脫延宕之法。李鴻章之見雖然反覆無常，但畢竟是位高言重，故清廷最後依李氏之奏文爲取決。奏文略謂：「今則俄事方殷，中國之力暫難兼顧，且日人多所要求，允之則大受所損，拒之則多樹一敵，惟有用延宕之一法，最爲相宜。……俟俄事既結，再理球案，則力專而勢自張。[101]」而李鴻章之力主延宕，表面上似與詢知琉球南部二島貧瘠不能自立有關，實則爲不慊於總署不先徵其意而直接與宍戶璣議談，外交大權竟至旁落之心態所致[102]。是以總署原與日方議定琉案及商約，只待上諭批准，十日內即可簽訂結案，然因朝議紛紜，且鴻章奏文甚得上意，總署遂不敢輕與宍戶璣定結此案，中國因遭日本譴責逾期違約。

1881年正月，伊犁條約議定，中俄風雲，暫告平靜，因此李氏對日態度亦因而稍轉強硬[103]。厥後鴻章與竹添雖有數次非正式的會談，但仍毫無下文。1882年，竹添來華任駐天津領事，鴻章復向其提及琉事曰：「割南島以封琉王，並附益以首里王城，使得歸其故宮，祀其宗社。此外，日本所已併踞者，一任日人爲政，但須堅明約束，日後不得再占一步。」竹添則答稱：「敝國朝廢琉藩，夕復琉封，果成何政體？且也以從前屬地，今則棄爲他人之有，不得再占一步，雖至愚者所不爲。……頃閱敝國新聞紙，內載明年我皇上有巡幸琉島之舉，雖未知信否，若使

99　〈請球案緩結〉，《譯署函稿》卷一一，頁37～38。
100　〈軍機大臣左宗棠奏辦理琉案說帖〉，《清季外交史料》卷二五，頁6～8。
101　〈妥籌球案摺〉，《李文忠公全集·奏稿》卷三九，頁1～5。
102　梁嘉彬前揭文，頁37。
103　莊申〈清末亡琉始末〉，《幼獅學報》2卷2期，頁32。

此說信，則南島之說不得再議也。[104]」是年，琉人再度至中國「請復藩邦」，禮部並未作出積極回應，只因憫其流離顛沛，派員護送暫回閩地[105]。日本吞併琉球既成事實，也視破中國對分島改約的拖拉戰術，故最後日本決定不再與中國進行任何交涉，而中國延宕之法至此已顯窘狀。至 1883 年，中國遣駐日公使黎庶昌通告日方，要求修約與琉案一併解決。然中國終究無積極行動，日本遂置之不理，琉案交涉因之石沉浩海矣！加以越南、朝鮮問題接踵而至，清廷窮於應付，歷史上的兩屬問題竟而不了了之。

五、結語

　　戰後，國人曾一度掀起琉球研究熱潮，此無疑係受戰後美國對琉新政的影響與反彈的結果。緣 1953 年 8 月，美國國務卿杜勒斯赴韓談判美韓安全條約後，返程經過日本拜會首相吉田茂時公開宣稱，將以琉球群島的奄美大島「贈予」日本。接著在 1957 年，美國總統艾森豪與訪美的日本首相岸信介舉行會談之後，又宣稱日本對琉球具有所謂的「殘餘主權」（或譯為「潛在主權」，residual soverignty）。1961 年，美日即達成下列三點協議：

　　（一）每逢慶祝及祭典時，琉球政府各機關，得懸掛日本國旗。
　　（二）日本得派遣教育人員赴琉講學，而琉球政府亦得派員赴日受訓。
　　（三）日本政府得撥款擴充琉球人民之福利措施。

　　1967 年 3 月，日本政府宣佈已經與美國取得如下協議：嗣後琉人出國，將以日本政府那霸辦事處所發之護照，取代美國駐琉公署所發之護照；琉船出海作業，須懸掛日旗，以示該船為日籍。

　　凡此種種，在在顯示美國有意將琉球「交還」日本，以示友好；同

---

[104]　〈與日本領事竹添進一（郎）筆談節略〉，《譯署函稿》卷一三，頁 21～22。
[105]　〈禮部奏據琉球官員稟稱國滅主辱請復藩邦摺〉，《清季外交史料》卷三七，頁 2。

時日本則是不遺餘力地爭取對琉主權，促成琉球「祖國歸復運動」之勃興。在美、日兩國強力運作下，1972 年，琉球失去託管地的身份而再次淪爲日本版籍。對此，國人及學者紛紛引「開羅會議宣言」、「波茨坦宣言」之條文，堅稱戰後日本自明治維新以降，所奪自中國的一切領土必須歸還中國，但國際現實外交不可能因此而逆轉，而曾經是小國寡民、主權獨立自主的琉球國，終成一歷史名詞。

　　綜觀琉球於國際地位之演變，於歷史上可尋出五個轉捩點。第一是，從 1372、1404 年起，中琉封貢關係形成，名義上與中國維持「君臣」之禮。第二，從 1609 年「慶長之役」起，琉球進入「兩屬」時代，雖然仍是一個獨立自主的「政治實體」，卻明與中國保持封貢關係，暗受日本有力控制。第三，1871～1879 年，日本認爲兩屬已非世界大勢所允，遂積極「處分」琉球，使之成爲該國領土的一個縣地，琉球因之亡國。第四，1945 年二次大戰之後，琉國受國際託管，雖暫時擺脫日本的統治，且有機會復國，但仍受美國干預。第五，1972 年，琉球喪失復國之機，再次「歸還」日本，臺海兩岸皆援引「開羅會議宣言」、「波茨坦宣言」之條文，宣稱琉球必須「歸還」中國，但是此刻正值美國與日本的「外交蜜月期」，談何容易？更何況美國一直認爲琉球「國」不曾屬於中國領土，故開羅、波茨坦宣言均不適用。

　　琉國亡國既成過往，或許回顧這段史事，可了解中、日、琉當時錯綜複雜的政治關係，亦可索理出三者在外交上的方略與手腕。就琉國而言，缺乏武備，長期躲在中國「臣屬」的保護傘下，以爲藉此可以禦外，而後既受日本入侵，又不敢向中國揭示，只好依違於兩大之間，及日本作出「處分」，廢藩置縣，方感亡國在即，即遣官員向中國泣訴求援，琉國紫巾官向德宏訴曰：「生不願爲日國屬人，死不願爲日國屬鬼」，「如得興師問罪，即以敝國爲鄉（嚮）導，宏願充先鋒，使日本不敢逞其兇頑。宏於日國地圖、言語、文字，頗詳悉，甘願效力前軍，以洩不共戴天之憤。」（見〈向德宏稟稿〉、〈向德宏二次稟稿〉）

　　向德宏之泣援，情感詞切，然中國不爲所動。中國並不願開罪日本，僅以口舌爲辯，對日而言，形同無策；再者寄厚望於第三者之從中斡旋，

冀圖和好於日，情勢未免操之在人；最後因中俄伊犁交涉事起，乃主延宕，更爲時勢所絆。其後，李鴻章方悟出「彼（日本）既久據，豈肯遽讓」之理[106]，似爲其延宕失策的註腳。

就日本而言，鑑於中國既無護衛琉球之力，更無果決一戰之心，乃先發制人，逼得中國步步退讓。兩方交涉，中國則以中日修好條約第一款：兩國所屬邦土不可稍有侵略，據理力爭。殊不知日方視和約形同具文，故而大膽提出「據我看來，和約沒甚用處，……和約不過爲通商事可以照辦，至國家舉事，只看誰強，不必盡依條約」之謬語[107]。而日後歷史更印證此一事實，不僅屬國的琉球、朝鮮，連版籍的臺灣亦未嘗受到此約之保障。是以 1871 年，日本遣使至華訂約，墨瀋未乾，即於翌年冊封琉球，74 年出兵臺灣，75 年砲擊朝鮮，幾乎無年無事於中國；79 年併琉後，隨之掀起壬午事變、甲申之亂，迄 94 年甲午之戰，95 年佔據臺澎，這無一不是武力外交相互爲用、強取橫奪的結果。故日本併滅琉球，實啓近代中日不友好關係之端，亦爲日本「東亞盟主論」高唱入雲、加緊對華侵略的起點。

其次，琉球問題不但使得有識之士了解到日本爲中國肘腋之患，且使李鴻章對日的善意印象爲之一改，而步上親俄疏日之途。其云：「中國之力實不敵俄，寧可屈志於俄。[108]」又謂：「與其多讓倭，而倭不能助我以抗俄，則我既失之於倭，而又將失之於俄；何如稍讓於俄，而我因得借俄以懾倭。……若論理之曲直，則日本之侮我爲尤甚矣！[109]」鴻章日後之有「聯俄制日」，係日方所致，其策實預伏於此。此外，此案亦造成中日雙方不同的反應。中國既失琉屬，乃更積極於臺防佈置與朝鮮問題，一面函囑朝鮮密修武備，一面力勸其與西洋各國次第立約通商，期能藉以牽制日本，備禦俄國，俾得「未雨綢繆，潛弭外患。[110]」對日而言，中國或失之於策，或力有未逮，使日併琉，不費吹灰。至是，

---

106 〈致徐孫麒星使〉，《李文忠公全集·朋僚函稿》卷二〇，頁 57。
107 〈日本使臣森有禮署使鄭永寧來署晤談節略〉，《譯署函稿》卷四，頁 34。
108 〈請球案緩結〉，《譯署函稿》卷一一，頁 37～38。
109 〈直督李鴻章奏日本議結琉球案牽涉改約暫宜緩充摺〉，《清季外交史料》卷二四，頁 3。
110 〈密勸朝鮮通商西國摺〉，《李文忠公全集·奏稿》卷三四，頁 44～45。

日本乃加速鞭策其南進臺島、北征朝鮮之雙頭馬車疾馳，中日關係因之
更形惡化。

徵引書目

一、史料

1534 年（嘉靖甲午 13 年）

　　陳侃《使琉球錄》,《使琉球錄三種》「臺灣文獻叢刊」（以下略稱臺
　　　　文叢）第 287 種，臺銀輯印。

1606 年（萬曆 34 年）

　　夏子陽《使琉球錄》，收於《使琉球錄三種》，臺文叢第 287 種，臺
　　　　銀輯印。

1664 年（康熙 3 年）

　　張學禮《中山紀略》，收於《清代琉球紀錄集輯》，臺文叢第 292 種，
　　　　臺銀輯印。

1691 年（康熙 30 年）

　　王士禎《紀琉球入太學始末》，收於《清代琉球紀錄集輯》，臺文叢
　　　　第 292 種，臺銀輯印。

1721 年（康熙 60 年）

　　徐葆光《中山傳信錄》，臺文叢第 306 種，臺銀輯印。

1739 年（乾隆 4 年）

　　張廷玉《明史》，臺北，藝文 1982 年出版。

1757 年（乾隆 22 年）

　　周煌《琉球國志略》，臺文叢第 293 種，臺銀輯印。

1764 年（乾隆 29 年）

　　蔡世昌《久米村記》，收於《清代琉球紀錄續輯》，臺文叢第 299 種，
　　　　臺銀輯印。

1884 年

　　《道咸同光四朝奏議選輯》，臺文叢第 288 種，臺銀輯印。

1921 年

　　連橫《臺灣通史》，臺文叢第 128 種，臺銀輯印。

1930 年

　　柯劭忞《新元史》，臺北，藝文 1982 年出版。

1932 年

　　《清光緒朝中日交涉史料選輯》，臺文叢第 210 種，臺銀輯印。

1959 年

　　《琉求與雞籠山》，臺文叢第 196 種，臺銀輯印。

　　蔣廷黻《近代中國外交史資料輯要》中卷，臺北，臺灣商務印書館。

1964 年

　　王彥威、王亮編《清季外交史料》，臺北，文海出版社。

1966 年

　　左舜生編《中國近百年史資料初編》，臺北，臺灣中華書局。

1984 年

　　吳汝綸編《李文忠公（鴻章）全集》，臺北，文海出版社。

二、專書

1947 年

　　高明《琉球》，行政院新聞局印行。

1948 年

　　吳壯達《琉球與中國》，臺北，正中書局。

1951 年

　　蔡璋《琉球亡國史譚》，臺北，正中書局。

1954 年

　　宋漱石《琉球歸屬問題》，臺北，中央文物供應社。

1965 年

　　梁嘉彬《琉球及東南諸島與中國》，東海大學出版。

1970 年

　　郭廷以《臺灣史事概說》，臺北，正中書局。

1970 年

　　李則芬《中日關係史》，臺灣中華書局。

1977 年

　　林熊祥《臺灣史略》，臺北，青文出版社。

1979 年

　　劉彥原《中國外交史》，臺北，三民書局。

1983 年

　　藤井志津枝《日本軍國主義的原型──剖析一八七一～七四年臺灣
　　　　事件》，臺北，三民書局。

1985 年

　　李守孔《李鴻章傳》，臺北，學生書局。

1988 年

　　吳幅貞《在臺叢稿》，著者自版。

三、論文

1959 年

　　莊申〈清末亡琉始末〉，《幼獅學報》2 卷 2 期。

1966 年

　　宋岑〈隋代流求確爲臺灣〉，《學人》第 60 期。

1968 年

　　梁中英〈清代琉球懸案始末〉，《東方雜誌》復刊 3 卷 6 期。

1973 年

　　蔡學海〈李鴻章與中日臺灣番社事件交涉〉，《臺灣文獻》24 卷 2
　　　　期。

1974 年

　　梁嘉彬〈琉球亡國中日爭持考實（上）、（下）〉，（《大陸雜誌》48
　　　　卷 5、6 期。

1978 年

　　李永熾〈日本「大東亞共榮圈」理念之形成〉，《思與言》15 卷 6

　　　　期。

　　　吳文星〈中日修好條約初探〉,《大陸雜誌》57 卷 1 期。

　　　黎造時〈琉球地位演變研究〉,臺大政研所碩士論文。

1980 年

　　　楊仲揆〈中、日、琉關係之演變〉,《近代中國》第 20 期。

1982 年

　　　赤嶺守〈光緒初年琉球與中日兩國之關係〉,臺大史研所碩士論文。

　　　周仁華〈一八七一年中日新外交關係之建立〉,《東海大學歷史學報》
　　　　　第 6 期。

1983 年

　　　林子侯〈同光年間中日、臺灣琉球之糾葛〉,《臺北文獻》直字 66 期。

1985 年

　　　吳靄華〈琉球歷史上的久米村〉,《師大歷史學報》第 13 期。

　　　吳靄華〈一六〇九年日本薩摩藩入親琉球之研究〉,《教學與研究》
　　　　　第 7 期。

　　　吳靄華〈明清時代琉球入貢中國之研究〉,《東方雜誌》復刊 9 卷 3
　　　　　期。

1987 年

　　　張存武〈中國對西方窺伺琉球的反應〉,《中央研究院近史所集刊》
　　　　　16 期。

1988 年

　　　張希哲〈蔡溫對琉球的貢獻〉,《第一屆中琉歷史關係國際學術會議
　　　　　論文集》,中琉文化經濟協會出版。

　　　張希哲〈加強中琉歷史關係的研究〉,《第一屆中琉歷史關係國際學
　　　　　術會議論文集》。

　　　吳靄華〈清代儒家思想對琉球的影響〉,《第一屆中琉歷史關係國際
　　　　　學術會議論文集》。

　　　張啓雄〈何如璋的琉案外交〉,《第一屆中琉歷史關係國際學術會議
　　　　　論文集》。

《海關醫報》與清末臺灣開港地區的疾病

摘要

　　《海關醫報》（Medical Reports）是清末中國海關關冊《海關公報》（Customs Gazette）的一部份，原則上每半年出版一次，其刊行目的在於記錄中國開港地區的疾病種類、數量，並將之對應到當地之天候、風土、生活習慣上加以分析。本論文研究的範圍以臺灣開港地區的部分為限，時間上大致涵蓋自 1871 年到 1895 年的 25 年間。

　　從事這項紀錄工作的皆為駐當地的醫官，他們的工作兼具醫療及研究的雙重性質，其中並有不少醫生對臺灣島及島上居民產生職業以外的興趣，所以這些報告不只對臺灣醫療史、現代寄生蟲學等領域有重大意義，甚至也可視為業餘的人類學報告，他所提供的是一個看待十九世紀末臺灣歷史的「非漢人觀點」，可說是彌足珍貴。

　　透過這些報告，本論文提出瘧疾、痲瘋、毒癮幾項重大疾病，並與文獻資料作比對，證實舊志中一再提及的「瘴癘」，雖不能直接與瘧疾劃上等號，但其為禍之烈，則有《海關醫報》的統計數據可為佐證。而致病之因，則與臺人不重環境衛生、過於迷信、輕視醫師等因素有直接的關係；尤其是這些盛行的疾病中，有絕大部分是熱帶傳染病，誠莫可輕忽矣！

關鍵詞：海關醫報、開港地區、疾病

一、《海關醫報》資料概述

1842 年（道光 22 年）江寧條約締定，爲中國開埠通商之始，英法聯軍之役，北京續增條約，口岸陸續開放 14 處，至 1910 年（宣統 2 年），中國海口、沿江、內陸議定設立之海關及支關共達 93 個，其中以上海的江海關組織最爲龐大[1]。

通商之初，清廷任用地方官吏兼管通商事宜，然至 1860 年代（咸豐 10 年）時，中國海關行政權逐漸旁落外人之手。歸納其因，約有三端：（一）清之海關官吏貪瀆無能，「既無通商行政可以率由，更乏新知，用資因應」；甚至「別關營私之逕，……課稅無方，諸凡紊亂、偷關、漏稅，不一而足。[2]」（二）洪楊事起，兼任上海海關監督的道臺吳健彰攜眷避入租界，一切徵稅事務，因而中止；外人乃在上海租界內置設臨時徵稅機關，組織關稅管理委員會，以英籍的威妥瑪（Thomas Wade）、法籍的史密斯（Arthur Smith）及美籍的卡爾（Lewis Carr）三人爲委員，啓外人介入海關行政管理之端[3]。（三）爲使關稅徵課落實，清廷亦覺需引用外邦通習西語商務之人才，幫辦稅務。威妥瑪因久居華土，善操華語，委員會雖爲合議制，實則一切大權操之其手。不久威妥瑪回任副領事之職，其職由領事館通譯官李泰國（Horatio N. Lay）繼之。1859 年，清兩江總督何桂清委派李泰國主管上海關務，翌年，總理衙門正式發出由李氏擔任總稅務司之諭令[4]。此後至 1925 年，66 年之間，外人擔任此職者計有 5 人，前後分別是李泰國、費子洛（G.H. Fifzroy）、赫德（Robert Hart）、裴世楷（R.E.Bredon）、安格聯（Francis Aglen），其中以赫德從 1861 年（咸豐 11 年）代理、1863 年起實任至 1911 年，

---

[1] 此數字爲趙淑敏之統計，見氏撰〈清代新制海關設置之沿革〉一文，《中國歷史學會史學集刊》10 期，頁 190～195。

[2] 陳向元《中國關稅痛史》（1926 年著），頁 22，中國關稅問題資料四種，臺北，學海出版社，1971 年影印本。

[3] 參李菩馨《中國關稅史料》（1930 年編），第三編〈海關行政〉，頁 1～2，學海出版社，1970 年影印本。

[4] 趙淑敏《中國海關史》，頁 13～19，臺北，中央文物供應社，1982 年。

任期長達 50 年，影響海關行政最大。

　　外人接掌海關總稅務司之後，同年起也陸續開始有海關關冊的出版，這些出版品包括日報、月報、季報、年報、十年報等，均屬貿易方面的書面報告及統計，爲研究海關貿易史不可多得的史料[5]。季報的《海關公報》（CUSTOMS　GAZETTE）於 1868 年開始刊行，其中有一部分（THE SIXTH PART）是關於醫學、疾病方面的，稱爲《海關醫報》（MEDICAL REPORTS），此乃因各關除稅務、驗查人員外，均有外國醫官駐留，其任務有二，一是負責原各關洋員及其妻室僕從等之疾病醫療，二是對當地的醫事進行調查，匯集後再由上海的醫官傑米森（ R. Alex Jamieson）整理彙編，交付給海關稽查統計處（the statistical office of the inspectorate general of customs）出版，時間均爲每年之 3 月底與 9 月底。所以從 1871 年出版第一冊起，《海關醫報》即是以半年報的型態刊行，只是名稱稍有變動，最初名爲 CUSTOMS GAZETTE，1872 年第 4 冊起，改以 MEDICAL REPORTS 爲題，1878 年第 15 冊起，又改稱爲 CHINA IMPERIAL MARITIME CUSTOMS. MEDICAL REPORTS.，迄 1910 年 9 月爲止，本應出版 80 冊，但 1904 年 3 月第 67 冊刊行之後，同年 9 月之第 68 冊起中斷，6 年之後的 1910 年 9 月第 68 冊才又續刊，此後便完全停刊。現藏於美國哈佛大學燕京圖書館，中研院近史所於 1994 年年底方有影印本的收藏[6]。

　　《海關醫報》呈報的海關與支關，主要是大陸沿海沿江各處口岸及附近城市，如廣東廣州（Canton）、北海（Pakhoi）、汕頭（Swatow）、江門（Kongmoon）、拱北（Lappa），福建廈門（Amoy）、福州（Foochow），浙江溫州（Wenchow）、寧波（Ningpo），江蘇南京（Nanking）、上

5　關於海關關冊資料的介紹可參：
　（1）鄭友揆〈我國海關貿易統計編製方法及其內容之沿革考〉，原刊《社會科學雜誌》5 卷 3 期，北平，1934 年；收入包遵彭等編《中國近代史論叢》第二輯第三冊，頁 138～180，臺北，正中書局，1958 年。
　（2）林滿紅〈清末臺灣海關歷年資料的史料價值〉，中國海關史第二次學術研討會宣讀論文，廈門，1990 年 8 月。
6　近史所庋藏之影印本，爲張朋園、林滿紅教授央請張力教授從哈佛大學影印攜回；筆者由林教授告知前往影印，在此謹以誌謝。

海（Shanghai）、蘇州（Soochow）、鎮江（Chinkiang），山東牛莊（Newchwang）、芝罘（Chefoo，煙臺），河北天津（Tientsin）、北京（Peking），安徽蕪湖（Wuhu），江西九江（Kiukiang），湖南長沙（Changsha），湖北漢口（Hankow）、宜昌（Ichang），四川重慶（Chungking），雲南蒙自（Mengtsz）、思茅（Szemao），廣西龍州（Lungchow）、梧州（Wuchow），海南島瓊州（Kiungchow）、海口（Hoihow），臺灣淡水（Tamsui）、基隆（Keelung）、打狗（Takow）、臺灣府（Taiwan-fu、Taiwan-foo、Anping），甚至還包括日、韓等國海關，但為數不多，如 1878～1880 年日本之神奈川縣橫濱（Yokohama），1884、1891 年之大阪（Osaka），1885、1887、1891、1894 年朝鮮之漢城（Seoul），1891、1894 年之仁川（Jenchuan），及 1891 年之香港（Hongkong）。

原則上每關至少均有一位醫事官員負責報告當時當地的醫事情況，在臺灣則因港口距離的關係，因此南部的打狗、臺灣府及北部的淡水、基隆分別各由一位醫官負責報告。各海關醫官並未每半年按時呈送報告，有時累積了數年才作一次報告，有時也會有缺漏的情形，而臺灣在日治以後因海關所有權的轉移，即無醫報。茲將《海關醫報》的臺灣資料羅列如次（請見表 1）：

表 1：海關醫官報告

海關	醫官姓名	報告年份	缺報年份
打狗	Dr. David Manson Dr. T. Rennie Dr. W. Wykeham Myers	1871～73 1873～74、76～78 1881～86	1875、79、80、87～95
臺灣府	Dr. David Manson Dr. T. Rennie Dr. W. Wykeham Myers	1871～73 1873～74、76～78 1882、85、86、90、91	1875、79～81、87～89、92～95
淡水	Dr. B. S. Ringer Dr. C. H. Johansen	1874～78 1880～84	1871～73、79、85、94、95

	Dr. Alexander Rennie	1886～93	
基隆	Dr. B. S. Ringer Dr. C. H. Johansen Dr. Alexander Rennie	1875～78 1880～84 1886～90	1871～74、79、 85、91、95

　　就臺灣地區的報告而言，除少數外其格式頗為固定，約分成三部分，第一部分介紹當地地理位置及自然環境；第二部分報告當地天候狀況，包括每月的最高溫、最低溫、平均溫度、降雨天數、降雨量等，之所以記錄這方面的資料，主要是因為醫官們認為臺灣地區所發生的疾病與當地的自然環境、生活習慣、天候變化有密切的關係，特別是瘧疾、腹瀉與赤痢等方面的疾病；第三部分係關於醫事方面的統計與敘述，是整篇報告的主體，內容包括當地人及外國人所患疾病的種類、各種疾病人數的統計、疾病的症狀、可能的病因及治療情形。每篇報告之篇幅長短不一，少者半頁，多者數十頁；有者僅概括性的分類與統計，如將疾病粗分為眼疾、消化系統的疾病、風濕症、皮膚病等，而未將之加以細分；有者雖作細部分類，但分類標準不同，有以病因分類者，有以病症分類者，亦有以患部分類者；這些都增加了筆者作統計時的困難。因此本文第二節，筆者必須重新將之分類，以便統計。就撰文方式來看，這些報告大多屬於描述性或統計性的，針對臺灣的專題論述或分析性的醫學專題報告數量稀少，共有四篇，分別是：

　　（1）1881 年的〈臺灣南部血絲蟲症的觀察〉（Observations on Filaria Sanguinis Hominis in South Formosa）

　　（2）1884 年的〈臺灣南部原住民摘記〉（Notes on the Aborigines of South Formosa）

　　（3）1886 年的〈臺灣南部血絲蟲症的進一步觀察〉（Further Observations on Filaria Sanguinis Hominis in South Formosa）

　　（4）1893 年的〈臺灣北部疾病摘記〉（Notes on Diseases in North Formosa）

　　前三篇是由任職打狗、臺灣府的海關醫事專員 Dr. W. Wykeham

Myers 所著，第四篇則爲任職淡水、基隆的 Dr. Alexander. Rennie 撰寫。
這些論文堪稱是臺灣現代寄生蟲學研究的先驅。

二、開港地區常見疾病之統計

　　由於《海關醫報》統計性的資料甚多，故須先將歷年各類疾病的病
例加以統計，以得之各類疾病數目之梗概。製表（請見表 2、表 3、表
4）所採原則如下：

　　1、分類方法是根據打狗、臺灣府海關醫官 David Manson 於 1872
年第 4 冊《海關醫報》之分類法，稍加修改以成，共分成沼氣性、傳
染性、體質性、神經系統、循環系統、呼吸系統、消化系統、泌尿系統、
生殖系統、運動系統、外皮方面、眼睛方面、耳鼻方面、煙癮方面、劇
烈官能傷害等 15 大類。

　　2、資料統計從 1871 年至 1895 年，但第一節所列缺報年份除外。

　　3、英文小寫之病名，代表醫官原報告未作詳細分類，如風濕
（Rheumatism）可分急性風濕症、慢性風濕症、梅毒性風濕症、淋病性
風濕症、肌肉性風濕症、關節膜風濕症，而原報告卻僅記風濕患者總數，
而未註明各類病患人數時，即寫成 rheumatism。

　　4、各大類疾病之前三名分別以 1●、2■、3▲ 標示之。

　　5、疾病譯名依 1983 年臺北眾光文化事業出版之《道氏醫學大辭典》
爲據。

表 2：清末臺灣開港地區疾病分類統計表

編號	疾病類別與病名	原文	數量
01	**沼氣（毒氣）性疾病**	**Miasmatic Diseases**	**2943**
	瘧疾熱	Malarial Fever	●2844
	①瘧疾熱	malarial fever	819

	②間歇熱	Intermittent Fever	1371
	日發瘧	Quotidin	747
	間日瘧	Tertian	321
	四日熱	Quartan	285
	不規則	Irregular	18
	③弛張熱	Remittent Fever	341
	④間歇熱與弛張熱	intermittent、remittent fever	233
	⑤瘧疾	ague	80
	赤痢	Dysentery	■84
	丹毒 [7]	Erysipelas	▲9
	霍亂	Cholera	6
02	外因性（傳染性）疾病	**Enthetic（Zymotic）Diseases**	**726**
	梅毒	Syphilis	●679
	①梅毒	syphilis	202
	②一期梅毒	Primary	127
	③二期梅毒	Secondar	279
	④三期梅毒	Tertiary	28
	⑤梅毒性潰瘍	Syphilitic Ulcers	30
	⑥遺傳性梅毒	Hereditary	13
	痲瘋病	Leprosy（Lepra）	■38
	淋巴線腫	Bubo	▲9

---

[7]　因傷口感染病菌而起，患處潮紅疼痛，全身惡寒、發熱。

03	體質性疾病	Constitutional Diseases	1794
	風濕症	Rheumatism	●744
	①慢性風濕症	Chronic Rheumatism	369
	②風濕	rheumatism	312
	③急性風濕症	Acute Rheumatism	25
	④淋病性風濕症	Gonorrhoea Rheumatism	17
	⑤梅毒性風濕症	Syphilitic Rheumatism	14
	⑥關節膜風濕症	Synovial Rheumatism	4
	⑦肌肉性風濕症	Muscular Rheumatism	3
	貧血	Anamia	■393
	衰弱症	Debility	▲369
	肺結核	Phthisis （Pulmonalis）	192
	腺病（瘰瘡）[8]	Scrofula	27
	流行性感冒	Influenza	26
	癌症	Cancer	13
	甲狀腺腫	Goitre（Goiter）	9
	腺化膿	Suppuration of Glands	6
	壞血病	Scurvy	5
	狼瘡	Lupus	4
	支氣管瘤	Bronchocele	3
	陰囊淋巴腫	Lymph Scrotum	1
	佝僂病	Rickets	1

---

[8]　一種由結核菌侵入人體的淋巴線所引起皮膚上產生核塊的疾病，通常發生在頸部。

	糖尿病	Diabetes Mellitus	1
04	**神經系統疾病**	**Diseases of the Nervous System**	**101**
	麻痺	Paralysis	●29
	歇斯底里症	Hysteria	■21
	神經痛	Neuralgia	▲18
	神經引起的疾病	nervous effections	11
	癲癇	Epilepsy	8
	躁狂	Mania	4
	坐骨神經痛	Sciatica	3
	中風	Apoplexy	2
	慢性水腦	Chronic Hydrocephalus	2
	運動神經失調症	Locomotor Ataxia	2
	腦（脊髓）膜炎	Meningitis	1
05	**循環系統疾病**	**Diseases of Circulatory System**	**97**
	水腫	Dropsy	●60
	心瓣膜疾病	Valvular Disease of Heart	■20
	靜脈瘤	Varicose Veins	▲13
	動脈瘤	Aneurism	3
	心囊炎	Pericarditis	1
06	**呼吸系統疾病**	**Diseases of Respiratory System**	**641**
	呼吸器官疾病	diseases of the respiratory organs	248
	支氣管炎	Bronchitis	●267
	①急性支氣管炎	Acute Bronchitis	10
	②慢性支氣管炎	Chronic Bronchitis	257

	哮喘	Asthma	■67
	卡答兒（黏膜炎）	Catarrh	▲19
	喉頭炎	Laryngitis	13
	鼻炎	Coryza	10
	氣腫	Emphysema	7
	肺炎	Pneumonia	6
	肋膜（胸膜）炎	Pleurisy	4
07	**消化系統疾病**	**Diseases of the Digestive System**	**2268**
	消化管疾病	diseases of the alimentary canal	304
	消化不良	Dyspepsia	●369
	脾腫大	Enlarged Spleen	■368
	瘧痞	Ague Cake	▲362
	寄生蟲性疾病	Parasitic diseases	168
	①蚘蟲病	Lumbrici	132
	②腸有寄生蟲－蛔蟲	Intestinal Parasites－Round worms	26
	③寄生蟲性疾病	parasitic diseases	10
	牙疾	Diseases of the Teeth	154
	①牙痛	Toothache	77
	②牙齒潰爛	Carious Teeth	74
	③齒槽壞死	Necrosis of Alveolus	2
	④齒銀汞炎	Mercurial Inflammation of Gums	1
	腹瀉	Diarrhoea	139

肝腫大	Enlarged Liver	65
痔瘡	Hemorrhoids（Piles）	64
腹水	Ascites	61
便祕	Constipation	43
肛廔	Fistula in Ano	43
疝氣（脫腸）	（Inguinal）Hernia	17
黃疸	Icterus（Jaundice）	17
肝充血	Congestion of Liver	15
黑糞症（黑吐症）	Melana（Melena）	12
鵝口瘡	Thrush	8
咽喉潰瘡	Ulcerated Throat	8
肝硬變	Cirrhosis	6
咽炎	Pharyngitis	6
腸系膜癆	Tabes Mesenterica	6
齒銀膿腫	Gum-boil	6
胃灼熱	Pyrosis	5
直腸狹窄症	Stricture of Rectum	4
壞疽性口炎（走馬疳）	Cancrum Oris	3
舌下囊腫	Ranula	2
膿性扁桃體炎	Quinsy	2
肛門裂溝（裂縫）	Fissure of Anus	2
兔唇（雙裂唇）	Harelip（Double Hare Lip）	2
竇室膿腫	Abscess of the Antrum	1
食道狹窄症	Stricture of Esophagus	1

	胃痛	Gastrodynia	1
	舌炎	Glossitis	1
	下顎骨壞疽	Necrosis of Lower Jaw	1
08	泌尿系統疾病	**Diseases of the Urinary System**	**198**
	淋病	Gonorrhoea	●92
	布萊德氏病（腎臟炎）	Bright's Disease	■23
	尿道狹窄症	Stricture（of the Urethra）	▲19
	膀胱炎	Cystitis	16
	尿道炎	Uninary Fistula	10
	包莖	Phimosis	9
	副睪炎	Epididymitis	6
	慢性尿道炎	Gleet	6
	膀胱結石	Calculus of the Bladder（Stone in the Bladder）	5
	血尿	Hematuria	3
	濕疣	Condyloma	3
	水囊腫	Hydrocele	2
	箝閉包莖	Paraphimosis	2
	前列腺炎	Prostatitis	1
	尿道結石	Urinary Calculus	1
09	生殖系統疾病	**Diseases of Generative System**	**112**
	無月經症	Amenorrhoea	●29
	白帶	Leucorrhoea	■22
	遺精	Spermatorrhoea	▲19
	睪丸症	Orchitis	17

		月經困難	Dysmenorrhoea	12
		水囊腫	Hydrocele	6
		子宮脫出	Prolapsus Uteri	2
		陰囊腐痂	Sloughing of the Scrotum	2
		子宮纖維腫瘤	Fibrous Tumour of Uterus	1
		陰戶搔癢	Pruritus Vulva	1
		睪丸膿腫症	Abscess of Testicle	1
10	運動系統疾病		**Diseases of Locomotive System**	**108**
	壞疽		Necrosis	●32
	滑膜炎（關節膜炎）		Synovitis	■28
	（肌肉）膿腫		（Muscular）Abscess	▲17
	（脊）骨潰瘍		Caries（of Spine）	11
	骨膜炎		Periostitis	11
	腫瘍（瘤）		Tumour	6
	關節炎		Arthritis	2
	骨炎		Osteitis	1
11	外皮方面疾病		**Diseases of Integumentary（the Cutaneous）System**	**1882**
	（慢性）潰瘍		（Chronic）Ulcer	●780
	皮膚病		diseases of the skin	■324
	疥癬		Scabies	▲222
	膿腫		Abscess	147
	圓癬		Tinea Circinata	68
	髮癬		Tinea Tonsurans	55
	瘭疽（膿性指頭炎）		Whitlow	48

	腫皰	Boil（s）	38
	濕疹	Eczema	31
	金錢癬	Ringworm	24
	粉刺（座瘡）	Acne	20
	乾癬	Psoriasis	17
	深膿皰	Ecthyma	17
	洗衣癬	Dhobee Itch	15
	瘢瘤	Keloid（Chcloid）	14
	膿皰病	Impetigo	9
	濕疣	Condyloma	6
	壞疽	Gangrene	6
	黃癬	Tinea Favosa	6
	油脂性腫瘍（瘤）	Fatty Tumour	5
	紅斑	Erythema	4
	白斑症	Leucoderma	4
	蕁麻疹	Urticaria	4
	皰疹	Herpes	4
	魚鱗癬	Ichthyosis	4
	蠣殼瘡	Rupia	3
	象皮病	Elephantiasis	2
	天皰瘡	Pemphigus	2
	瘡痂	Slough	2
	面皰	Carbuncle	1
12	**眼睛方面疾病**	**Diseases of the Eye**	**2402**

眼疾	diseases of the eye	●999
眼炎	Ophthalmia	■353
①一般性眼炎	ophthalmia	208
②淋病性眼炎	Gonorrhoea Ophthalmia	65
③慢性眼炎	Chronic Ophthalmia	50
④眼瞼軟骨炎	Tarsal Ophthalmia	15
⑤化膿性眼炎	Purulent Ophthalmia	7
⑥膿皰性眼炎	Pustular Ophthalmia	5
⑦卡答兒眼炎	Catarrhal Ophthalmia	3
慢性結膜炎	Chronic Conjunctivitis	▲194
眼角膜潰瘍	Ulcer of Cornea	189
眼角膜模糊	Opacity of Cornea	150
倒睫症	Trichiasis	112
翼狀胬肉	Pterygium	96
瞼內翻	Entropium	63
白內障	Cataract	49
葡萄球菌感染	Staphyloma	35
青光眼	Glaucoma	32
角膜炎	Corneitis（Keratitis）	28
黑內障	Amaurosis	20
視力衰退	Impaired Vision	13
虹彩炎	Iritis	11
圓錐形角膜	Conical Cornea	10

	眼球虹膜黏連症	Adhehions of the Iris	10
	瞼腺炎	Hordeolum	8
	梅毒虹彩炎	Syphilitic Iritis	7
	眼前房積膿	Onyx	6
	淚液囊發炎	Inflammation of the Lachrymal sac	5
	眼部損傷	Destruction of Eye	3
	鞏膜炎	Sclerotitis	2
	眼窩腫瘍（腫瘤）	Tumour in the Orbit	2
	老人環（角膜）	Arcus Senilis	1
	瞼外翻	Ectropium	1
	創傷性眼球虹膜炎	Traumatic Iris	1
	淚液管阻塞	Obstruction of the Lachrymal ducts	1
	眼窩膿腫	Abscess in the Orbit	1
13	**耳鼻方面疾病**	**Diseases of the Ear and the Nose**	**67**
	耳漏	Otorrhoea	●20
	鼻息肉	Polypus Nasi（Nasal Polypus）	●20
	耳炎	Otitis	■11
	臭鼻	Ozana	▲6
	衄血	Epistaxis	5
	耳垢積塞	Accumulation of Wax	2
	息肉	Polypus	1
	鼓膜破裂	Perforation of Membrana Tympani	1
	鼻蓄膿	Sebaceous Cyst	1
14	**毒癮方面疾病**	**Poisons**	**44**

	鴉片	Opium（Smoking）	●44
15	**劇烈官能傷害**	**Lesions Violence（Injuries）**	**244**
	意外性傷害	Accident	●67
	官能損傷	Lesions（from Violence or Punishment）	■52
	局部性損傷	Local Injuries	▲27
	挫傷	Wounds Contused	26
	割傷	Wounds Incised	24
	胸部挫傷	Contusions of the Chest	17
	灼傷	Burns	7
	脈管傷害	Injuries of Vessels	6
	槍傷	Gunshot Injury（of Eye）	5
	骨折	Fractures	3
	戳傷	Wounds Punctured	3
	腦震盪	Concussion of the brain	2
	一般性損傷	General Injuries	2
	外傷性壞疽	Traumatic Gangrene	2
	脫臼	Dislocation	1

表 3：清末臺灣開港地區各類疾病總數統計表

排序	疾病類別	原文	數量
1	沼氣（毒氣）性疾病	Miasmatic Diseases	●2943
2	眼睛方面疾病	Diseases of the Eye	■2402
3	消化系統疾病	Diseases of the Digestive System	▲2268
4	外皮方面疾病	Diseases of Integumentary	1882
5	體質性疾病	Constitutional Diseases	1794
6	外因性（傳染性）疾病	Enthetic（Zymotic）Diseases	726

7	呼吸系統疾病	Diseases of Respiratory System	641
8	劇烈官能傷害	Lesions Violence（Injuries）	244
9	泌尿系統疾病	Diseases of the Urinary System	198
10	運動系統疾病	Diseases of Locomotive System	108
11	生殖系統疾病	Diseases of Generative System	112
12	神經系統疾病	Diseases of the Nervous System	101
13	循環系統疾病	Diseases of Circulatory System	97
14	耳鼻方面疾病	Diseases of the Ear and the Nose	67
15	毒癮方面疾病	Poisons	44

表 4：打狗、臺灣府 1871～74 年各月份瘧疾熱病患人數統計表

月份別＼年份別	1871	1872	1873	1874	累計	平均
1月			14		14	
2月			18		18	
3月			24		24	
4月	21	13	32	24	90	23
5月	39	49	36	44	168	42
6月	29	116	52	108	305	76
7月	38	128	65	88	319	80
8月	53	67	50	77	247	62
9月	53	85	32	95	265	66
10月		96			96	
11月		61			61	
12月		47			47	
總計	233	662	323	436	1,654	414

三、瘧疾、痲瘋與其它疾病之分析

當然前面一節所統計的各種病例數字，僅限於四個海關地區，全臺灣地區的病例應超出這些數字甚多，雖然如此，仍可將這些數字視為全臺疾病史的縮影。

本節之分析對象，以病例較多且文獻較完整齊全的瘧疾、痲瘋二種疾病為主，其它疾病則作概括性的論述。

（一）瘧疾

毫無疑問地瘧疾高居臺灣地區疾病之首，共有 2,844 個患例，關於臺灣瘧疾患者每年平均人數的記載，文獻闕無，但從表 3 的打狗與臺灣府每年平均患者達 400 人以上，誠可推知全臺每年瘧患人數相當可觀，正如第一位至北部臺灣傳教並行醫的 G. L. Mackay 博士所言，它是「臺灣人所最恐懼的最普遍的疾病」，「在臺灣，一個村中有半數的人患瘧疾，是屢見不鮮的事情。[9]」根據表 2 的統計，開港地區臺灣各大類疾病的前五名分別是沼氣性（瘧疾）疾病、眼疾、消化系統的疾病、皮膚病、體質性疾病，此與負責臺灣南部教會醫務工作的安得遜醫生（Dr. Peter Anderson）所談到的「平時診治的疾病，如按發生的次數的多寡為順序，則為瘧疾及其後發病、眼疾與皮膚病（包括癩病）、胸部疾病以及各種外科病症[10]」之語，大抵是相吻合的。哈佛大學畢業後在淡水海關任副稅務司（Deputy Commissioner）的莫爾士（H.B. Morse）在〈海關十年報告書〉裡更指出臺灣之華人每年死於瘧疾者數以千計[11]。

雖然瘧疾在臺灣肆行已有數百年，但當時一般居民對瘧疾病因的認識仍是相當淺陋的，甚至可以說是宿命的或迷信的，因為「他們以為這

---

[9]　周學普譯《臺灣六記》（From Far Formosa by G. L. Mackay），頁 130～131，臺灣研究叢刊第 69 種。

[10]　P. H. S. Montgomery 撰、謙祥譯〈1882～1891 年臺灣臺南海關報告書〉，頁 130，《臺灣經濟史六集》，臺灣研究叢刊第 54 種。

[11]　H. B. Morse 撰、謙祥譯〈1882～1891 年臺灣淡水海關報告書〉，頁 102，《臺灣經濟史六集》，臺灣研究叢刊第 54 種。

種疾病的起源，是病人誤踏了和尚或巫師所放在街上或路上的紙錢；或者是自然界的熱氣和寒氣的衝突；或者是兩個妖魔作祟：一個是屬於自然界的陰性因素的，扇著病人，使其發冷，另一個是屬於陽性因素的，吹著火爐，以致病人發燒。[12]」當然，臺灣素被稱為瘴癘之區，早有部份的漢人已經注意到臺灣瘴氣導致疾病甚至死亡的問題，如阮旻錫《海上見聞錄》記述明鄭時期臺灣疫疾流行的情況曰：「永曆十五年（1661年），⋯⋯（鄭軍）初至，水土不服，疫病大作，病者十之八九。[13]」夏琳《閩海紀要》記1682年（永曆36年）疫情云：「雞籠山大疫，時值疫氣盛行，汎守兵死者過半。[14]」歸清之後，地方志、遊記等對臺地疫癘的記錄更多。1697年（康熙36年）來臺探採硫黃的郁永河就認為，臺灣「山川不殊中土，鬼物未見有徵，然而人輒病者，特以深山大澤特在洪荒，草木晦蔽，人跡無幾，瘴癘所積，入人肺腸，故人至即病，千人一症，理固然也。[15]」1713年（康熙52年），北路參將阮蔡文欲至臺灣中北部視察時，部下均流淚諫止，謂：「半線（彰化）以北，⋯⋯山川奧鬱，水土苦惡，⋯⋯生還歲不能三之一。[16]」高拱乾對臺灣風土的描述是：「水土多瘴，人民易染疾病，半線以北，山愈深，土愈燥，煙瘴愈厲。[17]」1721年（康熙60年），「臺（灣之）中，癘疫盛行，（因朱一貴事件）從征將士冒炎威，宿風露，惡氣薰蒸，水土不服，疾病亡故者多。[18]」

　　第一位對患瘴之病症說明稍多的是余文儀，他說：「南淡水之瘴，作寒熱，號跳發狂。治之得法，病後加謹即愈矣。北淡水之瘴，瘠黝而黃，脾泄為痞、為鼓脹；蓋陰氣過盛，山嵐海霧鬱蒸，中之深也。又或

---

[12]　《臺灣六記》，頁130。

[13]　阮旻錫《海上見聞錄》，卷二，頁39，臺銀版第24種。

[14]　夏琳《閩海紀要》，頁73，臺銀版第11種。

[15]　郁永河《裨海紀遊》，頁26，臺銀版第44種。

[16]　藍鼎元《鹿洲初集》，卷七〈阮驃騎傳〉，頁471，收於沈雲龍主編之《近代中國史料叢刊》續輯第四十一輯。

[17]　高拱乾《臺灣府志》，卷之七〈風土〉，頁869，北京，中華書局影印《臺灣府志三種》，1985年。

[18]　藍鼎元《平臺紀略》，頁21，臺銀版第14種。

睡起醉眠，感風而發，故治多不起，要節飲食、薄滋味、慎起居，使不至為所侵而已。[19]」之後，林豪也記錄了 1873 年（同治 12 年）澎湖之疾情，其曰：「是多，民得異疾，其始自覺腰肢微酸，旋即遍身癱軟，不能行動，筋骨疼痛異常。……愈後一、二月，尚覺手足無力，久始漸瘥，俗謂之平安病。[20]」然則平安病是否指瘧疾，仍值商榷。到了清末，有關瘴疫之記載仍甚多。1878 年（光緒 4 年）《申報》報導，「雞籠地方，所有煤礦業已開採；刻下亦因疾疫，工人大半淹纏，故出煤甚少云。[21]」臺灣南部情形似亦相同，1877 年（光緒 3 年）奉命駐臺執行「開山勦番」任務的官兵，因中瘴而物故者竟達 2,000 人[22]。1884 年（光緒 10 年），因中法戰爭而銜命渡臺籌防兵備的劉銘傳，在奏議中提到了關於臺地疾疫的情事三摺：

> 竊據布政使邵友濂詳稱：臺灣知縣一班，本年春季病沒數人，三次請調閩員，僅來李承緒一人，近又病沒。……查臺地煙瘴橫生，水土惡劣，兩年間病沒廳縣十餘員。
> 光緒 10 年，法人封港，道員方策勳監造基隆砲臺，翌年，染受瘴癘，瀉痢月餘，終至病亡。
> 光緒 16 年，總兵蘇得勝因感受瘴癘，病故營中。[23]

這些奏摺，讓我們了解到清末臺地煙瘴仍甚厲行，可惜的是，上述引文所言均為瘴癘橫生、水土多惡、疫氣盛行等概括性字眼，至於患者症狀則隻字未提，更未說明患者是否有間歇熱的情形，故就醫學觀點而言，並不能把清代臺灣盛行的瘴癘或疫癘與瘧疾相提並論，而僅能視瘴癘或疫癘為一種熱帶傳染病或風土病。

---

[19] 余文儀《續修臺灣府志》，卷十三〈風俗〉，頁 504，臺銀版第 121 種。

[20] 林豪《澎湖廳志》，卷十一〈舊事〉，頁 375，臺銀版第 164 種。

[21] 見《申報》光緒四年十月二十九日〈淡水疾疫〉，收於《清季申報臺灣紀事輯錄》，頁 807，臺銀版第 247 種。

[22] 見〈建鳳山昭忠祠碑〉，收於盧德嘉《鳳山縣采訪冊》，頁 357～358，臺銀版第 73 種。

[23] 此三摺分別見劉銘傳《劉壯肅公奏議》，卷九，臺銀版第 27 種之：
頁 401，〈臺灣水土惡劣知縣員缺請飭部暫寬例章變通補署摺〉；頁 398，〈道員方策勳病沒請卹片〉；頁 419，〈總兵在臺病故請卹摺〉。

對於臺灣嚴重的瘴癘，最早分析其症狀並開示藥方的是閩省鄞江（汀洲府城東，鄞江爲汀洲最重要之河川）的張桂馨，他說道：

> 兵勇有自臺郡回者，形容憔悴，身體支離；口糜、丹疹、喉啞、神昏等症□頓之狀，慘不堪言。問：「何以得此？」答：「前在臺北新闢之地當差，染受煙瘴。」問：「曾服藥否？」即出示單方，多屬發散、導消之劑，與受煙瘴之症甚不相符；更言：「彼處煙瘴極盛，駐紮兵勇，受病者十有七、八，身故者十有四、五。」聞斯言也，心傷者久之。因考察該處情形、稽索方書治法，以為染受煙瘴者求一生活之方焉，具陳其說如左：
> ……欲除其害，須使兵勇各理身體，戒慾節勞；仍勿忍饑，致受其氣。每日以雄黃塗鼻孔中、口間嚼檳榔，更須壯其膽氣，使邪不能入，始不受在外之毒。又於所飲之水察其原委，並不敢飲及溪澗等處，致受惡物毒氣。即從本地掘井，僅至一、二尺得水者，亦不宜飲；欲用其水，必以白礬貫眾浸於水內一、二日後用之。若飲，須從大河之水，運至營中分給。恐有難支，設止渴丸以免飲茶；多備乾糧服食，則需水用已少，而後不受入內之毒。內外之毒不入於身，煙瘴極盛可避，兵勇藉是期生全矣。其有染受煙瘴者，並立治法於後：按煙瘴之症同於癘疫，從口鼻而入，分布三焦，瀰漫神識；不是風寒客邪，亦非停滯裏症。故發散、導消，即犯劫津之戒，與傷寒不同。……邪在上焦者為喉啞、口糜，……中者為神昏、丹疹。當用清解，必佐以芳香，宣竅逐穢；如犀角、菖蒲、銀花、生地、連翹、金汁、射干、牛蒡等類。兼進至寶丹，從表透裏；以有靈之物內通心竅，搜剔幽陰。若邪入營中三焦相涸，熱愈結、邪愈深者，理宜鹹苦大製之法；仍恐迅速直走在下，須用元參、銀花露、金汁、瓜簍皮，輕揚理上——邪從口鼻入者，仍從口鼻出也。煙瘴之治，似宜如此。若受病已久，變成他症，則當另治矣。[24]

這段文字的重點有三：一、煙瘴之症與癘疫同，其症爲喉啞、口糜、丹疹、神昏。二、預防之道爲塗雄黃、嚼檳榔，使邪不侵外；禁飲溪澗

---

[24] 《申報》光緒六年十一月十九日〈臺北煙瘴說〉，《清季申報臺灣紀事輯錄》，頁 971～973。

及井淺之水，使毒不入內。三、治療之方爲犀角、菖浦、牛蒡、金汁等降熱解毒之物。就病症而言，瘧疾的主要症狀爲高熱惡寒，與煙瘴之症不甚相同；就病因而言，飲水較可能引起的疾病應爲赤痢、腹瀉或腸胃病。故瘴癘應指熱帶廣泛的傳染病，而瘧疾只是這些傳染病最嚴重及最普遍的一種。研究中國醫學史的陳勝崑醫生也認爲，過去臺灣文獻所記載的瘴癘或疫癘，「不一定單指瘧疾，也可能是赤痢、傷寒、肺炎等等[25]」。

至於開港之後至臺灣之洋人，則咸認爲瘧疾是環境造成的，是沼氣、瘴氣或毒氣所引起的疾病（miasmatic diseases）。例如 G. L. Mackay 就認爲「這種可怕的疾病，其真正的起因，無疑地是由有機物的分解而發生的瘴氣的毒性，其強弱是因體質、氣候及病人的環境而不同的。」他更舉自己親身經歷的一個例子說：「在我們造淡水的女學校時，因爲翻起了泥土中的腐敗物質而引起了毒性。掘土到數呎深時，工人們輕重不等地生病，一直到校舍完成爲止。[26]」在臺南海關任職頭等幫辦前班（First Assistants：A.）的孟哥美利（P.H. S. Montgomery）也認爲，臺灣住民「嚴重的痢疾和瘧疾，皆由於他們骯髒的習慣與破爛的住所而造成的。在居於本島內部剛將森林伐除過的地區上的人民間，瘧疾特別流行。[27]」前後在打狗與臺灣府海關任職的醫官 David Manson（1871 年～73 年）與 T. Rennie（1873 年～74 年）則認爲，瘧疾與臺灣的氣候有密切的關係，故其所寫的醫事報告特別將每月所患瘧疾的人數統計出來，結果他們發現瘧疾熱集中在每年的 4 月～9 月，特別是 7 月份與 6 月份，也因此外國人把瘧疾名之爲「夏病」、「間歇熱」、「叢林熱」、「非洲熱」或者「淡水熱」[28]。

一般臺灣的瘧疾患者，在西醫未傳入之前，不是看中醫，就是求助於神明。即使西醫傳入之後，仍有相當多的瘧患相信神力醫療之效。漢

---

[25]　陳勝崑《醫學、心理、民俗》，頁 59，臺北，橘井文化事業出版，1992 年。

[26]　《臺灣六記》，頁 131。

[27]　P. H. S. Montgomery 撰、謙祥譯〈1882～1891 年臺灣臺南海關報告書〉，頁 113，《臺灣經濟史六集》，臺灣研究叢刊第 54 種。

[28]　《臺灣六記》，頁 131。

醫以為瘧疾是自然界的冷熱兩種因素發生衝突而引起的,其所用的藥材主要是車前草、廣皮、甘草、白牡丹根等草藥。至於求助於神明的瘧患者,若是找道士,道士會用桃葉、青竹及黃紙驅鬼,並把這些東西繫在病人的衣服鈕扣上或辮子上;或者用紅線繫在病人的手腕上達數星期之久;或者用道教的始祖老子的印蓋在病人的背上。可是,道士以為最有效的方法,是搖鈴或吹法螺以驚醒魔鬼,而以鞭子驅逐之。若病患祈於佛寺,和尚會讓病人吃香灰茶,或寫「砒」之類的字於一個大餅上,把餅放在沸水中,等冷了之後給病人吃。如果沒有其他辦法,就叫病人到最近的廟宇去躲在一個神像的桌下,以逃避魔鬼的侵害。還有病人會找巫師治病,巫師會拿出三支 3 尺長的竹竿,每支竹竿上纏一塊紅布,以驅逐病魔;或者做一個草人,把妖魔引入草人中,最後把草人送到屋外去,以紙錢、豬肉、鴨蛋、米飯、蔬菜祭送。也有巫師用黑狗身上拔下七根毛,繫在瘧疾病人的手上的方法來治病。不過,有趣而且值得注意的是,不管是漢醫或是和尚、道士、法師,為病人開的藥方,卻有 5～20 粒奎寧丸鄭重地包在紙裏備用[29]。當然,奎寧是當時洋人治瘧疾最常使用的藥方[30]。

　　與西方人同樣地注意並且記錄臺灣瘧疾的是日本人,1874 年(同治 13 年)日本以三年前的「琉球漂民事件」為口實,於 5 月派出 5,990 名的特遣軍,入侵南臺灣攻擊牡丹社住民時,才出現首次較為詳細記錄臺灣的瘧疾情行。侵臺之後僅約半年左右的時間,日本軍醫就登記了 16,409 名臺灣熱的病例,其中 561 名病亡,並記述奎寧為抑制這種高燒病的最有效藥劑,而在臺日軍每天平均必須消耗 144.89 公克的奎寧[31]。同年《申報》也記述了日本船隻載運侵臺日軍患得瘧疾的慘情曰:「長崎昨來新報謂曰,近有日本火船名曰『馬大士』載有臺灣病兵六百人回

29　同前註。

30　如 G. L. Mackay 博士之療法是:初發生時,如體質強壯者,可用發汗的任何東西治癒之;但如全身已經佈滿了病毒,那就需要長期的治療。把檸檬切成薄片,煮出所有的汁水,不但是可口的飲料,如果隨時多吃,在有毒性時確是良藥。我先用瀉藥及蒲公英根,然後反覆用奎寧劑,如有必要,再加鐵的過氯酸鹽(見《臺灣六記》,頁 131)。

31　《臺灣撲瘧紀實》,頁 6,行政院衛生署出版發行,1993 年。

國。據稱此兵係初發臺灣之兵也；於上岸時，其人皆憔悴不堪，骨如柴立。或界之以行，或以小車載運；蓋皆不能舉步也。[32]」

　　1895 年日本治臺之後，不但對臺灣瘧疾的紀錄更加詳細，也了解到蚊蟲與瘧疾的關係。成書於日治初期的《臺風雜記》載：「我文武官之在臺者，大抵爲瘴癘所染，重者一再病而殪，輕者經五、六十回而不死。唯屢罹者，氣血枯喪，歸國而後尚不能脫者，往往有焉。此病之發，或每日、或隔日而患之，不違時間而來。先感惡寒，忽而戰慄眩暈，如以磐石壓頭腦。或苦吟發囈語，似病風者。評曰：瘴癘之毒，不啻臺地，我亦有之，稱曰瘧。頭痛惡寒，身神共衰。然比之臺瘴，未至其十分之一。近時我軍隊之在彼地者，以瘴毒爲蚊蛾之所誘，穿手套、張文帳以防之，大奏奇效云。[33]」1899 年（明治 32 年），臺灣地方病及傳染病調查委員會成立後，開始調查、研究臺灣特殊疾病如瘧疾、黑水熱、鼠疫、寄生蟲病、腳氣病、砂眼等各種疾病[34]，發現瘧疾流行地區大多流行在中央山脈周圍一帶的山地山村，平地漸少，鐵路線以西更少。雖然日方有計劃地進行防瘧措施、衛生工作與病況調查，但在日治時代，每年死於瘧疾者仍常超過一萬人。在光復之前，瘧疾仍佔所有死因的第一位[35]。這期間，1906 年～1909 年連續四年，每年瘧疾死亡人數均超過10,000 人，最多是 1915 年的 13,350 人，最少是 1930 年的 2,844 人，平均每年人數約 6,000 人[36]。這些數字尚不包括私人醫診所的病人。日治時代尚且如此，在醫藥衛生落後的清末，史志屢有臺灣大疫、病亡者數千人之書，當非過言虛語也。

（二）痲瘋

　　痲瘋病至遲在東周時已有記載，在舊文獻上稱爲「大風」、「癩」

[32]　《申報》同治十三年九月十四日〈日本載病兵回國〉，《清季申報臺灣紀事輯錄》，頁 401
　　　～402。

[33]　佐倉孫三《臺風雜記》，頁 55～56，臺銀版第 107 種。

[34]　李騰嶽《臺灣省通志》，卷三〈政事志〉衛生篇，頁 19，省文獻會出版，1972 年。

[35]　陳勝崑《中國疾病史》，頁 169，臺北，橘井文化事業，1992 年。

[36]　《臺灣撲瘧紀實》，頁 7～8，行政院衛生署編輯出版，1993 年。

或「癩」[37]，是由痲瘋桿菌（Leprosy bacillus，或稱癩桿菌、耐酸桿菌）經由皮膚上的傷口或上呼吸道的粘膜侵入人體而形成的疾病。痲瘋桿菌的形狀與結核菌很類似，1873 年為挪威的韓森（Hansen）從病人的皮膚切片取得的組織所發現，故痲瘋病在現代醫學上稱為韓森病（Hansen's Disease）。其潛伏期頗長，短則數年，長則十餘年，甚至數十年。

以前臺人以為痲瘋是一種很容易傳染的傳染病，所以聞之喪膽、退避三分。昔臺諺有云：「麥借人死，勿借人生。」；又云：「麥參生疥兮像床，勿參台痾對門。[38]」第一諺是謂，若欲將床借予痲瘋患者，則會遭傳染致死；第二諺所言的「台痾」（按：不衛生臺語稱「台痾」）就是臺人對痲瘋病的俗稱，謂人們寧可和皮膚長疥生癬的病人睡同一床，也不願居住在痲瘋患者的對面，恐其感染故也。痲瘋病研究者史堅那斯（Skinsnes）在香港調查此病後，歸納出中國人對痲瘋病的看法是：它是道德上的罪行所引發的，病人身上的分泌物、體熱、皮膚都是有毒的，會遺傳給後代[39]。這三點正好也是昔日臺人普遍的看法。連橫《雅言》云：

> 痲瘋之病，俗稱台痾；其疾難治，所謂天刑者也。西曆十八世紀間，英國始建醫院醫之。而臺灣之設，早於英國者六十年；世界醫學史多稱譽，而臺人弗知也。臺灣府誌載：「彰化養濟院，在縣治八卦山下。乾隆元年，知縣秦士望建，收養痲瘋發疾之人而醫治之，約四十人。」[40]

秦知縣在彰化置設的養濟院是清代臺灣收容痲瘋病患的唯一處所，故又稱癩病營，考當時所收名額應為 46 名，而非 40 名。而其置設動機為：「前時臺灣瘴癘盛、水土惡，鄉僻之人每患癩疾，無藥可治，父母棄之，里黨絕之，流離道路，號為天刑。士望見而憫之，慮其感染，建養濟院

---

[37] 參陳勝崑〈痲瘋病在中國〉一文，收氏著《中國疾病史》，頁 145～147。

[38] 連橫《雅言》，頁 18～19，臺銀版第 166 種。

[39] 蔡寶鳳、周碧瑟〈痲風病的文獻回顧〉，譚文海編《傳染病防治》第二輯，頁 147，臺灣省公共衛生研究所發行，1992 年。

[40] 連橫《雅言》，頁 111。

於八卦山麓以居之。[41]」「天刑」之稱，除了因病患會導致如肌肉萎縮、手指腳趾呈鷹爪狀彎曲（claw hand）、神經麻痹（anesthesia）、臉相醜陋、獅面、肥耳、外皮潰爛（ulcer）等令人不忍目睹的症狀外；亦且有道德上的唾棄意含，即認為患者都是邪惡之人，才會慘遭「天刑」，故而「父母棄之，里黨絕之。」至於遺傳的看法，昔臺人有「會過祖，昧過某」之諺，即言其潛伏之期頗久；且能延及其子孫也[42]。

日治之後，收容癩瘋病患的彰化養濟院被併入彰化慈惠院，1901年（明治 34 年），臺北醫院醫生青木大勇估計，全臺癩瘋患者約有 28,800人，此數字未免有高估之嫌，由於它是根據當時全臺各醫院癩瘋患者住院數與門診數而統計[43]，故同一患者可能到不同醫院看診。1929 年（昭和 4 年），日本當局於今臺北縣桃園縣交界另設樂生院，收容癩瘋病患約 100 餘人，後擴充為 680 人，是採強制隔離性質。1939 年（昭和 14年），日人所作的第一次大規模的調查，全臺共有 1,080 個病患。光復後改為樂生療養院，至 1985 年，據該院之報告，全臺受管制與治療中的病患共有 4,141 人，男性佔 74.5 ％，女性為 25.5 ％[44]。迄至 1994 年，全臺病患仍有 4,054 人，其中以 50～80 歲者居多，20 歲以下僅 3 人，病患平均年齡為 64 歲[45]。由此推測，清末的癩瘋患者應有相當數目，雖然《海關醫報》的統計僅 38 個，可惜文獻闕錄，無法指出確實數字，實研究上的一大憾事也！

（三）其它疾病

---

[41]　周璽《彰化縣志》，卷二〈規制志〉養濟條，頁 61～62，臺銀版第 156 種。
連橫《臺灣通史》，卷三十四列傳六〈循吏列傳〉，頁 1045，省文獻會出版，1992 年。

[42]　連橫《雅言》，頁 19。

[43]　關於彰化養濟院的置設經過與日治後被併入慈惠院的情形，可參戴文鋒〈清代臺灣的社會救濟事業〉，國立成功大學歷史語言研究所碩士論文，頁 107～108。另 28,800 名癩瘋病患之估計，請見井出季和太《臺灣治績志》，頁 917，臺灣日日新報社刊行，昭和 12 年（1937年）排印本，臺北成文出版社 1985 年影印。

[44]　《韓森病防治統計報告》，頁 1～15，臺灣省立樂生療養院發行，1985 年。

[45]　郭石城〈樂生療養院祈禱依然還有明天——願主垂憐〉，《中國時報》，1994 年 12 月 30日。

　　《海關醫報》的貧血及衰弱症病例分別是 393、369 個，在體質性疾病中僅次於風濕症（744 個），分居二、三位；而脾腫大的病例是 368 個，也高居消化系統疾病的第二位。這不得不令人與瘧疾作關係性的聯想。今天，我們已經能夠了解瘧疾這種以蚊子爲媒介的熱帶急性傳染病，其病原體是瘧疾原蟲，瘧疾原蟲寄生在斑蚊體內，侵入人體後會在紅血球中繁殖，故患者除會發生高熱、惡寒、頭疼、嘔吐外，更會導致貧血、衰弱、脾臟腫大等症。《臺灣省通志》指出：「素來本省有兩大貧血症，其一爲瘧疾所致，另一則爲十二指腸蟲病所致也。[46]」蟲病所致的貧血就是 Dr. Alexander. Rennie 所言的「寄生性貧血」（parasitic haemoptysis）[47]。故清末臺灣各類疾病中，貧血、衰弱症及脾腫大等病患爲數不少，都可能與嚴重的瘧疾有密切的關係吧！

　　其次，在外皮（皮膚）方面的 1,882 個病例中，潰瘍佔 780 個，高居首位，然而應當考慮的是，此病有的醫官將之歸爲傳染病，有者將之歸爲外皮方面的疾病，所以這 780 個病例究竟有多少人是外傷引起的，多少人是痲瘋病引起的，並無數字說明。雖然並沒有直接的數字證據，不過從表一所統計的清末痲瘋病例共只有 38 個來看，潰瘍病患中有一部分是痲瘋患者應是毋庸置疑的。

　　其它各類疾病，舊志或不見記載，或僅錄隻言片語，如眼疾，共有 2,402 個病例，雖高居各類疾病的第二位，但僅《澎湖廳志》謂：「人多眼疾，不僅入海之漁人爲然；殆其鬱蒸之氣所由致歟！[48]」周凱〈澎湖雜詠〉詩云：「人人海底作生涯，雙眼紅於二月花。[49]」惟不知以上所載是否爲結膜炎？《諸羅縣志》有言：「臺灣沮洳，人多沉溺重腿之疾。[50]」所言是腿部浮腫，但亦不知是腳氣病之水腫否？可以確認的是吳子光《臺灣紀事》所提：「大肚山以內，居民頸部多癭疾，如附贅懸

46　《臺灣省通志》，卷三〈政事志〉衛生篇，頁 275。
47　〈臺灣北部疾病摘記〉，1893 年《海關醫報》第 46、47 冊合刊本，頁 16。
48　林豪《澎湖廳志》，卷九〈風俗〉，頁 320，臺銀版第 164 種。
49　周凱〈澎湖雜詠〉，收於陳漢光編《臺灣詩錄》（中），頁 686，省文獻會印行，1971 年。
50　周鍾瑄《諸羅縣志》，卷十二〈雜記志〉，頁 293，臺銀版第 141 種。

疣，醫藥無一效者，此地氣之異也。[51]」此殆指甲狀腺腫無疑。霍亂病例，《海關醫報》的記錄雖僅有 6 個，但在 1888 年 8、9 月間，臺灣曾受霍亂的侵襲，據說曾導致 2,000 人死亡[52]。乙未割臺，日軍 3 月先於澎湖登陸，結果 6,190 名士兵中，在 5 月初旬，罹患霍亂者有 1,945 人，而病亡者達 1,247 人。同年，入侵臺島之近衛師團亦飽受瘧疾、霍亂、赤痢、腸炎、腳氣病、傷寒之苦，此役之中，戰亡日兵僅 164 名，負傷者亦只有 515 名，但染病者竟高達 26,094 名，其中僅 5,246 患者留在臺地治療，餘皆被遣回日本接受醫治，不治病亡者計達 4,642 人[53]。從這些史事看來，誠不難想像熱帶傳染病對昔日臺灣島上居民所造成的生命威脅。

　　關於鴉片煙毒在清代臺灣的流佈情形，舊文獻亦有數則記載。1722 年（康熙 61 年）黃叔璥《臺海使槎錄》所收錄之《赤崁筆談》記康熙年間臺人吸食鴉片之情云：「土人服此爲導淫具，肢體萎縮，臟腑潰出，不殺身不止，官弁每爲嚴禁。常有身被逮繫，猶求緩須臾，再吸一筒者。[54]」1724 年（雍正 2 年），藍鼎元在〈與吳觀察論治臺灣事宜書〉中，亦曰：「鴉片煙不知始自何來。煮以銅鍋，煙筒如短棍。無賴惡少，群聚夜飲，遂成風俗。飲時以蜜糖諸品及鮮果十數碟佐之。誘後來者，初赴飲不用前錢，久則不能自己，傾家赴之矣。……廈門多有，而臺灣特甚，殊可哀也！[55]」藍氏因見臺地吸煙陋習，乃以厲行煙禁爲治臺之策。1773 年（乾隆 38 年）朱景英《海東札記》亦載：「鴉片……爲渡海禁物，臺地無賴人多和煙吸之，謂可助精神，徹宵不寐。凡吸，必邀集多人，更番作食，舖席於地，眾偃坐席上，中燃一燈以吸，百餘口至數百口爲率。煙筒以竹爲管，大約八、九分，中實棕絲頭髮，兩頭用銀鑲首，側開一孔，如小指大，以黃泥掐成壺盧樣，空其中以火煨之，嵌入首間，

51　吳子光《臺灣紀事》，頁 19，臺銀版第 36 種。

52　H. B. Morse 撰、謙祥譯〈1882～1891 年臺灣淡水海關報告書〉，頁 102，《臺灣經濟史六集》，臺灣研究叢刊第 54 種。

53　井出季和太《臺灣治績志》，頁 29～30。

54　黃叔璥《臺海使槎錄》，卷二〈赤崁筆談〉，頁 43，臺銀版第 4 種。

55　藍鼎元《平臺紀略》，頁 50。

小孔上置鴉片煙於壺盧首，煙止少許，吸之一口立盡，格格有聲，飲食頓令倍進。日須肥甘，不爾腸胃不安。初服數月，猶可中止；迨服久偶輟，則困憊欲死，卒至破家喪身。凡吸者面黑肩聳，兩眼流淚，腸脫不收而死。[56]」此文則詳細描述了吸煙者所用的煙具、喜好群聚的集體吸食習慣與染患煙癮者之病情。可見煙禁之執行成效似乎不彰，故 1821 年（道光元年）謝金鑾《續修臺灣縣志》才舉出鴉片與賭博為臺灣風俗上的二大弊端，必須加以杜絕，方能長治久安[57]。

　　然而清末臺地究竟有多少吸食鴉片的人口呢？依徐宗幹的估計，當時「就臺地貴賤貧富良莠之男女，約略喫煙者，不下數十萬人。[58]」不知此言可信度如何？不過上萬、甚至十餘萬之數當不成問題。因為 1900 年時，據臺灣總督府的統計，臺籍持照的煙民共有 173,394 人，佔當時總人口數 260 萬之 6.54 %[59]。沈葆楨也認為「臺民煙癮本多，臺兵為甚。[60]」1892 年（光緒 18 年），奉命至臺巡閱防營的胡鐵花（胡適之父）在其隨時申報的文件中，屢次提及臺地吸食鴉片之嚴重情形。其文如下：

> 既而漸聞軍營積弊深重，鎮海後軍中營弁勇吸鴉片者十有其九，……入軍查詢，果係實情。兼詢何以致此之甚；則稱後山煙瘴甚屬，弁勇多病，苦無良醫，誤以吸鴉片能辟瘴氣，遂開其端。……後山荒僻煙瘴，異於他處，其吃煙受累，實多因病暫圖救死而誤，並非甘於自棄。
>
> 地則煙瘴甚屬，軍則煙癮甚深，整頓實難。……力辟前人吸煙禦瘴之誤，冀啟其痼蔽。又幸賤軀耐瘴，自入軍中以後，軍中病故者均係有癮之人，而無癮之人無一病者，眾始漸信。
>
> 日來查點人數，接見各哨官弁，始知軍中吸鴉片者十居其九。前營十有六七，左營尤甚于中營。月得餉銀，盡耗于此。皆形容羸

56　朱景英《海東札記》，卷三〈記氣習〉，頁 29，臺銀版第 19 種。

57　謝金鑾《續修臺灣縣志》，卷一〈地志〉，頁 51，臺銀版第 140 種。

58　徐宗幹〈請籌議備貯書〉，《斯未信齋存稿》頁 283，收於丁曰健《治臺必告錄》卷四，臺銀版第 17 種。

59　見《臺灣省五十一年來統計提要》，頁 1374，臺灣省行政長官公署統計室編印，1946 年。

60　沈葆楨〈請移駐巡撫摺〉（同治十三年十一月十五日），《福建臺灣奏摺》，頁 3，臺銀版第 29 種。

槁，窮窘而無聊。

詳細詢察（後山）地方利弊，地方深患民少，而尤患吸鴉片之人，
現已不少。市中商賈懋遷，煙土居其大半。營中餉糈之消耗，煙
土亦居其大半。民日貧，軍日弱，而番則日富而日強，誠可患也。
61

　　第一段說明了臺人吸食鴉片之盛，特別是在軍營之中，而臺地好食
鴉片之習實與一般人認為吸煙可以禦瘴的觀念有關；第二段則力辟吸煙
可禦瘴癘之謠，第三段、四段則指出軍中吸煙者已達半數以上，且市場
買賣熱絡，導致餉耗兵弱，後果堪慮。當然，也印證了沈葆楨所道「臺
民煙癮本多，臺兵為甚」之語，並非臆造。胡文又謂：「而究其真能戒
絕者，百人之中不過一二人。而此一二人者，數月期年之後，重入迷途，
終身不返，比比皆是。[62]」此文則道盡毒患戒癮之難。

　　由此看來，清末臺灣鴉片毒癮者絕不可能如《海關醫報》所統計的
44 個，一則因為此數字僅為四個海關的資料，事實上，「此癖不獨後
山各營，全臺莫不皆然，幾成積疾難返之勢。[63]」二則一般毒癮者不會
到醫院就診，因為當他們毒癮發作時，最好的診治者就是鴉片本身。

四、《海關醫報》之醫學研究成果

　　第一節所提的四篇針對臺灣的專業性醫學研究報告，從它的著眼點
和關懷方向來看，基本上可分為兩組，第一組是關於血絲蟲症的研究發
現，第二組是對臺灣原住民族的觀察記錄。

　　今日醫學上的寄生蟲學，對絲蟲所引起的疾病已有清楚的認識，而

61　四段引文分別見：
　　〈稟府憲邵〉，胡鐵花《臺灣日記與稟啟》，頁 188～192，臺銀版第 71 種。
　　〈上吳清卿師〉，同前書，頁 208。
　　〈致張月樓〉，同前書，頁 166。
　　〈上道憲顧〉，同前書，頁 159。
62　見〈稟臬道憲顧〉，同前書，頁 195。
63　〈稟臬道憲顧〉，同前書，頁 184。

且對絲蟲的分類、其宿主、感染過程等，也都有相當細密的分析和了解，但本文所根據的這些醫事報告寫於 1880 年代，主筆的 Myers、Rennie 醫生雖然也都是一時之選，可是他們對絲蟲病的起因、傳染過程都尚在摸索階段。目前筆者手邊尚無足夠資料顯示他們在絲蟲病的醫學史上是否佔重要地位，但無可置疑的，他們對臺灣醫學史絕對有其重要的貢獻。使當時的臺灣居民知道此病由何而起，以及有哪些基本的防治方法，這是第一點貢獻；第二點貢獻是在民族學上，由島上的某些病例，他們回頭在臺灣這個移民社會，以及漢人、番人的習俗上去尋求一些相應的意義，這使得他們的醫學報告中增加了一些人文色彩，病例也不再僅只是病例而已，而是一群活潑生動的人。

　　當然他們也不可避免的會有其心態、眼光上的制限，這一方面因為他們來自白種人的文明社會，這樣的出身常常使他們在看待臺灣人民、及寄生蟲疾病時，不免帶著一種對未開發地區的憐憫，及對白人、漢人、土著的差別待遇；二方面他們通常身兼多重身分，醫生、海關雇員，有的還是傳教士，他們對當時臺灣住民的記載確實提供了一個「非漢人觀點」[64]足供省思，但也暴露出某些帝國主義心態，這是在接受這些科學性的觀察報告時，應一併列入考慮的。

　　Dr.Myers 在當時投注大量的心力在血絲蟲症的研究、實驗上，儘管成果與今日所知的仍有一段距離，但在病因學的角度上，他的努力的確廓清了一些問題。今日寄生蟲學對血絲蟲（Filaria）的了解是這樣的，主要寄生於人體的種類共有七種[65]，其中臺灣、大陸可能流行的是班氏

---

[64]　參見劉克襄《深入陌生地——外國旅行者所見的臺灣》，頁 71，臺北，自立晚報出版社，1993 年。

[65]　這七種血絲蟲如下：

Wuchereria bancrofti	班氏絲狀蟲
Brugia malayi	馬來絲狀蟲
Loa loa	羅阿絲狀蟲
Onchoccerca volvulus	蟠尾絲狀蟲（以上四種有病害）
Acanthocheilonema perstans	常見絲狀蟲
Dioedalonema streptoceerca	鏈狀絲狀蟲
Mansonella ozzardi	曼森絲狀蟲（以上三種無病害）

絲蟲與馬來絲蟲，這兩種蟲的生命型態極相似，不同的是班氏絲蟲只傳染給人，而馬來絲蟲則可傳給人、畜；另外班氏絲蟲的中間宿主（Intermediary host，簡稱 IMH）是 Culex 家蚊、Anopheles 瘧蚊，而馬來絲蟲則是 Mansonia 曼蚊。他們的生命循環約有以下過程：

1、成蟲寄生於人類淋巴系統，在此交配，產生微絲蟲，微絲蟲爬行到血液循環系統生長。

2、微絲蟲白天聚集在肺的毛細管，晚上分散到週邊血液中，此稱之為「夜間週期性」（Nocturnal periodicity）。

3、蚊子叮人，微絲蟲隨著蚊吻（長嘴）進入蚊子體內，經蚊胃、腸壁、肌肉層，變成短臘腸狀，再由體腔移到吻部，此時已是感染性幼蟲，蚊子再度叮人，幼蟲透過皮膚傷口，隨血液進入淋巴系統，發育為成蟲。

4、成蟲在人體內至少需一年，才能生產微絲蟲。

而血絲蟲導致的疾病通稱為絲蟲症（Filariasis），臨床上有下列數種主要症狀：

1、發燒（Fever）、淋巴腺炎（Lymphadenitis）──不規則發燒、淋巴結細胞增生。

2、陰囊淋巴管擴張（Lymphscrotum）──暫時性的淋巴水腫，淋巴回流處於半阻塞狀態，通常發生於睪丸、鼠蹊部。

3、象皮症（Elephantiasis，參見附圖）──淋巴回流完全阻絕，周圍組織發生纖維變性，造成無法治癒的皮膚增厚，即為象皮症，發生於腿部最多，上肢、胸部次之。

4、乳糜尿（Chyluria）──腸系膜淋巴回流受阻，破裂而進入腎盂或膀胱，使尿液呈粉紅色乳狀，即為乳糜尿。

5、熱帶嗜伊紅白血球症候群（Tropical pulmonary eosinophilias symdrome）──慢性咳嗽、氣喘發作、持續性嗜伊紅白血球增加。

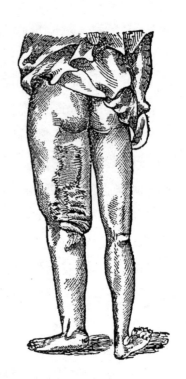

ELEPHANTIASIS OF THIGH, after CARR JACKSON.

附圖：Dr. Myers 所繪臺灣象皮症患圖

資料來源：〈臺灣南部血絲蟲症的進一步觀察〉，頁 29，《海關醫報》第 32 冊，1886 年。

以上簡述了目前所知絲蟲症的全貌[66]，但 1880 年代時的 DR.Myers，他從臨床診斷及實驗研究的發現，究竟到了什麼程度？血絲蟲的研究歷史顯示：發現蚊子由病人血中吸入致病微生物的第一人是 Dr. Patrick Manson，他經馬雅各醫生（I. L.Maxwell）推薦，擔任打狗港醫官五年之久，1871 年被調往廈門，1877 年公佈他的研究成果。雖然他尚未能連結出「人－蚊－人」這樣的傳播連鎖途徑，但他研究的成果無疑地給了 Myers 相當大的影響[67]。

---

[66] 以上資料參考：

（1）蕭孟芳、陳正成、陳瑩霖合著《醫學寄生蟲學》，頁 111～116，臺北，力大圖書公司，1987 年。（2）楊炳炘譯《人類傳染病防治手冊》，頁 408～413，臺北，合記圖書出版社，1982 年三版。

[67] David I. Grove "A History of Muman Helminthology"，p.606，C. A.B.International，1990。

　　他在第一篇報告〈臺灣南部血絲蟲症的觀察〉中，以 8 個月的時間追蹤一位叫 TO AH 的病人，每 15 分鐘記錄他的體溫，特定時間內也是 15 分鐘抽血檢驗血中的微絲蟲含量，作成詳細的變化表，這可說是基礎性的科學記錄工作。接著，他以 TO AH 和猴子來做實驗，讓 TO AH 和從南臺灣各地採集來的蚊子夜間共處一室，使蚊子在水中產卵，然後讓 4 隻健康的猴子喝下帶有蚊卵的水，觀察記錄牠們的體溫、檢驗血中的含蟲量。結果顯示，4 個月之中，4 隻猴子中有 3 隻病死，死因都是肺病、肺結核——是臺灣的馴養猴子最易得的疾病，而且記錄中完全沒有血絲蟲感染的跡象。

　　這個實驗的前半部有其貢獻，經由耐心的觀察記錄證實了血絲蟲的夜間週期性（呼應 Manson 在 1879 年的發現），也發現病人體溫的升高與血中絲蟲含量的高低並無相互依存的關係。但後半部的實驗卻存在一些問題，一則絲蟲種類未能確定，若是班氏絲蟲只會傳染人類，對畜類無感染力；二則血絲蟲是透過血液感染，非透過消化道感染，所以猴子喝下帶有蚊卵的水不會受到感染，應是理所當然的。另外，由病例的追蹤調查，以及多方蒐集臺灣的蚊種，他提出他的懷疑，臺灣與廈門蚊子的種類應該不同，臺灣的蚊種並非好的中間宿主，因為牠們是「消化」而非「培養」血絲蟲，而且就病例來看，1871 年至 1881 年間只有兩個象皮症患者，追蹤的結果都是在廈門罹病，回臺發作，如果臺灣種的蚊子具有培養絲蟲的中間宿主之條件，病例不應僅此而已。

　　他的後續報告〈臺灣南部血絲蟲症的進一步觀察〉，更進一步地闡明他的主張。這次的重心放在蚊種的比較上，他採集了南臺灣的三種蚊子來與廈門蚊子做比對，經過詳細的測量、觀察、培育，得到的結論是：臺灣種的蚊子不是絲蟲症的病媒，同時牠也培育不出廈門種蚊子的幼蟲。而透過新的病例所作的深入觀察發現，微絲蟲是由成蟲所生產，它們必須在某種液體中存活，蚊子在它們成長的過程中扮演著媒介的角色，把它們送入一個終極的良好棲息地——就是經由人體血管流到心臟，再到肺臟。

　　他對蚊種的實驗比對固然有其科學根據，可惜的是我們無法將之對

應到今日所知的蚊種，所以也就無從得知他所謂的廈門種蚊子，是否就是 Culex 家蚊、Anopheles 瘧蚊，或是 Mansonia 曼蚊。而他對血絲蟲的傳染途徑，似乎也存在許多不確定的問題，這裡必須承認醫學技術的不足，尤其是微生物觀察的精密科技，是一大障礙。他認為廈門種的蚊子是中間宿主，才會傳染疾病，臺灣種則否；但他只知微絲蟲必須在血液、肺臟中成長，蚊子扮演媒介，卻不清楚微絲蟲乃是在蚊體一進一出的過程中，培養出感染能力的，至於它的成長、生產的過程全在人體的淋巴系統中完成。

儘管如此，將他的研究成果放回 1880 年代來看，仍具相當的吸引力，當然在血絲蟲的發現歷史上，他沒有 Manson 般劃時代的地位，但以駐打狗醫官的身分，他針對南臺灣的病例與環境進行持續性的實驗比對，兩者相較，他很明顯地較偏重於臺灣的特殊性，他的結論也堅決地指向這裡。

另外，這兩篇報告中有一些因病例而對臺灣住民的習性所作的描述與推測，例如第一篇，他懷疑絲蟲症是由中國傳來的原因之一是，得病的都是曾在廈門居住過的漢人，既無平埔族人、也無客家人。據他觀察，漢人無論在臺灣居住多久，仍認為自己是原鄉人（廈門人），並且保持返鄉探親的習慣；相對而言，平埔族人與客家人就無此習慣，也因未涉足高傳染區而免於罹病。另外一點，他的病人 TO AH，願意忍受他每小時的測溫、抽血，令他非常感動，但他也驚嘆於臺灣漢人的勤奮，只要病情不影響活動，仍然堅持工作不懈，有些病人甚至不肯浪費時間接受治療，這種現象相當普遍。

對人文現象的觀察與記錄，在第二組的報告中更形明顯，1884 年 3 月同樣由 Myers 執筆的報告中包括了〈臺灣南部原住民摘記〉的部份，文中他坦承對原住民的風俗習慣有濃厚興趣，而他的觀察範圍包括甚廣，文中述及阿美族的起源神話、信仰、女巫、西向而葬的殯葬習俗、音樂——特別提到他們的音樂是為取悅神靈而唱，不可隨興歌唱，以免褻瀆；他所觀察到的習性還包括阿美族人並不好戰、族中男女的婚姻、家庭狀況、財產分配方式、女性的特殊地位，還有阿美語中的數詞和鄰

近種族數詞的比較等等。最後，對外人或外在世界的認知上，他們聽說過馬雅各醫師和必麒麟（W. A. Pickering[68]）；近年來族裡流行出疹子，中國政府曾派人來爲他們種痘，而他們相信疹子必是牡丹社事件的日本兵傳來的，阿美族人一般對外人頗爲友好，不會輕易殺戮。

　　這份報告文後還附有一篇 G.Taylor[69]的文章，他是當時英國駐打狗的領事，Myers 推崇他對南臺灣原住民的了解無人能出其右，所以將報告送請他指導，Taylor 回報以這篇〈排灣族摘記〉，文章較短，但重點相似，都在記載族群的風土、特色，以及族中社會連結網路。

　　最後一篇由 Dr.Alexander Rennie 在 1893 年發表的〈臺灣北部疾病摘記〉，對 5 種常見病症加以描述，並以淡水醫院可見病例作概略的統計，它們是痲瘋（0.9%）、象皮病與淋巴腫（0.03%）、寄生性貧血（0.9%）、疊瓦癬（0.9%）、發熱（25%）等。不過更值得注意的是，他在作此專業報告之前，用了一半的篇幅介紹臺灣在地質學、地理學上的特質及形成原因、所造成的豐富動物、植物相；並且從民族學觀點出發，把臺灣島上的居民分爲原住民、漢人，分別加以描述。他能清楚地分辨平埔族與高山族的不同，也知道漢人稱他們爲「熟番」、「生番」，他推論臺灣原住民從人種學看，應屬於馬來人種；從語言學來區分，則屬於馬來亞－玻里尼西亞語系（Malayo-Polynesuan）。他並且假設臺灣原住民是從太平洋上的不同地點，先後乘風浮浪抵達的，某些民族關於渡海的神話、慶典，都被他視爲有力的佐證。至於漢人方面，他追溯漢人最早抵達臺灣的時間是 1430 年左右，也就是明末鄭和下西洋的年代。而漢人移民是在荷據時期大量移入的，包括福建的福佬人、廣東的客家人，各自擁有重商及重農的不同生活型態。而討論到大陸與臺灣流行疾病的異

---

[68] 必麒麟（William Alexander Pickering，1840～1907）是曾在臺灣居住七年的船員、海關官員兼旅行家，羅妹號事件發生時曾充任嚮導、翻譯，被認爲是「臺灣通」，他曾三次深入山地，著有 PIONEERING IN FORNOSA，Recollections of Adventures among Mandarins，Wreckers，& .Headhunting Savages。

[69] 泰勒（George.Taylor），除了領事之外，也是鵝鑾鼻燈塔管理者與旅行家，著有〈東福爾摩沙漫遊〉，此書記述其從鵝鑾鼻出發（1887），沿東海岸北上，進入卑南，走訪知本，及在花東沿途所見原住民之生活習俗。

同，他指出氣候的重要影響，特別是臺灣北部受東北季風及黑潮影響，多雨潮濕，他巧為比喻道：臺灣可以說是大陸身旁的一把傘。

這一報告所關心的層次，很顯然地由醫學的專門領域向外拓展了出來，也顯露當時來臺外國人的一些普遍認知——儘管並不完全正確。例如早期來臺的外人很容易以為臺灣島上有兩個國家，以中央山脈為界，東部是原住民的地域，西部才是漢人居住的滿清國土，就連康熙 53 年（1714 年）法國神父馮秉正（De Mailla）所繪製的臺灣地圖都只有一半[70]，這種錯誤的地理觀念直到臺灣開港，仍存在某些外人腦中，1874年的牡丹社事件，日本人更是有企圖地大加運用。另外，看待島上的漢人、原住民時，大多時候，他們的興趣偏重在原住民（特別是平埔族）身上，一方面因為這是大陸所見不到的人種，二方面與漢人相比，原住民單純而質樸，對外人頗示友好，許多人因為與原住民打好關係，而成為殖民帝國主義所仰賴的「臺灣通」，如必麒麟（W.Pickering）、李仙得（Le Gendre）等。這種差別待遇不管在旅行家的遊記或海關醫報，都屢見不鮮。

五、結語

《海關醫報》是目前研究清末臺灣疾病史、醫學史最為齊全也最為重要的史料，而清末臺灣疾病史、醫學史的研究，因囿於資料的關係，沒有任何研究成果可據，故《臺灣省通志》政事志衛生篇亦僅能就日治之後詳述。本文透過《海關醫報》所得到的第一個印象是，史載臺瘴猛厲、疫疾盛行，並非虛妄誇大之語。1892 年來臺的胡鐵花，在臺巡閱的半年間，因所有的隨從侍僕先後病故，而慨言：

> 往來於炎蒸瘴鬱之中，首尾共六閱月。全臺疆域幸已遍歷，從人先後道病，死亡已盡，只剩孤身。[71]

---

[70] 參見劉克襄前引書，頁 18。
[71] 胡鐵花〈上江蘇臬憲陳舫仙廉訪〉，《臺灣日記與稟啟》，頁 65。

以日治時期防治之積極，每年單是死於瘧疾者平均就達 6,000 人，若加上其它瘴疫（各種傳染病），數目之多可想而知。難怪日人佐倉孫三會把瘴癘與生番、土匪視為臺灣三害[72]。且言：「臺地多疫病，瘴癘、鼠疫為最慘毒者。鼠病俗呼曰草疫，又曰瘟疫，以當其春氣漸動之時發生也。鼠疫之發也，鼠必斃於屋之內外，其毒侵染人體，是以稱鼠病。[73]」瘟疫也是清代臺灣重要的傳染病之一，雖然《海關醫報》並沒有記載此類病例，但日治初期，臺地每年死於瘟疫者仍有上千人，如 1901 年（明治 34 年），瘟疫患者共有 4,499 人，1904 年（明治 37 年），亦有 4,400 人死於瘟疫[74]。若另從民俗信仰的心理角度來看，自漢人渡臺開墾以來，瘟神廟即隨之不斷地增加，日治時甚至光復之後，環境衛生已大見改善，瘟疫漸絕，但此類廟宇反有增無減，高居全臺各類廟宇之首位[75]，亦不難想見臺人對瘟疫恐慌懼畏之心矣。

第二個印象是，雖然臺灣於清朝時期死於瘴疫者有絕大多數是感染瘧疾，但瘴疫與瘧疾並非一般人所認為的同病異稱，舊志中的「瘴」、「癘」、「疫」均是傳染病或風土病的泛稱，以今日的醫學觀之，它指涉的疾病可能是瘧疾、瘟疫、霍亂或赤痢。1703 年（康熙 42 年）來臺的海防同知孫元衡嘗作〈瘴氣山水歌〉，詩云：

> 瘴山苦霧結胚胎，窮陰深墨堆枯煤；
> 赤日沉為死灰色，勁氣萬古無由開。
> 下有長河名淡水，玉碗澄之清且旨；
> 化為碧血與鳩漿，殺人不見波濤起。
> 山有飛禽河有魚，上原下隰黃茆居；
> 島民生與瘴相習，諸番雜作古丘墟。
> 墟中婺婦能為鬼，婆娑其舞歌笑娓；

72　佐倉孫三《臺風雜記》，頁 56。
73　同前註，頁 55。
74　此兩年的數字分別引自：大園市藏《臺灣始政四十年史》，頁 610，昭和 10 年排印本，臺北成文出版社 1985 年影印。武內貞義《臺灣》，頁 503，昭和 4 年增補排印本，臺北成文出版 1985 年影印。
75　劉枝萬〈臺灣之瘟神廟〉，收入氏著《臺灣民間信仰論集》，頁 280，臺北，聯經出版社，1983 年。

> 舌語疑咒走疑癲，人瘴由來勝蛇虺。
> 嗟我禦暴分邊城，掃除無力空含情；
> 樵山飲水滋慚悶，仕宦五瘴良非輕。[76]

此詩描述臺瘴是環境濕熱所致，其害人較之蛇虺有過之而無不及。同治年間，鄭用錫作有〈詠瘧，爲蘇崑山上舍作〉詩一首，云：

> 我聞古人言，壯士不病瘧，蘇君雖孱弱，秉姿亦諤諤。
> 如何邁斯疾，馳驟苦束縛，一寒更一熱，間日息復作。
> 當其寒生時，如墜冰山壑，遍體皆嚴威，戰競及首腳，
> 衣以狐貉裘，猶等絺綌薄；倏焉執熱來，炎炎氣蒸爍，
> 如火方燎原，眼星忽錯落。請君自入甕，汗浹始退卻，
> 嗟哉此冰炭，變幻難捉摸。醫者各進言，一一診脈絡，
> 或云非人致，中有鬼作惡。請誦杜陵句，援引何確鑿！
> 我欲調榮衛，陰陽無乖錯，由來正勝邪，斯言可一噱。[77]

這是清末臺人第一個提到瘧患病症的資料，其謂寒如冰、炎似火，即瘧疾最普遍的病症——高熱惡寒，「一寒更一熱，間日息復作」之語，即是間歇熱症中的間日熱。「請誦杜陵句」殆指杜詩〈病後過王倚飲贈歌〉裡，「瘧癘三秋孰可忍，寒熱百日相交戰」[78]之句。並認爲鬼邪所侵之說，實荒謬可笑。臺瘴或疫病這種熱帶傳染病，從病症驗徵，有多數的瘴患是今日醫學所知的瘧疾，同時也包括赤痢、瘟疫、霍亂等致命的熱帶傳染病。然其害人之烈，絕非臺地濕熱的氣候水土等環境的單純因素所致，誠亦與下列因素有莫大關係。

（一）不重公共環境衛生

唐贊袞撰於 1891 年（光緒 17 年）的《臺陽見聞錄》言：「臺南縣城內外水溝，……積久淤塞，且舊基亦多傾圮。時屆夏令，地防阻逆，

---

[76] 孫元衡《赤嵌集》，卷四〈戊子〉，頁 74，臺銀版第 10 種。

[77] 鄭用錫《北郭園詩鈔》，頁 9，臺銀版第 41 種。

[78] 參見浦起龍《讀杜心解》，頁 236，臺北，古新書局，1976 年。

亟宜疏濬重修，以利水道，而弭疾疫。[79]」1912 年（大正元年）施景琛奉制軍松鶴齡之命渡臺調查實業，在臺期間撰有《鯤瀛日記》，其云：「臺島素未講求衛生，人民罹於疫禍者不可勝數；改隸以來，道路蕩平，溝渠敷暢，飲料尤爲注意，而人民之疾病死亡日漸減少；此公共衛生極爲滿意者也。[80]」這兩則記錄是漢人對臺地衛生環境的觀照。而臺人的不重衛生，日人似乎有更爲深刻的認識，井出季和太即直接指出，臺地惡疫流行，除了是臺人經常往來大陸內地、南洋，感染傳染病的機會較大，易將病毒傳入的因素外，主要還是臺民缺乏衛生思想。他說：

> 房屋以竹材土塊建造，並無通風採光設備，當時日本衛生隊稽查記錄裡就說：臺北市街路，房屋周圍或者庭院內，污水四流，積瀦成沼，人與狗、豬雜處。雖有公共便所的設置，卻仍到處撒尿放屎。……又臺南府地方，不僅廢棄物垃圾雜亂堆放，排泄物也到處堆積散放，街路兩旁的排水溝，污水積滯，惡臭衝鼻，由外地突然入城時，一股惡臭之氣入鼻，讓人感到噁心想吐。[81]

的確，日人領臺後，除了治安之外，首重環境衛生之改善，故一面進行各種疾病的調查、研究與防治；一面也利用保甲與警察嚴厲督導臺人維護環境衛生。可見公共環境衛生與疾病關係甚密，所以現代醫學特別講求衛生學，可惜當時臺人卻未予注視。

（二）過於迷信

雖然現代醫學肯定信仰與民俗療法的醫療功能，特別是心理疾病方面，但是傳染病絕不是民俗信仰所能醫治的惡疾。雖然如此，過去臺人信巫尙鬼之俗，舊志屢見不鮮，姑舉數例以見之。丁紹儀《東瀛識略》載：「南人尙鬼，臺灣尤甚。病不信醫，而信巫。有非僧非道專事祈禳者曰客師，攜一撮米往占曰米卦；書符行法而禱於神，鼓角宣天，竟夜

---

[79]　唐贊袞《臺陽見聞錄》，頁 124，臺銀版第 30 種。
[80]　見該日記頁 50，收於《臺灣遊記》，臺銀版第 89 種。
[81]　井出季和太《臺灣治績志》，頁 30。

而罷。病即不愈,信之彌篤。[82]」胡建偉《澎湖紀略》云:「澎湖之人信鬼而尙巫,凡有疾病,不問醫藥,只求神問卜而已。[83]」吳子光亦言:「臺(灣之)中女巫,強半不假師授,至時輒有神附其身,常爲人家治病。[84]」成書於清末的《新竹縣志初稿》、《樹杞林志》均謂:「有爲乩童者,披髮露臂,手持刀劍剖額、刺膚以示神靈,妄示方藥;又有扶乩出字,謂神下降,指示方藥。[85]」這種疾病求助神靈之舉,看似無知,可是在醫學昌明的現代臺灣,仍然到處可見,其影響之深不難想見矣。

(三)輕視醫師

「臺島無醫,非無醫,無良醫也。臺醫大抵奉軒、岐氏術,其藥物則不過草根木皮。故如內科,未無少驗。至外科則謂全無,亦不過言。[86]」日人佐倉孫三這段話道出了清末臺灣醫學之落後性,醫學之所以落後,除了一般人民過於仰賴神明外,主要根於醫師未受到應有的重視。吳德功《觀光日記》裡有段話道出了臺地醫生不被社會倚重之情:

> 吉野君引率會員往病院,見院長山口秀高。中廳坐定,後藤民政局長諭云:「人而不知養生,則飲食起居不得其宜,則人之精神不固焉。不知本島何以輕視醫士,未聞有專家講求者,亦在上無以鼓舞之耳。本國醫學士為國家出力者甚多,由醫士置身通顯者亦難更僕數,試看本島醫學候補生,將來出身必比尋常學校較優。爾等會員係是明理之人,歸去必開導,令聰明子弟入醫院練習,他日可為國效力焉。」[87]

---

82 丁紹儀《東瀛識略》,卷三〈習俗〉,頁 35,臺銀版第 2 種。另外,成書更早的周鍾瑄《諸羅縣志》,卷八〈風俗志〉,頁 147～148,臺銀版第 141 種;及王必昌《重修臺灣縣志》,卷十二〈風土志〉,頁 402,臺銀版第 113 種,均有類似記載。

83 胡建偉《澎湖紀略》,卷之七〈風俗紀〉,頁 148,臺銀版第 109 種。

84 吳子光《臺灣紀事》,頁 95。

85 諸家《新竹縣志初稿》,卷五考一〈風俗〉,頁 186,臺銀版第 61 種。
　　諸家《樹杞林志》,〈風俗考〉,頁 104,臺銀版第 63 種。

86 佐倉孫三《臺風雜記》,頁 27。

87 吳德功《觀光日記》,頁 29,收於《臺灣遊記》,臺銀版第 89 種。

由前引文可知，清末臺人信神尙巫而輕鄙醫生，故醫學人才少，醫療方式保守而落後，而昔日漢醫較之現代醫生之地位，直可說是不可同日而語也。

就《海關醫報》的記錄與統計而言，它所敘述、統計的清末臺灣開港地區的各類疾病患者中，瘧疾佔第一位，與日治時期總督府衛生當局根據歷年公醫診療人數所統計的數據，情況甚爲相同，例如 1897 年，總就診人數是 217,807，傳染病佔 70,407 人，1907 年，總就診人數是 150,710，傳染病佔 51,225 人，1917 年總就診人數是 324,608，傳染病佔 89,783 人，均約佔總病患數的三分之一，其餘各年大抵與此類似，當然這些包括瘧疾、鼠疫、霍亂、赤痢、傷寒、天花、白喉、痲瘋等死亡率較高法定的傳染病[88]。

總之，海關醫官對清末臺灣的醫療與醫學研究作出了實質的貢獻。西醫來臺，以曾在愛丁堡大學習醫的馬雅各爲嚆矢，他在 1865 年抵臺宣教兼行醫，其後如馬偕、林格（Dr. Ringer）、羅斯爾（Dr. Russel），皆是宣教兼醫療的醫生，而海關醫官則是醫療兼研究的醫生，除了善盡一位醫生的職責診療民疾外，舉凡他們對臺地的疾病、民俗、風情、氣候、地理的紀錄，用相當的時間對瘧疾、絲蟲病進行紀錄、調查、實驗，以期找出真正的病因，最後並初步推斷出蚊子與瘧疾的關係等，均爲清末臺灣的醫療與醫學研究作出了具體的貢獻。

---

[88]　有關日治五十年來臺灣歷年各類疾病人數與法定傳染病人數，請參《臺灣省五十一年來統計提要》，頁 1253～1275 之統計表。

徵引書目

一、中文

（一）史料

浦起龍（1679～1762）

　　1679 後《讀杜心解》，臺北，古新書局，1976 年印行。

高拱乾

　　1696　《臺灣府志》，北京，中華書局影印《臺灣府志三種》，1985
　　　　　年印行。

郁永河

　　1700　《裨海紀游》，臺銀版第 44 種。

孫元衡

　　1708　《赤嵌集》，臺銀版第 10 種。

周鍾瑄

　　1719　《諸羅縣志》，臺銀版第 141 種。

阮旻錫

　　1722 前《海上見聞錄》（康熙年間），臺銀版第 24 種。

夏　琳

　　同上　《閩海紀要》，臺銀版第 11 種。

黃叔璥

　　1722　《臺海使槎錄》，臺銀版第 4 種。

藍鼎元

　　1731　《鹿洲初集》，收於沈雲龍主編之《近代中國史料叢刊》續
　　　　　輯第四十一輯。

　　1732　《平臺紀略》，臺銀版第 14 種。

王必昌

　　1752　《重修臺灣縣志》，臺銀版第 113 種。

余文儀

　　　　1760　　《續修臺灣府志》，臺銀版第 121 種。

胡建偉

　　　　1771　　《澎湖紀略》，臺銀版第 109 種。

朱景英

　　　　1773　　《海東札記》，臺銀版第 19 種。

周　璽

　　　　1826　　《彰化縣志》，臺銀版第 156 種。

丁曰健

　　　　1867　　《治臺必告錄》，臺銀版第 17 種。

鄭用錫

　　　　1870　　《北郭園詩鈔》，臺銀版第 41 種。

梅　架

　　　　1872　　《清季申報臺灣紀事輯錄》，臺銀版第 247 種，輯自英人梅
　　　　　　　　架（F. Majer）在上海所創辦的《申報》，起於 1872 年，迄
　　　　　　　　於 1887 年。

丁紹儀

　　　　1873　　《東瀛識略》，臺銀版第 2 種。

吳子光

　　　　1875　　《臺灣紀事》，臺銀版第 36 種。

唐贊袞

　　　　1891　　《臺陽見聞錄》，臺銀版第 30 種。

沈葆楨

　　　　1892　　《福建臺灣奏摺》，臺銀版第 29 種。

林　豪

　　　　1893　　《澎湖廳志》，臺銀版第 164 種。

盧德嘉

　　　　1895　　《鳳山縣采訪冊》，臺銀版第 73 種。

佐倉孫三

　　　　日治初《臺風雜記》，臺銀版第 107 種。

諸　家

　　日治初《新竹縣志初稿》，臺銀版第 61 種。

諸　家

　　日治初《樹杞林志》，臺銀版第 63 種。

吳德功

　　1900　《觀光日記》，收於《臺灣遊記》，臺銀版第 89 種。

劉銘傳

　　1904　《劉壯肅公奏議》，臺銀版第 27 種。

施景琛

　　1912　《鯤瀛日記》，收於《臺灣遊記》，臺銀版第 89 種。

連　橫

　　1921　《臺灣通史》，1992 年省文獻會出版。

　　1933　《雅言》，臺銀版第 166 種。

該室（編印）

　　1946　《臺灣省五十一年來統計提要》，臺灣省行政長官公署統計
　　　　　室。

胡　傳

　　1951　《臺灣日記與稟啟》，臺銀版第 71 種。

謙　祥（譯）

　　1957　〈1882～1891 年臺灣臺南海關報告書〉，《臺灣經濟史六
　　　　　集》，頁 85～107，臺灣研究叢刊第 54 種。

　　1957　〈1882～1891 年臺灣淡水海關報告書〉，《臺灣經濟史六
　　　　　集》，頁 108～132，臺灣研究叢刊第 54 種。

（二）近人著（譯）作

陳向元

　　1926　《中國關稅痛史》，中國關稅問題資料四種，臺北，學海出
　　　　　版社，1971 年影印本。

李善馨（編）

　　1930　《中國關稅史料》，學海出版社，1970 年影印本。

周學普（譯）

　　1960　《臺灣六記》，臺灣研究叢刊第 69 種。

陳漢光（編）

　　1971　《臺灣詩錄》，省文獻會印行。

李騰嶽

　　1972　《臺灣省通志》，卷三〈政事志〉衛生篇，省文獻會出版。

趙淑敏

　　1982　《中國海關史》，臺北，中央文物供應社。

楊炳炘（譯）

　　1982　《人類傳染病防治手冊》，臺北，合記圖書出版社。

劉枝萬

　　1983　《臺灣民間信仰論集》，臺北，聯經出版社。

該　院（編）

　　1985　《韓森病防治統計報告》，臺灣省立樂生療養院發行。

蕭孟芳、陳正成、陳瑩霖合著

　　1987　《醫學寄生蟲學》，臺北，力大圖書公司。

陳勝崑

　　1992　《醫學、心理、民俗》臺北，橘井文化事業。

　　1992　《中國疾病史》，臺北，橘井文化事業。

衛生署（編）

　　1993　《臺灣撲瘧紀實》，行政院衛生署出版發行。

劉克襄

　　1993　《深入陌生地——外國旅行者所見的臺灣》，臺北，自立晚
　　　　　報出版社。

（三）論文

鄭友揆

　　1934　〈我國海關貿易統計編制方法及其內容之沿革考〉，原刊《社
　　　　　會科學雜誌》5（3），北平；收入包遵彭等編《中國近代史
　　　　　論叢》第二輯第三冊，頁 138～180，臺北，正中書局，1958

年。

趙淑敏

　　1980　〈清代新制海關設置之沿革〉，《中國歷史學會史學集刊》
　　　　　第 10 期，頁 189～198。

林滿紅

　　1990　〈清末臺灣海關歷年資料的史料價值〉，中國海關史第二次
　　　　　學術研討會宣讀論文，廈門。

戴文鋒

　　1991　〈清代臺灣的社會救濟事業〉，國立成功大學歷史語言研究
　　　　　所碩士論文。

蔡寶鳳、周碧瑟

　　1992　〈痲瘋病的文獻回顧〉，譚文海編《傳染病防治》第二輯，
　　　　　頁 126～159，臺灣省公共衛生研究所發行。

郭石城

　　1994　〈樂生療養院祈禱依然還有明天──願主垂憐〉，《中國時
　　　　　報》，12 月 30 日。

二、外文

（一）專書

武內貞義

　　1929　《臺灣》，昭和 4 年增補排印本，1985 年臺北成文出版社影
　　　　　印。

大園市藏

　　1935　《臺灣始政四十年史》，昭和 10 年排印本，1985 年臺北成
　　　　　文出版社影印。

井出季和太

　　1937　《臺灣治績志》，昭和 12 年排印本，臺灣日日新報社刊行，
　　　　　1985 年臺北成文出版社影印。

David I. Grove

　　1990　　"A History of Muman Helminthology"，C. A.B.International。

（二）期刊

MEDICAL REPORTS（1871～1910，1th～68th Issues）

　　Shanghai：Published at The Staticical Department of The Inspectorate
　　　　　Genrral of Customs

後記：本文之完成，承蒙下列諸君惠予協助，謹此致謝：

中央研究院近史所研究員　　　　　　　　林滿紅教授
國立陽明醫學院寄生蟲及熱帶醫學科教授　陳正成先生
國立成功大學醫學院寄生蟲學科助教　　　林志隆先生
國立成功大學醫學院　　　　　　　　　　李森仁醫師
國立成功大學醫學院　　　　　　　　　　陳若佟醫師

臺灣民間有應公信仰考實

一、有應公信仰考源

　　有應公廟是臺灣民間隨處可見的一種小祠，考究其因，不外乎是收埋葬瘞各處無主遺骸枯骨而建廟祭祀的小祠，故至今在路旁、田野、山丘、墳塚，甚在村里、市街 [1]仍可遇見。

　　收埋葬瘞各處無主遺骸枯骨之俗，由來已久。《禮記·月令》即有「孟春之月」，「掩骼埋胔」之語。鄭注曰：「骨枯曰骼，肉腐曰胔。」孔義云：「胔，骨之尚帶肉者也。」按《周禮》以秋官蜡氏掌除。疏云：「春是生氣，骨是死氣，為死氣逆生氣，故埋之。」又云：「若有死於道路者，則令埋之。今得有死人骨者，近道人見者，令埋之。其有死於溝壑者，蜡氏除之。」《孟子》亦曰：「養生者，不足以當大事；惟送死，可以當大事。[2]」足見掩骨瘞胔之政，古訓已然。

　　葬埋無祀枯骨遺骸，本屬良風善政，然古俗未聞有建蓋祠廟祭拜者，至有清之時，臺灣民間卻開始建廟設祠，嘉道以降，其數目已頗有可觀，蔚然成風，誠與內地迥異也。考之文獻，得知其源殆有二端：其一源於厲祭之故習；另一源於義塚之普設。

　　就一名清代地方官而言，厲祭與其它祭祀原為其每年最為重要的行政工作之一，舉凡社稷、山川、風雲雷雨、城隍、厲鬼，均須置壇祭祀。此正所謂「國之大事，在祀與戎。自天子命祀而外，下至於州縣，凡有守土之責者，莫不竭虔盡敬，率乃典常，以修歲祀。[3]」

---

[1] 例如臺北市文山區興隆路二段 301 巷底的先靈廟即位於大樓林立的民宅旁，而令人詫異的是，該處雖大廈聳立，卻與整片塚仔埔僅有數十公尺之隔。或由於臺北地狹人稠，故而形成此種活人與死人爭地的畫面。

[2] 以上各段引文分別見：

　　1、《禮記》卷十六〈月令第六〉，《十三經注疏》（臺北：藝文印書館，1985），頁279～289。

　　2、《周禮》卷三十六，《十三經注疏》，頁548。

　　3、《孟子》卷一上〈梁惠王篇〉，《十三經注疏》，頁12。

[3] 胡建偉《澎湖紀略》，卷之二地理紀〈廟祀〉，頁36。

　　厲祭原為禳祭鬼魂的祭俗，方志之中，最先言及者為蔣毓英《臺灣府志》，志云：

> 郡邑有司，每歲春清明日、秋七月十五日、冬十月一日，先期一日（筆者按：一日殆為三日之誤，蓋其它方志舊記均作三日），主祭官牒至城隍，至祭日，設城隍位於壇上；用羊一、豕一，設無祀鬼神牌於壇下，用羊二、豕二，以米三石為飯羹，香燭、酒、紙隨用，其祭，文載會典，甚悽惻。府屬壇在東安坊，臺灣縣附府祭，鳳、諸二縣之壇草創，致祭無定所也。[4]

　　成書稍晚（康熙58年）的《諸羅縣志》，對邑厲祭之源敘述較詳。其云：

> 古祭法有泰厲、公厲、族厲，此厲祭之所自始。明洪武三年，詔各府、州、縣歲祭無祀鬼神。其制：壇方、廣各一丈五尺，高二尺；前陛三級，餘無階，繚以垣。今郡縣之制不一。先期三日，牒告城隍；至日，迎城隍神位於壇主其事，用羊一、豕一、爵三；設無祀鬼神牌於壇下左右，題「本縣境內無祀鬼神」，用羊二、豕二，解置於器，酒醴、羹飯、冥衣羅列甚備。[5]

　　另乾隆17年王必昌《重修臺灣縣志》亦有類似記載，志云：

> 按厲壇祭死而無後及為物所害者。春秋傳曰：鬼有所歸，乃不為厲。祭法：王祭泰厲，諸侯祭八厲（筆者按：應為「公厲」），大夫祭族厲，士喪禮疾病禱於厲。鄭注謂：漢時，民間皆秋祠厲，則此祀達於上下矣，然後世皆不舉行。明洪武三年，定制京都祭泰厲，設壇元武湖中；王國祭國厲；府州祭郡厲；縣祭邑厲，皆設壇城北。里社則祭鄉厲。後定郡邑鄉厲祭，皆以清明日、七月十五日、十月朔日。國朝因之。[6]

　　可見厲鬼之祭不僅須年有定日，亦須有祀有定所，故而形成厲壇之制，

4　蔣毓英《臺灣府志》，卷之七〈祀典〉（北京：中華書局，1985），頁191～192。
5　周鍾瑄《諸羅縣志》（臺北：臺銀排印本，以下未註明出處者，均為臺銀排印本），卷四〈祀典志〉，頁63。
6　王必昌《重修臺灣縣志》，卷六〈祠宇志〉，頁166。

於郡者稱郡厲壇，於縣者稱邑厲壇，於鄉里者稱鄉厲壇。然郡厲壇、邑厲壇皆由官置，而鄉厲壇則由各鄉村里社人民自行置設，每年凡三祭，與官厲祭同。惜至清初，鄉厲壇多已廢而不舉[7]。清初領臺時，僅於臺灣府東安坊設置厲壇一所，臨近之臺灣縣則與府同祭，鳳、諸二縣尚無定所。但至遲於康熙35年時，鳳、諸二縣之邑厲壇均已置設，前者位於興隆庄；後者位於善化里[8]。至於鄉厲壇，則至康熙55年方告出現，並且易名為「大眾壇」。陳文達《臺灣縣志》載：「西定坊……大眾壇，即鄉厲壇也。康熙五十五年，里人同建。前祀大眾（即厲鬼也），後祀觀音。東西小屋，所以寄骸；男骸在東，女骸在西。壇後設同歸所，收埋枯骨。[9]」此為無祀厲鬼易稱為「大眾」之肇始。

　　然則壇者本為一祭祀之高臺，臺地之郡、邑、鄉厲壇，本為祭祀鬼厲之祭壇，其規模高約2尺、長寬各約15尺，至更名為「大眾壇」時，雖然壇的祭厲用意尚存，卻已喪失壇的形制，而衍為埋瘞枯骨的墳塚，兼為停柩寄骸的小廟。此種轉變，稽之文獻，則早在康熙23年即已出現。《澎湖紀略》云：

　　　無祀祠者，蓋仿古者泰厲、公厲之祭也。……其制：廣丈五尺、高二尺，……蓋壇也，實非廟也。……此定制也。今澎湖易壇以廟，雖非古制，而祭孤之禮，意則一也。其間祠祀，俱係歷任守土文武職官因感時事，捐俸創興；蓋以為非廟則主無所依，而守廟之人亦無所居焉。亦何嫌於與古制之不相若也哉？祠在媽宮澳海邊，土名西垵仔。廟中周歲燈油，俱係協營捐辦。祠左有一大墳，即埋瘞枯骨之處也。祠建於康熙二十三年，高不過尋，寬不及弓，於乾隆十五年前廳何器與協鎮邱有彰等公捐修廓大。[10]

由此段引文，吾人至少可以歸納出如下幾點：一、壇、廟之制本就不同，

[7] 陳文達《臺灣縣志》，典禮志六〈祭祀〉，頁171。
[8] 高拱乾《臺灣府志》，卷之二〈規制〉（北京：中華書局，1985），頁496～497。
[9] 陳文達《臺灣縣志》，雜記志九〈寺廟〉，頁210。
　　又據筆者田野調查所知，陳文達所謂的「男骸在東，女骸在西」，當是「男骸在左，女骸在右」之意。一般而言，左側上方及右側上方均會有「男堂」、「女室」字樣。
[10] 胡建偉《澎湖紀略》，卷之二地理紀〈廟祀〉，頁42～43。

易壇爲廟是不合古制的。二、臺人易壇爲廟之時間甚早，幾與清之領臺同時。三、易壇爲廟的原因是，壇每年僅固定祭祀三次，而祠廟之設，若其香火不絕，則祭祀不斷，鬼魂可時有依歸。四、廟之形制，初時甚小，後人捐貲增修逐建增大。

大眾廟源於厲壇之祭祀，已如前述。茲再考其另一源，即義塚之普設。清代臺灣之義塚有二種不同的涵義。一般而言，義塚是指一大片公有之塚山（塚仔埔），此種塚山或源於私捐埔地，正如高拱乾〈勸埋枯骨示〉所言：「見骨則瘞，遂稱仁人；捨地而埋，爰稱義塚。[11]」或屬未墾荒埔之官有地，其制如《大清會典》所云：「直省州縣建義塚，有貧不能葬，及無主暴骨，皆收埋之。[12]」另外義塚也可指一個大墳塚，內埋瘞數十甚或百具以上之骨罐遺骸，通常此類義塚多會於墳塚前豎立一座墓碑，其上刻書著萬善同歸、萬善同歸所、同歸所、萬善同歸墓等字樣。據筆者踏勘，今南市新都路一帶的塚山，即清時所謂之「鬼仔山」（或稱魁仔山、魁斗山、桂子山）義塚，仍有清代各朝之萬善同歸墓碑數座。然不管哪一類型的義塚，居民善士或官職，通常會在塚山附近或墓塚正前方立祠祭祀，以使鬼有所歸，不爲厲祟。例如沈茂蔭《苗栗縣志》載：「萬善祠，祀義塚孤魂。[13]」又如陳培桂《淡水廳志》載：「大眾廟，一在廳治南門外里許巡司埔，俗呼南壇，旁有義塚。[14]」雖然此廟建置者與建置年代均未書明，但該志成書於同治 10 年，故可知其設於此年之前，又廟旁之義塚則於道光 16 年署同知玉庚諭諸紳士捐設[15]，則可推知該廟應於道光 16 年後鄉民所捐設也。類此之例，舊志記載不勝枚舉；又如安平一鯤身，昔原爲明鄭行刑之處，隸清之後，水師副將張國尚覺該處於「風雨晦冥之間，鬼哭神號，淒切不堪入耳[16]」，乃於康熙 53 年，建祠祀之。額曰「萬善宮」。

---

[11]　高拱乾《臺灣府志》，卷之十〈藝文〉，頁 1059。
[12]　《大清會典》，卷三十二〈風教〉（臺北：商務印書館，1968），頁 260。
[13]　沈茂蔭《苗栗縣志》，卷十典禮志〈祠廟〉，頁 162。
[14]　陳培桂《淡水廳志》，卷六典禮志〈祠廟〉，頁 153。
[15]　陳培桂《淡水廳志》，卷三建置志〈義塚〉，頁 71～72。
[16]　陳文達《鳳山縣志》，卷之十外志〈寺廟〉，頁 162。

　　無祀祠之創建與義塚之普設有十分密切之關係。然則臺灣義塚爲數之眾，較諸內地各省，直有百倍之多。究其因，約可歸爲數端：（一）地理環境：臺海險惡、水土多瘴、多颱多震。（二）社會問題：械鬥頻起、變亂屢生、漢番衝突。（三）政治因素：渡臺禁令、吏治不張。（四）俗尙問題：信鬼神而輕醫術、不重衛生、挖盜侵墾塚地、亂葬寄罐成俗[17]。然義塚既多普設，則無祀廟之倡建亦多隨之而起也。

二、清代置設情形及其原稱

　　「有應公廟」是現代臺灣民間對一般無祀祠之通稱。然考諸清代文獻，則未有言爲有應公廟者。茲將文獻所載有關之無祀祠，依名稱、建置年代（若該祠未書年代，則依該文獻成書年代爲準，但書某某年前，以示其建置時間早於該年）、建置地點、文獻出處，羅列如下表（表1）：

表1：清代臺灣無祀祠設立一覽表

名稱	建置年代	地點	間數	文獻出處
厲壇	康熙57年前	府治東安坊	1	重修臺灣府志頁46
厲壇	康熙57年前	鳳山縣興隆莊	1	重修臺灣府志頁46
厲壇	康熙57年前	諸羅縣善化里	1	重修臺灣府志頁47
厲壇	光緒13年前	北門外壇埔	1	恒春縣志頁221
厲壇	康熙58年	淡水港東	1	重修鳳山縣志頁145
厲壇	乾隆35年	縣治北門外車路口	1	彰化縣志頁155
厲壇	嘉慶9年	北門外水田街	1	淡水廳志頁149 新竹縣志初稿頁107
厲壇	光緒10年	北門外社寮岡莊	5	苗栗縣志頁158

---

[17]　有關清代臺灣義塚置設的背景，可參戴文鋒〈清代臺灣的社會救濟事業〉，第五章「喪葬救濟事業」，成功大學歷史語言研究所碩士論文，1991。另關於清代臺灣熱代風土病、傳染病盛行之況，可參戴文鋒〈《海關醫報》與清末臺灣開港地區的疾病〉，《思與言》33卷2期，1995。

厲壇	日治前	苑裏天后宮（借用）	1	苑裏志頁62
大眾壇	康熙55年	西定坊	1	臺灣縣志頁211
大眾廟	嘉慶17年	海口莊管內澎湖屋	1	新竹縣志初稿頁123
大眾廟	嘉慶20年	鹿港茱園	1	彰化縣志頁158
大眾廟	嘉慶20年	員林街東畔	1	彰化縣志頁158
大眾廟	嘉慶20年	西螺	1	彰化縣志頁158
大眾廟	嘉慶21年	南門外巡司埔	1	新竹縣志初稿頁112
大眾廟	道光年間	縣治西香山頂寮莊	1	新竹縣志初稿頁114
大眾廟	道光6年	田寮莊	1	新竹縣志初稿頁123
大眾廟	道光12年	海口莊管內塭仔頭	1	新竹縣志初稿頁123
大眾廟	道光20年前	廳治西門外	1	噶瑪蘭廳志頁221
大眾廟	道光20年前	頭圍	1	噶瑪蘭廳志頁221
大眾廟	道光20年前	羅東	1	噶瑪蘭廳志頁221
大眾廟	道光20年前	蘇澳	1	噶瑪蘭廳志頁221
大眾廟	同治10年	廳治南門外	1	淡水廳志頁153
大眾廟	同治10年前	艋街	1	淡水廳志頁153
大眾廟	同治10年前	中港	1	淡水廳志頁153
大眾廟	同治10年前	香山	1	淡水廳志頁153
大眾廟	同治10年前	觀音山麓	1	淡水廳志頁153
大眾廟	光緒18年	大埔莊管內頂大埔莊	1	新竹縣志初稿頁123
大眾廟	光緒20年前	縣城南門外	1	雲林縣采訪冊頁17
萬善祠	道光14年	崁頭屋莊	4	苗栗縣志頁162
萬善祠	道光17年	望更寮莊	1	新竹縣志初稿頁122
萬善祠	道光25年	頭份街	1	新竹縣志初稿頁122

萬善祠	咸豐11年	苗栗街	7	苗栗縣志頁162
萬善祠	咸豐11年	銅鑼灣街	6	苗栗縣志頁162
萬善祠	同治年間	老田寮莊	3	苗栗縣志頁162
萬善祠	同治9年	東河莊	4	苗栗縣志頁162
萬善祠	同治13年	大湖八份街	13	苗栗縣志頁162
萬善祠	光緒2年	濫坑莊管內堅山下莊	1	新竹縣志初稿頁121
萬善祠	光緒5年	興隆莊	3	苗栗縣志頁162
萬善祠	光緒5年	新埔街	1	新竹縣志初稿頁116
萬善祠	光緒7年	公館莊	3	苗栗縣志頁162
萬善祠	光緒7年	四結庄	1	北部碑文集成頁188
萬善祠	光緒12年	河頭莊	3	苗栗縣志頁162
萬善祠	光緒16年	五分埔管內石坑仔莊	1	新竹縣志初稿頁118
萬善祠	光緒19年	大興莊	6	苗栗縣志頁162
萬善祠	光緒20年	北埔街	5	新竹縣志初稿頁119
萬善祠	日治前	九芎林街尾	1	樹杞林志頁65
萬善祠	日治前	沙普瀝	1	樹杞林志頁65
萬善廟	道光元年	王爺坑	1	新竹縣志初稿頁121
萬善廟	咸豐5年	三重埔莊	1	新竹縣志初稿頁120
萬善廟	同治12年	十二寮	1	新竹縣志初稿頁119
萬善廟	光緒元年	三條坑	1	新竹縣志初稿頁119
萬善廟	光緒3年	大窩莊	1	新竹縣志初稿頁120
萬善廟	光緒12年	下山莊	1	新竹縣志初稿頁121
萬善廟	光緒19年	月眉莊	1	新竹縣志初稿頁119
萬善宮	康熙53年	一鯤身	1	鳳山縣志頁162

萬善宮	嘉慶年間	澎湖鼎灣澳	1	澎湖續編頁27
萬德祠	光緒7年前	四結庄	1	北部碑文集成頁188
千家祠	同治4年	柑仔崎	1	新竹縣志初稿頁119
千家祠	同治10年前	南門外大眾廟西廊	1	淡水廳志頁152 新竹縣志初稿頁112
千家祠	光緒9年	二寮莊	1	新竹縣志初稿頁119
無祀祠	康熙58年	淡水港東	1	鳳山縣志頁163
無祀壇	乾隆31年	西嶼	1	澎湖廳志頁63
南山寺	道光6年前	縣治東門外	1	彰化縣志頁155
化善庵	同治年間	梅仔坑東	1	嘉義管內采訪冊頁64
地藏庵	康熙56年	諸羅縣治北門外	1	續修臺灣府志頁649

　　由上列清代臺灣無祀祠設立一覽表可得知，當時無祠祀名稱眾多不一，起於康熙時期，直到光緒年間，共有 114 座。茲將其整理成下面二表（表2、表3）。

表2：清代臺灣無祀祠之名稱統計表

名稱	厲壇	大眾壇	大眾廟	**萬善祠**	萬善廟	萬善宮	萬德祠	千家祠	無祀祠	無祀壇	南山寺	化善庵	地藏庵	合計
數目	13	1	18	**64**	7	2	1	3	1	1	1	1	1	114

表3：清代臺灣無祀祠創置年代統計表

年代	康熙	雍正	乾隆	嘉慶	道光	咸豐	同治	**光緒**	合計
數目	8	0	2	6	15	14	28	**41**	114

　　當然，以上的統計數字，僅是見諸清代文獻者，然因其為民間小祠，

未能受官方或修志者之注視，故未載漏記者為數當甚多耳。儘管如此，僅就文獻所錄而言，無祀祠廟在有清一代計有 114 座。就置設年代而言，光緒 41 座，同治 28 座，道光 15 座，咸豐 14 座，分別佔總數的 36%、24.6%、13.2%、12.3%，幾乎集中在清治晚期。就建蓋位置而言，以苗栗、新竹二縣居多，前者有 39 座，後者有 27 座，分別佔總數之 34.2%、23.7%。無論就建置時間或地點分佈，均可看出其與義塚間的密切關係。蓋有清一代臺灣共置有義塚 224 處，其中光緒時期置設者達 98 處，而座落於新竹縣者有 69 處、苗栗縣者 42 處[18]，故無祀廟亦多集中於此二縣內。就祠廟名稱而言，或名厲壇，或曰大眾壇、大眾廟，或稱萬善祠、萬善廟、萬善堂、萬善宮、萬德祠，或云千家祠，或謂無祀壇、無祀祠，或呼南山寺、化善庵、地藏庵，其中以「萬善」為名者最多，計 73 座，其次是「大眾」，計 19 座，再次是直稱「厲壇」者，計 13 座，三者分別佔總數之 64%、16.7%、11.4%。儘管這些名稱紛雜，然而有清一代，**臺地之人鮮少有直呼其名為「有應公廟」者**，有應公之名究在何時出現並取代原稱，成為臺灣民間的通俗稱呼，容待於本文下節討論。

三、有應公信仰之轉化

（一）名稱之轉化

有應公廟是現在臺灣民間對無祀祠廟的通稱，雖然稽之文獻，清代之無祀祠並未出現「有應公廟」一詞，但至少在清末時期，臺灣民間已將有應公與好兄弟同列並稱。光緒元年（1875）吳子光《一肚皮集》提到「有應公」一詞云：「臺俗有稱有應公與好兄弟者，即無主孤魂也，故于中元作無遮大會，稱極盛焉。[19]」此後有應公一詞才漸漸普遍。參諸日治時期諸記載，均有「有應公廟」之稱。如明治 34～40（1901～

---

[18] 戴文鋒〈清代臺灣的社會救濟事業〉（成大歷史語言研究所碩士論文，1991），頁 175。

[19] 吳子光《一肚皮集》（《臺灣先賢詩文集彙刊》第 3 輯，臺北縣：龍文，2001），頁 95。

1907）年臺灣慣習研究會所刊《臺灣慣習記事》第一卷〈雜錄〉即說此
種祠廟必於廟楣懸「有求必應」之布或匾，有應公之名蓋出於此。大正
10（1921）年片岡巖《臺灣風俗誌》一書第一集第三章〈臺灣人の葬儀〉
也說將枯骨數百、數千葬在起而奉祀者稱「有應公」、「萬應公」，以爲
祈求之事必有應驗。昭和 9（1934）年鈴木清一郎《臺灣舊慣冠婚葬祭
と年中行事》說法亦雷同。其中最詳細者當屬伊能嘉矩於昭和 3（1928）
年成書的《臺灣文化志》與曾景來於昭和 13 年（1938 年）所著《臺灣
宗教と迷信陋習》一書。

　　《臺灣文化志》中卷載：

> 臺灣自古以來所盛行一種私祀廟祠稱為有應公，原係導因於掩骼
> 埋胔之鼓勵，而後變形，與向孤魂祈求冥福之迷信結合。凡於墓
> 區有年久而絕祀之墓塚，柩木既已腐朽，壙穴亦已毀壞，枯骨暴
> 露於外，則預先由莊民或有心者捐款，在墓區或郊外置設一祠廟
> 加以收集埋葬。而相傳奉祀香火以慰藉孤魂者，則祈願所求之
> 事，必有所應。（其廟必揭掛「有需必應」之匾額，故稱為有應
> 公。）[20]

另曾景來於其書中共列有無祀祠 78 座，據筆者統計，其中稱有應公、
有應媽或有應公廟、有應公宮者有 27 座，稱萬善祠或萬善廟者有 25 座
[21]。由此可見，日治時期臺人及日人對臺地無祀廟之稱呼，已經以「有
應公廟」之稱爲主，並且逐漸取代「萬善祠」。

　　有應公廟雖是現代臺灣民間對無祀祠的通稱，但此類的廟宇名稱十
分龐雜，有者源於清代之稱呼，有者於日治以後方告出現。茲將個人田
野所見配合文獻所得，分類如下：

　　1、源於萬善祠

　　有源於「萬善」或「同歸」字者，諸如善萬同歸、萬全同歸、萬德
同歸、萬善同歸墓、萬善同歸所、萬善爺、萬善公、萬善宮、萬善祠、

---

[20]　伊能嘉矩《臺灣文化志（中卷）》（東京：刀江書院，1928），頁 361～362。
[21]　曾景來《臺灣宗教と迷信陋習》（臺北：臺灣宗教研究會發行，1938），頁 98～108。

萬善廟、萬善堂等；有者取源於「萬」字者，如萬靈堂、萬靈廟、萬靈公廟、萬靈爺廟，萬恩公廟、萬人廟、萬安堂、萬壽堂、萬德堂等。有者取源於「聖公廟」，考臺灣早在康熙 30 年就置有「聖公廟」，該廟原是祀倪姓海泊總管，歿而爲神，後人稱爲「總管宮」，今則名「總趕宮」[22]，然至今臺灣有應公廟仍有名爲聖公廟或受其影響者，內祀聖公牌位，如後壁鄉下茄苳村的「三聖公」、南市四草「忠聖堂」等。有者取源於「萬」字與「聖（公）」者，如萬聖廟、萬聖堂、萬聖宮、萬聖公廟、萬聖媽廟、萬聖爺廟等。亦有源於「善」字者，如彰善廟、崇善祠、愍善堂（亭）、善慶祠等。

此類廟祠多祀死因不明者，惟亦有少數是祭祀地方分類械鬥而亡故者，既因械鬥而亡，故而不同於忠義祠與義民祠，其祠廟名稱亦不冠「忠」或「義」等字。如嘉慶 12 年後壠街的愍善堂，其建廟主因漳泉械鬥，死者四百餘人，地方人士因「不勝其可愍」，故乃建堂祀之[23]。又如竹南鎮中美里澎湖厝公墓旁，有小祠一座，額曰「善慶祠」，祠內牌位中書「中港同靈公諸位神座」，右書「道光丙戌年（6 年）建、民國廿二年秋修」，祠後有有一納骨堂。此廟即因粵籍黃文潤，將偷其小豬二隻的閩籍許神助私刑致死，而引起一連串大規模的分類械鬥而建[24]。

　　2、源於萬善祠與有應公

有取自「萬」字與「應」字之結合者，如萬應堂、萬應廟、萬應公、萬應宮等；有取自「有應」二字者，如有應公、有應公宮、有應廟、有應公廟等；有取自「應」一字者，如必應祠、靈應公廟。

　　3、源於大眾廟

有取自「大眾」二字者，如大眾廟、大眾爺、大眾公廟、大眾媽廟等；有取中自「大」字者，如大墓公廟；有源於「眾」字者，如眾善寺、眾客廟；有源「大眾」但字異音同者，如大將爺或大將爺廟，按大將廟

22　王必昌《重修臺灣縣志》，卷六〈祠宇志〉，頁 181。
　　另參《總管宮沿革志》，臺南：總趕宮管理委員會印，1981。
23　邱秀堂《臺灣北部碑文集成》（臺北市文獻委員會，1986），頁 74。
24　陳金田〈中港善慶祠的故事〉（《臺灣風物》31：01，1981），頁 62～66。

原為祀某位大將軍之祠廟，與大眾廟全然無關，此在舊志記載甚詳，如
《鳳山縣采訪冊》即錄有大將廟兩座。冊曰：

> 大將廟：祀陳大將軍，即陳元。在赤山里，縣北八里，屋二間，
> 同治八年中軍趙品修（按舊志「武功」列傳載：陳元，侯官人，
> 臺灣鎮標左營千總。臺賊朱一貴倡亂時，元同本標右營遊擊周應
> 龍率兵禦賊於南路岡山。元奮勇掩擊，賊稍退，官軍進屯赤山。
> 越日，賊悉眾來，四面圍攻，官軍身入，不清地利。元力戰，數
> 次中創，被獲，逼降，不屈死。事聞，予卹，賜祭一次，廕一子
> 以千總用，厥後居民即其地建廟祀之）。
>
> 大將廟：祀康將軍，事蹟未詳。在七老爺莊（大竹），縣西南三
> 里，屋五間，雍正十三年李元、蔡南建，同治十一年葉庚修。[25]

由上引文可知，清代臺灣所創建之大將廟，與無祀祠之大眾廟全然不
同，乃純為紀念弔祀某位將軍者，然至日治以後，或因「將」字臺語之
音同於「眾」字，故有人誤把「大眾」訛為「大將」。是以臺灣現存之
大將廟可分兩種，一為單祀某位大將者，另一則完全與大眾廟無異者，
此又不可不辨也矣。

　　4、源於千家祠

　　有源於「千家」者，如千家祠、千家廟；有取自千家之「千」字與
大眾之「眾」字而結合者，如千眾爺廟；亦有取自「千」字者，如臺南
縣後壁鄉上茄苳村位於省道旁之千安宮。

　　5、源於南壇

　　源於南壇者，有南壇、南山寺、南山府、南壇水月庵等。南、北壇
原為厲壇，後衍為停柩寄罐之大眾廟（詳見本節第四項「內容之轉化」）、
周璽《彰化縣志》載：「南壇：亦厲壇也，一名南山寺，在縣治東門外。
紳士王松等倡建，以停客柩，及本處士民之柩。[26]」根據此條資料，終
究解開筆者心中多年之疑惑。

　　緣舊志載明臺郡有南壇之設，或曰在郡治南郊；或云在大南門外，

25　盧德嘉《鳳山縣采訪冊》，丁部規制〈祠廟〉，頁 186、187。
26　周璽《彰化縣志》，卷五祀典志〈祠廟〉，頁 155。

康熙 55 年里民所建，曰大眾壇；然則所謂「郡治南郊」、「大南門外」，當指寧南坊魁斗山（俗稱鬼仔山）一帶，此處於康熙年間就置有義塚，至今仍是塚墳累累、上疊下沉、一望無際，塚山旁有一小祠，額曰「南山府」，址在今南市南區明興里新都路 4 鄰 291 號。內祀元帥，廟亭上方有匾一方，書「有求必應」，筆者當時以為是一般的有應公廟，詢之管理人蔡福吉先生，則語余此為祀元帥之祠廟，又旁立有一碑，中書有「旅櫬安之」四個大字，右書「嘉慶二十四年九月」，左書「日全人公立」。[27] 依筆者推測，「旅櫬」當是指流寓臺地之客柩，「安之」則是入土為安之意；換言之，這些棺櫬當是停寄在此處附近的南壇，故南山府當與南山寺性質相同，也就是清代南壇位置所在，而非一般的有應公廟。但從蔣元樞《重修臺郡各建築圖說》之繪圖看來，清代臺郡南壇規模頗大，至少可停寄數百具以上棺櫬，而今之南山府卻僅有數坪，蓋因年久失修、頹圮，而廟壇之地大多被居民叢葬，故今僅剩管理員住處一、二十坪許和後來重建的南山府區區數坪耳。另乾隆年間，在新南港之西端（筆者按：今嘉義新港鄉共和村頂菜園 1 號），紳民所公建南壇水月庵，雖是崇祀觀音佛祖[28]，但應與南山寺、南山府性質相同，為停寄棺柩的大眾廟。

　　6、源於無祀祠

　　　例如陰光廟、恩公廟、無嗣陰光廟、無嗣恩公廟、地府陰光廟、地府恩公廟、普渡公廟、金斗公廟、百姓公廟、祖先公廟、先靈宮、先靈公、先靈廟、威靈廟、恩德公廟、恩德媽廟、陰陽堂、陰陽宮等，此類祠廟之稱多與「陰光」、「恩（德）公」、「普渡」、「金斗」、「百姓」、「祖先」、「先靈」、「威靈」、「陰陽」等名稱有關。

　　7、源於有應媽

　　　此類祠廟有兩大特性：第一、大多冠有「媽」、「姑」、「女」、「姑娘」、

27　詳見戴文鋒〈清代臺灣的社會救濟事業〉，頁 201。又該塚山附近有萬善同通之墓碑十餘方，1642 年古塚曾振暘墓，現列為三級古蹟，為目前臺灣所發現最早的明墓。另據筆者踏勘，該處保有的清代、日治古塚亦甚多，從乾隆至昭和均有，惟康熙、雍正者尚未發現。

28　《嘉義管內采訪冊》，打貓西堡〈祠宇〉，頁 4。

「娘娘」等與女性有關之字眼，如媽靈宮、仙姑廟、仙姑娘廟、仙女廟、善姑廟、義聖娘娘廟、淑女祠、聖媽廟。第二、多屬日治以後所建者，殊少例外。

　　8、其它來源者

　　此類亦多建於日治之後，有者死於開路、有者死於車禍或其它事由，有者為犁田所見枯骨，或置於馬路邊，或立於墳區小路旁，大抵均為 5 坪下的小廟，或名感應宮、保安堂、順安公廟、永安廟、長春祠、長春廟等等。如宜蘭有多座日治或光復後所建主祀大眾爺或萬善公的祠廟，名曰保安堂、順安公廟、永安廟等[29]，殆取安靖鄉里之意。另位於臺南縣官田鄉渡仔頭的「長春廟」（北上省道邊），即為面積不到一坪的小祠，裡面供有大眾公神位，旁則配祀福德正神與仙姑神位。

　　源於無嗣祠、有應媽及其它各稱之有應公廟，多屬日治、甚至光復以後所創立。

（二）數量之轉化

　　1、規模之變小

　　有應公這種無祀祠，在一般民眾印象中大多屬於規模不大的小祠廟，的確，與媽祖廟、關帝廟、王爺廟比起來，當今有應公之祠廟罕有此種規模。不過，在提出此種論斷時，要考慮到以下幾點：第一、現今所看到的媽祖廟、關帝廟、王爺廟，由於信徒頗眾，故常不斷地翻修擴大，不但外觀富麗、氣勢宏偉，而且其規模較諸清時原貌早已擴大數倍甚或十數倍。第二、清代無祀祠殘留至今者，並不太多，今所見多為日治以後創建。第三、日治之時，尚留有部份清代無祀祠與其它各類廟宇的坪數資料，若加以彙整計算，當可揣知當時之規模。

　　曾景來於 1938 年調查有應公廟計 78 座，當中有有提到坪數者僅 4 座，由小而大分別是 2、24、34、59，平均每座坪 29.75 坪。

---

[29]　許淑娟〈蘭陽平原祭祀圈的空間組織〉（臺灣師大地理研究所碩士論文，1991），頁 157 ～160。

於日治初年成書之《新竹縣志初稿》，載錄新竹縣所有之無祀祠，對其建置年代、地點、祠廟坪數，均有詳細數字。這是一項相當珍貴的資料，因它是目前無祀祠文獻中唯一留有坪數這項資料者，曾景來之書雖是後出，但僅 4 座有坪數資料，代表性稍嫌不足。茲將志稿各無祀祠之坪數羅列如下表（表 4）：

表 4：《新竹縣志初稿》所載縣內無祀祠坪數一覽表

坪數範圍	坪數大小	座數
0.10～ 2.00坪	0.83、1.33、2.00	計3座
2.10～ 4.00坪	2.44、2.88、3.00	計3座
6.10～ 8.00坪	6.14、6.40、6.40	計3座
8.10～10.00坪	8.19、9.60	計2座
12.10～14.00坪	12.56	計1座
14.10～16.00坪	15.00、15.36	計2座
16.10～18.00坪	17.00	計1座
20.10～30.00坪	24.40、28.44	計2座
30.10～40.00坪	38.00	計1座
50.10～60.00坪	52.00	計1座
100.10～　　坪	102.40	計1座

以上計 20 座，最小者不足一坪，最大者超過百坪，平均每座坪數是 17.72 坪。茲再比對《新竹縣志初稿》裡各類廟宇中規模較大的 7 座媽祖廟（聖母廟、天后宮），坪數由小而大分別是 3.8、12、12、13、21、33、171，平均為 37.97 坪，再比對福德廟（祠）或土地廟計 20 座，其坪數由小至大分別是 0.83、0.83、0.97、1、1.1、1.4、1.5、1.55、2.4、2.8、3.2、3.52、4.6、6、8、8.67、9、12、12.3、13.22，多屬 10 坪以內之祠廟，平均每座坪數是 4.74 坪。由上列資料看來，清代臺灣的無祀祠，其規模雖不能與媽祖廟相提並論，尚不及媽祖廟一半大，但並不

屬於小祠廟，平均規模約爲福德廟之 4 倍。

或許有人會懷疑，百坪之大的無祀祠是否爲記載之誤，其實該志稿所計之廟宇坪數，爲祠廟本身建地之地坪，廟地建坪之外，該志稿也留有該祠「地基」資料，其坪數較廟宇地坪大了許多，有時是數倍或數十倍，故當有其正確性與可靠性。

除了如後來屢經增修改建的臺南市四草大眾廟等少數佔地達數百坪者外[30]，觀之現今臺灣的有應公廟，其數雖增，但規模顯然變小了，不但罕見百坪以上者，連 50 坪者亦難得一見。多數在 10 坪以下，5 坪以下者亦復不少。日治以後，在其它各類祠廟增修擴建的同時，有應公廟也就相對地淪爲更不起眼的小祠廟了。

　2、數目之增加

臺灣目前有應公廟的數量究竟有多少？這恐怕是一個難以回答的問題。不過日治以後一直到 1988 年，學者們根據調查所得，也提出了一些數據。茲將這些數據依年代先後羅列如次：

日治時期：1918 年：143 座；1930 年：86 座；1938 年：78 座。

光復之後：1960 年：46 座；1966 年：62 座；1983 年：85 座；1988 年：64 座。[31]

就上列七次的調查數據而言，平均約 81 座，不過筆者對這樣的數字深感懷疑。理由如次：第一、清末以前之無祀祠，筆者就文獻方志所載，就已彙整出 114 座，若加上日治時期、光復以後置設者，其數應當不少。第二、就筆者於高雄縣與臺南縣田野調查所得，兩縣均超過百座以上，若於全臺想必更爲可觀。第三、有應公廟有許多規模僅有數坪或不到一坪者，容易被人忽略，且其所在位置通常較偏僻，尤其是在人跡

[30]　廟內今上存有清代「四草眾客墓」、「萬善同歸」及昭和元年「四草眾客男女萬善同居」墓碑數枚，廟後則有一佔地數坪的圓形埋骨處所。

[31]　1918、1930、1960、1966 年，四次調查數據見《重修臺灣省通志》，卷三〈住民志宗教篇〉，頁 1061〜1062，1992 年，省文獻會。
　1938 年見曾景來《臺灣宗教と迷信陋習》，頁 98〜108。
　1983 年見仇德哉《臺灣之寺廟與神明》（省文獻會，1983），頁 381〜395（此數據是筆者根據該書所羅列資料統計而成，並不包括義民祠）。
　1988 年見林進源《中國神明百科寶典》（臺北：進源書局，1988）。

罕至之處，難以被人發現。第四、臺灣各級政府對宗教團體的有關資料，一向缺乏積極調查蒐羅的態度，往往是被動地接受登記，尤其是有應公廟更無法有效掌握，故實際數量與官方資料仍有很大差距。第五、若無動用大批人力，學者們之力有限，難以踏勘全臺，往往只根據前人所錄資料前往調查，故所記亦多雷同。基於以上理由，吾人認為上述數據，僅能作為參考性之資料，其真正數目有待重新評估。

《臺灣冥魂傳奇》一書的作者黃文博就曾經提到：

> 臺灣民間有這麼一句俗諺：「世間若無愚，路邊哪有有應公。」這是對臺灣民間無所不拜的一句反諷，不過這句話也說明了「有應公信仰」的兩個現象：蓬勃發展和路邊角色。這可由路邊林立的「小廟仔」得到證實，大致這類「小廟仔」除土地公祠和五營神龕外，幾乎全為「有應公廟仔」了！[32]

這段話說明了有應公廟在臺灣相當普遍，作者甚至隱約地指出除土地公廟、五營神龕外，其數量可能位居各類祠廟的第三位。1919 年（大正 8 年），身兼臺灣總督府編修官及翻譯官的丸井圭治郎，在所撰《臺灣宗教調查報告書（第一卷）》裡就提到：「臺灣民間有應公之小祠，隨處可見，其數實有數千之多。[33]」王力修於 1967 年時即曾說其數難以估計，全省規模較大者在 150 座左右[34]。另筆者曾於高縣、南縣調查，兩縣均在百座以上，據此不難想像全臺當超過一千座以上。不過這種推論，亦是估算之數，洵需耗費相當時間的至各縣市實際調查，方能加以證實。

不管其真正數量為何？現存之有應公廟有許多是在日治時期及光復後建蓋的，特別是馬路擴寬、開拓新路、整地建廠、犂田掘地或其它原因而建者，僅就現存有應公廟名稱紛雜，即不難想見；如虎尾鎮廉使

32　黃文博《臺灣冥魂傳奇》（臺北：臺原出版社，1992），頁 185。

33　丸井圭治郎《臺灣宗教調查報告書（第一卷）》，頁 4，1919 年，臺灣總督府印行。1993 年重印，臺北，幼捷出版社。

34　王力修〈談「有應公」〉（《臺灣風物》19：03、04，1969），頁 30。

路公共墓地旁的有應公廟，即為大正年間所建，專收骷骸，祀慰陰魂[35]。
而清代之無祀祠雖有部份倒塌不復建置者，如民俗學者朱鋒於 1941 年
在安平公墓南面見到一嘉慶 8 年（1803 年）所立之「萬善同歸」碑，
而康熙 53 年水師副將張國所建的萬善宮早已屋塌牆頹，朱氏因而斷定
一鯤身萬善宮最後一次續修當在嘉慶 8 年[36]。儘管如此，整體而言，可
以確定的是其總數量仍是隨時間而增加。

（三）目的之轉化：由避祟到求應

　　臺灣民眾拜拜之目的若加以分類，可分五種。（1）表敬意：如神誕。
（2）明謝恩：所求得到恩賜。（3）示謝罪：如祭城隍，戴枷鎖。（4）
為避祟：如祭厲壇或壓煞之祭拜。（5）為祈求：求風調雨順、治病求籤、
功名利祿等[37]。無祀祠本是為祭祀無祀厲鬼、無主孤魂而建立的小祠，
因人民相信孤魂能「依草附木，求食殃民」，其用意本在藉祠廟之祭祀，
使鬼有所歸，不為祟害；但演變到「有應公」廟，其祈願的性質與目的
愈見濃厚。此種轉變，從祠廟名稱亦可看得出來。如清代之無祀祠多名
「萬善」、「大眾」；而日治以後則多稱「有應」、「萬應」、「靈應」、「必
應」等，主要原因是日治以後所臺人所見到之無祀祠，都綁有「有求必
應」紅布條，或懸掛「有求必應」之匾額，或以「有」、「應」二字為楹
聯對句之開頭，或直書「有求必應」於門楣或牌位，大大降低了「萬善」、
「大眾」原本的避祟性質，轉而變為祈願求應的祠廟。

　　有應公既逐漸擺脫避祟的原始性質，轉而成為祈願求應的對象，然
信徒所求者何？其內容包括疾病早癒、六畜興望、生意興隆、賭博贏金、
子孫繁盛等，歸納言之，不外乎色、慾、財、運等較為現實之層面[38]。
特別是財運方面，一般信眾認為有應公掌偏財之運，故賭徒祭拜者頗
多，這也是為何大家樂盛行後，有應公廟反而能香火不絕、演戲酬神夜

---

[35]　巫建輝〈有應公廟〉（《臺南文化》新 3 期，1978），頁 122。

[36]　朱鋒〈古碑拾遺（二）〉（《臺灣風物》17：05，1967），頁 80。

[37]　李汝和《台灣省通志》，卷二〈人民志〉宗教篇（省文獻會，1971），頁 315～31。

[38]　曾景來《臺灣宗教と迷信陋習》，頁 108～113。

以繼日的原因。而有些賭徒常到有應公廟祈願，「晚上並到那裡睡覺，稱做『完夢』，完夢就是神明會託夢給你指示，依照指示賭博就可贏錢。[39]」

（四）內容之轉化

1、民間色彩轉濃

從第二節之統計數字看來，除名爲厲壇者外，大多屬鄉民倡建。厲壇之中，至清末尙未變成「廟」的性格，而仍保持「壇」的形制與祭祀性質者僅有恆春縣一座。《恆春縣志》載：「邑厲壇一座，在北門外壇埔。高二尺一寸，四方各二丈五尺。[40]」餘大多衍爲祠廟。既爲祠廟，則官方色彩逐漸喪失，最明顯之處有三：一是此類祠廟多由鄉里之民捐貲倡建；二是祭儀之泯而不存，不復祈唸祝文、延請道僧頌經超渡；三是祭日之改變，由每年固定參祭轉成不固定於某時日或更易例祭日。

2、祀業或祀田之失

清代無祀祠規模較大者通常會有祀業或祀田來支撐祠廟的香火、祭祀、普渡、蘭盆會等廟宇費用的開支。如光緒 3 年在新竹縣大窩莊所置設建坪達 52 坪的萬善廟，其祀田就有四反三畝十三步，年徵穀二十石[41]，以爲此廟常年費用。又如新竹縣治南門外，就有嘉慶 16 年淡防總捕分府楊廷理所勒之〈大眾廟中元祀業碑〉，碑文曰：

> ……據衿士林紹賢、……等呈稱：竊惟竹塹南門外大眾廟，創建已久，每值中元佳節，向有蘭盆勝（筆者按：筆「勝」殆爲「盛」字之誤）會，以祀孤魂，近因捐題維艱，廢而莫舉。賢等用足（按：「是」字之誤？）捐銀玖百參拾員，買遇（按：「遇」當爲「過」之誤）潘文助北庄崙仔尾水田四甲七分，帶園四坵，并曆五間，……充入大眾廟，付首事輪流掌管，瞨佃耕種，按年收租。……以爲中元祀孤用費，洵屬善舉，堪嘉合行給示勒石。爲此，示仰

39　林明義《臺灣冠婚葬祭家禮全書》（臺北：武陵出版社，1987），頁 209。

40　屠繼善《恆春縣志》，卷十一〈祠廟〉，頁 220。

41　諸　家《新竹縣志初稿》，卷三〈典禮志〉，頁 120。

閤屬諸邑人等知悉。……首事按年輪常，毋許田鄰侵佔，亦不許廟祝私侵用、盜典、盜賣。

倘敢故違，定行嚴拏治罪，各宜凜遵，毋違！特示。[42]

又宜蘭縣四結莊（今詩結）亦有一光緒 7 年所泐之〈萬善祠碑〉，碑云：

僉立四結庄萬善祠公地，恐因此界外田□地□處中有許多無主孤墳，坍□骸骨，□□□□，拾玖份祠人目擊心傷，乃為撿拾藏埋，塚南建一萬善堂，□□□□□□昔，恐歲時祭祀之（筆者按：「之」殆為「乏」字之誤也）資，乃于塚東偏留公地□段，原甲捌分零，□□租公益祭費，茲日久佃地被混挾租瞞，減少□□，費不足，眾各祭□□□，請丈手將此□□統，尤（筆者按：「尤」殆為「猶」字之誤）剩壹甲壹分四厘零，東至大溝福德祠黃家田，西至萬德祠并塚，南至塚，北至林隆□□，四至築□□□□□界，換□□□加租十九石，合舊額十七石，年共租□貳拾陸石，八□□□□□□□□，十九份祠□（按：□當為「人」字）輪流辦理，分府僉議□如斯，合泐石□□，以垂永久。此照。[43]

四結萬善祠原留有「公地」一甲八分，以其收租所得作爲該廟歲時祭祀費用，後竟被混佔侵挾，請丈手丈量後，僅存一甲一分餘，故泐石爲據，將四至所在泐於碑中，以防無賴之徒再度借故混佔。可見清代臺灣較具規模的萬善祠，均有善心衿士購田置業，按年將公地收租所得作爲該祠祭祀及經常性的費用，以確保香火不斷，祀業不絕。但時至今日，有應公廟有所謂祀田者幾已不存，洵可爲浩歎也歟！

　3、神像之普及

　據筆者田野調查所見，目前臺灣民間的有應公廟大抵可分三種類型，筆者分別將之稱爲原型、神位（牌位）型、神像型。第一種：廟宇神桌後之牆壁上襄著一枚墓碑，上書刻「萬善同歸」、「萬善同歸墓」、「萬善同歸所」、「同歸所」之字樣，此種可稱爲原型。第二種：沒有墓碑，

---

[42]　邱秀堂《臺灣北部碑文集成》（臺北市文獻委員會印行，1986），頁 10。
[43]　邱秀堂《臺灣北部碑文集成》，頁 188。

但神桌上供有「萬善爺」、「萬善公」、「萬善同歸」、「大眾爺」、「有應諸公」、「有應公」、「萬聖公」、「恩德公」、「金斗公」等字樣之木主神位，此種可稱神位或牌位型。第三種：不但有神位（牌位），且還供奉著萬善爺、大眾爺、千眾爺之神像，有者非塑像，而是直接彩繪於供桌後方牆壁，例如雲林縣虎尾鎮惠來厝的有應公廟即是[44]，而且每座造形相異，此類可稱神像型。神像型之廟祠大多有其不同的神誕或例祭日，有時旁側還會配祀福德正神、觀世音、城隍、文判、武判[45]等神像。

　　4、祭日之改變

　　厲壇祭日在每年的清明、中元、十月一日固定舉行三次，後來已廢而不舉，至衍為萬善廟時有者仍遵巡古制，依時祭祀，有者端看信眾之多寡有無而定，其實清明祭祖「拔墓」（客家人稱「掛紙」）與中元「普渡」孤魂野鬼的習俗由來已久，故無祀祠以此為祭拜之時日不難理解。但有神像產生之後，則祭日頗為分歧，所祀「神明」雖一，然每座廟宇神誕、例祭日竟然各異，如嘉義縣新港鄉安和村的萬應公祠，其祀日為4月14日，故每年此日都會依例舉行大拜拜[46]；又如嘉義民雄鄉有座大眾廟，該廟每年農曆6月29日舉行祭典，相傳即因乙未割臺，劉永福部屬劉連源統領，曾與日軍大戰於彰化，後因不敵，剩下三十六人退至民雄，終至全部殉難。其屍後由民雄街長劉廷輝收埋，並建廟祭祀，義士殉日的6月29日即成為該廟例祭日[47]。

　　這種祀日不定之現象，廖漢臣早即於1967年為文提出，其文曰：「現在各地的有應公廟，多沒有定例舉行祭典，這是各地的有應公，不但不明姓名，就是生死年月，也不明瞭，所以沒有舉行。但是大眾廟及義民廟，雖然各地不同，多有舉行祭典，而且非常盛大。如每年農曆五月初二日的新莊大眾爺廟的祭典及七月二十日的新埔鎮義民廟的祭典，都很有名，尤其後者規模之大，堪稱冠絕全省。每年祭日，都要宰殺七、八

---

[44]　林衡道《臺灣夜譚》（臺北：眾文圖書，1989），頁176。

[45]　文判、武判應是受到城隍廟的影響，蓋厲壇之祭須迎城隍為主神置於壇上，設無祀鬼神於壇下，有應公源於祭厲之故習於此又一明證也。

[46]　黃文博《臺灣冥魂傳奇》，頁186。

[47]　呂宏隆〈大眾廟〉（《臺南文化》新3期，1978），頁123。

百頭大豬，一萬多隻雞鴨，……自十八日入壇，十九日放水燈，二十日
普度，三日之間，從各地跑來參拜的信徒，至少有三萬人。[48]」這是以
七月為祭的例子。

其它祭日尚多，如2月15日、3月3日、5月5日、7月3日、7
月7日、7月12日、7月14日、7月15日、7月20日、7月25日、7
月29日、11月12日、12月30日等等[49]，不過大多集中於鬼月（七月）。
除近清明的祭日外，有者與建廟或埋瘞枯骨之時日不同有關，有者其例
祭日則是經神明「指示」後增設的，例如臺南縣後壁鄉下茄苳村有兩座
有應公廟，一是三聖公廟，一是大眾廟（本為日治時期之火葬場，時當
地居民經常於地上看到頭顱殘骨），前者之「神明生」是11月5日，後
者為3月2日，均因當地居民覺得地方不淨、身體欠安，而加以建廟祭
祀者，兩廟之神明生則是透過乩童向當地媽祖廟請示之後而得到的，另
上茄苳村的千眾爺廟（日治時稱「感應公」）的神明生是8月13日，亦
是如此[50]。

5、停寄骸罐之習漸泯

查清代臺灣厲壇原為祭厲之壇，南壇、北壇亦同，與停放棺柩的殯
舍本就不同；然臺灣偏處海隅，運柩困難，有者則惑於風水而停柩不葬，
故至後來漸而衍為寄櫬之所。唐贊袞《臺陽見聞錄》稱：「臺灣古稱荒
服，地土鬆惡，其客死無依者，累累相望，舊棺槥率寄頓廟宇。[51]」其
所謂廟宇，實指厲壇或南北壇之類的廟壇。蔣元樞〈建設南壇義塚並殯
舍圖說〉云：「查臺郡有南北二壇，俱為寄櫬之所。南壇在郡治之南郊，
北壇在北門外。臺郡習俗惑於風水，每多停棺不葬；又流寓而死者，或
不能運柩還鄉，或無人為營窀穸，皆寄柩於二壇。土著家，每有貧不能
葬，或圖吉壤，均致淹擱於此。[52]」此種寄櫬之習至道光時仍然存在，
所不同者為原停寄棺柩屍骸，後衍成置放瓦罐（金斗甕）骷骨，故清代

48　廖漢臣〈有應公〉（《臺灣風物》17：02，1967），頁20。
49　曾景來《臺灣宗教と迷信陋習》，頁98～108。
50　筆者採訪當地居民77歲（1919年生）婦人葉黃桃所得。
51　唐贊袞《臺陽見聞錄》，卷下〈風俗〉，頁144。
52　蔣元樞《重修臺郡各建築圖說》，頁69。

中晚期仍有少數埋枯骨祀孤魂的大眾廟，被居民用來置放罐骨。例如道光16年淡水廳同知玉庚所題〈義塚碑〉即云：

> 予去冬奉檄渡臺，分防竹塹，訪諸父老，即稔南關外大眾寺，每於秋間有普度之舉，近日公餘稍暇，詢其巔末，始悉二十餘年以來，遠近民人寄停骸罐，竟積三百餘具之多，其間罐破骨殘者有之，頭顱暴露者有之，或男、或女；為夭、為壽。生前居處室家，各安其所；歿後飄零流落，環集於斯。[53]

碑文所提之南關外大眾寺，即為嘉慶21年（1816）於新竹縣治南門外巡司埔的大眾廟[54]。後玉庚限居民於三個月內，將骨罐領回，餘則於巡司埔義塚之西，再規劃義塚一處，名曰中塚，利民葬瘞。

今之有應公廟雖多「前廟後塚」者，但寄放棺罐之習似已漸泯，除了少數之外已難得一見，如位於南市民族路小巷內祀典武廟側門旁有座面積不及1坪的小祠，稱為「有應廣眾祠」，其內至今仍置有4個金斗甕，可視為一異數。細思略得數因：一、規模甚小，不似南壇，故難停柩。二、所謂貧無以葬、單身流寓而無後者漸少，故身歿後有親人善其後。三、清代臺民有停柩寄櫬於廟壇，以待「太平船」運送回廈門，由內地親屬認領之習[55]；清末此習亦泯。四、有應公廟已衍為求應性質，擺置罐骨，既礙觀瞻，又易使信徒驅之不前。

四、與有應公源異質似之信仰

臺灣民間與有應公廟信仰性質相近者尚包括：（一）忠義祠、（二）義民祠、（三）大將爺、（四）將軍祠、（五）水流公、（六）大樹公、（七）石頭公等，但是這些祠廟都不能將之歸為有應公廟，原因容待後述。

（一）忠義祠

53　諸　家《新竹縣采訪冊》卷五〈碑碣〉，頁211～212。
54　諸　家《新竹縣志初稿》，卷三典禮志〈祠祀〉，頁112。
55　參戴文鋒〈清代臺灣的社會救濟事業〉，頁194～201。

關於忠義祠的性質，謝金鑾《續修臺灣縣志》有如下之述：

> 昭忠祠：在（按：寧南坊郡學宮南面）功臣祠側。嘉慶七年奉諭
> 旨：各直省一體建昭忠祠，祀諸陣亡者。官員正面，兵丁旁列，
> 以五十人為一牌。[56]

故忠義祠與有應公廟最大之不同處有四：一、主要祀拜的對象不同，前者是官弁兵丁，後者為無祀鬼厲枯骨遺骸。二、死因不同，前者多死於戡亂、「撫」「番」陣亡者，後者則死因複雜，且多不可考。三、地點不同，前者大多不在塚山，後者則多在塚埔或埋骨處。四、倡建者不同，前者多為官方置設，後者多為民間捐貲。至其名稱，多稱忠義孝悌祠、忠烈廟、忠烈祠、五忠祠、昭忠祠等。茲將清代所設忠義祠依名稱、年代、地點、主祀對象、資料出處列舉於下（表5），以供參考。

表5：清代臺灣忠義祠設置一覽表

名稱	年代	地點	主祀對象	資料出處
忠義祠	雍正元年	臺灣縣	總兵歐陽凱等12人	重修臺灣府志頁185
忠義孝悌祠	雍正元年	臺灣縣	總兵歐陽凱等12人	重修臺灣府志頁263
忠義孝悌祠	雍正元年	鳳山縣	守備馬定國等人	重修臺灣府志頁264
忠義孝悌祠	雍正元年	諸羅縣	參將羅萬倉等人	重修臺灣府志頁265
忠烈廟	乾隆25年	諸羅縣	參將羅萬倉等人（知縣李俵重建）	續修臺灣府志頁649
忠烈祠	道光2年	彰化縣內大西門街	林、陳、蔡三逆殉難文武官兵民等587人（知縣吳性誠建）	彰化縣志頁155～156；新建忠烈祠碑記，中部古碑文集成頁60。
昭忠祠	道光元年	寧南坊之南功臣祠側	朱案、林案、蔡案戰死官兵2,300人	續修臺灣縣志頁68

[56]　謝金鑾《續修臺灣縣志》，卷二政志〈壇廟〉，頁68。

昭忠祠	道光9年	縣治學宮左畔	主祀北路副將盧植等，將旁祀義勇番勇（知縣李慎彝建）。	新竹縣志初稿頁110～111
昭忠祠	道光27年	縣治西門內	義勇、番勇	新竹縣志初稿頁110～111
昭忠祠	光緒元年	鳳山北門外	提督王德成暨開山死亡官兵	北部碑文集成頁122
淮軍昭忠祠	光緒2年	武洛塘山麓	淮軍（提督軍門唐定奎建）	鳳山縣采訪冊頁189
昭忠祠	光緒7年	埤南寶桑莊	提舉銜後補通判辦理營務湯承等官	臺東州采訪冊頁47
昭忠祠	光緒14年	雲林縣城西南	張丙案殉難官員兵丁	雲林縣采訪冊頁16～18
五忠祠	雍正5年	安平鎮水師協署之左	水師副將許雲等5人	續修臺灣縣志頁67；又見重建安平昭忠祠碑記，南門碑林於圖志頁114。

（二）義民祠

　　臺地義民，起於康熙末年朱一貴事件，時南路粵民倡義從官，此義民之濫觴也，至林爽文案，陣亡義民列爲祀典、明旨優恤，臻於極盛。然則何謂「義民」？謝金鑾《續修臺灣縣志》云：「義民者，以旗得名，古所謂義旗者是也。勇而爲賊所懼者，其旗著。當太守（按：指楊廷理）時，有五色旗之義民焉。……白甲旗者，其民著白布背心以爲號，賊憚之。[57]」足見身爲義民均領有義民旗，以該旗爲誌，若該旗戰鬥力強，則匪盜必懼。又沈茂蔭《苗栗縣志》曰：「夫義民，即古所稱募兵也。其人尚氣概、先勇力，遇險輒操蜂旗爲士卒倡，先登陷陣，故所向皆有功。又深明大義，……官兵千百，瞠乎後矣。……雖無位曰民，然民以義稱，而千載下懍懍有生氣矣！」可見「無位之民」與「有位之官弁」

若能「卻強梁、固疆圉」，皆可稱「義」[58]，惟所祀之祠不同耳！

　　義民祠與有應公廟最大之不同處亦有四：一、主要祀拜的對象不同，前者多屬義民，尤以粵民居多。二、死因不同，前者多死於助官戡亂或自保自衛陣亡者，故被祀者多有義首、義民之稱。三、地點不同，前者有在塚山、有不居塚山者，後者則多在塚埔或埋骨處。四、倡建者不同，前者有為官方置設、有為鄉民捐設，後者多為民間捐貲。故其性質，與其說與有應公廟相近，毋寧說是與忠義祠雷同。蓋兩者名稱多寓有「忠義昭彰」、「褒其忠義」、「旌其義舉」等意。因之，清代文獻將無祀祠與義民祠分得十分清楚。就名稱言，清代多稱義民祠、旌義亭、旌義祠、褒忠廟、忠義亭等。茲列舉數例於下（表6），以知其概：

表6：清代臺灣義民祠設置一覽表

名稱	年代	地點	倡建者	主祀對象	資料出處
義民祠	乾隆50年	北門外牛里社社寮岡莊	謝鳳藩	粵之陣亡義民	苗栗縣志頁161
旌義亭	乾隆52年	雲林縣北港	鄉民	林爽文亂事死者108人	雲林縣采訪冊頁49
旌義祠	乾隆53年	臺灣縣鎮北坊禾寮港街	知府楊廷理	林爽文之亂義首鄭其仁等246人	續修臺灣縣志頁72，又見重建義民祠碑記、重建旌義祠碑記，南門碑林圖志頁56～59。
褒忠廟	乾隆53年	新埔堡枋寮莊	林先昆	粵民陣亡義民	新竹縣志初稿頁115
褒忠亭	乾隆56年	桃園蘆竹鄉南崁村	總理宋廷龍	義民	北部碑文集成頁105
義祠亭	同治11年	屏東	里民	戴潮春亂事義民	義祠亭碑記，南部碑文集成頁344。

　　現今臺灣民間諸義民廟中，香火最鼎盛，建築最宏偉的，當屬新埔

---

[58]　沈茂蔭《苗栗縣志》，卷十四〈列傳〉，頁220。

堡（今新竹縣新埔鎮）之枋寮褒忠廟[59]。該廟由里民林先昆等於乾隆 53
年置設，初設時廟宇建坪即有 76.25 坪的規模，內尚有同治年間巡撫徐
宗幹所賜「同心報國」之匾額，與光緒時巡撫劉銘傳所賞給「赴義捐軀」
之匾[60]。

　　值得一提的是，並非所有的義民祠均有史志可考，如光緒 11 年新
竹縣頭分街的忠義亭即是一例，《新竹縣志初稿》卷三典禮志〈祠祀〉
頁 121，對該祠除建置年代、地點外，餘如被祀者之事蹟、倡設者何人，
均隻字未題。類此之例者尚多，有衙役捕盜因公殉職者，如南投縣竹山
鎮「聖義廟」，所祀「紅旗公」蘇阿乖即為衙門捕快，故其神像作手持
火銃狀[61]，亦有因防禦盜匪入侵之捐助者或遭難者。此類事蹟或泯而不
彰，然鄉里之民或善心之士為強調其「忠行義舉」、「護鄉安民」、「保境
安民」事蹟，或表「永歸義民」之心，亦多建祠祀之。例如屏東縣竹田
鄉西勢村之「忠義廟」，內有同治 8 年所泐之〈忠義亭碑〉、12 年〈重
修忠義亭樂助緣碑〉，碑文如下：

> 為議約立碑石，永敦合好。六堆總、副理曾光祖、鍾樹齡、鍾召
> 棠暨等建設大醮，有八老爺莊莊耆柯積善、楊媽願、賴全復暨眾
> 等，幫費醮緣，恭入義民，永結同心。倘日後賊匪擾亂，亦不得
> 反悔，藉端致擾滋事。四十份莊紀淵源，兩次修宮，共題銀一百
> 八十大員，眾議永歸義民。倘有地方擾攘，依照粵籍舊規題派，
> 不得另行私索。合立石碑為據。[62]

斯二碑文內容十分重要，因為該廟亭所祀「義民」原為「助官平亂」忠
義之士，其後所衍出的意思則為更廣泛而消極，凡鄉里有盜匪擾亂，不
藉機滋事者，及能依照粵籍舊規攤派者，均可永為義民。甚至亦有稱曰
義民，而好行「不義」之舉者。《鳳山縣采訪冊》即云：

> 粵匪李受等假義民名目，攻毀閩莊，……輒敢教眾冒充義民，不

59　姜義鎮《臺灣的民間信仰》（臺北：武陵出版社，1985），頁 27。

60　諸　家《新竹縣志初稿》，卷三〈典禮志〉，頁 115。

61　黃文博《臺灣冥魂傳奇》，頁 187。

62　黃典權《臺灣南部碑文集成》，頁 700、704。

問奸良，肆行焚搶。

該粵人……乃竟懷挾私嫌，擅攻閩莊，焚搶虜殺，不分良莠，村社悉成焦土，財物被掠一空，難民無家可歸，流離失所，因而被水衝斃、逃難死亡者，不可勝計。居心殘忍，莫此為甚！嗣因本縣會營督帶兵勇順途勦辦逆匪，克復陂城，並以閩莊難民因粵堆未撤，不敢歸莊，當蒙道、府憲諭飭撤堆，並經本縣會營節次出示，諭令遵照各安生業，毋許擅出滋事，不啻三令五申。該總理等利令智昏，置若罔聞，甚至糾集匪徒，復出攻搶，連殺斃命。四處雖因克復平靜，奈粵人尚四處伏殺閩人。[63]

以上所引三則，均係粵莊「義民」殺掠攻搶閩莊之案，一次在道光12年，兩次於咸豐3年。故采訪者盧德嘉慨云：「緣此次采訪，每詢及粵莊義民，無不切齒痛罵，謂其名為義民，而實則甚於賊。」（同前註）足見所謂義民者，實亦臧否不一。因此，臺灣民間有很多祀「義民」的忠義公、忠勇公、義勇公、集義亭、義靈廟、恩烈公、護安宮、護安祠、保安祠、保安宮、武靈廟、懷忠祠、褒雄宮、義神廟、義士廟等祠廟，究其所祀義民，助官平亂而罹難者有之，抗盜禦匪而喪身者有之，功在助款捐輸而安靖鄉里者有之，循私挾嫌報復、藉機虜殺搶掠而亡者亦有之，洵不得與有應公廟者混為一談，或歸類於有應公廟者。其實，二者最大之差別在於，前者所祀不外乎是為助官平亂的義民，或防禦盜匪身亡的義勇之士，兼贊捐輸有功之義民；而有應公多為死因未明或刑場受刑處斬之鬼魂。

（三）大將爺

見第三節有關「名稱之轉化」一段，此不贅述。

（四）將軍廟

將軍廟可分二種：一種是冠有某武官之姓氏者，如《續修臺灣縣志》

---

[63]　盧德嘉《鳳山縣采訪冊》，庚部列傳〈義民〉，頁274～276。

所錄之「吳將軍祠」與「游將軍祠」：志曰：「吳將軍祠：在東方坊，祀太子少保威略將軍福建水師提督吳英。欽賜御書匾額『作萬人敵』，又對聯：『但使虎貔常赫濯，不教山海有煙塵。』摹懸祠中，祠後有樓曰『仰止樓』。乾隆五十三年，知府楊廷理修。將軍本泉州人，其子孫有來臺者，居於此祠，改其額曰『吳氏家廟』。今殿宇傾圮，已就廢。」「游將軍祠：在小北門厲壇後，祀水師左營遊擊游崇功。乾隆十五年，知縣魯鼎梅修。[64]」另一種則不冠其姓氏，而直稱爲「將軍廟」、「軍大王廟」，其所祀將軍爲何人？其事蹟爲何？均未有可考。如《重修臺灣縣志》云：「將軍廟：在澎湖將軍澳。神之姓名、事蹟無考。舊有此廟，因以名澳。豈隋開皇中，遣虎賁陳稜略地至此，因祀之歟？[65]」又如日治後（1898 年）林百川、林學源等撰《樹杞林志》，典禮志〈祠廟〉頁66，僅有「軍大王廟：在埔尾。」寥寥數字，餘皆不詳。

此類廟祠既不同於忠義祠，因其爲獨祀某將軍之廟；更不同於有應公廟，因其所祀爲武將，而非死因未明的眾骨孤魂。

（五）水流公

臺灣民間有一種比較罕見的小廟，稱爲「水流公廟」，此即祭祀溺斃之亡魂，俗曰「水鬼」，一般多立於橋畔、溪流旁、湖泊水池附近。普渡時所行之「放水燈」，即是招請水鬼而爲其超渡之祭儀。建祠以慰祭溺斃亡魂者，考之清代舊志，僅有一座，爲道光 27（1847）年里人林占梅所置之「寄靈庵」，址在新竹縣舊港莊舊社，〈新建寄靈庵碑記〉云：

> 臺地水道多□（按：「湍」乎？），流性且急，淘湧奔騰。而深而曲者惟溪，溪之患惟尤著者，惟舊社庄之金門厝，蓋以咫尺海濱也，一雨，甫經即有傾倒黃河之勢，渡者苦之。年時溺而盡命者，固多；每歲七月中旬，更甚。全舟覆沒，聞者心寒，余則徒抱杞

64　謝金鑾《續修臺灣縣志》，卷二政志〈壇廟〉，頁 66～67。
65　王必昌《重修臺灣縣志》，卷六〈祠宇志〉，頁 182。

憂，苦無禹術。第念幽靈飄泊，祗共冰夷，梓誼攸關，終湮澤國，未免思之益悲，故時時在懷抱也。丁未下，洪君□得知余意，以溪頭屬□之地數弓，邀余作小庵，為眾靈依託之所，即顏其名曰寄靈。謂人生無非寄耳天地，寄於山川，寄於蘧廬逆旅，寄之為義，包括無遺。□者何獨不然，然慮諸靈之無所寄也，故特營此庵以寄之。其地乾山巽向，水抱山環，占之宜甚，爰鳩工庀材以從事。庵內設冥漠諸君□坐廂數椽，為歲時祭祀者居處，前拜亭一藉，為待渡者小憩之地，且可避風雨、息塵勞、納涼蔭而遠炎燠也。噫！余此舉固不足重，而□□不作，波臣過客，得免露處者與（按：通「歟」字），洪君亦甚慰焉。告成之後諸靈，其靈亦當佑我里閭、穀我士女，凡庵之左近居者，其食福正靡窮也。嗣即于七月普度之時，遣人致祭，永不廢遂。為文以記之。[66]

該廟現今尚存，位於新竹市湳雅街上。南市今尚存有「水流城隍公祠」一座，主祀水流公，址在西區西門路二段 74 巷巷口（昔為三巷）。高雄縣、臺南縣亦各有多座。另有謂水流媽、漂流媽者，亦屬此類。其實與水流公祀源相同者尚多，姑舉數例說明之。

1、三十人公

位在澎湖縣白沙鄉後寮村。仇德哉《臺灣之寺廟與神明》引《白沙鄉志》謂：「明天啓二年七月，荷軍侵媽宮，時汛兵已撤離，荷軍於風櫃尾登陸，居民為保衛鄉邦，計有三十六人組團抵禦，並駕舟擊敵，終因眾寡懸殊，全被荷軍所殺，將其頭顱拋擲於海，時值南風，首級分流海岸，東處為六，西處為三十，……村人以三十人塚前建廟祀之，初稱三十人公，今稱南浦（按：今作「埔」）廟。」[67]另外，位在白沙鄉中屯的「十二客公廟」，所祀十二客公為清代因颱風而遭船難的十二名貿易商，亦屬此類。

2、鎮海宮

臺南市北汕尾南部四草地區有一座「鎮海宮」，乃嘉慶 6 年所建，

66　邱秀堂《臺灣北部碑文集成》，頁 97。
67　仇德哉《臺灣之寺廟與神明》，頁 397。

主祀孤魂大眾爺[68]。其所祀之眾孤魂即為死於海難身故者也。今該廟內奉有「鎮海城隍」神像。

3、十八王公：臺北縣三芝鄉之十八王公廟亦屬水流公信仰。

4、漁寮公

筆者在鹽水鎮發現一小祠，名曰「漁寮公」，內供有漁寮公牌位，殆與水流公同源者也。

5、游水將軍廟

在南市往四草砲臺及四草大眾廟的途中，臨近一大片水塭之小路，立有一座小祠，名曰「游水將軍廟」，內供奉書有「游水將軍祿位」之牌位。

水流公與有應公兩者性質相當接近，廣義而言，水流公即是有應公信仰的一種，故將之歸為有應公廟亦無不可。兩者之同，所祀均無主孤魂；兩者之異，一為淹沒於滄冥之水鬼，一為死因未明之鬼魂。

（六）樹王公

目前臺灣的樹王公的型制可分三種，茲將之暫稱為原型（樹神型）、神位型（廟宇型）、神像型。第一種，在大樹之下設一供桌，供信士參拜者，可稱原型。有者還會於樹身周圍綁上「有求必應」或「八仙彩」紅布，或於樹下立一幾尺高的小祠。第二種，於大樹附近蓋一佔地數坪或十數坪的廟宇，廟內供著某某樹公之神位，如「鳥松公祿位」、「榕神公神位」等，可稱神位型。第三種，在樹旁廟裏供奉某某大帝、某樹將軍、樹德尊王等神像，可稱神像型。此類多穿鑿附會，為數亦較少。筆者在臺南縣山上鄉即發現一座名為「開靈宮」的廟宇，廟旁有古樹一株，內祀有「樹德尊王」之神像，廟牆懸掛一牌匾，書記「樹德尊王」（又稱樹王公）的豐功偉蹟，觀其所述略曰：「樹德尊王生前名杜冠明，江南鎮江人，漢平帝時居官提督，王莽篡漢，杜將軍忠臣不事二主，欲圖待機復漢，故為新莽追殺，至知大勢已去，為免被捕受辱，乃於古樹之

---

[68]　石萬壽〈臺南市寺廟的建置──臺南市寺廟研究之一〉，《臺南文化》新 11 期，1981。

下自盡身亡，是夜該樹散發光影，眾人認爲此乃杜將軍神靈附樹所致也，病者每至樹前膜拜祭祀得癒。」類此所云，多屬繪聲繪影、穿鑿臆造之詞矣！臺灣民間信仰，無奇不有，穿鑿附會，扭曲變形，竟至於斯矣！

臺灣民間亦有父母會攜其幼兒來祭拜樹王公，而拜「祂」當其「契子」者。例如奉祀榕樹（臺語音「青仔」、「松仔」）神的西港「樹王宮」，每年農曆十月十三至十六日，即是祂的「聖誕」，轄境有許多新生兒的人家，都會帶其子女前來拜契，榕樹四周掛滿了新舊契子的衣服，煞是壯觀[69]。

若問臺灣目前樹王公崇拜究有幾處，筆者僅能用「恐難盡數」一語回答。然巨樹信仰亦非空穴來風，吳子光《臺灣紀事》述其源曰：「坪頂山有古榕五株萎死。山距貓裏五里。樹之植不知幾何年，蔭可數畝許。輪囷磥砢，遠望童童（按：殆「幢幢」之誤也。）若車蓋，相傳樹有神靈憑焉，理或然也。其側立草舍數椽，用枝柯代陶瓦，茂密堪蔽風日。鬻糧食者，依止其間。地故當通衢，往來行旅相續不絕於道，皆賴綠蔭以爲納涼之所。故國喬木，使遇錢婆留，必錫（按：同「賜」字）以『錦樹將軍』之號無疑也。[70]」此文說明了樹之所以能巨，即民間相傳（相信）「有神靈憑」藉也；再則，巨樹其年雖不知凡幾，但蔭可數畝，供往來行旅納涼歇憩、免於炎炙之苦，人民認爲其功堪與護國佑民之「將軍」等同，故亦敬祀之。

（七）石頭公

石頭公民間又稱爲石佛公、石聖公、石（府）將軍、大伯公等，民俗學者劉還月認爲：「臺灣地區有許多石頭公的崇拜，一般而言都不論性別，唯獨在苗栗市，祭祀的卻是石母娘娘。[71]」這句話後半部可能尚值商榷。因除了位在苗栗市北苗里中興莊，配祀在營盤福德祠旁的石母

69　黃文博《臺灣風土傳奇》（臺北，臺原出版社，1989），頁137。
70　吳子光《臺灣紀事》，卷一〈紀臺地怪異〉，頁23～24。
71　劉還月《臺灣歲時小百科》（臺北，臺原出版社，1989），頁345。

娘娘，與苗栗市嘉盛里義民街二巷的石爺石母祠外，據筆者所知，至少尚有數座石母的祀祠。當中規模最大者爲高雄縣美濃鎭之「石宮母」（即石母宮），路旁標示牌尚有「國太一品夫人石母宮」等字，該廟佔地數十坪，爲兩層之建築，廟裡有巨石數顆，較大者有兩顆，均凸露到廟裡第二樓地面上。神桌上供一女神像，楹柱對聯一則分別以「石」、「母」爲開頭，一則以「田」、「川」爲開頭，中有「妙養嬰兒」的巨匾一方，據筆者推測，此廟既祀鄭成功之母田川氏，又祀石母娘娘，可能是居民認爲這些巨石「石母」即爲鄭母田川氏化身也所致？

　　石頭公、石頭母（通稱石母）的祠廟，一般均屬小祠。除了一般祈願外，和樹王公一樣，民衆亦有以「祂們」爲「契父」、「契母」者。然臺人石頭公信仰究起源何時？林衡道認爲是原始時代巨石文化的遺留渣滓[72]。姑不論此種說法爲確與否，考之文獻，清代已有石頭公信仰的記載。屠繼善《恆春縣志》載：

> 石頭公，在車城海口，危然特立，高數十尺，望如人形。鄉人之有不豫者，禱之即痊；又無一索之占者，祈之可得。故每年春秋佳日，士女往叩者，相望於道。旁有小廟一橡，顏曰「石頭公廟」。[73]

上述記載，雖未提及臺民以石頭「神」作爲「契父母」之信俗，僅說病者禱之則癒，然則卻透露如下數項訊息：第一、臺民建蓋小祠、祭拜巨石之俗，至慢應不遲於清末。第二、石頭公之爲民所祀，正由於它（祂）本身的巨大，故與供奉著上刻有「南無阿彌陀佛」小圓石，而立於路旁的小祠者全然不同，蓋此類小祠之產生通常與該路段經常發生車禍事故有關，是以居民藉以用來驅邪鎭煞也。另與石人、翁仲、石敢當，亦全然無關。第三、此文反映出清代臺民「病不信醫而信巫」[74]，「凡有疾病，

---

[72]　林衡道《臺灣夜譚》，頁112。

[73]　屠繼善《恆春縣志》，卷二十二〈雜志〉，頁301～302。

[74]　丁紹儀《東瀛識略》，卷三〈習俗〉，頁35。另成書較早的周鍾瑄《諸羅縣志》，卷八〈風俗志〉，頁147～148；及王必昌《重修臺灣縣志》，卷十二〈風土志〉，頁402，均有類似的記載。

不問醫藥，只求神問卜而已」[75]之實情，石頭公信俗或可從此窺之一二也。

以上所述各類信仰固與有應公異源，然則水流公與有應公之性質最為接近，義民祠次之。餘則如樹王公、石頭公與有應公之源，全然無涉，卻名為「公」、「母」而崇信者，此殆將自然界的巨樹、巨石「靈」化也。緣臺人謂拜去世祖先之靈為「拜公媽」，故稱其質似，所似者「靈」一字之崇信耳。

五、結語

研究臺灣民間信仰或民俗學者，多將有應公廟歸納為雜神或雜祠，如吳瀛濤就認為雜神包括被用作祈願邪惡者、守護寺廟境內者、鬼魂之論者，如王爺、虎爺、大眾爺、有應公、水流公、地基主、萬善同歸等[76]。所謂雜祠，蔡相煇認為臺灣地區主要包括兩大類：一為不符祭法、祭義者，即古所稱之淫祠，此類祠祀「沒有」特定對象與範圍，地方官得以取締拆毀，如各地之大眾爺、義民爺等無祀孤魂祠；一為「毫無根源」之大樹、石頭等祠祀[77]。日本學者丸井圭治郎亦將之稱為淫祠，而「淫祠」一詞寓有貶意，隱含淫亂不正（陰神）、低級不入流之意，即祀拜者多為賭徒、小偷、無正當職業者之祠廟[78]。

事實上，清代臺灣地方官並未將之視為淫祠，緣無祀祠本源於厲祭之故習與義塚之普設，故亦得到官方之鼓倡，且方志與其它文獻多將之歸為「典禮志」、「祠祀志」，或屬「祠廟」、「廟壇」等條，其祠名稱則有「厲壇」、「萬善祠（宮、廟、堂）」、「大眾廟（壇）」、「千家祠」、「無祀壇祠）」等，而與各類祠宇並列；若從其源流來看，以「雜神」、「雜祠」一詞來統稱有應公廟實不恰當，況且大樹、石頭等祠祀更非毫無根

---

[75] 胡建偉《澎湖紀略》，卷之七〈風俗紀〉，頁148。

[76] 吳瀛濤《臺灣民俗》（臺北，眾文圖書公司，1990），頁49～50。

[77] 蔡相煇《臺灣的祠祀與宗教》（臺北，臺原出版社，1989），頁158。

[78] 丸井圭治郎《臺灣宗教調查報告書（第一卷）》，頁4。

源。日人「淫祠」之稱雖亦屬不明其源的說法，卻亦反映出日治時期此
類無祀祠的性質轉變情形與信眾的「求應」之普遍心態。換言之，清代
名為萬善廟等稱之無祀祠，發展到日治時代有應公廟時，無論是居民對
它的稱呼，抑或數量、規模，還是祭祀內容與目的，均發生重大的轉化；
特別是祭拜目的之世俗化與現實化。胡台麗就指出，在臺灣所風行的「大
家樂」、「六合彩」賭戲的熱潮中，路邊的有應公小祠正是「樂迷」心目
中求「明牌」的主要對象之一[79]。足見至今此種轉化之影響依然持續存
在著。

　　史者治史之旨，蓋非僅止于獲知現有既存之客觀史實或現象，尤須
進一步考求其源，惟能考明其源，方能尋知其變。考清代無祀祠之產生，
其二源有，一為厲祭之故習。試觀清代臺地各府縣所行之祭厲儀式，其
祝文曰：

> ……尚念冥冥之中無祀鬼神，昔為生民，未知何故而歿？其間有
> 遭兵刃而橫傷者，有死於水火、盜賊者，有被人取財而逼死者，
> 有被人強奪妻妾而死者，有遭刑禍而負屈死者，有天災流行而疫
> 死者，有為猛獸毒蟲所害者，有為饑餓凍死者，有因戰鬥而殞身
> 者，有因危急而自縊者，有因屋牆傾頹而壓死者，有死後無子孫
> 者；此等鬼魂，或終於前代，或歿於近世，或兵戈擾攘流移於他
> 鄉，或人煙斷絕久闕其祭祀。姓名泯歿於一時，祀典無聞而不載。
> 此等孤魂，死無所依，精魂未散，結為陰靈；或倚草附木，或作
> 為妖怪，悲號於星月之下，呻吟於風雨之中。凡遇人間節令，心
> 思陽世，魂杳杳以無歸，身墮沉淪，意懸懸而望祭。……尚饗！
> [80]

無論是橫死、戰死、亂死、災死、饑死、病死、凍死，或香火已絕而無
祀者，期能藉祭唸祝文之儀，僧道頌禱經文聲中，使所有亡魂陰靈均能
得渡，不復為祟，不亦累善行積功德乎。厲祭原亦為官方性質，其名

---

[79]　胡台麗〈神、鬼與賭徒──大家樂賭戲反映之民間信仰〉年，中研院國際漢學會議未出版
　　論文，1986。

[80]　高拱乾《臺灣府志》，卷之六〈典秩志〉，頁845～846。

則稱厲壇、南北壇、大眾壇、無祀壇，雖曰爲壇，然至清末多數已喪失「壇」本有的形制，壇之作用本爲祭者，故隨著壇制之失，厲之祭儀亦不免淪泯，取而代之者爲名「壇」實「廟」之無祀祠，兼而爲居民寄柩存罐之所也。因無祀祠之產生本與厲祭之故習有關，而厲祭前必先牒告城隍，至祭時則迎城隍於壇上主其事，另置無主孤魂神位於壇下，進行祭儀；故至今此臺灣民間有應公廟仍有存在此種遺跡，如四草鎮海宮主祀神爲鎮海城隍、南市水流城隍公所祀者爲水流公與城隍，亦有主祀大眾爺（萬善爺或其他）神像而配祀城隍、文判、武判者。

另一源爲義塚之普設。此多屬民間所設或居民隨處葬瘞而成，中遇無主遺骸、無祀殘骨，集而埋之，總其稱曰「萬善同歸（所）」，進而置廟設祠、加以祀拜，使其魂不再「杳杳無歸」，名其祠（宮、廟、堂）曰「萬善」、「大眾」、「千家」，以示其多也。

其次，在探考臺灣民間有應公信仰之本源與轉化同時，筆者認爲亦須將其它類似信仰一併討論，先考尋各源，復論述其質，方可知其異同。其中以爲數不多之水流公與有應公信仰性質最爲接近，所不同者前者強調其死因與水有關，故廣義而言，將之那歸爲有應公廟亦無不可。而忠義祠、義民廟，均源於「捨身取義」者，故性質相近，所差者前者祀官弁，多屬官置；後者祀「無位」之民，多爲民設耳。有些學者，多將義民廟含蓋於有應公廟，殊不知義民廟與忠義祠性質較之有應公此種無祀祠更爲相近，此則不可不辯明者也。

至於樹王公、石頭公信俗，源於史志，均有可考，惟今臺灣民間置廟祀拜者，多建於日治或光復之後。此類信仰與無祀祠誠全然無涉，毋待贅言。道教認爲人身擁有「三魂七魄」，待人死後，三魂者，一附在神主，一赴往陰間，一留於墓中[81]，故有應公信仰與人民相信（信仰）鬼魂有密切關係。然則樹、石之屬，本非鬼魂，進而被尊爲「公」或「母」，或者封爲「將軍」、「聖公」者，殆因巨石大樹本屬罕見，惟其巨大，爲人崇仰，漸而崇之爲靈，既因其或「靈」或「驗」，受民祀拜之小祠因

---

[81]　董芳苑〈臺灣民間的鬼魂信仰〉（《臺灣風物》36：02，1986），頁50。

之林立也。

呂理政於《傳統信仰與民間社會》裡提及：「人類學家 Malinowski 認為：『死亡』是終極的生命危機，也是宗教起源的最重要因素；而大多數的宗教啟示一直多是源自死亡，即使在今天，「死亡」和「拒絕死亡」（長生），仍是人類文化中強烈的主題。[82]」考臺灣民間的有應公信仰，正是以「死亡」為源頭，本由現世存活的「人」，死後因其無祀而成「無祀鬼魂」，為使其有所依歸，漸而置廟設祠加以祀拜，而衍成「神靈」信仰。Malinowski 之說，洵甚具啟發性，堪值深思矣。

---

[82] 呂理政《傳統信仰與民間社會》（臺北，稻鄉出版社，1992），頁 103。

徵引書目

一、史料與史源

《周禮》　　《十三經注疏》，1985 藝文印書館影本。

《禮記》　　《十三經注疏》，1985 藝文印書館影本。

《孟子》　　《十三經注疏》，1985 藝文印書館影本。

蔣毓英

　　　康熙 26　《臺灣府志》，北京：1985 年中華書局影印版。

高拱乾

　　　康熙 35　《臺灣府志》，北京：1985 年中華書局影印版。

周鍾瑄

　　　康熙 58　《諸羅縣志》，臺銀經濟研究室排印本（臺銀排印本）。

陳文達

　　　康熙 58　《鳳山縣志》，臺銀排印本。

陳文達

　　　康熙 59　《臺灣縣志》，臺銀排印本。

范　咸

　　　乾隆 12　《重修臺灣府志》，北京：1985 年中華書局影印版。

王必昌

　　　乾隆 17　《重修臺灣縣志》，臺銀排印本。

余文儀

　　　乾隆 25　《續修臺灣府志》，臺銀排印本。

王瑛曾

　　　乾隆 29　《重修鳳山縣志》，臺銀排印本。

胡建偉

　　　乾隆 36　《澎湖紀略》，臺銀排印本。

蔣元樞

　　　乾隆 43　《重修臺郡各建築圖說》，臺銀排印本。

謝金鑾

　　道光 1　《續修臺灣縣志》，臺銀排印本。

周　璽

　　道光 6　《彰化縣志》，臺銀排印本。

蔣　鏞

　　道光 12　《澎湖續編》，臺銀排印本。

柯培元

　　道光 17　《噶瑪蘭志略》，臺銀排印本。

陳淑均

　　道光 20　《噶瑪蘭廳志》，臺銀排印本。

陳培桂

　　同治 10　《淡水廳志》，臺銀排印本。

丁紹儀

　　同治 12　《東瀛識略》，臺銀排印本。

吳子光

　　光緒初《臺灣紀事》，臺銀排印本。

唐贊袞

　　光緒 17　《臺陽見聞錄》，臺銀排印本　。

沈茂陰

　　光緒 20　《苗栗縣志》，臺銀排印本。

屠繼善

　　光緒 20　《恆春縣志》，臺銀排印本。

盧德嘉

　　光緒 20　《鳳山縣采訪冊》，臺銀排印本。

胡鐵花

　　光緒 20　《臺東州采訪冊》，臺銀排印本。

倪贊元

　　光緒 20　《雲林縣采訪冊》，臺銀排印本。

不著撰人

日治初《嘉義管內采訪冊》，臺銀排印本。

蔡振豐

日治初《苑裡志》，臺銀排印本。

諸　家

日治初《樹杞林志》，臺銀排印本。

諸　家

日治初《新竹縣志初稿》，臺銀排印本。

崑　岡

光緒 25　《大清會典》，臺北　1968 年商務影印光緒 25 年版。

該　會

1907　《臺灣慣習記事》，臺灣慣習研究會刊行，1969 年臺北古亭
　　　　書屋影印。

丸井圭治郎

1919　《臺灣宗教調查報告書（第一卷）》，臺北：臺灣總督府印行。

1993　臺北傑幼出版社重印。

片岡巖

1921　《臺灣風俗誌》，臺灣日日新報社。

伊能嘉矩

1928　《臺灣文化誌》，東京：刀江書院。

鈴木清一郎

1934　《臺灣舊慣冠婚葬祭と年中行事》，臺灣日日新報社。

曾景來

1939　《臺灣宗教と迷信陋習》，臺北：臺灣宗教研究會印行，1995
　　　　臺北南天書局重刷。

劉枝萬

1954　《臺灣中部古碑文集成》，收於《文獻專刊》第 5 卷 3、4 期。

黃典權

1964　《臺灣南部碑文集成》，臺銀排印本。

臺南市政府

1979　《臺南市南門碑林圖志》，臺南市政府編印。

邱秀堂

1986　《臺灣北部碑文集成》，臺北：北市文獻會印行。

二、近人著作與論文

（一）著作

李汝和

1971　《臺灣省通志・卷二人民志宗教篇》，臺中：省文獻會。

該　會

1981　《總管宮沿革志》，臺南：總趕宮管理委員會印行。

仇德哉

1983　《臺灣之寺廟與神明》，臺中：省文獻會。

姜義鎮

1985　《臺灣的民間信仰》，臺北：武陵出版社。

林明義

1987　《臺灣冠婚葬祭家禮全書》，臺北：武陵出版社。

林進源

1988　《中國神明百科寶典》，臺北：進源書局。

林衡道

1989　《臺灣夜譚》，臺北：眾文圖書公司。

蔡相煇

1989　《臺灣的祠祀與宗教》，臺北：臺原出版社。

劉還月

1989　《臺灣歲時小百科》，臺北：臺原出版社。

黃文博

1989　《臺灣風土傳奇》，臺北：臺原出版社。

吳瀛濤

1990　《臺灣民俗》，臺北：眾文圖書公司。

黃文博

　　1992　《臺灣冥魂傳奇》，臺北：臺原出版社。

呂理政

　　1992　《傳統信仰與現代社會》，臺北：稻鄉出版社。

劉寧顏

　　1992　《重修臺灣省通志‧卷三住民志宗教篇》，臺中：省文獻會。

劉還月

　　1994　《臺灣民間信仰小百科》，臺北：臺原出版社。

姜義鎮

　　1995　《臺灣的鄉土神明》，臺北：臺原出版社。

　　（二）論文

廖漢臣

　　1967　〈有應公〉，《臺灣風物》17：02。

朱　鋒

　　1967　〈古碑拾遺（二）〉，《臺灣風物》17：05。

王力修

　　1969　〈談「有應公」〉，《臺灣風物》19：03、04 合刊。

蔡懋棠

　　1975　〈本省民間信仰雜談〉，《臺灣風物》25：03。

曹甲乙

　　1976　〈也談民間俗信〉，《臺灣風物》26：02。

巫建輝

　　1978　〈有應公廟〉，《臺南文化》新 3 期。

呂宏隆

　　1978　〈大眾廟〉，《臺南文化》新 3 期。

石萬壽

　　1981　〈臺南市寺廟的建置〉，《臺南文化》新 11 期 。

陳金田

　　1981　〈中港善慶祠的故事〉，《臺灣風物》31：01。

董芳苑

　　1986　〈臺灣民間的鬼魂信仰〉,《臺灣風物》36：03。

許淑娟

　　1991　〈蘭陽平原祭祀圈的空間組織〉,臺灣師大地理所碩士論文 。

戴文鋒

　　1991　〈清代臺灣的社會救濟事業〉,成大史語所碩士論文。

戴文鋒

　　1995　〈《海關醫報》與清末臺灣開港地區的疾病〉,《思與言》33：
　　　　　02。

臺灣鄉土地名之今昔與問題

摘要

　　研究一個地區在歷史上有過多少名稱、為何產生、如何演變、指涉範圍的變化（包括地形地貌的具體改變，以及異代人群不同的認知和劃分），是歷史學和地理學上饒富趣味的問題，也是歷史地理教育中很容易引發切身感的議題。地理學非筆者所長，故本文不擬處理地理學的面相，僅將筆者平日閱讀臺灣文獻所見、所惑，以及部份解惑的過程，提供討論。

　　文中首就「臺灣」地名由來的目前諸說加以論辯，並為至今仍被多數學者沿用的「臺灣」之名係源自於「臺灣社」的社名之說，提出疑義；並論述「臺灣」之名源自「番語」而非「番社」之可能性。

　　其次，「臺灣」地名第一次指涉的範圍與今範圍不同，「臺灣」這個地名是隨著歷史上的拓墾開發步伐，不斷地擴展其名詞所涵蓋的範圍。這一「擴展運動」是如何隨著「政權大交替」，而進行著「臺灣」地名的大挪移。又歷史上臺灣各地鄉土地名有過兩次的大更動，一次是在日治時期大正9年（1920），一次是在終戰後時期。而這兩次鄉土地名大更動，產生了什麼樣值得觀察注意的現象與後遺症，有待更多的深入研究與討論。

　　又研究臺灣地名，不能忽略的現象之一是，漢人以「字」衍「義」解讀與思考模式，因此本文以新竹縣五峰鄉境「十八兒社」的地名為例，提出將源自「番語」之音的地名，強以漢字之義的路徑來解題，可能導致張冠李戴的謬誤。並提醒研究者對本於「番語」音譯的「番社地名」，不可任意以「字義」翻譯，否則造成字義的過度想像與擴大詮釋，適足導致「治絲愈棼」的後果。

關鍵詞：地名學、「番語」、行政區劃、鄉土地名

一、前言

　　命名是用以標明及確定一特定實體如人物、地方、實物的字或詞。地名與人名、物名一樣，都是人類加以命名的，是「人們」對於特定方位、範圍的地理實體所賦予的一種專有名稱，因此，以地名為研究對象的學問就被稱為「地名學」。但「人們」所指涉的對象不是特定的一群人，由於族群不同，語言不同，思考模式自必不同，所以地名是屬於一種「特定人們」約定俗成的社會現象。臺灣各地鄉土地名的最大特色之一就是變動性，特別是臺灣地方族群複雜，各族間使用語言不同，政權更迭頻仍，造成的地名現象是一地多名，一名多寫，拼寫用字不一，或是一名多地[1]，地名不斷地變遷、更易，甚或消失、合併與分割的情況，史志屢見不鮮。這是因為地名本就是隨著人類社會活動的過程而誕生與轉變，換言之，地名是以語言文字為介質的一種文化反映。

　　研究一個地區在歷史上有過多少名稱、為何產生、如何演變、指涉範圍的變化（包括地形地貌的具體改變，以及異代人群不同的認知和劃分），是歷史學和地理學上饒富趣味的問題，也是歷史地理教育中很容易引發切身感的議題。地理學非筆者所長，故本文不擬處理地理學的面相，僅將筆者平日閱讀臺灣文獻所見、所惑，以及部份解惑的過程，提供討論，期收拋磚引玉之效。

二、「臺灣」地名由來諸說

　　「臺灣」一詞，至今為「臺灣群島」的總稱，包括臺灣本島及附屬島嶼。至其地名的由來，目前眾說紛紜，茲將各說整理如下：

（一）由「岱輿」和「員嶠（音「叫」）」首字之音合成

---

[1]　一地多名，如安平昔名一鯤身、大員。一名多寫，如新化的大目降又寫成大穆降。拼寫用字不一，如宜蘭的噶瑪蘭，又拼寫成蛤仔難，或作甲子蘭、哈仔蘭。一名多地，如大林、茄苳、烏樹林、芎蕉腳、番仔寮、鴨母寮、水堀頭等，不勝枚舉。

連橫《臺灣通史》指出：

> 臺灣背歸墟而面齊州，豈即列子之所謂「岱輿、員嶠」耶？志言
> 臺灣之名不一，或曰「大宛」，或曰「臺員」；審其音，蓋合「岱
> 輿、員嶠」二者之名而一之爾。[2]

列子其書指出：「渤海之東，不知幾億萬里，有大壑焉，實維無底之谷，
其下無底，名曰歸墟。其中有五山焉：一曰岱輿，二曰員嶠，三曰方壺，
四曰瀛洲，五曰蓬萊。」若臺灣之名，係源自岱輿、員嶠二山之首字「岱」
與「員」合起來之音，那麼方壺、瀛洲、蓬萊等三山，又在今何處？故
此說恐說服乏力。

　　另《史記・秦始皇本紀》亦載：「齊人徐市等上書，言海中有三神
山，名曰蓬萊、方丈、瀛洲，僊（筆者案：「仙」之本字）人居之。請
得齋戒，與童男女求之。於是遣徐市發童男女數千人，入海求僊人。」
此說的三神山蓬萊、方丈、瀛洲，與列子五山中之三山蓬萊、方壺、瀛
洲之言十分雷同。因此，除了連橫認為「臺灣」就是「**岱**」輿、「**員**」
嶠之合稱外，亦有人指稱蓬萊、方丈就是日本、琉球，而瀛洲就是臺灣。

　　其實列子之說雖屬神怪誌異之事，但後來文人雅士卻每喜以岱輿、
員嶠、方壺、瀛洲（包括瀛海、東瀛、南瀛）、蓬萊等詞來指稱臺灣，
但這並不是說岱輿、員嶠、方壺、瀛洲（包括瀛海、東瀛、南瀛）、蓬
萊就是等於中國古籍所認知的臺灣。清人以「**瀛洲**」來指稱臺灣者如：

> 談到瀛洲客不知，雞籠、鹿耳海環之。何緣外國詳風土，百首西
> 堂舊竹枝。[3]
> 臺城隱處瀛洲，四面環海，奇花瑞草，八節長春，殆仙佛之隩宅
> 也。[4]

　以「**瀛海**」來指稱臺灣及其海域者如：

---

[2]　連橫《臺灣通史》，頁1，大正9（1920）年，臺銀版。

[3]　黃逢昶《臺灣生熟番紀事》，李序、題辭，頁3，光緒11（1885）年，臺銀版。

[4]　嘉慶10（1805）年〈重建彌陀寺碑記〉，《臺灣南部碑文集成》，頁182，臺銀版。

瀛海汪洋環四面（臺為瀛海），突起層嵐開平衍。紅毛近峙赤嵌城，澎湖外口相制牽。[5]

以「**東瀛**」來指稱臺灣者如：

澎湖，一名澎瀛，猶言澎海也。或謂之西瀛，以臺灣別號東瀛，澎在臺西，故稱西瀛也。[6]

以「**南瀛**」來指稱臺灣者如：

憶昔甲申歲（案：光緒 10 年），法夷寇南瀛。公（案：指劉銘傳）自平髮逆，久歎髀肉生；英雄乘時勢，鑿越更請纓。四郊刁斗急，虎帳夜不驚。[7]

西臺晞髮痛遺民，避地南瀛第一人（指：沈光文）；浩劫餘生存碩果，空門垂老棄儒巾。文章早被端由汝，天子雖尊不得臣。孤島田橫無限恨，白頭猶見海揚塵。[8]

以「**蓬萊**」來指稱臺灣者如：

羨子（筆者案：「子」通「仔」）亦稱番蒜，或作樣，字書無此字也。樹高大，葉尖長，濃可蔭畝。花微白，小朵有香。結實，膚綠肉黃，味酸甘，盛夏大熟，人爭啖之。又或蘸鹽以代蔬，切片用糖罨之，名曰蓬萊醬。[9]

據筆者所知，「瀛洲」之名於古代中國人的觀念裡即指海外「**仙境**」。例如《漢書·郊祀志》即明載：「於是作建章宮，度為千門萬戶。前殿度高未央。其東則鳳闕，高二十餘丈。其西則商中，數十里虎圈。其北治大池，漸臺高二十餘丈，名曰泰液，**池中有蓬萊方丈、瀛州、壺梁，象海中神山龜魚之屬。**」

所以昔時對人眷屬之敬稱曰「**瀛眷**」，即指如神仙境內之眷屬。而

5　余文儀《續修臺灣府志》，〈臺陽山川風物詩〉，頁 976，乾隆 25（1760）年，臺銀版。
6　林豪《澎湖廳志》，卷十一〈舊事〉，頁 383，光緒 19（1893）年，臺銀版。
7　陳枕山〈追懷劉壯肅公〉，《臺灣詩鈔》卷二十二，頁 409，臺銀版。
8　陳枕山〈懷沈斯菴先生〉，《臺灣詩鈔》卷二十二，頁 410，臺銀版。
9　朱景英《海東札記》，卷三〈記土物〉，頁 36，乾隆 38（1773）年，臺銀版。

「**瀛海**」於古代中國人的觀念裡則是指九州之外的大海。**《論衡‧談天》**曰：「**九州之外，更有瀛海。**」瀛洲之名，被借指稱爲臺灣、日本與琉球（今沖繩縣）等島，則是後來文人引用古典而成的。因此，「東瀛」之名並非臺灣專屬之用詞，日本亦被稱之；「南瀛」、「瀛洲」也並非臺灣專屬之用詞，「琉球（今沖繩縣）」國人以前亦自稱之。例如道光 16（1836）年，琉球國中山王尚育有一則向清朝皇帝的「請封表」曰：

> 琉球國中山王世子臣尚育，誠惶誠恐，稽首頓首，謹奉表上言。伏以丹詔輝煌，布恩綸於北闕；星槎迢遞，傳寵命於南瀛。……臣育世叨聖澤，代守瀛壖。胙土分茅，自昔長依禹甸：請封襲爵，於今欣戴堯天！謹遣陪臣向大烋、孫光裕等遠叩龍墀，乞降綸音以准襲；遙趨象闕，恭求冊使而錫封。[10]

此處琉球國中山王自己謙稱「**傳寵命於南瀛，……代守瀛壖。**」中山王稱自己琉球國爲「**南瀛**」，就如同臺灣被清人稱之爲「**東瀛**」、「**南瀛**」一樣，都是引用列子「瀛洲」之典，臺灣與琉球同是且在中國內陸北方政權之東、南方位而形成此一用語。至於「**代守瀛壖**」一語，更謙卑之詞，「**瀛**」是「**瀛洲**」，「**壖**」是「**餘地**」、「**隙地**」之意，強調自己之琉球乃是微不足道的小地方，且中山王自己僅是「**代守**」者，而非「**統治**」者。

（二）「埋冤」（鬼窟）說

連橫《雅言》：

> 臺灣之名，始於何自？或曰「岱員」、或曰「埋冤」。由前之說，是爲仙境；由後之說，是爲鬼窟。我輩生斯、長斯、聚族於斯，何去何從，在於自釋。[11]

最早提出「臺灣」之名源自「埋冤」者不是連橫先生，而是府城人章甫，

10　趙新《續琉球國志略》，卷之一，頁 305，臺銀版。
11　連橫《雅言》，頁 125，昭和 8（1933）年，臺銀版。

章氏《半崧集簡編》（嘉慶 21 年）所錄七言律詩有〈次廣文吳友山「臺陽懷古雜詠」元韻（六首）〉，詩云：

> 紅毛據海鎮王城，蠻語「埋冤」舊日名；錯認打貓為射虎，驚占來鯤即奔鯨。若尋戰壘經燒劫，或泛仙槎可步瀛。借地牛皮何處是？漁翁指點渡安平。[12]

章甫認為「埋冤」是「蠻語」之音，連橫則是將「埋冤」之說擴大詮釋，以示漢人渡臺開墾之「前仆後繼、慘淡經營」、我祖先每為「瘴毒所虐」，吾人當「毋忘先人蓽路藍縷之功也」。《臺灣通史》曰：

> 抑又聞之，吾先民之墾草此土也，其葬於蛇豕之腹、埋於榛莽之墟者，不知凡幾，故又呼之曰「埋冤」。然卒底於成者，則前仆後繼、慘淡經營之力也。……世之讀此書者，其亦念蓽路藍縷之勤。……山林未伐，瘴毒披猖，居者輒病死，不得歸，故有「埋冤」之名。[13]

「埋冤」之名雖與「臺灣」同音，但「臺灣」之名是否源自「埋冤」，恐有疑慮。因為史冊明載，正因為「臺灣」之名，其閩音稱呼似「埋完」或「埋冤」，鄭成功厭惡「臺灣」其音似「埋完」，才將之改稱「安平」[14]，故「臺灣」之名源自「埋冤」或「埋完」之說，是倒果為因的說法。

（三）源自「東番」，閩音訛為「臺員」

道光 10（1830）年陳國瑛《臺灣采訪冊》載：「曰臺員者，其說本於明周嬰《遠遊編・東番記》也[15]。」連橫《臺灣通史》亦曰：「明季周嬰〈遠遊篇〉載「東番」一篇，稱其地為臺員，蓋閩音謬也[16]。」雖然明季周嬰已載「東番」之名，但「東番」之名，應取 **東方番地** 之義，

---

[12]　章甫《半崧集簡編》，頁 44，嘉慶 21（1816）年，臺銀版。

[13]　連橫《臺灣通史》，頁 1、頁 168，大正 9（1920）年，臺銀版。

[14]　王必昌《重修臺灣縣志》，卷十五〈雜紀〉，頁 531，乾隆 17（1752）年，臺銀版。

[15]　陳國瑛《臺灣采訪冊》，〈沿革〉，頁 8，道光 10（1830）年，臺銀版。

[16]　連橫《臺灣通史》，卷一〈開闢紀〉，頁 23，大正 9（1920）年，臺銀版。

而「臺員」之名係取其音，故文獻亦寫作「大員」、「臺窩灣」等字，且
「東番」之閩音與「臺員」之閩音，仍有差距，「臺員」是否是「東番」
音訛所致，恐難證實！

（四）荷人建城，制若崇「臺」，海濱水曲曰「灣」。

王必昌《重修臺灣縣志》載：

> 臺灣城，在安平鎮一鯤身。沙磧孤浮海上，西南一道沙線遙連二
> 鯤身至七鯤身以達府治。灣轉內抱，北與鹿耳門隔港犄角，如龜
> 蛇相會狀。明萬曆末，荷蘭設市於此。築磚城，制若崇臺；海濱
> 沙環水曲曰灣，又泊舟處概謂之灣：此臺灣所由名也。[17]

臺灣城，在安平鎮一鯤身。此城荷蘭人名為 Fort Zeelandia（熱蘭遮城），
之所以又名「臺灣城」，是因為其所在地安平鎮一鯤身之「番語」原本
即為「臺灣」所致，然此城既為荷蘭人所築，「臺灣城」也非荷蘭人所
名，當然與**制若崇『臺』；海濱沙環水曲曰『灣』**全然無關。

（五）出自平埔族「臺灣社（族）」的社名

荷蘭人將「一鯤身」（今安平六社舊聚落）稱為 Tayouan，依據日治
時期幣原坦於其所著《南方文化建設》的說法，該地原本是平埔族
Tayouan 社的居住地，後來荷蘭人就在此地興築 Fort Zeelandia（熱蘭遮
城，初名為 Fort Orange，今名安平古堡），而此地就被荷蘭人稱為
Tayouan。所以「臺灣」之名源自於平埔族「臺灣社」的社名。此說至
今仍為多數學者沿用。

（六）筆者認為源自「番語」而非「番社」

回溯到十六世紀中期，當葡萄牙人由歐洲來到中國，途經臺灣海峽
時（當然臺灣海峽的名稱當時尚未存在），於海上遠眺著一個青山綿延

---

[17] 王必昌《重修臺灣縣志》，卷十五〈雜紀〉，頁531，乾隆17（1752）年，臺銀版。

的島嶼，於是發出了「Iluha　Formosa」的盛讚聲，意即「美麗之島」，從此西方白人國家就以「福爾摩沙」來稱呼此一島嶼。不過，「福爾摩沙」的名稱顯然並未被中國人所接受，所以才未能夠沿稱至今。因爲在「福爾摩沙」的名稱出現之前，明朝洪武年間就以「小琉球」（且把今日本的沖繩縣以前的琉球國稱爲「大琉球」，加以區分）等名稱來指稱這一個島嶼。當「福爾摩沙」的名稱出現之後，明朝萬曆年間中國人則是以「雞籠山」、「北港」、「東番」等名稱來指稱這一個島嶼，Formosa並未被音譯成漢字來指稱此島嶼。

雖然 Formosa 並未被漢族音譯成漢字來指稱此島嶼，但位於這島嶼西南方的一個小沙洲，當時漢族稱爲「一鯤身（今稱安平六社舊聚落）」[18]的地方，這地方在荷蘭人及歐洲國家所繪製的地圖上，經常被他們寫成 Tayouan、Tayowan、Teowan、Tayoan。其實，幣原氏並不是第一位指出「臺灣」之名源自於原住民者，早在嘉慶 21（1816）年《牛崧集簡編》所錄七言律詩，章甫就有詩云：「紅毛據海鎮王城，蠻語埋冤舊日名。」道光 10（1830）年陳國瑛《臺灣采訪冊》也指出：「臺始號埋冤，本番語也，因其文不甚雅馴，故以臺灣二字易之。」「臺灣」不管原先是叫「埋完」也好，或者是叫「埋冤」也罷，都是出自所謂「蠻語」、「番語」的音譯。

幣原坦雖然認爲 Tayouan 是源自於平埔族的社名，問題是歷史上雖然有「臺灣」一詞，但並未曾出現過「臺灣社」，文獻上也找不到名爲「臺灣社」的番社。這就像歷史上雖然有「艋舺」一詞，卻沒有「艋舺社」的番社一樣，在淡水河裡番人們划著番語叫做 mon-gar（漢人音譯成莽葛、蟒甲、文甲、蚊甲、艋舺）的獨木舟往來以渡，此地逐漸被稱爲「艋舺」。所以不管是被荷蘭人及歐洲國家他們音譯寫爲 Tayouan、Tayowan、Teowan、Tayoan，還是漢族音譯寫成漢字的「埋完」、「埋冤」、

---

[18] 所謂的鯤身就是沙洲，因為浮出海面的沙洲島其樣子就像是一隻浮出海面的大鯤魚。由一鯤身（今安平古堡一帶）往南，有連續七個沙洲縱列於西南海面上，分別被稱為一鯤身到七鯤身，一級古蹟億載金城（安平大砲臺）以前就位在二鯤身的沙洲上，所以又被稱為二鯤身砲臺，當時二鯤身與一鯤身並未連接在一起，即億載金城與安平古堡分別位在兩塊不同的沙洲上。

「大員」、「臺員」、「臺灣」或「臺窩灣」等，名稱寫法雖然相異，但讀音則十分雷同，都是「番語」音譯而成，而不是「番社」的社名或平埔族的族名。到了清治之後，設置「臺灣府」，隸屬於福建省，此後「大員」、「臺員」或「臺窩灣」漸漸消失，寫法才趨統一，而寫成「臺灣」，今簡寫成「台灣」。

西元 1661（明永曆 15、清順治 18）年，鄭成功因以據金門、廈門地狹軍孤，二彈丸小島難以為恃，不得不從廈門轉來 Formosa。1662 年年初，鄭氏正式取代了荷蘭人在 Formosa 的統治權，接收了位在 Saccam（赤嵌）的 Provintia（普羅民遮，今之赤嵌樓城），改名為「承天府」，以作為統治 Formosa 的行政中心。另外將 Tayouan 改名為「安平」，將位在 Tayouan 的 Fort Zeelandia（熱蘭遮城），改名為「安平鎮」，作為統治 Formosa 的軍事中心。

鄭成功之所以會將 Tayouan 改名為安平，當然是與紀念其故鄉是泉州府南安縣的「安平鎮」有關，另一個原因是他十分厭惡 Tayouan 的地名，因為 Tayouan 的閩南語音聽起來與「埋完」、「埋冤」發音類似，對於剛步上此島的鄭氏軍隊而言，似乎有種不祥之兆。到了康熙 23（1684）年，清政府也不欲承認接受鄭氏「承天府」，而將之改稱為「臺灣府」，而隸屬福建省，臺灣府下轄有諸羅縣、臺灣縣、鳳山縣，此後本來只是一個小沙洲的地名「臺灣（Tayouan）」，反而成為 Formosa 這島嶼的代名詞[19]。

筆者認為「臺灣」是源自於平埔族的語言，這看法從文獻也可得到佐證。《重纂福建通志》載：「噶瑪蘭在臺郡東北，淡水之背也。番語作

---

[19]　「埋完」之說最早見於乾隆 17 年王必昌《重修臺灣縣志》卷十五〈雜紀〉。「埋冤」之說最早見於嘉慶 21 年章甫《半崧集簡編》所錄的七言律，日治時期連雅堂則將「埋冤」說加以擴大闡釋，《臺灣通史》卷一〈開闢紀〉載：「或曰臺灣原名埋冤，為漳、泉人所號，明代漳、泉人入臺者，每為天氣所虐，居者輒病死，不得歸，故以『埋冤』名之，志慘也。其後以『埋冤』為不祥，乃改今名。」這講法是說臺灣為瘴癘之區，渡海來臺者常常在臺身染疫疾病逝，無法歸去福建漳州、泉州原鄉，所以漳泉人才將此島稱為「埋冤」，以印證死亡之慘烈。不管是 Tayouan 音似「埋完」或「埋冤」，鄭氏忌之諱之而將之改成「安平」應是可確信的。

蛤仔難，或作甲子蘭、哈仔蘭，**皆假借為音**[20]。」《臺灣通志》亦云：「**番語無正字也。**[21]」　正因為是出自「番語」，無正字，所以西方國家寫成 Tayouan、Tayowan、Teowan、Tayoan，或者漢人稱「埋完」、「埋冤」、「大員」、「臺員」、「大灣」或「臺窩灣」等，全部都是「假借為音」取音而成的，既然是由「番語」譯音而成，當然與漢字的字義全然無關，所以「城制若崇『臺』，海濱水曲曰『灣』」之說與「埋完」、「埋冤」之解，均與字義無涉，不可拘泥之而強加曲解。

　　問題是「艋舺（mon-gar）」番語的原義是「獨木舟」，清清楚楚地記載在清代的臺灣文獻裡，但「臺灣（Tayouan）」這個平埔語的原義到底是指什麼？有些學者說其原義為「濱海之地」。「濱海之地」之說，筆者無意置評。只就許多平埔語早已成為「死語」，以及牽涉到不同族群、不同語言間的第一次接觸，所達致的誤解可能超過理解等角度，提供地名可能源自約定俗成的特性的另一種思考。例如「袋鼠」一詞的英文是 kangaroo，當英國人來到了澳洲，發現了一種動物是歐洲所未見過的，英國人就詢問澳洲土著毛利人說，那種擅於跳躍的動物叫什麼，土著聽不懂英語，於是回答說 kangaroo，意思是說「我聽不懂」、「我不知道」，英人就以為當地人把袋鼠叫做 kangaroo。

三、以臺灣島方位為概念地名浮現

　　1624 年荷蘭登陸一鯤身沙洲，臺灣由原住民世界的「無所屬時代」進入「荷蘭政權時期」。荷蘭人沿用原住民語稱之 Tayouan，可說是第一次由統治者為臺灣細部地區命名且形諸外文，至於 Formosa 一字，只知是由葡萄牙水手首先喊出，歐洲地圖繪製者將之註記在世界海圖上，從此之後，不管地圖的形狀有多離譜（甚至有將臺灣畫為兩塊島嶼、三塊島嶼的海圖傳世），只要認出 Formosa，便是指稱今之臺灣本島。由此可見，荷蘭把對臺灣的稱呼分成兩個系統。第一個系統「Formosa」

---

[20]　陳壽祺《重纂福建通志》，卷十五〈噶瑪蘭廳〉，頁 90，同治 10（1871）年刊，臺銀版。
[21]　薛紹元《臺灣通志》，頁 106，光緒 20（1894）年，臺銀版。

（福爾摩沙），是十六世紀以來歐洲航海圖上一貫對臺灣的通稱，但是若沒有近距離與臺灣接觸，甚至上岸殖民統治，其實不可能更精細的爲細部地區命名，也就不會產生 Tayouan 這個系統的地名了。

值得注意的是， 荷人所謂的 Tayouan 與漢人所習用的大員、臺員、臺窩灣、大灣等地名是同時被使用的，因爲該字詞的來源同爲原住民語音譯，差別只在荷人當然音譯爲荷文，而漢人則音譯爲漢字。而且隨著荷人實際統治範圍越過臺江內海，到達現今臺南市區後（同時，漢人移民的足跡也隨之拓展），Tayouan 的指涉範圍也擴展至臺南週邊地帶。此後，「臺灣」這個地名便隨著歷史上的拓墾開發步伐，不斷地擴展其名詞所涵蓋的範圍，一直到清代終於涵蓋了全島爲止。換句話說，「臺灣」這個地名持續成長，終於長成跟 Formosa 一樣大，同爲全島的地名了。

「臺灣」原是指今安平之地，其第一次更名是在明鄭政權取代荷蘭政權的 1662 年。鄭成功以「安平」之名，取代了原住民音譯而成的「Tayouan 臺灣」；以「承天府」之名，取代「普羅民遮城」，以「東都」取代 Formosa 來指稱全島，他的兒子鄭經易「東都」爲「東寧」，Tayouan、Formosa 等詞在明鄭時代都是刻意被忽略不用的。

鄭氏的命名，可說是政治性的由上而下的命名方式，將一鯤身名爲「安平」，是出於他個人的思鄉情懷，「承天府」是明顯可見的政治中心的標示，「承天」即寓有**「承天順地」、「承天景命」**之意[22]。而「東寧」象徵著東方寧靜之地，「東都」更是自別於「北京」的滿人政權，所有的命名思考中都流露出強烈的漢人本位思維。

第二次更名是清朝政權取代明鄭政權之時，1684 年清朝以「臺灣府」之名，取代了明鄭「承天府」。從此「臺灣」有兩個含義，一是指「臺灣府[23]」，這是就行政區域的意義而言的；二是就地理範圍而言，

---

[22]　《漢書》卷二十五〈郊祀志〉有「承天順地，復聖王之制」之語。
　　　《舊唐書》卷七十一〈魏徵列傳〉有「凡百元首，承天景命」之語。

[23]　今有臺南市人自稱或被稱為「府城人」，這是對「時」、「空」模糊不清的一種誤解。就時間而言，「府」有明鄭的「承天府」、清初的「臺灣府城」與清末的「臺南府」的時代變遷，「城」也非一開始就興築。就空間而言，其實今日臺南市與過去「臺灣府城」的行政區域，雖有部分區域重疊，主要是在中區，但兩者所指涉的「行政範圍」完全不同。即

臺灣已成全島嶼的通稱,「東都」、「東寧」的舊稱不再,明鄭在清代官方史料中甚至成了「僞朝」,但「臺灣」成爲一個客觀的地理名詞,不受政權移轉的影響,清代文獻史料中已經普遍用「臺灣」指稱本島,而且意義統一,沒有歧異。最明顯者莫過於靖海將軍施琅〈請留臺灣疏〉,疏曰:「**臺灣一地**,原屬化外;土番雜處,未入版圖也。……**是守臺灣,即所以固澎湖。……臺灣一地雖屬外島,實關四省之要害**。[24]」此時「臺灣」即是「臺灣島」的概念與地理範圍已經完完全全確立與形成。

同治 13(1874)年,牡丹社事件發生,清廷乃有意對全臺進行政區域的調整。光緒元(1875)年,原「臺灣府」遂改爲「臺灣府」與「臺北府」兩個府,這時以「臺灣島」之方位爲概念而命名的「臺北」地名第一次出現於「臺灣島」內。臺灣府增設卑南廳、恆春縣(原屬鳳山縣)、埔里社廳(原彰化縣);彰化縣(不含)以北劃出臺北府,增設新竹縣、原淡水廳改淡水縣、增設基隆廳,而原噶瑪蘭廳改爲宜蘭縣。

光緒 10(1884)年,中法戰役事起,法軍進犯基隆、淡水,清政府逐漸重視臺灣的戰略地位。而至清光緒 13(1887)年間,臺灣脫離福建,獨立成「臺灣省」,省下分三府、一直隸州,即「臺北府」、「臺灣府」、「臺南府」、「臺東直隸州」,這時以「臺灣島」之方位爲概念而命名的「臺北」、「臺南」、「臺東」等三個大範圍的地名再次一一浮現於「臺灣島」內(參見附錄一:清代臺灣行政區劃建置演化表)。這時「臺灣府」之名雖然位移至「臺灣中部」,「臺灣縣」之名也位移至「臺灣中部」,但迄至清末「臺中」一詞,始終未曾出現。

明治 28(1895)年,日本初有臺灣,乃參酌清代舊有的行政區劃,稍加調整,改「臺北府」、「臺灣府」、「臺南府」爲「臺北縣」、「臺灣縣」、「臺南縣」。爲了避免「臺灣縣」的「臺灣」與「臺灣島」的

今臺南市範圍比原來的府城大了很多,當時的府城是指「東門」、「南門」、「西門」、「北門」所圍起來的行政區域、四門之外,即爲「草地」。今之安平區、安南區完全不在府城內,固不消說,連南門之外的臺南師院、家齊女中、中山國中、建業中學、六信中學、亞洲工商、臺南高商及一帶的文教區域,都是屬「鬼仔山」之範圍。

[24] 康熙 35 年高拱乾《臺灣府志》,卷十〈藝文志〉,頁 231,臺銀版。

「臺灣」之間的混淆，1896 年 3 月，才將「臺灣縣」改名「臺中縣」（參見附錄二：日治初期的縣廳制）。足見「臺灣」地名一旦確定，且行之有年地被認定爲全島通稱，島內始有可能出現邏輯性的細部地名的分化，如臺北、臺中，臺南、臺東之類。至於「臺西」一詞，出現最晚，主要是因爲清朝時期所謂「臺灣」，雖然概念上已含蓋全島，實則主要與有效治權僅在全島西半部，因此就治權範圍，「臺灣」等同於全島西半部的「臺西」，故建省時的臺北、臺灣、臺南三府，均是在「臺西」。

今之「臺西」，清朝時稱爲「海口厝」，日治時改稱「海口庄」。1946 年改稱「臺西」，以與「臺東」相對稱。雖然其行政層級更小，既非清代的「府」級，或日治之初的「縣」級，也非戰後的「縣」級，只是屬「鄉鎮」層級；但以「臺灣島」之方位爲概念而命名的「臺北」、「臺南」、「臺東」、「臺中」、「臺西」等五個方位的地名，至此時才依序齊全。

四、兩次鄉土地名大更動及其後遺症

臺灣各地鄉土地名的第一次大更動，是在大正 9（1920）年，臺灣總都督府以敕令第 218 號，頒布改革地方制度。將原先的十二廳制改爲五州二廳制。西部十廳改爲臺北、新竹、臺中、臺南、高雄五州；東部臺東、花蓮二廳仍然保留。州下轄郡（市），郡下轄街、庄；廳下設支廳，支廳下設區。此次變革係針對街庄名，即鎮鄉級的地名，例如將店仔口改爲白河街、將哆囉嘓改爲番社庄。至今臺灣仍留有許多日式地名，如松山（まつやま、錫口）、汐止（しおとみ、水返腳）、關西（かんさい、鹹菜甕）、豐原（とよはら、葫蘆墩）、清水（きよみず、牛罵頭）、竹山（たけやま、林圮埔）、鹿谷（したに、羌仔寮）、名間（なま、南雅）、水上（みずがみ、水窟頭）、民雄（たみお、打貓）、竹崎（たけざき、竹頭崎）、龍崎（たつざき、龍船、崎頂）、山上（やまがみ、山仔頂）、玉井（たまい、噍吧哖）、大內（おおうち、內莊）、白河（しらかわ、店仔口）、岡山（おかやま、阿公店）、高雄（たか

お、打狗）美濃（みの瀰濃）、滿州（まんしゅう、蚊蟀）等。

終戰後的臺灣各地鄉土地名，也有第二波的大更動，這次是針對村里級的地名，計有 1892 處的地名遭廢，佔原地名的 63％，可說是進行了前所未有的大換血。至於鎮鄉級的，除了八塊庄改為八德鄉（今桃園縣八德市）、紅毛庄改為新豐鄉、舊港庄改為竹北鄉（後改竹北市，以上新竹縣）、頭分庄改為頭份鎮、三叉庄改為三義鄉、四湖庄改為西湖鄉（以上苗栗縣）、內埔庄改為后里鄉（臺中縣）、坡心庄改為埔心鄉、沙山庄改為芳苑鄉（以上彰化縣）、海口庄改為臺西鄉（雲林縣）、新巷庄改為新港鄉、小梅庄改為梅山鄉（以上嘉義縣）、番社庄改為東山鄉（臺南縣）、長興庄改為長治鄉、九塊庄改為九如鄉（以上屏東縣）、新港庄改為成功鎮、都巒庄改為東河鄉、火燒島庄改為綠島鄉（以上臺東縣）、吉野庄改為吉安鄉、壽庄改為壽豐鄉、研海庄改為新城鄉、新社庄改為豐濱鄉（以上花蓮縣）、大嶼庄改為七美鄉（澎湖縣）。其餘大多數則沿用日治時期，只是將街改為鎮、庄改為鄉而已。

針對以上這樣兩次大規模、劇變性的鄉土地名更動，臺灣許多鄉土地名都面臨由上而下的中文思維改造，地名處在歷史時空中緩慢變異過程被一致性地壓縮，對歷史研究者來說，有以下幾點值得觀察注意的現象可以提出來跟大家討論。

（一）與庶民生活用語失聯

臺灣許多鄉土地名更改之後，與庶民生活用語完全失聯，例如「萬華」這個地方至今當地人稱它「艋舺」，「板橋」至今當地人稱它「枋橋」，「楠梓」至今當地人稱它「楠仔坑」，「西港」至今當地人稱它「西港仔」，「橋頭」至今當地人稱它「橋仔頭」，「林邊」至今當地人稱它「林仔邊」。由於這些地名經過更改之後，當地居民至今仍然習慣使用清朝原有的舊地名，致使不了解臺灣歷史的人，常常想不透「楠梓」為什麼閩南語不讀成「南指」？「板」橋為什麼閩南語不讀成「阪」橋？「楠梓」、「林邊」、「西港」、「橋頭」兩個字的地名為什麼閩

南語會讀成三個字的音？這是因為「今生」之地名，早已找不到其「前世」的 DNA 所致。

地名之今生	地名之前世（庶民生活用語）
萬華	艋舺
板橋	枋橋
楠梓	楠仔坑
西港	西港仔
橋頭	橋仔頭
林邊	林仔邊

（二）與臺灣歷史發展過程脫節

臺灣許多鄉土地名更改之後，與歷史發展過程完全脫節，例如臺灣有許多名為「三塊厝」、「五塊厝」、「六塊厝」、「八塊厝」、「九塊厝」的地名，這些多是移民移墾時依戶數形成聚落而命名的，但九塊厝莊改成九如（屏東九如鄉）、八塊厝莊改成八德（桃園八德市），完全找不到先民過去移墾的影子。

原地名	歷史發展過程之意義	日治時期地名	戰後或當今地名
哆囉嘓 哆咯嘓 倒洛嘓	西拉雅人平埔族聚居之地	番社庄	東山
九塊厝莊	九戶移民開墾而成的聚落	九塊庄	九如
八塊厝莊	八戶移民開墾而成的聚落	八塊庄	八德
艋舺	平埔族人的獨木舟行駛於淡水河，mon-gar 為獨木舟之義。	萬華	萬華
右衝 右沖	鄭成功部隊駐紮之地	右沖庄	右昌

大正公園 石像	第四任臺灣總督兒玉源太郎 豎像之處	石像[25]	民生綠園 湯德章紀念公園
番仔厝	平埔族聚居之地	番仔厝	歡雅

　　臺南縣東山鄉有個地名叫「吉貝耍」，這是臺南縣平埔夜祭重要的場域之一，新化鎮也有個地名叫「噍吧」，由這些地名我們很容易理解，這不是漢式地名，而是從平埔族對當地稱呼的音譯而來。「哆囉嘓」就是漢人移墾時對當地平埔族部落「哆囉嘓社」稱呼的音譯。至日治時期，日本把「哆囉嘓」改成「番社」，雖然「哆囉嘓」的音不見了，但是「番社」確實保留了「番人」部落的意思。終戰後，「番社」被改成「東山」，曾經是、至今也是西拉雅人平埔族聚居之地的「哆囉嘓」，被「東山」這一地名取代之後，很多人對東山的第一印象就是「東山鴨頭」。

　　高雄有前、後、左、右為首的四個地名，即「前鎮」、「後勁」、「左營」、「右昌」，事實上，從命名的意義上來看，「鎮」有「鎮衛」的意思，「勁」有「勁旅」的意思，「營」有「營守」的意思，都有「部隊戍衛」的意涵；唯獨「昌」是「昌盛」「興隆」之意，與「軍隊駐紮」無關。其實，「右昌」之前是名為「右衝」，「衝」有「衝鋒」之意，「前鎮」、「後勁」、「左營」、「右衝」四個地名，全因為鄭成功的部隊在此駐防而命名，但戰後改成「右昌」之後，已全然塗抹掉歷史所留下的痕跡。

　　全世界的人名和地名，以及一些翻譯作品，包括佛經或是佛尊的名字，不外乎兩種翻譯方式：一個是「音譯」，一個是「義譯」。比如我們常會講「阿彌陀佛」，「阿彌陀」就是「Amita」的梵文「音譯」，而其「意譯」就是「無限、無量光、無量壽」，所以「阿彌陀佛」最早的翻譯稱為「無量壽佛」或「無量光佛」，以前唐朝人在翻譯時，一開始的心經就是先用意譯的方式，就如「觀世音」之前即是翻譯成「觀自在」。所以漢人渡海來臺開墾，不外乎以「音」或「義」來命名，以音命名者如哆囉嘓、打貓、打狗；以義命名者如番仔厝、番仔寮、土城。也有同時

25　臺南州廳對面的綠地，最早稱為「大正公園」，中央噴水池內曾經豎有一座第四任臺灣總督兒玉源太郎的石材雕像，臺南人因此習慣稱該地為「石像」。終戰後換成國父銅像，圓環也開始有了官方的名稱「民生綠園」，今又更名為「湯德章紀念公園」。

兼具音與義來命名者，例如「艋舺」。

　　閩南人未到「艋舺」此地之前，當地的平埔族原住民早就將該地方叫做 mon-gar，後來閩南人根據它的發音寫成漢字「文甲」、「莽甲」、「蟒甲」、「蟒葛」或「艋舺」，寫法雖有不同，但其閩南語讀音卻都很接近 mon-gar，主要是音譯的地名。但由於 mon-gar 是原住民語，意思是指獨木舟、小舟，所以後來「艋舺」逐漸成為文人雅士及一般人通用的寫法，因為「艋舺」二字都含有「舟」字，能夠兼具原住民語 mon-gar「獨木舟」的本意。

　　大正 9（1920）年，「艋舺」這地名是臺灣總督府根據閩南語讀成マンカ，但マンカ沒有適用的日文漢字，因此就把マンカ的音發成相當接近的音バンカ，而バンカ的日文漢字就寫成「萬華」。

（三）模糊臺灣各地鄉土地形原貌的記憶

　　原稱「月眉」的峨眉鄉位於新竹縣南端，因地處中港溪支流（清代稱「月眉溪」，今稱「峨眉溪」）曲流凸岸，狀似彎月的半月形沖積河階而得名。《新竹縣采訪冊》載：「中港（溪）……為新竹、苗栗兩縣分界之處，……南條名南港溪，……北條名月眉溪，源出竹塹堡五指山後番界中[26]。」事實上，清代臺灣開發過程中，許多半月形的地形地貌都被命名為「月眉」，如小水池就稱「月眉池」，大水潭池就稱「月眉潭」、海灣就稱「月眉灣」、島嶼就稱「月眉嶼」、山丘就稱「月眉山」、溪流就稱「月眉溪」、水圳就稱「月眉圳」、聚落就稱「月眉莊」[27]。

---

[26]　鄭鵬雲《新竹縣采訪冊》，卷一〈山川〉，頁 44，光緒 23（1897）年，臺銀版。

[27]　王必昌《重修臺灣縣志》，卷二〈山水志〉，頁 38 載：「月眉池：形如半月，在文賢里。」
周璽《彰化縣志》，卷一〈封域志〉，山川，頁 18 載：「月眉潭：在縣北十里和美線莊（筆者按：今和美鎮）畔，形似月眉。」
范咸《重修臺灣府志》（乾隆 12 年），卷二十五〈藝文〉，頁 800 載：「月眉灣，俗稱隙仔；在鹿耳門前。」
陳壽祺《重纂福建通志》，卷十五〈澎湖廳〉，頁 87 載：「大烈嶼、小烈嶼……又十里姑婆嶼，又十里月眉嶼。」
鄭鵬雲《新竹縣采訪冊》，卷一〈山川〉，竹塹堡山，頁載：「月眉山，……高四丈餘，形如半月。下有月眉莊。」

大正 9（1920）年改稱「峨眉」，沿用至今。然而「峨眉」一詞是指四川省之地名與山名，相傳是普賢菩薩顯靈說法的道場，與五臺山、普陀山、九華山合稱中國佛教四大名山。今沿用日治時期「峨眉」之名，已使因地形原貌而命名的「月眉」之義完全喪失。

三義：在苗栗縣西南部，原稱「三叉河」，即打哪叭溪、打木溪、大坑溪三條溪流交叉匯聚之處，而命名之。對於臺灣鄉土地名研究甚力的洪敏麟認為，可能因為「叉」字與「義」字之簡寫「乂」極為相似[28]，所以戰後政府將「三叉」改為「三義」，但是三「義」已失去「三」條溪流交「叉」匯聚的原來命名意涵。

（四）褪失臺灣各地鄉土地理原始景觀或建物的認知

景美：原名「梘尾」，「梘」亦寫作「筧」，是一種以木或竹所做的導引水流之器物，架設在圳道處用以引取溪流之水來灌溉。陳培桂《淡水廳志》載：

> 梘者，直圳道塞、溪壑阻隔，水難逕達或恐分而他流，乃製木架空遞接以導之。亦有用竹者，用「竹」從「筧」；用「木」從「梘」。梘，通水器也。[29]

今名「景美」，其音與「梘尾」雖然接近，但建物景觀之義完全喪失。

車城：在四重溪之北，以前叫作「柴城」，因昔日漢移民以木柵環立於村落四周，以防「番」害，故名之。「柴城」又名「車城」於清末之時已經出現於文獻，〈恆春竹枝詞〉云：

> 縣城西去是柴城（即車城），村婦番婆結伴行；多少山花偏不戴，昂頭任重步輕盈。[30]

今名「車城」，雖然係沿用清末「舊名」，但「車城」只是音近「柴城」

盧德嘉《鳳山縣采訪冊》，丙部〈地輿〉，圳道，頁 75 載：「月眉圳，在半屏里。」
[28] 洪敏麟《重修臺灣省通志》，卷三〈住民志〉，地名沿革篇，頁 269，省文獻會，1995 年。
[29] 陳培桂《淡水廳志》，卷三志二〈建置志〉，水利，頁 80，同治 10（1871）年，臺銀版。
[30] 屠繼善《恒春縣志》，頁 249，光緒 20（1894）年，臺銀版。

的另一種寫法，「柴城」才是當時通用的地名。因此今名沿用「車城」，其音與「柴城」雖然接近，但建物景觀之義完全喪失，反讓人誤以爲是「車」之「城」，是製造、生產、買賣車子的集散中心。

　　馬公：原名「媽宮」，「媽宮」是「媽祖宮」的略稱。因昔日漢移民最早建立媽祖廟在此地，故名之。今名「馬公」，既與「馬」無關，也容易讓人誤以爲是源於「馬公廟」（臺南市有此廟），且也失去了「媽祖廟」天后宮的意味。

五、以漢字之義誤解臺灣鄉土地名之例
——十八兒

　　地名是人類社會活動過程中的一種產物，臺灣在移民侵墾的過程中，由平地逐漸深入內山，因而清代中、晚期內山各地的地名也逐漸出現。然而，地名是以語言文字爲介質的一種文化反映，漢人文化的「文字」往往「表義」較之「表音」更爲重要，所以許多「表音」地名，被謬誤解讀爲「表義」地名。例如「打貓（今民雄）」、「打狗（今高雄）」地名由來，被漢人傳爲「番人」未見過老虎，有二虎，一虎至民雄，被「番人」打死，「番人」以虎爲貓，故當地被稱爲「打貓」；一虎至高雄，被「番人」打死，「番人」以虎爲狗，故當地被稱爲「打狗」[31]。此種以「字」衍「義」的謬誤解讀，正可說明說漢人對臺灣鄉土地名的解讀深受漢字文化的影響。

　　新竹縣五峰鄉因境內有五指山，遠眺形如五指屹立而得名，此地原是賽夏族部落，昔時有一地名稱爲「十八兒」，現行政隸屬「大隘村」。關於「十八兒」地名之由來，日治初期所輯的《新竹縣志初稿》與《樹杞林志》有二則相關記載：

31　連橫《雅言》云：「延平郡王入臺後，以生番散處巖谷，獵人如獸；乃自唐山購來兩虎，放之山中，欲與生番爭逐。兩虎分行，牝者至諸羅之北，番以爲貓也，噪而擊之，因名其地爲「打貓」；牡者至鳳山海隅，爲番撲死誤爲狗，而號其山爲「打狗山」。此雖荒唐之言，以今思之，足見當時景象。蓋當鄭氏肇造，拓地未廣，政令所及不過天興、萬年，其餘則番地也。故番人之以虎爲貓，比之「指鹿爲馬」者尤爲有理（頁22）。」

> 十八兒山⋯⋯其地山水靈秀，相傳為生番發跡之所，九胎連生十
> 八子；故名。[32]
> 十八兒：地名。聞說乾隆年間，有一生番夫婦住中指之下，一乳
> 雙產；九乳，遂有十八兒，強盛無比。及光緒年間，墾其地；乃
> 名其地為十八兒。[33]

雖然「十八兒」地名，文獻上確實記載了這一則有趣的傳說。但畢竟這
是一則傳說，所以《新竹縣志初稿》才用「**相傳**」之字眼，而《樹杞林
志》也加上了「**聞說**」一詞。然則此傳說很可能是「望文生義」、「拘泥
字義」所造成，過去文獻將臺灣鄉土地名「番語」之音誤以為「漢字」
之義者，所在多有。如將「赤嵌」誤以為是因「赤瓦」而得名。范咸《重
修臺灣府志》曰：

> 臺屋瓦，皆赤；下至牆垣階砌，無不紅者，此赤嵌城所由名也。[34]

將「諸羅」誤以為是因「諸山羅列」而得名。《諸羅縣志》曰：

> （康熙）二十三年，設縣治於諸羅山，⋯⋯因以命名，取諸山羅
> 列之義也。[35]

很明顯，這是將源自「番語」之音的地名，強以漢字之義來解釋的例子。
關於「十八兒」一地名之由來，近來一位署名 Jason Lee 曾在〈被漢人
張冠李戴的部落地名〉一文裡，提出如下質疑：

> 十八兒社隸屬大隘村，原本是賽夏族的部落，賽夏語稱為「Kirapa
> （基喇罷）」，意思據說是「梧桐樹很多的地方」。幾百年以前，
> 泰雅族澤敖利亞族從中部北上，他們翻越上游山區而下，起先兩
> 族爭戰不休，後來雙方言和，兩族水乳交融地住在一起。泰雅族
> 把大隘村這處兩族混居的部落叫做「sepazei（發音類似：史把

---

[32]　鄭鵬雲《新竹縣志初稿》，卷五〈考二古蹟〉，樹杞林堡古蹟，頁 194。

[33]　林百川、林學源《樹杞林志》，古蹟考，頁 111，光緒 24（1898）年，臺銀版。

[34]　范咸《重修臺灣府志》，卷二十五〈藝文〉，頁 787。連橫《臺灣通史》對「赤瓦說」提出
　　批判說：「臺灣府志以為臺灣建屋多用赤瓦，水濱高處，閩人曰嶼，訛為崁，故與安平城
　　俱稱赤崁。⋯⋯如志所言，拘泥文字。」（頁 109）

[35]　周鍾瑄《諸羅縣志》，卷一〈封域志〉，頁 5，康熙 58（1719）年，臺銀版。

濟）」，後來的客家人、漢人則把它發音為「十八兒」。

那麼，十八兒、史把濟是什麼意思呢？Pazei（把濟）是泰雅語澤敖利方言的祭祀，Se（史）是指事代名詞，有點兒類似英語 in（在）的意思；原來在遠古時代，有一支深入賽夏族領域探險的泰雅族戰士，走到十八兒的時候，先在這裡做「鳥占」，占卜繼續前進的安危，做完鳥占再灑酒祭祀祖靈，因此十八兒的真正含意，就是：祭祀的地點；和能夠連生九對雙胞胎，打破金氏世界記錄的「烏有番婦」，根本風馬牛不相及。[36]

筆者十分贊同上引文「十八兒」應源自「泰雅族語」，而不是源自「漢字字義」的論點，因此筆者認為「九胎連生十八子」的傳說，應屬於「看地名說故事」演變而成。而過去臺灣許多地名，有同一地而有多名者，例如噶瑪蘭又作蛤仔難、甲子蘭、哈仔蘭，這是因為**「皆假借為音」**[37]、**「番語無定字」**[38]之故。儘管漢人已將「十八兒」「番社」社名「假借為音」而予以「文字化」，但是「番人」對於「各番社名多有土音」[39]存在，是故才能從泰雅語 sepazei（十八兒）找出其地名的真正含意──祭祀的地點。

六、結語

「臺灣」地名之由來，紛說不一，迄今仍乏定論，本文首先針對幣原坦博士的源自「番社說」，提出質疑，認為「臺灣」地名應是源自「番語」。如此論述，主要是因為古文獻上並未出現過「臺灣社」，或許這樣的看法，未必完全地解決了「臺灣」地名之由來歷來紛說不一的問題，但至少拋出議題，提出源自於「番語」的可能性與思考。

就臺灣鄉土地名變動的歷史長河中，值得注意的是，兩次新政權（日治、戰後）對臺灣鄉土地名的「易名運動」，完全忽視荷治、明清以來

36　見《臺灣原住民月刊》05，2000 年。
37　陳壽祺《重纂福建通志》，卷十五〈噶瑪蘭廳〉，頁 90，同治 10（1871）年，臺銀版。
38　丁紹儀《東瀛識略》，卷一〈建置〉，頁 4，同治 12（1873）年，臺銀版。
39　柯培元《噶瑪蘭志略》，卷十二〈番市志〉，熟番，頁 122，道光 17（1837）年，臺銀版。

漢人移墾的拓墾史，以及臺灣原住民對在地的命名權，因而產生了與現代臺灣庶民生活用語失聯、與臺灣歷史發展過程脫節、模糊臺灣各地鄉土地形原貌的記憶、褪失臺灣各地鄉土地理原始景觀或建物的認知等後遺症，實值吾人的深入省思。又以「臺灣島」之方位爲概念而命名的「臺北」、「臺南」、「臺東」、「臺中」、「臺西」等五個方位的地名，歷經光緒元（1875）年、光緒 13（1887）年、明治 29（1896）年、民國 35（1946）年才依序齊備。在同治 13（1874）年之前，以「臺灣島」之方位爲概念而命名的地名尚未產生，主要係受「臺灣府」即「臺灣西部」實質治權下的影響。莫怪同治 7（1868）年之時，英人米里沙至蘇澳，娶番女爲婦，謀墾南澳之野。噶瑪蘭通判遣人止之，不聽。且曰：「臺東非中國政令所及之地，故不得視爲中國版圖。[40]」

至於臺灣各地鄉土地名的解讀，吾人也應注意到連橫於《雅言》所提到的：「臺灣地名多沿番語，有譯其音者、有譯其音而改爲正音者、有取其一音而變爲華言者。如大穆降、噍吧哖、貓霧捒、卑南覓，譯其音也（按：今之新化、玉井、臺中市南屯區、卑南）。又如豬羅之爲諸羅、雞籠之爲基隆、貓裏之爲苗栗，則改爲正音也。若夫噶瑪蘭之爲宜蘭、阿罩霧之爲霧峰，則取其一音也。唐代翻經，多有此例。臺灣地名，雅俗參半；然如秀姑巒[41]、璞石谷[42]、斗六門、葫蘆墩（按：以上位於今之豐濱、玉里、斗六、豐原），雖本番語，而一經點染，便覺典贍。乃知翻譯地名，固未可草率從事也。[43]」所謂「翻譯地名，固未可草率從事也」之語，正是提醒吾人對本於「番語」的「番社地名」，不可任意翻譯，如「十八兒」之音譯，適足以令人過度想像而產生「九胎連生十八子」的傳說，豈可不慎哉！

---

[40] 連橫《臺灣通史》，卷十四〈外交志〉，頁 397。

[41] 秀姑巒，清代文獻又作繡孤鸞、秀孤鸞、秀姑蘭。昔爲港口村舊名，今爲溪名、山名，當秀姑巒溪入海處。有小島，阿美族稱「芝波蘭」，其義爲「在河口」。

[42] 「璞石谷」又稱「璞石閣」，是源自「番語」之音譯。位於今花蓮縣玉里鎮，是一塊位於中央山脈及海岸山脈之間的峽谷地，有秀姑巒溪流經，每到冬日沙塵瀰漫，當地原住民稱這塊地爲「璞石閣」。

[43] 連橫《雅言》，頁 125～126，昭和 8（1933）年，臺銀版。

附錄一：清代臺灣行政區劃建置演化表

時期	年代	府／縣廳
一府時期	康熙23年	（1684）臺灣府 鳳山縣｜臺灣縣｜諸羅縣
一府時期	雍正元至5年	（1723～1727）臺灣府 鳳山縣｜臺灣縣｜澎湖廳｜諸羅縣｜彰化縣｜淡水廳
一府時期	嘉慶15至17年	（1810～1812）臺灣府 鳳山縣｜臺灣縣｜澎湖廳｜嘉義縣｜彰化縣｜淡水廳｜噶瑪蘭廳
二府時期	光緒元年	（1875）臺灣府｜臺北府 卑南廳｜恆春縣｜鳳山縣｜臺灣縣｜澎湖廳｜嘉義縣｜彰化縣｜埔里社廳｜新竹縣｜淡水縣｜基隆廳｜宜蘭縣
建省時期	光緒13年	（1887）臺灣省 臺東直隸州｜臺南府（恆春縣｜鳳山縣｜安平縣｜澎湖廳｜嘉義縣）｜臺灣府（雲林縣｜彰化縣｜臺灣縣｜埔里社廳｜苗栗縣）｜臺北府（新竹縣｜淡水縣｜南雅廳｜基隆廳｜宜蘭縣）

附錄二：日治初期的縣廳制

三　縣　一　廳（七支廳）

		臺　北　縣				臺　灣　縣		臺　南　縣			
第一次改革	明治28年 一八九五年	宜蘭支廳	基隆支廳	淡水事務所	新竹支廳	直轄清代臺灣府所轄苗栗、臺灣、彰化、雲林四縣及埔里廳	嘉義支廳	鳳山支廳	恆春支廳	臺東支廳	澎湖島廳

一　縣　二　民　政　支　部　一　廳（四支廳九出張所）

		臺　北　縣				臺灣民政支部				臺　南　民　政　支　部					
第二次改革	明治28年 一八九五年	宜蘭支廳	基隆支廳	淡水支廳	新竹出張所	苗栗出張所	彰化出張所	埔里社出張所	雲林出張所	嘉義出張所	安平出張所	鳳山出張所	恆春出張所	臺東出張所	澎湖島廳

三　縣　一　廳（十二支廳）

		臺　北　縣				臺　中　縣					臺　南　縣				
第三次改革	明治29年 一八九六年	宜蘭支廳	基隆支廳	淡水支廳	新竹支廳	苗栗支廳	鹿港支廳	埔里支廳	雲林支廳	嘉義支廳	臺南縣直轄	鳳山支廳	恆春支廳	臺東支廳	澎湖島廳

六　縣　三　廳

第四次改革	明治30年 一八九七年	宜蘭廳	臺北縣	新竹縣	臺中縣	嘉義縣	臺南縣	鳳山縣	臺東廳	澎湖廳

三　縣　三　廳

第五次改革	明治31年 一八九八年	宜蘭廳	臺北縣	臺中縣	臺南縣	臺東廳	澎湖廳

徵引書目

1696（康熙 35）年
　　高拱乾《臺灣府志》，臺銀版。

1719（康熙 58）年
　　周鍾瑄《諸羅縣志》，臺銀版。

1747（乾隆 12）年
　　范咸《重修臺灣府志》，臺銀版。

1752（乾隆 17）年
　　王必昌《重修臺灣縣志》，臺銀版。

1760（乾隆 25）年
　　余文儀《續修臺灣府志》，臺銀版。

1773（乾隆 38）年
　　朱景英《海東札記》，臺銀版。

1805（嘉慶 10）年
　　〈重建彌陀寺碑記〉，《臺灣南部碑文集成》，臺銀版。

1816（嘉慶 21）年
　　章甫《半崧集簡編》，臺銀版。

1830（道光 10）年
　　周璽《彰化縣志》，臺銀版。

1830（道光 10）年
　　陳國瑛《臺灣采訪冊》，臺銀版。

1837（道光 17）年
　　柯培元《噶瑪蘭志略》，臺銀版。

1866（同治 5）年
　　趙新《續琉球國志略》，臺銀版。

1871（同治 10）年刊
　　陳壽祺《重纂福建通志》，臺銀版。

1871（同治 10）年

　　陳培桂《淡水廳志》，臺銀版。

1873（同治 12）年

　　丁紹儀《東瀛識略》，臺銀版。

1885（光緒 11）年

　　黃逢昶《臺灣生熟番紀事》，臺銀版。

1893（光緒 19）年

　　林豪《澎湖廳志》，臺銀版。

1894（光緒 20）年

　　盧德嘉《鳳山縣采訪冊》，臺銀版。

1894（光緒 20）年

　　薛紹元《臺灣通志》，臺銀版。

1894（光緒 20）年

　　屠繼善《恒春縣志》，臺銀版。

1897（光緒 23）年

　　鄭鵬雲《新竹縣采訪冊》，臺銀版。

1898（光緒 24）年

　　林百川、林學源《樹杞林志》，臺銀版。

1920（大正 9）年

　　連橫《臺灣通史》，臺銀版。

1933（昭和 8）年

　　連橫《雅言》，臺銀版。

1960 年

　　吳幅貞輯《臺灣詩鈔》，臺銀版。

1995 年

　　洪敏麟《重修臺灣省通志》，卷三〈住民志〉，省文獻會。

2000 年

　　Jason　Lee〈被漢人張冠李戴的部落地名〉，《臺灣原住民月刊》05。

臺南三山國王廟創建年代考論

摘要

　　據王必昌《重修臺灣縣志》的記載，臺南三山國王廟是雍正 7 年（1729 年）臺灣知縣楊允璽、左營遊擊林夢熊率領粵東諸商民所建。至昭和 13 年（1938 年）時，前嶋信次於《科學の臺灣》發表〈臺南の古廟〉一文，因爲他發現了臺灣知縣楊允璽、左營遊擊林夢熊二官均是乾隆 7 年（1742 年）才到臺灣任職，且楊、林二官分別於乾隆 9 年、10 年離臺，因此他認爲王必昌《重修臺灣縣志》的記載有誤，並初步推測臺南三山國王廟應創建於乾隆 7 年至 9 年之間。後來他又發現了徐德峻〈新建三山明貺廟碑記〉一文，文內敘述廟的創建年代是「壬申小春之月動工、癸酉冬季之辰完竣。」也就是「乾隆 17 年 10 月動工、18 年冬完竣」，與他原先推測的乾隆 7 年至 9 年之間，有 10 年的年代落差，所以他就認爲徐德峻〈新建三山明貺廟碑記〉恐怕是 10 年後的誤記。最後他提出臺南三山國王廟創建的年代應在乾隆 7 年 10 月至乾隆 8 年冬之間。此說影響後人研究甚鉅，至今只要是知道前嶋信次新說者，莫不將乾隆 7 年之說奉爲圭臬。

　　前嶋信次新說有兩大論證基礎，一是徐德峻〈新建三山明貺廟碑記〉，一是楊允璽、林夢熊於乾隆 7 年才到臺任職。前者本文將提出論證，澄清徐德峻所撰碑記內容不是指臺南三山國王廟，而是今嘉義市廣寧宮，故其於何時動工、何時完工，與臺南三山國王廟本就全然無涉，不足爲證；至於後者本文將說明三山國王廟真正創建者是一般粵民群眾，而非楊、林等「官員」到臺之後「倡建」。既然不是楊知縣、林遊擊二官所「倡建」，楊知縣、林遊擊何時到臺任職，便屬無關緊要了，乾隆 7 年新說自然無法成立。最後並以來臺任職巡臺御史的楊二酉，曾經獻題聯字於臺南三山國王廟內，而其任職巡臺御史的時間是在乾隆 4 年至 6 年之間，來證明臺南三山國王廟創立年代絕對早於乾隆 7 年。因

此本文考論，以目前的相關記載而言，王必昌的雍正 7 年之說，才是臺南三山國王廟最可信的創立年代。

關鍵詞：三山國王廟、前嶋信次、重修、重建

一、前言

臺南三山國王廟是臺灣最早創建的三山國王廟，地址在臺南市北區元和里西門路三段 100 號，其位置正好在立人國小斜對面的西門路三段與北華街的交叉口，目前仍保有潮州式特殊的建築風格，因此 1985 年被內政部列為國家二級古蹟。此廟於日治昭和時期地址為寶町一丁目 170 番地，境內坪數有 1292.13 坪，建物坪數為 278.4 坪[1]。清治時期與開基天后宮（又稱小媽祖宮、水仔尾媽祖宮）同屬於小北門內鎮北坊水仔尾（或稱大銃街）的街境。

三山國王廟目前為一座三開間（可分左側殿、正殿、右側殿，參見圖 1）三進式的祠廟。第一進中間為拜殿，兩側間為天井。第二進正殿主祀三山國王，左側殿為「天后聖母祠」，主祀天上聖母；右側殿為「韓文公祠」，主祀韓文公。第二進後面為後埕，後埕後面為第三進，第三進正殿主祀三山國王夫人。現有的古匾除了置於正殿門口上方的明太子少保禮部尚書潮陽盛端明撰、乾隆 9 年沐恩弟子洪啓勳等人所獻立〈三山明貺廟記〉匾（參見圖 2、附錄 1），與乾隆戊辰（13）年[2]乾隆皇帝御賜給府城廣東籍義民的〈褒忠〉匾之外（參見圖 3），就屬右側殿韓文公祠裡的乾隆 45 年〈如潮〉、光緒 3 年〈重瞻山斗〉二匾與現置於後殿地面上的光緒 10 年〈群瞻顯應〉匾最具歷史價值（參見圖 4、圖 5、圖 6）。

---

[1] 《寺廟臺帳（臺南市）》，第 75 號。

[2] 乾隆「戊辰」（乾隆 13）年，也有學者指出是乾隆「戊申」（53）年之誤寫，並擅將乾隆「戊辰」改成乾隆「戊申」。主要理由有三：一是乾隆「戊辰」年前後，清代臺灣文獻並未有粵民助官平亂之記載；二是「申」與「辰」音相近，書匾者極可能誤把「申」書成「辰」；三是乾隆「戊申」年正與林爽文反清事件有關。不過筆者認為這些都屬合理的推測，但仍應待更直接而有力的論證，否則不應貿然將「戊辰」年直接改成「戊申」年。

圖1：三開間三進式的臺南三山國王廟
圖2：洪啟勳所獻〈三山明貺廟記〉

圖3：乾隆戊辰（13）年〈襃忠〉匾
圖4：乾隆45年〈如潮〉匾

圖5：光緒3年〈重瞻山斗〉匾 [3]
圖6：光緒10年〈群瞻顯應〉匾 [4]

---

[3]　何培夫〈臺南市寺廟清代匾聯集〉（《臺灣文獻》35：01），於〈重瞻山斗〉匾之調查紀錄
似乎有疏漏，其載上款書：「光緒三年歲次臘月吉旦」，下款書：「欽加布政使銜統領臺
南潮普全軍福建儘先補用道克勇巴圖魯方勳敬撰並書。」筆者所調查，其下款實書：「欽
加布政使銜統領臺灣南路潮普營全軍福建儘先補用道克勇巴圖魯方勳敬撰並書。」何培夫
之文似將「臺灣南路」略記成「臺南」，將「潮普營全軍」略記成「潮普全軍」。然而，
「臺南（府）一詞」應在光緒13年臺灣建省之後，才告出現。

[4]　〈群瞻顯應〉上款書：「光緒拾年歲次甲申暑月吉旦」，下款書：「綏靖中營管帶左哨花翎
守備陳九齡、楊天存、沐恩湖南省岳州監生殷樹榮、鄧林炎、藍翎把總熊鴻山、陸學泮、

　　臺南三山國王廟究竟創建於何時？這原本不是問題的問題，因為乾隆 17 年（1752 年）王必昌《重修臺灣縣志》就已明載：

> 三山國王廟：在小北門內鎮北坊水仔尾。廟祀粵潮州巾山、明山、獨山之神，三山在揭陽縣界。原廟在巾山之麓，賜額「明貺」。潮之諸邑，皆有祠祀。粵人來臺者，咸奉其香火，故建廟云。雍正七年，知縣楊允璽、左營遊擊林夢熊率粵東諸商民建。[5]

而乾隆 29 年余文儀《續修臺灣府志》亦載：

> 三山國王廟：在小北門內鎮北坊水仔尾。雍正七年，知縣楊允璽、左營遊擊林夢熊率粵民同建。[6]

清代臺灣縣志、府志雖早已明白記載了臺南三山國王廟創建於雍正 7 年（1729 年），但日治時期前嶋信次於昭和 13 年（1938 年）提出新的論證，認為雍正 7 年是舊志誤載，而主張臺南三山國王廟真正的創建年代是乾隆 7 年，其理由是知縣楊允璽、左營遊擊林夢熊於乾隆 7 年才到臺履任。乾隆 7 年新說提出之後，影響當時與後人的研究甚鉅，至今已歷 60 餘年，臺南三山國王廟創建年代的問題仍未解決，形成一個懸而未決的疑案。

　　針對此一疑案，本文先對於前嶋信次的乾隆 7 年新說的論證內容，與新說對於當時及後人對該廟創建年代研究的影響作一回顧之後，再嘗試對前嶋氏所論證的徐德峻〈新建三山明貺廟碑記〉實為臺南三山國王廟延誤 10 年的誤記；與連景初所論證的〈新建三山明貺廟碑記〉即為臺南三山國王廟 10 年後的重修、重建等看法，提出質疑與反駁，並說明王必昌《重修臺灣縣志》所載臺南三山國王廟創建於雍正 7 年的年代並無錯誤，所誤者為廟宇原為潮州移民從潮州的三山國王廟攜帶香火渡臺所奉祀而建立，而修志者為了踵事增華，替粵籍官員增添一筆的「率

　　方福榮、鄧渭濱、李人和、何達武、何悅升仝敬頌。」何培夫之文將方福榮、鄧渭濱二人記為「□」福榮、鄧「洧」濱。

[5]　王必昌《重修臺灣縣志》，卷六〈祠宇志〉，頁 180。

[6]　余文儀《續修臺灣府志》，卷十九〈雜紀〉，頁 647。

民」「倡建」廟宇的事蹟與榮耀，而將創建人由「粵民」強化成爲由廣
東大埔人楊允璽、廣東海陽人林夢熊二「官員」「率領粵民」所建。釐
清此一關鍵性的問題，才可解開楊允璽雖於乾隆 7 年才任職臺灣知縣，
但臺南三山國王廟的創廟年代確實爲雍正 7 年，兩年代全然不符所產生
的疑惑。

二、乾隆七年新說及其影響

前嶋信次（1903 年～1983 年），東京帝國大學東洋史學科畢業，師
事藤田豐八，臺北帝大創校後隨藤田教授於昭和 3 年（1928 年）來臺，
在帝大文政學部擔任助手，4 年後（昭和 7 年）轉任臺南一中任職教諭
8 年，昭和 15 年（1940 年）離職後返回日本，服務於滿鐵「東亞經濟
調查局」，戰後（1951 年）任教於日本慶應大學 20 年，1971 年退職 [7]。
在臺期間，他除了主張「王爺」就是一種純粹的瘟神信仰之外，也提出
臺南三山國王廟創建於乾隆 7 年的新說。前嶋氏於昭和 13 年在《科學
の臺灣》上發表〈臺南の古廟〉一文提及：

> 據縣誌所載，三山國王廟是雍正七年知縣楊允璽、遊擊林夢熊等
> 率粵東諸商民所建，連雅堂通史、大日本地名辭典等皆據縣誌而
> 寫成雍正七年。但查閱府誌，籍為廣東大埔的楊允璽任臺灣知縣
> 是乾隆七年四月的事，籍為廣東海陽的林夢熊任臺灣鎮標左營遊
> 擊也是在乾隆七年。因為廟宇的創建是這二位廣東人主倡，所以
> 一定是乾隆年間的事情。又因前者於乾隆九年、後者於乾隆十年
> 卸任，所以廟的創立一定在乾隆七年至九年之間。也就是說雍正
> 七年應該是乾隆七年的誤寫。但問題複雜的是，臺灣府誌的藝文
> 志中保存了徐德峻「新建三山明貺廟碑記」一文，文內敘述廟的
> 創建年代是「壬申小春之月動工、癸酉冬季之辰完竣。」也就是
> 「乾隆十七年十月動起工、十八年冬完竣」。費用是二千餘

---

[7]　黃天橫〈前嶋信次先生之略譜及中國、臺灣關係著作目錄〉，頁 70～71，《臺南文化》新 20。

緒。……這年代（筆者按：指乾隆十七年）恐怕是（建廟）十年
後的誤記。因此，個人認為三山國王廟創建的年代應在乾隆七年
十月至乾隆八年冬之間。[8]

據上引文，前嶋氏因為發現了號召粵民建廟的臺灣知縣楊允璽為廣東大
埔人，甲辰舉人，乾隆 7 年 4 月到任；而臺灣鎮左營遊擊林夢熊則為廣
東海陽人，武進士，也是乾隆 7 年到任[9]。且兩位文、武官員也分別於
乾隆 9 年、10 年卸職離臺，所以前嶋氏除了認定乾隆 17 年王必昌《重
修臺灣縣志》、乾隆 29 年余文儀《續修臺灣府志》所載「雍正 7 年」，
當為「乾隆 7 年」之誤記之外；也據兩位文、武官員也分別於乾隆 9 年、
10 年卸職離臺的年代，先是推斷出臺南三山國王廟應該於乾隆 7 年至
10 年間所創建；後來又根據徐德峻〈新建三山明貺廟碑記〉一文，文
內敘述廟的創建年代是「壬申小春之月動工、癸酉冬季之辰完竣」，也
就是「乾隆 17 年 10 月動工、18 年冬完竣」一語，推斷此碑記是臺南
三山國王廟建廟 10 年後的誤記。因此，最後他斷定臺南三山國王廟創
建的年代應在乾隆 7 年 10 月至乾隆 8 年冬之間。

　　此一考證與推論，不但十分合理，而且有重大的發現，因為臺灣知
縣楊允璽、遊擊林夢熊到臺履任確實都是在乾隆 7 年，而在兩人未到臺
灣任職之前，王必昌《臺灣縣志》竟有「雍正七年率民建廟」的記載，
的確有違常理，不合邏輯，所以前嶋氏才斷言一定是王必昌《臺灣縣志》
的誤記。

　　乾隆 7 年新說出現之後，關於臺南三山國王廟的創建年代，至今逐
漸分為三類說法，一是仍然維持雍正 7 年舊說，二是贊成乾隆 7 年新說，
三是兩說並陳、但卻傾向贊成乾隆 7 年新說。茲將三說製表如下：

[8] 前嶋信次〈臺南の古廟〉，頁 24～25，《科學の臺灣》1、2 號，昭和 13 年（1938 年）。
本資料委請邱彥貴先生代為拍攝獲取，在此謹以誌謝。

[9] 楊允璽：廣東大埔人，甲辰舉人，乾隆七年四月任（范咸《重修臺灣府志》，卷三〈職官〉，
臺灣縣知縣，頁 112）。
林夢熊：廣東海陽人，武進士，乾隆七年任（范咸《重修臺灣府志》，卷十〈武備〉，臺
灣鎮標左營遊擊，頁 326）。

表 1：雍正 7 年舊說一覽表

時間	作者	論著名稱	刊名卷期或出版者	頁碼	主張原因
1971	李汝和	《臺灣省通志·卷二人民志·宗教篇》	省文獻會	470	無
1977	林衡道、郭嘉雄	《臺灣古蹟集》	省文獻會	177	無
1977	桐 峰	〈簡述明清兩代寺廟〉	《臺南文化》新 04	68	無
1978	曾迺碩	《臺灣史蹟》	中國文化學院觀光系	184	無
1979	游醒民	《臺南市志·卷二人民志·宗教禮俗篇》	臺南市政府	89	無
1979	洪敏麟	《臺南市市區史蹟調查報告書》	省文獻會	157	無
1980	賴子清	〈南市寺廟神歷〉	《臺南文化》新 10	207	無
1983	仇德哉	《臺灣之寺廟與神明（四）》	省文獻會	37	無
1992	瞿海源	《重修臺灣省通志·卷三住民志·宗教篇》	省文獻會	1258	無
1992	楊仁江	《臺南三山國王廟之調查研究與修護計畫》	楊仁江建築師事務所	43	詳下述
1996	李星謙	〈三山國王廟與客家人崇拜之緣由〉	《國教輔導》35：06	48	無
1996	邱麗娟	《續修臺南市志·卷二人民志·宗教篇》	臺南市政府	20	無
1997	蔡卓如	《臺南三山國王廟特刊》	臺南三山國王廟管理委員會	12～18	詳下述
1998	楊仁江	《臺南三山國王廟修護工程工作報告書》	楊仁江古蹟及攝影研究室建築師事務所	43	詳下述

表 2：乾隆 7 年新說一覽表

時間	作者	論著名稱	刊名卷期或出版者	頁碼	主張原因
1953	連景初	〈三山國王廟〉	《臺南文化》03：01	51	贊同新說
1980	該社編	《錦繡臺灣──古都臺南》	臺北地球出版社	166	受新說影響
1981	石萬壽	〈臺南市寺廟的建置──臺南市寺廟研究之一〉	《臺南文化》新 11 期	55、73	受新說影響
1986	范勝雄	〈臺南市第二級古蹟概述〉	《臺灣文獻》37：03	97	受新說影響
1988	卓克華	《復興基地臺灣之名勝古蹟》	臺北正中書局	45	受新說影響
1989	內政部民政司	《臺閩地區古蹟簡介》	內政部民政司	222	受新說影響
1995	何培夫	《臺南市古蹟導覽》	臺南市政府	33	受新說影響
1996	尹章義	〈閩粵移民的協和與對立──以客屬潮州人開發臺北以及新莊三山國王廟的興衰史為中心所作的研究〉	《臺北文獻》直 74	3	受新說影響
1996	廖財聰	《重修臺灣省通志・卷二土地志・勝蹟篇》	省文獻會	240	受新說影響
1996	李桂玲	《臺港澳宗教概況》	北京東方出版社	87	受新說影響
1998	傅朝卿	《人文・自然・府城──臺南市文化資產大展特刊》	臺南市立文化中心	32	受新說影響
1999	郭堯山	《府城文化休閒手冊》	臺南市立文化中心	93	受新說影響

1999	花松村	《臺灣鄉土續志》第七冊	臺北中一出版社	106	受新說影響
2000	蕭瓊瑞	《府城故事——臺南市古蹟巡禮》	臺南市政府	56	受新說影響
2001	李鎮岩	《臺灣古蹟地圖》	臺中晨星出版公司	249	受新說影響
2001	簡後聰	《福爾摩沙傳奇——臺灣名勝古蹟》	行政院文建會	157	受新說影響
2003	葉振輝	《臺灣開發史》	普林斯頓國際有限公司	173	受新說影響

表 3：兩說並陳一覽表

時間	作者	論著名稱		頁碼	主張原因
1948	國分直一	三山國王廟	《公論報》臺灣風土	第四版	無法確定何者正確
1973	國分直一	三山國王廟	《臺灣風物》23：01	41	無法確定何者正確
1995	陳春聲	三山國王信仰與臺灣移民社會	《中央研究院民族學研究所集刊》80期	106	受新說影響
1995	邱彥貴	嘉義廣寧宮二百年史勾勒（1752～1952）——一座三山國王廟的社會史面貌初探	《臺灣史料研究》06	83	受新說影響而認為建廟年代是懸案

　　上述三個表當中，【表1】除了楊仁江與蔡卓如之外（理由待後述），將臺南三山國王廟之創建年代寫成雍正7年的學者，大多是未注意到或者不知有前嶋氏的乾隆7年新說，以致文中不是引用王必昌《重修臺灣縣志》雍正7年建廟之史料；就是未說明其寫成雍正7年的理由，且也未曾提及前嶋氏的乾隆7年新說。

　　只要是已注意到乾隆7年新說的學者，如【表2】、【表3】，無一不是受到前嶋氏的影響而贊同其說。當中只有國分直一雖受到前嶋氏的影

響，然則持著較為保留的態度，不直接對其年代下定論，1948 年他於
《公論報》發表〈三山國王廟〉一文即說：

> 三山國王廟為雍正七年知縣楊允璽、左營遊擊林夢熊等率粵東諸
> 商民所建者，連雅堂氏與伊能嘉矩主纂的大日本地名辭典均沿用
> 此說。……前嶋氏對這複雜的年代問題，……考定其創建年月當
> 是乾隆七年七月至翌年冬季間。關於創建的年代，因與縣誌（按：
> 指王必昌《臺灣縣志》）、府誌（按：指余文儀《臺灣府志》）的
> 記載不同，令我們發生懷疑。[10]

而邱彥貴雖受前嶋之說的影響，但他也認為這是至今尚未解決的疑案，
他說：「這件公案肇始於 1938 年，前嶋信次認為臺南三山國王廟為楊允
璽、林夢熊於乾隆七年所創建。這個超過半世紀以上的疑問，再度干擾
臺南三山國王廟創建年代的討論。[11]」對於臺南三山國王廟創廟年代舊
說新說之爭，他也不加以評斷。

　　大陸學者陳春聲〈三山國王信仰與臺灣移民社會〉一文，則將「乾
隆 7 年」、「雍正 7 年」二說並陳同列[12]。但是雍正 7 年卻是置於括號之
內，也就是說他不但已經注意到了前嶋信次乾隆 7 年新說，也認為乾隆
7 年之說較雍正 7 年之說合理可信，故文中將其年代寫成「乾隆 7 年（雍
正 7 年）」。

　　至於直接支持或主張乾隆 7 年新說的學者中，大多數是受前嶋信次
新說影響，均以楊允璽等官於乾隆 7 年才到臺任職為據，來論證王必昌
《重修臺灣縣志》雍正 7 年說的錯誤。例如石萬壽於〈臺南市寺廟的建
置——臺南市寺廟研究之一〉文中說：「三山國王廟在哨船港水仔尾元
和宮前，雍正七年，旅臺潮州籍官民在知縣楊允璽、鎮標左營遊擊林夢
熊領導下興建。」隨後註文卻說：「按楊允璽、林夢熊均乾隆七年始履

---

[10]　國分生（國分直一的筆名）〈三山國王廟〉，《公論報》第四版，第 13 期〈廟與神專號〉，
　　　1948 年 8 月 3 日。本文後來也收錄於《臺灣風物》23：01。

[11]　邱彥貴〈嘉義廣寧宮二百年史勾勒（1752～1952）——一座三山國王廟的社會史面貌初探〉，
　　　頁 83，《臺灣史料研究》06。

[12]　陳春聲〈三山國王信仰與臺灣移民社會〉，頁 106，《民族學研究集刊》80。

任，建置年應為乾隆七年，今傳雍正七年，疑誤傳。[13]」范勝雄〈臺南市第二級古蹟概述〉一文也說：「三山國王廟：乾隆七年（1742），知縣楊允璽，左營遊擊林夢熊率粵東諸商民建。」其後亦下註文說：「按楊、林二人皆乾隆七年任，縣志載雍正七年建，似誤。[14]」可見兩人對於臺南三山國王廟創建年代的主張，實質上深受前嶋氏的乾隆 7 年新說之影響，並且支持新說。

有的則完全不提雍正 7 年一事，而是將臺南三山國王廟的創建年代，直接改寫成乾隆 7 年臺灣縣知縣楊允璽等人率廣東籍移民所興建，例如卓克華《復興基地臺灣之名勝古蹟》、傅朝卿《人文・自然・府城——臺南市文化資產大展特刊》、花松村《臺灣鄉土續志（第七冊）》、蕭瓊瑞《府城故事——臺南市古蹟巡禮》、尹章義〈閩粵移民的協和與對立——以客屬潮州人開發臺北以及新莊三山國王廟的興衰史為中心所作的研究〉一文，與大陸學者李桂玲《臺港澳宗教概況》等，兩岸學者所提臺南三山國王廟創建於乾隆 7 年之說法，應係受前嶋氏新說之影響。

前嶋氏的乾隆 7 年新說產生之後，不僅使後來的研究者紛紛支持其說，也使臺南三山國王廟其原為臺灣最早創設的三山國王廟地位受到影響。筆者據清代臺灣文獻統計顯示，清代臺灣創設的三山國王廟共有 55 座，其中 53 座是乾隆時期以後所創建，乾隆時期以前所創建者只有 2 座，均在雍正年間，一是雍正 7 年的臺南三山國王廟，一是雍正 13 年的彰化縣員林鎮三山國王廟（請參附錄 2）。如果乾隆 7 年新說可以成立的話，勢必使得彰化縣員林鎮三山國王廟變成臺灣唯一於雍正時期創建的三山國王廟，進而取代臺南三山國王廟的歷史地位，成為臺灣最早創設的三山國王廟。

---

[13]　石萬壽〈臺南市寺廟的建置——臺南市寺廟研究之一〉，頁 55、73，《臺南文化》新 11。
[14]　范勝雄〈臺南市第二級古蹟概述〉，頁 97、99，《臺灣文獻》37：03。

三、徐德峻〈新建三山明貺廟碑記〉之解讀

前嶋信次昭和 13 年（1938 年）於《科學の臺灣》刊登出〈臺南の古廟〉一文，曾提起徐德峻〈新建三山明貺廟碑記〉，作爲臺南三山國王廟創建年代的佐證。並說臺南三山國王廟廟前壁上有一方巨大石碑，或因面風或因石材關係，字跡已完全磨滅，這一方石碑可推測可能就是收錄於余文儀《續修臺灣府志》裡的徐德峻〈新建三山明貺廟碑記〉[15]。之後，連景初、洪敏麟等人亦引用徐德峻的碑記，作爲臺南三山國王廟創建年代（乾隆 7 年）的佐證。徐德峻的碑記內容如下：

> 臺距揭阻海數千里，邑何以有廟？蓋粵人渡臺者感神威力，有恭敬桑梓之意焉。故郡屬四邑，所在多有；獨吾諸粵莊，纍佩香火東來者，率以禮祀於家，不無市井湫隘（筆者按：潮溼窄狹之意）之嫌。於是蕭成、林振魁等謀祀之，擇地於邑西城廂，鳩金庀材，創爲神廟。工始於壬申小春之月，竣於癸酉冬季之辰。
> 廟既成，僉請於余爲文以記。……則三山雖在揭，感召即在目睫間，且與羅山之玉峰鍾瑞發祥，閱萬載而常新者矣。屬予秩滿將西渡，爰爲記其始末云。[16]

其中「工始於壬申小春之月，於癸酉冬季之辰」一語，也就是於「乾隆 17 年動土、18 年完工」的記載，應如何去解讀，才能與其主張「臺南三山國王廟係創建於乾隆 7 年」的說法，前後互相呼應，前嶋信次、連景初、洪敏麟三人各有自己的解讀。

（一）前嶋信次「延誤」說

徐德峻〈新建三山明貺廟碑記〉所記係於乾隆 17 年動土，與前嶋

---

15 其文載：「廟の前方の壁に巨大な碑が一面立てられてあるが、丁度氣節風の方向に表面を向けてゐるためか、或は石質のためか、全く磨滅し、話に聞く泰山の無字碑もかくやと思はれるほどになってゐる。これが恐らく臺灣府誌卷二十二に收錄された臺灣府知縣徐德峻の新建三山明貺廟碑記が刻せられてゐたものであらうと想像されるのである。」
16 余文儀《續修臺灣府志》，卷二十二〈藝文〉，頁 820～821。

氏原先主張係知縣楊允璽、遊擊林夢熊到臺任職並倡建的乾隆 7 年，兩者竟相去 10 年之久，所以前嶋氏也曾對臺南三山國王廟的創建年代產生些許疑惑，最後他推論乾隆 17 年可能是乾隆 7 年的延誤 10 年的誤記，並斷定臺南三山國王廟的創建年代是乾隆 7 年 10 月至翌年冬季間。

乾隆 7 年已建成的廟宇，碑記竟明白記載著乾隆 17 年動工、18 年完工，如果說碑記所言是指臺南三山國王廟後來「重修」、「重建」之類的「動工」、「完工」，尚有其可能性；如果硬要說成徐德峻的碑記是將臺南三山國王廟的動工年代、完工年代誤記了，而且是各延遲了 10 年，這種說詞恐怕沒有任何說服力，因為「廟既成，僉請於余為文以記」一語已經清楚指出，廟宇落成時，徐德峻才寫碑記，所以徐德峻撰寫碑記不可能將廟宇的動工、完工年代延誤 10 後才記載。「延誤之說」，恐難服人。

（二）連景初「重修」或「新修」說

連景初曾撰〈三山國王廟〉一文，極力證明臺南三山國王廟創建於乾隆 7 年，力挺乾隆 7 年之說，但他卻認為〈新建三山明貺廟碑記〉所記乾隆 17 年動工一事，絕非前嶋氏所言是延遲 10 年的「誤記」，而是創建於乾隆 7 年的臺南三山國王廟於 10 年之後所「重修」。其文曰：

> 徐德峻所撰新修碑記，顯為建廟之十年後所重修，例如府縣志，原只稱府志、縣志，若干年後始有重修、續修、新修。……由此觀之，徐德峻之新建三山廟記，係原廟（按：即臺南三山國王廟）新修時所記無疑，且廟中現存有乾隆九年所立之廟記，廟非建於乾隆十七年者甚明。[17]

連氏文中認為，**「徐德峻所撰新修碑記，顯為建廟之十年後所重修」**，即徐德峻〈新建三山明貺廟碑記〉，所記內容係為臺南三山國王廟 10 年之後所「重修」之事。後文又說：「原廟（即臺南三山國王廟）新修時

17　連景初〈三山國王廟〉，頁 51，《臺南文化》03：01。本文後來也刊於《臺灣風物》23：01。

所記無疑」，然碑記明文題為「新建」，既非「重修」，也非「新修」。「新建」與「重修」、「新修」之義相去甚遠，不可混為一談。

昔人於宮廟祠寺之重建整修，必有一定之專用詞彙，且遣字用詞十分精確。若建築物之外貌雖腐敗，結構體尚足以維繫者，其碑記之題額通常稱為「重修」，「修」者「修葺」也，「重修」者「重新修葺」也。如康熙 54 年陳璸所記〈重修臺灣孔廟碑〉即云：

> 榱桷腐朽者易之，缺折者補之，蓋瓦級磚之欹斜者覆正之，牆壁漫漶不鮮者飾之，基址之坍塌卑薄者增築之，而夫子之廟於是煥然易舊焉。[18]

可見屋之椽桷（承受屋瓦之圓木謂之「椽」，方木謂之「桷」）腐壞者要汰換之、斷裂者要補充之，覆蓋的瓦片、臺階的磚塊有歪斜者要扶正之，壁上圖繪或漆色模糊者要鮮明之，地基坍斜下陷要增強之，此即「重修」之要義也。

「重修」是指建築物「創建多年」，例如乾隆 30 年〈重修關帝廟增建更衣亭碑記〉云：「郡城文衡聖殿，創建多年，廟貌巍峨，頗稱壯麗。……爰倡義聿新殿宇，於廟左側，構亭數椽。[19]」但〈新建三山明貺廟碑記〉說是該廟乾隆 17 年動工、乾隆 18 年完工，正是「新建」之義，完全與「重修」之義不符。

徐德峻之碑記題額為〈新建三山明貺廟碑記〉，也完全不是連氏所謂的「新修」，而是明明白白題為「新建」。「新修」與「新建」意義截然不同，如嘉慶元年哈當阿撰〈新修海靖寺碑記〉云：

> 郡垣北門外有寺，名開元，亦名海會，由來久矣。予奉恩命，兼鎮來臺，嘗至其地，見夫頹垣毀瓦，神像幾失憑依，思有以新之。[20]

可見「新修」乃將舊有建物「重新整修」之義。李閶權〈新修城隍廟前

18　黃典權《臺灣南部碑文集成》，頁 13。
19　黃典權《臺灣南部碑文集成》，頁 62。
20　黃典權《臺灣南部碑文集成》，頁 159。碑現存臺南市北區開元寺內。

石道記〉亦曰：

> 臺邑城隍廟在鎮北坊，隘且就蝕有日矣。……廟前沙礐之地界近右營，為四出之達，歲久頹圮，行者病之。刺史褚公暨郡丞方公仰承大憲振理維新之意，屬余亞謀之。[21]

縣城隍廟廟前石路已毀壞，不堪使用，往來不便，於是有「振理維新」之舉，此為「新修」之義也。「新建」與「新修」不同，未有而建之，謂之「新建」，既有之而毀朽時予以新之、修之，謂之「新修」。「新建」是指「前此未有建物，新創建之」建物也。如康熙 52 年臺廈道陳璸所撰〈新建朱文公祠記〉與〈新建文昌閣碑記〉二文，分別記曰：

> 癸巳（按：康熙五十二年），予建朱文公既成，或問曰：「海外祀文公有說乎？」曰：「有。」……祠正堂三楹，兩旁列齋舍六間，門樓一座。起工於壬辰（康熙五十一年）冬月，至癸巳仲春落成。[22]

> 京邑之制，右廟左學，前殿後閣。予乃於（朱）文公祠後，謀創建文昌閣焉。[23]

乾隆 12 年巡臺御史范咸〈新建明倫堂碑記〉，亦言：

> 我國家令典，自大成殿外，必有明倫堂以為敷教之地。……獨臺灣一隅，僻在海外，前此郡學明倫堂未建。[24]

臺廈道陳璸這兩則「新建」碑記的內容，清楚地記錄了「朱文公祠」與「文昌閣」都是康熙 52 年時「新建」而成的「建物」。巡臺御史范咸〈新建明倫堂碑記〉更直接說明府學明倫堂是乾隆 12 年之前所未建，這三則碑記完全地反映出臺灣府學的規模形制是逐步擴充完備而成的，也明白指出「新建」是「前此未有」之義。

道光 2 年彰化知縣吳性誠〈新建忠烈祠碑記〉亦云：「予故亞為表

---

[21]　六十七《使署閒情》，卷四〈雜著〉，頁 126。

[22]　黃典權《臺灣南部碑文集成》，頁 7。碑現存臺南市孔廟內。

[23]　黃典權《臺灣南部碑文集成》，頁 14。碑現存臺南市孔廟內。

[24]　黃典權《臺灣南部碑文集成》，頁 47。

揚，俾英風亮節，昭昭然照人耳目，……前此未嘗建祠，棲靈無所，因
與典史捐俸三千金，購城隅西街童監生地半畝，庀材鳩工，建祠三落。
[25]」其他如道光 6 年鹿港同知鄧傳安〈新建鹿港文開書院碑記〉、道光
10 年廖春波〈鹿溪新建鳳山寺碑記〉、道光 13 年曾作霖〈新建南投藍
田書院碑記〉[26]等等，所記莫不是當地「前此未建」、「前此未嘗建祠」
等「前所未有」的「新建物」。

（三）洪敏麟「重建」說

連景初〈三山國王廟〉一文，影響了洪敏麟的看法，其《臺南市市
區史蹟調查報告書》一書即謂：

> 三山國王廟：雍正七年，知縣楊允璽，左營遊擊林夢熊率粵東諸
> 商民建。乾隆十七年～十八年（1752～1753）徐德峻重建。[27]

洪敏麟認為徐德峻〈新建三山明貺廟碑記〉，所記係為臺南三山國王廟
於乾隆 17 年「重建」之事。然「重建」與「重修」不同，重建是指結
構體早已不堪維繫，或者早已「棟毀榱頹」[28]，不堪修葺，其碑記之題
額才冠名為「重建」。「建」者，「起造」也；「重建」者「重新起造」也。
例如嘉慶 10 年〈重建彌陀寺碑記〉即云：

> 郡東古寺，顏曰「彌陀」，由來舊矣。……歷今百有餘年，旁風
> 上雨，瓦棟崩頹，半留佛像。……爰於嘉慶己未年鳩工興築，越
> 數年而工告成。茲寺之興，經畫雖依故地，而規模大廓前基，禪
> 房蘭若，寶殿珠林，殆與法華、竹溪並稱海外勝概焉。[29]

可見「重建」非「重修」所可比擬，耗資、耗時、耗力的彌陀寺竟然耗

25　劉枝萬《臺灣中部碑文集成》，頁 32。
26　以上三碑內容分別見《臺灣中部碑文集成》，頁 32、35、39。
27　洪敏麟《臺南市市區史蹟調查報告書》，頁 157，省文獻會，1979 年。
28　乾隆三十三年〈重建烽火館碑記〉，記曰：「茲烽火館宇原建一座，崇祀廣利王，迄今無
　　久，棟毀榱頹。近我同仁，戍守斯土，共襄盛舉，建修前後□座。」《臺灣南部碑文集成》，
　　頁 79。碑原存臺南安平烽火館，日治時期館毀壞後，移置於南門碑林。
29　黃典權《臺灣南部碑文集成》，頁 182。碑現存臺南市東區彌陀寺內。

時 6 年的重建歲月方告完成，規模也非昔日可相提並論。〈新建三山明貺廟碑記〉既題爲「新建」，絕非「重新起造」的「重建」之義。

　　既然徐德峻〈新建三山明貺廟碑記〉已言明該「三山明貺廟」係「新建」，絕非前嶋氏所指的是臺南三山國王廟完工後延誤 10 年的「誤記」，也非連氏所謂舊廟「新修」與「重修」，也不是洪氏所言舊廟「重建」，指稱對象當然絕不可能是臺南三山國王廟，而是另有所指。細讀徐德峻碑記所言「獨吾諸粵莊，曩佩香火東來者」、「於是蕭成、林振魁等謀祀之」、「擇地於邑西城廂，鳩金庀材，創爲神廟」、「廟既成，僉請於余爲文以記」、「則三山雖在揭，感召即在目睫間，且與羅山之玉峰鍾瑞發祥」等語，其中「獨吾諸粵莊」，意即指「唯獨我諸羅縣的客家聚落」，查余德峻是浙江蘭谿人，乾隆 16 年 10 月任諸羅縣知縣，而「林振魁」亦爲諸羅縣的「例貢生」[30]，「羅山之玉峰」也是指諸羅；而「邑西城廂」實則更與王必昌《臺灣縣志》所記「臺南三山國王廟在小北門內鎮北坊水仔尾」位置不同，「鳩金庀材，創爲神廟」意即「新建」，所以把徐德峻〈新建三山明貺廟碑記〉當作是臺南三山國王廟，其實正是對舊文獻解讀錯誤所造成，而徐德峻所言「乾隆 17 年動土，18 年完工」，根本與臺南三山國王廟絲毫不相干。更何況臺南三山國王廟的落成，絕不可能敦請諸羅縣知縣爲文作記。

　　徐德峻〈新建三山明貺廟碑記〉所指的其實正是嘉義市東區大街里的「廣寧宮」，而一般學者在探論嘉義市「廣寧宮」的創建年代時，也都徵引徐德峻〈新建三山明貺廟碑記〉來說明「廣寧宮」係乾隆 17 年所創[31]。《臺灣私法人事編》有一則「廣寧宮」創建於乾隆 17 年更直接的證據，該編載：

　　諸羅縣：三山國王廟在縣治西門外，乾隆十七年粵民同建。[32]

30　余文儀《續修臺灣府志》，卷三〈職官〉，頁 161；卷十二〈人物〉，例貢，頁 468。
31　邱彥貴〈嘉義廣寧宮二百年史勾勒（1752～1952）──一座三山國王廟的社會史面貌初探〉，頁 83，《臺灣史料研究》06。
32　臨時臺灣舊慣調查會《臺灣私法人事編》，第一章〈人〉，第二節品性，第三款宗教，頁 218。

此條資料，無論是創建年代，或是創建所在位置，均與徐德峻〈新建三山明貺廟碑記〉完全吻合，可見諸羅知縣徐德峻〈新建三山明貺廟碑記〉所指的正是諸羅縣治西門外今名爲「廣寧宮」的三山國王廟。所以徐德峻〈新建三山明貺廟碑記〉，所記廟宇其於何時動工、何時完工，完全與臺南三山國王廟無涉；徐德峻碑記所言既然不是臺南三山國王廟後來「重修」、「重建」、「新修」等意，當然不能作爲臺南三山國王廟「創建於乾隆七年」之佐證。

四、乾隆七年新說論證上的問題

前文曾提到對於臺南三山國王廟之創建年代，至今仍然直接寫成雍正 7 年的學者，大多是未注意到或者不知有前嶋氏的乾隆 7 年新說，以致文中不是直接引用王必昌《重修臺灣縣志》，說是創建於雍正 7 年，而將楊允璽、林夢熊二官於乾隆 7 年才到臺履任一事置之不理；就是未說明其寫成雍正 7 年的理由，且也未曾提及前嶋氏的乾隆 7 年新說。

徐德峻〈新建三山明貺廟碑記〉，是前嶋信次乾隆 7 年之說最重要的兩項論證之一。不管前嶋氏將〈新建三山明貺廟碑記〉的「乾隆 17 年動工」，誤以爲是臺南三山國王廟創建於乾隆 7 年而延誤 10 年的誤記；或者連景初、洪敏麟誤以爲是創建於乾隆 7 年的臺南三山國王廟，於 10 年後的「重修」或「重建」，經前文舉證，已失去立論點。

但前嶋氏更重要的另一個立論點是，楊知縣、林遊擊確實於乾隆 7 年才到臺灣履任。所以要否定乾隆 7 年之說的謬誤，唯一的論證方針就是找出臺南三山國王廟並非楊知縣、林遊擊所倡建；或是找出乾隆 7 年之前臺南三山國王廟確實已經存在，那麼乾隆 7 年之說也就自然地失去論證的立足點了。

（一）王必昌乾隆十七年重修縣志的經過

對於乾隆 7 年新說第一位提出質疑者是楊仁江，其主要理由之一

是：

> 魯鼎梅主修、王必昌總纂的《重修臺灣縣志》，該志刊刻的時間
> 是乾隆十七年。假如臺南三山國王廟是創建於乾隆七年，那麼編
> 纂縣志時，離廟建成還不到十年，而倡建人楊允璽與林夢熊也才
> 卸任不久，對寫志的人來說，在記憶猶新的情形下，會將年代和
> 人物關係弄錯的可能性不大。[33]

若設臺南三山國王廟是創建於乾隆 7 年，那麼離乾隆 17 年成書的《重
修臺灣縣志》，約有 10 年；若設臺南三山國王廟是創建於雍正 7 年，那
麼離乾隆 17 年成書的《重修臺灣縣志》，約有 23 年。雖然理論上 10 年
前的人事關係較之 23 年前的人事關係，對寫志書的人而言應該是更為
「記憶猶新」，但實際上此與「記憶」無關，因為無論是雍正 7 年還是
乾隆 7 年，修志者王必昌均在大陸，當時尚未親身涖臺，一直到乾隆
16 年才赴臺修志。

乾隆 17 年《重修臺灣縣志》是繼康熙 59 年陳文達《臺灣縣志》之
後所修，承修者是臺灣縣知縣護理海防同知事魯鼎梅，總理者是臺灣府
儒學教授謝家樹與臺灣府儒學訓導林起述，而實際擔任總纂輯者是福建
德化縣乙丑科（按：乾隆 10 年）進士截選知縣王必昌[34]。

再看看《重修臺灣縣志》上述四位主要參與者的一些背景資料：

> 魯鼎梅，字調元，號爕堂，江西新城人（按：建昌府新城縣人），
> 乾隆壬戌（按：乾隆 7 年）進士，乾隆十四年八月，由福建德化
> 縣知縣調任臺灣縣知縣。[35]
> 林起述，字明卿，號紹庭，福建沙縣人，廩貢。由長泰學調，乾
> 隆十五年十一月任府學訓導。[36]
> 謝家樹，字維成，號蘭邨，福建歸化縣人，己未（按：乾隆 4 年）

33　楊仁江《臺南三山國王廟之調查研究與修護計畫》，頁 41，楊仁江建築師事務所，1992 年。

34　王必昌《重修臺灣縣志》，〈重修臺灣縣姓氏〉，頁 15。

35　王必昌《重修臺灣縣志》，卷九〈職官志〉，文職，知縣，頁 281。

36　王必昌《重修臺灣縣志》，卷九〈職官志〉，列憲題名，訓導，頁 281。

進士。由建寧府學調。乾隆十七年三月任府學教授。[37]

王必昌，福建德化人；清乾隆乙丑（10 年）進士。臺灣知縣魯鼎梅前在德化縣任時，嘗延必昌修志。及調臺灣，乃於乾隆十六年倡重修「臺志」，致幣聘必昌總纂之。始於翌年二月，竣於十月。[38]

這四人都是乾隆 14 年以後才由大陸調職到臺灣任官，謝家樹甚至到了乾隆 17 年 3 月才到臺灣府學任職。可見縣志的修纂最早不會早於乾隆 15 年。魯鼎梅、林起述、謝家樹赴臺主要是因為調職，即平時以國事公務為主，更重要的主纂者王必昌，他才是實際撰寫者。由於魯鼎梅調任臺灣縣知縣之前，任職德化縣知縣期間，嘗延請王必昌修《德化縣志》。及外調臺灣時，以臺灣縣志歷久（1720 年至 1752 年）弗修，魯鼎梅憂慮文獻廢墜，乃於乾隆 16 年渡海致幣延請王必昌來臺修志。

依據府學訓導林起述〈跋文〉所言，重修臺灣縣志之倡議經過如下：

> 未嘗不慨然曰：宰斯邑者，奈何弗修？越明李，邑侯魯公欲新之。冬（按：乾隆 16 年冬），乃設局，命余（按：府儒學訓導林起述）綜其務。[39]

另外巡臺御史錢琦，對於《重修臺灣縣志》之倡修經過，也有說明，其於縣志〈序文〉則說：

> 舊有志，擇焉未精、語焉不詳，歲久且多殘闕；魯君爕堂，以江西名進士來涖茲邑，三年之內，時和歲稔，政舉事修，公務餘間，慨然自在。爰集臺之文士，共相商訂；取舊志之缺者補之、略者詳之、繁者芟（按：刪也）之、訛者正之。……書開局於學之明倫堂，始於二月（按：乾隆 17 年 2 月），成於十月。[40]

可見《重修臺灣縣志》是依照舊縣志，增補、修潤、裁剪而成。不管其

---

[37] 王必昌《重修臺灣縣志》，卷九〈職官志〉，列憲題名，府儒學教授，頁 280。

[38] 吳幅員《臺灣文獻史料叢刊 309 種題要》，頁 54。

[39] 王必昌《重修臺灣縣志》，林（府學訓導林起述）跋，頁 565。

[40] 王必昌《重修臺灣縣志》，錢（巡臺御使錢琦）序，頁 3。

設局倡修是起於乾隆 16 年冬（林起述跋文），還是起於乾隆 17 年 2 月於明倫堂設局修纂（錢琦序文），王必昌於乾隆 16 年底才由大陸赴臺負責修志則是事實，既然是依照舊縣志，增補、修潤、裁剪、更改而成，且又在短短 8 個月內成書，以致發生「雍正 7 年」創廟、創廟者於「乾隆 7 年」才到臺灣的謬誤，恐亦難免。

（二）洪啟勳所撰〈三山明貺廟記〉之跋文

臺南三山國王廟正門上方，懸掛有明太子少保禮部尚書潮陽盛端明撰〈三山明貺廟記〉，此匾係乾隆 9 年歲次甲子上元吉旦，由沐恩弟子洪啟勳等人所立。楊仁江對於乾隆 7 年新說質疑的另一個理由是：

> （洪啟勳）落款為「乾隆九年歲次甲子上元吉」，如果此廟創於乾隆七年，成於次年，那麼，立匾時間離廟成不過一年，按一般慣例，似乎不可能不提「去歲廟成」等句，而只說「蒙神庥，咸欣欣建立廟宇，為敦誠致祭之所。」……我們仍以為臺南三山國王廟草創於雍正七年己酉，乾隆七年壬戌由臺灣知縣楊允璽、臺灣鎮標左營遊擊林夢熊率粵東商民修建。[41]

其實，王必昌《重修臺灣縣志》只載：「雍正七年，知縣楊允璽、左營遊擊林夢熊率粵東諸商民『建』。」既非「修建」，也非「乾隆七年」。故楊氏所謂「乾隆七年壬戌由臺灣知縣楊允璽、臺灣鎮標左營遊擊林夢熊曾率粵東商民修建」一事，或有過度解釋之嫌。

但若是創設於乾隆 7 年，而洪啟勳乾隆 9 年的跋文卻未提及兩年前創建之事，的確令人狐疑。更重要的是，洪啟勳跋文不僅未提及乾隆 7 年創建之事；連乾隆 7 年來臺的潮州籍楊知縣、林遊擊二位主倡人，同為潮州籍的庶民洪啟勳於乾隆 9 年所獻〈三山明貺廟記〉跋文，豈敢對倡建二官之姓名、職官，隻字不提、視而不見、聞而不知？

洪啟勳其人，雖然文獻未載，無可稽查，但其在盛端明撰〈三山明貺廟記〉之後，有一段十分重要而且值得深思與推敲的跋文，文曰：

41　楊仁江《臺南三山國王廟之調查研究與修護計畫》，頁 43，楊仁江建築師事務所，1992 年。

三山國王者，吾潮合郡之福神也。自親友佩爐香過臺，而赫聲濯靈遂顯於東土。蒙神庥，咸欣欣建立廟宇，為敦誠致祭之所；但往往以神之護國庇民、豐功盛烈未知備細為憾。勳等讀親友來翰，適得明禮部尚書盛諱端明所作廟記一篇，甚詳且悉。因盥手繕書，敬刊於左上之廟中。俾東土人士亦有所考而無憾於誠者，未必非神之靈為之也。[42]

細思此文，「**吾潮合郡之福神**」之語，說明了洪啓勳等人原鄉應是潮州府，當洪啓勳與親友們要渡臺時，就攜帶了三山國王的香火，而終於安然抵臺。由於三山國王「**赫聲濯靈**」，潮籍移民因蒙神庇佑，安抵臺灣，故「親友眾人（咸）」大家都欣然建立廟宇。文中「咸」一字與「咸欣欣建立廟宇」道破了臺南三山國王廟的真正創建者，並非臺灣知縣楊允璽與臺灣鎮左營遊擊林夢熊兩位高官要員，而是洪啓勳等潮籍諸親友。

正因是洪啓勳等潮籍諸親友信眾集資創建，洪啓勳覺得一般潮州府的原鄉信眾雖將三山國王視為「**福神**」，但他們渡臺前只知從原鄉潮州求得「福神」的香火，以求「福佑」海途順遂，並不知、也不會、更不需要去調查了解他們信仰的三山國王的神歷來源為何，而洪啓勳自己本身對三山國王是何神也搞不清楚，久為「受神之默佑，卻未知所祀何許神也」之深憾所苦，故寫信尋求原鄉親友協助尋根探源，剛好獲得親友所寄來明禮部尚書盛端明所作〈三山明貺廟記〉一篇，乃將〈三山明貺廟記〉之文刻錄於匾，並於廟記之後寫跋，敬獻給廟，作為後人子孫追溯三山國王的神歷來源的參考。

既然，臺南三山國王廟為洪啓勳諸粵民所建，而非楊允璽、林夢熊二官所倡建，楊、林二官於何年到臺任官已顯無關緊要了。

（三）巡臺御史楊二酉來臺任職內的題聯

前嶋信次在〈臺南の古廟〉一文曾提到臺南三山國王廟有巡臺御史楊二酉所題聯文一事，1978 年曾至臺南三山國王廟勘查古蹟的洪敏麟，

---

[42]　黃典權《臺灣南部碑文集成》，頁 37。

於 1979 年完成的《臺南市市區史蹟調查報告書》一書裡，也提到臺南
三山國王廟的史蹟價值有六項：

> 一為潮州移民集會所。
> 二為本市唯一現存潮州式建築物亦是本省罕見之粵式廟宇。
> 三有乾隆帝御筆「褒忠」匾額。
> 四廟前有巨大無字碑（可能是知府徐德峻新建三山廟碑記）。
> 五有巡臺御史楊二酉書柱聯。
> 六有「韓文如潮」匾額。[43]

可見巡臺御史楊二酉曾書柱聯掛於三山國王廟內。至於楊二酉之身分，
清朝法式善《清秘述聞》載：「兵科給事中楊二酉，字學山，山西太原
人，癸丑（按：雍正 11 年）進士。[44]」而巡臺御史之設置歷程如下：

> 巡臺御史：康熙六十一年設，滿、漢各一員，歲一易。雍正十年，
> 二歲一易。乾隆十七年，三歲一易。五十一年，停。其漢御史兼
> 學政，始雍正五年，乾隆十七年停，仍歸臺灣道兼攝。[45]

也就是說，從康熙 61 年（1722 年）起，巡臺御史的任期是一年一
任，滿、漢輪替，一年滿人，一年漢人。自雍正 10 年（1732 年）起，
至乾隆 16 年（1751 年）止，這 20 年期間巡臺御史的任期是兩年一任，
滿、漢各一人，滿人接任滿人，漢人接任漢人，交接年代是交錯的，所
以乾隆 1、3、5 年是滿御史交接，乾隆 2、4、6 年是漢御史交接，且由
漢御史兼任提督學政之職。而楊二酉任巡臺御史期間正是乾隆 4 年至乾
隆 6 年，其前一任（乾隆 2 年任）是山東高密人單德謨；後一任（乾隆
6 年任）是浙江錢塘人張湄[46]。據此可推知，臺南三山國王廟楊二酉所

---

[43]　洪敏麟《臺南市市區史蹟調查報告書》，頁 159，省文獻會，1979 年。

[44]　法式善《清秘述聞》，卷十五〈同考官〉，類三，乾隆十三年戊辰科會試，頁 462，北京中
華書局，1982 年。

[45]　陳壽祺《福建通志臺灣府》，卷一○七，巡臺御史，頁 544。

[46]　范　咸《重修臺灣府志》，卷三〈職官〉，欽命巡視臺灣御史，頁 102。
其前後任關係如下：白起圖，正藍旗滿洲人，乾隆元年任。
單德謨，山東高密人，雍正丁未進士，乾隆二年任。
諾穆布，正藍旗滿洲舉人，（乾隆）三年任。

題聯字，應在其任巡臺御史的乾隆 4 年至乾隆 6 年之間。換言之，臺南三山國王廟最遲於乾隆 6 年之前就已完成建廟工程，所以乾隆 7 年知縣楊允璽、左營遊擊林夢熊等率粵東諸商民所建者之說，顯然與史實不符。

　　有關巡臺御史楊二酉所獻題的聯字，內容為何，由於前嶋信次、洪敏麟二氏都沒有抄錄下來，本人數次踏勘三山國王廟，並未發現聯文，詢問該廟管理委員會的委員許長泉先生，許先生表示已佚失，甚為痛惜。前嶋信次應當是曾經看過該聯，否則不會任意寫出「字跡極美」的讚詞，但他認為此聯字可能是後人依仿楊二酉之筆跡所書刻的，他說：

> 廟中有古碑數面與楊二酉所書字跡甚美的聯字。楊二酉於乾隆四年任欽命巡視臺灣御史而來臺南，奏建海東書院，於南門內募造秀峰塔，山西太原出身的進士，與三山國王廟並無深厚的關係。而且，他的來臺是廟宇創建之前的事情，所以這副對聯恐怕是後人依仿他的筆跡刻寫的。[47]

由於前嶋信次已經先認定三山國王廟的創建於乾隆 7 年才是「史實」，故發現了楊二酉所獻題的極為秀逸的聯字，與其所認知的「史實」不符，故就推論是後人模仿之聯字。本人認為此事根本不可能：第一、要模仿楊二酉字跡要有所本，即要見過其字跡，但楊二酉除在此廟題字外，未見他廟有之。第二、「模仿」字體，大抵是書法練習臨摹，而非「題聯獻字」。第三、楊二酉身為「巡臺御史」之官，後人豈敢模仿偽造其字跡，以假亂真？所以在楊二酉曾於「乾隆六年以前在廟宇題聯」的史實與「乾隆七年建廟」的「史實」之間，前嶋氏必須作一抉擇，如果要承認楊二酉的題聯是真跡，那麼前嶋氏乾隆 7 年新說自然無法自圓其說，不攻自破。

　　既然臺南三山國王廟最遲於乾隆 6 年之前已經創建，知縣楊允璽、左營遊擊林夢熊二官員當然未曾參與此事。因此，臺南三山國王廟於大

　　楊二酉，山西太原人，雍正癸丑進士，（乾隆）四年任。

　　舒　輅，正白旗滿洲人，（乾隆）五年任。

　　張　湄，浙江錢塘人，（乾隆）六年任。

[47]　前嶋信次〈臺南の古廟〉，頁 25，《科學の臺灣》1、2 號，昭和 13 年（1938 年）。

正 4 年（1915 年）《臺南廳寺廟取調書》的調查資料所填寫的是：「本廟是臺南市潮州移住民所建立。[48]」《臺南市宗教團體臺帳》的調查記錄中，提到臺南三山國王廟有一「護法爺會」的「神明會」組織，其「沿革」一項包括兩欄，一欄是有關主神來源，其如是說：「從支那攜帶香爐渡臺者於臺南當地雕刻木像而形成的」；另一欄是有關神明會緣起，其如是說：「雍正七年，潮州人為了紀念來臺開墾所發起，從支那渡臺的潮州人共十人，各自出錢，以為祭祀費用。[49]」而昭和 8 年（1933年）相良吉哉《臺南州祠廟名鑑》一書，也記載臺南三山國王廟的沿革是：「當初（按：雍正七年）潮州移民從潮州的三山國王廟攜帶香火渡臺所奉祀建立的，其他沿革不明。[50]」連橫《雅堂文集》也說：「三山國王廟在鎮北坊，為潮州人所建，以祀其鄉之神。每逢元宵，陳列花仙數百盆，評其優劣。[51]」這些日治時期調查記錄不但對於所謂的「倡建者」知縣楊允璽、遊擊林夢熊根本隻字不提，反而直接指出從潮州攜帶香火渡臺的「潮州移民」，才是臺南三山國王廟的實質建立者，應非偶然。

臺南三山國王廟於乾隆 7 年所建之說，已失論證之據，王必昌《重修臺灣縣志》記載：

> 三山國王廟：在小北門內鎮北坊水仔尾。……潮之諸邑，皆有祠祀。粵人來臺者，咸奉其香火，故建廟云。雍正七年，知縣楊允璽、左營遊擊林夢熊率粵東諸商民建。

「粵人來臺者，咸奉其香火，故建廟云。」此段文字已充分表達了臺南三山國王廟是來臺粵民所共建，而非粵籍官員倡建；也與洪啟勳於乾隆 9 年〈三山明貺廟記〉跋文，「自親友佩爐香過臺，而赫聲濯靈遂顯於東土。蒙神庥，咸欣欣建立廟宇」之說，完全相互吻合。而「雍正七年」一詞，也明白說出了廟宇創建的年代，至於「知縣楊允璽、左營遊擊林夢熊率粵東諸商民建」一語，極可能是由大陸來臺修志的王必昌為了增

---

48 《臺南廳寺廟取調書》，大正 4 年（1915），手稿本，中研院臺史所。
49 《臺南市宗教團體臺帳》，臺帳番號 7，年代不詳，手稿本，中研院臺史所。
50 相良吉哉《臺南州祠廟名鑑》，頁 24，臺灣日日新報社，1933 年。
51 連橫《雅堂文集》，卷三〈筆記〉，頁 182。

踵粵籍官員事蹟，而附帶加上去的「不實」一筆，沒想到卻引起「雍正7年」創廟與楊允璽等官「乾隆7年」到臺履任兩者年代不符的謬誤，疑案因此產生。

至乾隆29年時，余文儀《續修臺灣府志》雖然是襲取王必昌《重修臺灣縣志》之說，但卻將「粵人來臺者，咸奉其香火，故建廟云」此段文字省略，而直接說是「雍正七年，知縣楊允璽、左營遊擊林夢熊『率粵民同建』」。使得真相離史實越來越遠。

五、結語

昭和13年（1938）前嶋信次提出新的論證，認爲雍正7年是舊志誤載，而主張臺南三山國王廟真正的創建年代是乾隆7年，戰後的研究者也紛紛跟隨其說，只有楊仁江、蔡卓如二位提出一些質疑，反對乾隆7年新說，而主張雍正7年舊說。但似乎尚不足推翻前嶋信次之論證，以致於影響層面不大，所以至今仍然有許多論著持續使用乾隆7年建廟說。

綜合觀之，前嶋信次主張乾隆7年新說的立論證據有二，一是徐德峻〈新建三山明貺廟碑記〉，但經本文考論，徐德峻碑記所指的正是諸羅縣治西門外今名爲「廣寧宮」的三山國王廟，而非臺南三山國王廟。二是王必昌《重修臺灣縣志》記載：「雍正七年，知縣楊允璽、左營遊擊林夢熊率粵東諸商民建」之說，的確有違常理，讓創建三山國王廟的「事件」出現了「年代」與「主角人物」無法吻合的現象。但問題可能出在「年代」記載錯誤；也有可能是出在「主角人物」的記載錯誤，例如「人物」主角原爲「眾多粵籍庶民」，可能被修志者增列一、二位「粵籍官員」的「職官姓名」而不以爲意。

前嶋氏因爲一開始即認定知縣楊允璽、左營遊擊林夢熊是此「事件」的「主角人物」，故必然以「主角人物」到臺年代作爲創廟「事件」的發生年代。因此，當他遇到了乾隆6年以前臺南三山國王廟內確實有巡臺御史楊二酉題聯一事，只好展開這是後人「模仿」而非「真跡」之說。

經本文考論，臺南三山國王廟是「粵民」所建，而非「粵官」知縣楊允璽、左營遊擊林夢熊所倡建，故知縣楊允璽、左營遊擊林夢熊何時至臺，與臺南三山國王廟的創建完全沒有任何關係。前嶋氏兩個有力的立論根據皆已盡失，乾隆 7 年之說自然地完全不能成立。

問題是，洪啓勳等人明明說是「吾潮親友佩爐香過臺，咸欣欣建立廟宇」，王必昌《重修臺灣縣志》何以擅作主張，寫成「知縣楊允璽、左營遊擊林夢熊率粵東諸商民建」呢？致使臺南三山國王廟的創建年代明明白白記載爲雍正 7 年，與「倡建者」知縣楊允璽、左營遊擊林夢熊赴臺履職的年代乾隆 7 年，兩年代不符的疑案產生，可能原因之一是，王必昌乾隆於 16 年冬才受臺灣知縣魯鼎梅之託，赴臺纂修縣志，竟於翌年以短短 8 個月的時間成書，過於倉促，無心造成謬誤。

可能原因之二是，王必昌爲了踵事增華，替粵籍官員增添一筆的「率民」「倡建」廟宇的事蹟與榮耀，而有意將創建人「粵民」，加以「強化」成爲潮州府大埔縣人楊允璽、潮州府海陽縣人林夢熊二官員「率領粵民」所建。查從第一任臺灣知縣康熙 23 年（1684 年）沈朝聘起，一直到乾隆 7 年（1742 年）第二十四任的楊允璽爲止，這 58 年間未曾有廣東籍人士任職過臺灣知縣，楊允璽是第一位廣東籍的臺灣知縣。但不管是修志過於倉促，無心造成；還是有意爲第一位廣東籍的臺灣知縣踵事增華，王必昌有關臺南三山國王廟的記載，的確是引起後來研究上種種困惑；幸好潮人洪啓勳所獻盛端明〈三山明貺廟記〉後附錄了一段解疑的跋文，而巡臺御史楊二酉也曾於廟裡獻題聯字，疑雲因之得以撥開，讓臺南三山國王廟創建年代的史實稍露曙光。

徵引書目

一、史料

1704 年（康熙 43 年）

　　江日昇《臺灣外記》，臺銀版。

1745 年（乾隆 10 年）

　　范　咸《重修臺灣府志》，臺銀版。

1752 年（乾隆 17 年）

　　王必昌《重修臺灣縣志》，臺銀版。

1764 年（乾隆 29 年）

　　余文儀《續修臺灣府志》，臺銀版。

　　王瑛曾《重修鳳山縣志》，臺銀版。

1799 年（嘉慶 4 年）

　　法式善《清秘述聞》，北京中華書局，1982 年。

1821 年（道光元年）

　　謝金鑾《續修臺灣縣志》，臺銀版。

1829 年（道光 9 年）

　　陳壽祺《福建通志臺灣府》（原名《重纂福建通志》），臺銀版。

1830 年（道光 10 年）

　　周　璽《彰化縣志》，臺銀版。

1871 年（同治 10 年）

　　陳培桂《淡水廳志》，臺銀版。

1894 年（光緒 20 年）

　　沈茂蔭《苗栗縣志》，臺銀版。

　　屠繼善《恆春縣志》，臺銀版。

　　盧德嘉《鳳山縣采訪冊》，臺銀版。

　　倪贊元《雲林縣采訪冊》，臺銀版。

1897 年（明治 30 年）

鄭鵬雲、曾逢辰《新竹縣志初稿》，臺銀版。

1898 年（明治 31 年）

不著撰人《嘉義管內采訪冊》， 臺銀版。

林百川、林學源合輯《樹杞林志》，臺銀版。

1910 年（明治 43 年）

臨時臺灣舊慣調查會《臺灣私法人事編》，臺銀版。

日治時期（年代不詳）

《寺廟臺帳（臺南市）》第七五號。

1915 年（大正 4 年）

《臺南廳寺廟取調書》，中研院臺史所手稿本。

1921 年（大正 10 年）

連　橫《臺灣詩乘》，臺銀版。

1927 年（民國 16 年）

趙爾巽《清史稿》，臺北鼎文書局，1987 年初版。

日治時期（年代不詳）

《臺南市宗教團體臺帳》，中研院臺史所手稿本。

1933 年（昭和 8 年）

相良吉哉《臺南州祠廟名鑑》，臺灣日日新報社臺南支局。

1962 年

劉枝萬《臺灣中部碑文集成》，臺銀版。

1966 年

黃典權《臺灣南部碑文集成》，臺銀版。

1977 年

吳幅員《臺灣文獻史料叢刊 309 種題要》，臺銀版。

二、專書

1971 年

李汝和《臺灣省通志・卷二人民志・宗教篇》，省文獻會。

1977 年

　　林衡道、郭嘉雄《臺灣古蹟集》，省文獻會。

1978 年

　　曾迺碩《臺灣史蹟》，中國文化學院觀光系。

1979 年

　　游醒民《臺南市志‧卷二人民志‧宗教禮俗篇》，臺南市政府。

　　洪敏麟《臺南市市區史蹟調查報告書》，省文獻會。

1980 年

　　該社編《錦繡臺灣──古都臺南》，臺北地球出版社。

1983 年

　　仇德哉《臺灣之寺廟與神明（四）》，省文獻會。

1988 年

　　卓克華《復興基地臺灣之名勝古蹟》，臺北正中書局。

1989 年

　　內政部編《臺閩地區古蹟簡介》，內政部民政司。

1992 年

　　瞿海源《臺灣省通志‧卷三住民志‧宗教篇》，省文獻會。

　　楊仁江《臺南三山國王廟之調查研究與修護計畫》，楊仁江建築師
　　　　事務所。

1995 年

　　何培夫《臺南市古蹟導覽》，臺南市政府。

1996 年

　　李桂玲《臺港澳宗教概況》，北京東方出版社。

　　邱麗娟《續修臺南市志‧卷二人民志‧宗教篇》，臺南市政府。

　　廖財聰《重修臺灣省通志‧卷二土地志‧勝蹟篇》，省文獻會。

1997 年

　　蔡卓如《臺南三山國王廟特刊》，臺南三山國王廟管理委員會。

1998 年

　　楊仁江《臺南三山國王廟修護工程工作報告書》，楊仁江古蹟及建

築攝影研究室。

傅朝卿《人文・自然・府城──臺南市文化資產大展特刊》，臺南
市立文化中心。

1999 年

花松村《臺灣鄉土續誌（第七冊）》，臺北中一出版社。

郭堯山《府城文化休閒手冊》，臺南市立文化中心。

2000 年

蕭瓊瑞《府城故事──臺南市古蹟巡禮》，臺南市政府。

2001 年

李鎮岩《臺灣古蹟地圖》，臺中晨星出版有限公司。

簡後聰《福爾摩沙傳奇──臺灣名勝古蹟》，行政院文建會。

2003 年

葉振輝《臺灣開發史》，臺北普林斯頓國際有限公司。

三、論文

1938 年（昭和 13 年）

前嶋信次〈臺南の古廟〉，《科學の臺灣》01、02。

1948 年（8 月 3 日）

國分生〈三山國王廟〉，《公論報》，臺灣風土第 13 期。

1953 年

連景初〈三山國王廟〉，《臺南文化》03：01。

1960 年

劉枝萬〈臺灣省寺廟教堂調查表〉，《臺灣文獻》11：02。

1963 年

劉枝萬〈清代臺灣之寺廟〉（一）、（二）、（三），《臺北文獻》04、
05、06。

1973 年

國分生〈三山國王廟〉，《臺灣風物》23：01。

連景初〈三山國王廟〉,《臺灣風物》23：01。

1976 年

連景初〈臺南三山國王廟裏的韓文公祠〉,《臺南文化》新 02。

1977 年

桐　峰〈簡述明清兩代寺廟〉,《臺南文化》新 04。

1980 年

賴子清〈南市寺廟神歷〉,《臺南文化》新 10。

1981 年

石萬壽〈臺南市寺廟的建置——臺南市寺廟研究之一〉,《臺南文化》
　　　新 11。

1984 年

何培夫〈臺南市寺廟清代匾聯集〉,《臺灣文獻》35：01。

1985 年

黃天橫〈前嶋信次先生之略譜及中國、臺灣關係著作目錄〉,《臺南
　　　文化》新 20。

1986 年

范勝雄〈臺南市第二級古蹟概述〉,《臺灣文獻》37：03。

1995 年

邱彥貴〈嘉義廣寧宮二百年史勾勒（1752～1952）——一座三山國
　　　王廟的社會史面貌初探〉,《臺灣史料研究》06。

陳春聲〈三山國王信仰與臺灣移民社會〉,《民族學研究集刊》80。

1996 年

李星謙〈三山國王廟與客家人崇拜之緣由〉,《國教輔導》35：06。

尹章義〈閩粵移民的協和與對立——以客屬潮州人開發臺北以及新
　　　莊三山國王廟的興衰史爲中心所作的研究〉,《臺北文獻》直
　　　74。

【附錄 1】：三山明貺廟記（乾隆 9 年）

潮之明貺三山之神，其來尚矣。夫潮及之揭陽，於漢爲郡，後改爲邑。邑兩百里有獨山，越四十里有奇峰，曰玉峰；玉峰之右，有眾石激湍，東潮、西惠，以石爲界，渡水爲明山；西接梅洲，洲以爲鎮，三十里有巾山，地名霖田。三山鼎峙，英靈所鍾。當隋時失其甲子二月下旬五日，有神三人，出於巾山。自稱昆季受命於天，分鎮三山，託靈於玉峰之右，廟食於此地，前有古楓樹，後有石穴。降神之日，上生蓮花絳白色，大者盈尺。鄉民陳姓者白晝見三人乘馬而來，招己爲從者。未幾，陳遂與神俱化。眾異之，乃即巾山之麓，置祠合祭。既而降神以人言，封陳爲將軍。赫聲濯靈，日以益著，人遂尊爲化王，以爲界石之神。唐元和十四年，昌黎韓公刺潮洲，霪雨害稼，眾禱於神而響答：爰命屬官以少牢致祀，祝以文曰：「淫雨既霽，蠶穀以成，織女耕男，欣欣衎衎。其神之保庇於人，敢不明受其賜！」宋藝祖開基，劉鋹拒命，王師南討。潮守王侍監赴禱於神，果雷電風雨；鋹兵遂北，南海乃平。迨太宗征太原，次於城下，忽睹金甲神人揮戈馳馬，師遂大捷，魁渠劉繼元以降。凱旋之日，有旌見城上雲中，曰「潮州三山神」。乃命韓指揮舍人，詔封巾山爲「清化威德報國王」、明山爲「助政明肅寧國王」、獨山爲「惠威弘應豐國王」，賜廟額曰「明貺」；敕本部增廣廟宇，歲時合祭。明道中，復加「靈廣」二字。蓋肇跡於隋、顯靈於唐、受封於宋，數百年來，赫赫若前日事。嗚呼！神之豐功盛烈，庇於國、於民亦大矣哉！

潮之諸邑，在在有廟，莫不祇祀。水旱疾疫，有禱必應。夫惟神之明，故能鑑人之誠；惟人之誠，故能格神之明。神人交孚，其機如此，謹書之，俾海內人士歲時拜於祠下者，有所考而無憾於誠焉。

賜進士第、資德大夫、正治上卿、太子少保、禮部尚書、前左春坊左庶子、翰林侍讀、經筵講官同修國史郡人**盛端明撰**。

三山國王者，吾潮合郡之福神也。**自親友佩爐香過臺，而赫聲濯靈遂顯於東土。蒙神庥，咸欣欣建立廟宇，爲敦誠致祭之所**；但往往以神之護國庇民、豐功盛烈未知備細爲憾。勳等讀親友來翰，適得明禮部尚

書盛諱端明所作廟記一篇，甚詳且悉。因盥手繕書，敬刊於左上之廟中。俾東土人士亦有所考而無憾於誠者，未必非神之靈爲之也。

　　時乾隆九年歲次甲子上元吉旦，沐恩弟子洪啓勳、陳可元、許天旭、周奕沛、梁朝舉、洪肇興、伍朝章、舉義忠、陳傑生、曾可誠、洪良舉。

　　資料來源：《南部碑文集成》，頁36～38。

【附錄2】：清代臺灣三山國王廟建置一覽表

編號	建置年代	廟宇名稱	位置所在	創建者	資料來源
01	雍正 7 年	三山國王廟	鎮北坊水仔尾	知縣楊允璽、左營遊擊林夢熊率粵東諸商民率粵東諸商民建。	重修臺灣縣志，頁180。
02	雍正 13 年	三山國王廟	彰化縣治南員林仔街	粵人建	臺灣私法人事編，頁 219。另彰化縣志，頁 157，則載「乾隆年間」創建。
02	乾隆 17 年	三山國王廟	諸羅縣治西門外	粵民同建	臺灣私法人事編，頁 218。
04	乾隆 20 年	廣寧廟	三角通街	韓江募建，同治12年洪大吉董修。	鳳山縣采訪冊，頁177。
05	乾隆年間	三山明貺國王廟	縣城北龜山麓	潮州耆民合建	重修鳳山縣志，頁153。
06	乾隆年間	三山明貺國王廟	仁壽里九甲圍莊	不詳	重修鳳山縣志，頁153。
07	乾隆年間	三山明貺國王廟	埤頭街尾	不詳	重修鳳山縣志，頁153。
08	乾隆年間	三山	縣治南街	粵人公建	彰 化 縣 志 ， 頁

		國王廟			157。
09	乾隆年間	三山國王廟	鹿港街	粵人公建	彰化縣志，頁157。
10	乾隆43年	三山國王廟	九塊厝莊（港西）	陳慶祥募建	鳳山縣采訪冊，頁177。
11	乾隆45年	國王廟	新莊街	粵人捐建	淡水廳志，頁152。
12	乾隆54年	廣濟宮	舊治南郊（興隆）	呂鍾募建	鳳山縣采訪冊，頁177。
13	乾隆59年	三山國王廟	鹽埕莊（大竹）	蕭晉期募建，光緒8年謝道董修。	鳳山縣采訪冊，頁177。
14	乾隆59年	三山國王廟	四塊厝（港東）	陳春來募建，光緒14年陳阿喜董修。	鳳山縣采訪冊，頁178。
15	嘉慶元年	三山國王廟	潮州莊街（港東）	張國俊募建，同治5年周同順董修。	鳳山縣采訪冊，頁178。
16	道光元年	三山國王廟	潮州莊街	陳阿漏募建	鳳山縣采訪冊，頁178。
17	道光元年	三山國王廟	大莆林街	街民捐建	嘉義管內采訪冊，頁17。
18	道光元年	國王廟	苗栗街	劉蘭斯倡捐	苗栗縣志，頁161。
19	道光8年	國王廟	新埔堡鹹菜甕三墩莊	不詳	新竹縣志初稿，頁117。
20	道光10年	三山國王廟	六班長莊（仁壽）	鄭興、劉仁募建	鳳山縣采訪冊，頁177。
21	道光10年	三山國王廟	茇藤林莊（港東）	李孟涼募建	鳳山縣采訪冊，頁178。
22	道光14年	三山國王廟	樹杞林堡城莊	不詳	新竹縣志初稿，頁119。
23	道光18年	三山國王廟	頭份堡上斗換坪街	不詳	新竹縣志初稿，頁122。

24	道光 20 年	三山國王廟	潭底莊（嘉祥）	陳筆募建，光緒 2 年蔡果董修。	鳳山縣采訪冊，頁 177。
25	咸豐 2 年	三山國王廟	新莊（仁壽）	黃清募建	鳳山縣采訪冊，頁 177。
26	咸豐 2 年	三山國王廟	樹杞林堡九芎林街	不詳	新竹縣志初稿，頁 120。
27	咸豐 7 年前	三山國王廟	大莊（觀音）	蘇排董修	鳳山縣采訪冊，頁 177。
28	咸豐 9 年	三山國王廟	新置莊（港東）	陳豐傳建	鳳山縣采訪冊，頁 177。
29	同治 3 年	三山國王廟	山豬湖	不詳	新竹縣志初稿，頁 121。
30	同治 4 年	三山國王廟	海豐莊（港西）	歲貢生鄭元奎[52]募建	鳳山縣采訪冊，頁 178。
31	同治 4 年	三山國王廟	大埔莊（港西）	劉月鄰募建	鳳山縣采訪冊，頁 178。
32	同治 5 年	三山國王廟	下林仔邊街（港東）	黃長記募建	鳳山縣采訪冊，頁 178。
33	同治 9 年	三山國王廟	樹杞林堡樹杞林街	不詳	新竹縣志初稿，頁 120。
34	同治 10 年	三山國王廟	樹杞林堡上公館莊	不詳	新竹縣志初稿，頁 120。
35	同治 12 年	三山國王廟	加走莊（港東）	張嘉禮募建	鳳山縣采訪冊，頁 178。
36	同治 13 年	三山國王廟	九甲圍莊（仁壽）	鄭尚募建	鳳山縣采訪冊，頁 177。
37	光緒元年	三山國王廟	樹杞林堡橫山莊	不詳	新竹縣志初稿，頁 120。
38	光緒元年前	三山國王廟	那拔林莊（嘉祥）	林耀西董修	鳳山縣采訪冊，頁 177。

---

[52]　鄭元奎是咸豐七年的鳳山縣歲貢生。

39	光緒元年前	三山國王廟	右衝莊（半屏）	武生楊應龍董修	鳳山縣采訪冊，頁177。
40	光緒5年	三山國王廟	猴洞山北麓	粵籍客民捐建	恒春縣志，頁224。
41	光緒8年	三山國王廟	樹杞林堡□仔莊	不詳	新竹縣志初稿，頁120。
42	不詳	三山國王廟	保力莊	粵民建	恒春縣志，頁224。
43	不詳	三山國王廟	斗六堡	粵籍九莊公建	雲林縣采訪冊，頁16。
44	不詳	國王宮	柯仔壢	不詳	樹杞林志，頁65。
45	不詳	國王宮	柑仔崎	不詳	樹杞林志，頁65。
46	不詳	國王宮	南埔	不詳	樹杞林志，頁65。
47	不詳	國王宮	中興莊	不詳	樹杞林志，頁65。
48	不詳	國王宮	猴洞莊	不詳	樹杞林志，頁65。
49	不詳	國王宮	石壁潭	不詳	樹杞林志，頁65。
50	不詳	國王宮		不詳	樹杞林志，頁65。
51	不詳	國王宮		不詳	樹杞林志，頁65。
52	不詳	國王宮		不詳	樹杞林志，頁65。
53	不詳	國王宮		不詳	樹杞林志，頁65。
54	不詳	國王宮		不詳	樹杞林志，頁65。
55	不詳	國王宮		不詳	樹杞林志，頁65。

資料來源：筆者整理。

臺灣媽祖「抱接砲彈」神蹟傳說試探

摘要

　　二次大戰期間與終戰之後，臺灣各地許多媽祖廟宇，紛紛出現了在二次大戰期間媽祖曾經顯靈抱接住盟軍所投擲砲彈，因而保住了當地人的生命財產安全的神蹟傳說。二次大戰美軍轟炸臺灣時，臺灣民間所盛傳的媽祖靈驗事蹟，雖然甚為誇張，但至今仍有信徒、耆老深信此一神蹟而侃侃而談。

　　臺灣媽祖「抱接砲彈」傳說經過本文剖析，媽祖顯靈時有以下兩項特徵：（一）身著紅衣裙襦或白衣裙襦，（二）足穿弓鞋、纏腳妝扮，此二項特徵的故事類型，正體現了媽祖、觀音是「二位一體」或媽祖為觀音轉世、化身傳說的民間認知。

　　其實，臺灣神明能「排除夷砲」的神蹟傳說，最早並不是流傳於二次大戰美軍轟炸臺灣時，而早於中法戰爭期間（1884～1885 年）即已在民間盛傳，主要神明包括媽祖（安平天后宮、淡水福佑宮）、觀音（淡水龍山寺）、清水祖師（淡水祖師廟）與城隍爺（馬公城隍廟）。然則，至二次大戰期間，媽祖終究成為「抱接砲彈」神蹟傳說的主角，這應與媽祖在日治時期在整個臺灣民間信仰（或謂通俗信仰）的地位有關。

　　或許有人認為「抱接砲彈」之說，實屬「荒誕不經」。然而根據本文初淺的考察，這些「抱接砲彈」神蹟傳說的形成蘊含兩個部分。一是歷史事蹟部分，即二次大戰期間，臺灣各地上空，盟軍轟炸機 B-24、B-25、B-29 空襲不斷，如雨下般地投擲巨大的炸彈，但許多炸彈因故而產生墜地的未爆彈。一是庶民心理部分，即面對巨大的炸彈，經年累月的疲勞轟炸，居民的生命財產倍感威脅，造成心理上的恐懼與不安，固不待言。當居民們目睹爆炸威力甚強的炸彈落下時，以為應已面臨萬劫不復之地，未料炸彈竟墜地即止，認為此種情境若無神助實在難以思議，故媽祖「承接」砲彈之說一時四起，成為當時臺灣民間各地「地不

分東西南北、人不分男女老幼」共同流傳的話題。

關鍵詞：媽祖、神蹟傳說、顯靈助戰、轟炸、未爆彈、集體記憶

一、前言

　　媽祖是臺灣民間信仰中最為普化的神明之一，無論是在大城鎮或小聚落、山村或漁港、市街或巷弄，都可找到媽祖廟宇。

　　歷代傳說中，許多有關媽祖救苦救難的神蹟與收伏千里眼、順風耳等膾炙人口的故事，千百年來讓信眾津津樂道，傳誦不止。媽祖信仰在隨著漢人渡臺移墾而傳入臺灣之前，有關媽祖的諸多神蹟傳說，均發生於中國大陸。媽祖在「湄山飛昇」（宋太宗雍熙 4 年、西元 987 年 9 月9 日）之前，即有「**窺井得符**」、「**機上救親**」、「**禱雨濟民**」、「**降伏二神**」、「**龍王來朝**」等神蹟傳說；媽祖飛昇羽化成神之後，也有「**朱衣著靈**」、「**聖泉救疫**」、「**托夢建廟**」、「**平寇助戰**」、「**佑助漕運**」等神蹟出現。這些傳說靈蹟最後到清初時被輯錄而成《天妃顯聖錄》一書[1]。

　　除了《天妃顯聖錄》一書所錄諸多神蹟之外，餘如「**禱神得子**」的靈異傳說，也頗富傳奇色彩。明人《三教源流搜神大全》記載：「**（妃）尤善司孕嗣，一邑共奉之。邑有某婦醮于人十年，不字**[2]**，萬方高禖**[3]**，終無有應者，卒禱於妃，即產男子，嗣是凡有不育者，隨禱隨應。**[4]」就是說某婦人十年未孕，祈拜古代職掌生育的高禖神，卻未奏效，禱求於媽祖，即生男嬰的神蹟。

　　二次大戰期間與終戰之後，臺灣各地許多媽祖廟宇，紛紛傳出了在二次大戰期間媽祖曾經顯靈抱接住盟軍所投擲砲彈，因而保住了當地人的生命財產安全的神蹟傳說。二次大戰美軍轟炸臺灣時，臺灣民間所盛

---

[1]　此書原由僧人照乘等人於明代輯錄、刊行。清康熙年間，因有澎湖的「湧泉給師」、琉球的「陰護冊使」等神蹟傳說，所以清人又新加以輯錄之。

[2]　「字」有二義，一為出嫁，一為懷孕。《禮記・曲禮上》曰：「男子二十，冠而字，……女子許嫁，笄而字。」所以女子許嫁稱為「字人」，還沒有出嫁稱為「待字」。但此處是指懷孕。《易・屯》：「女子貞不字，十年乃字。」字乃妊娠之事也。

[3]　「高禖」是古代帝王為了求子所祭祀的禖神。《禮記・月令》：「（仲春之月）是月也，玄鳥至。至之日，以大牢祠於高禖。」高禖又稱郊禖，因其祠在郊，故稱。《詩・大雅・生民》：「以弗無子。」毛傳：「弗，去也。去無子求有子，古者必立郊禖焉。玄鳥至之日，以大牢祠於郊禖。」

[4]　明《圖繪三教源流搜神大全》，清葉德輝麗廔叢書本影印，頁 187，聯經，1980 年。

傳的媽祖靈驗事蹟，雖然甚爲誇張，但至今仍有信徒、耆老深信此一神蹟而侃侃而談。

「抱接砲彈」的神蹟傳說，雖然盛傳於戰後臺灣民間各地的媽祖廟宇，但它並不像媽祖收伏「千里眼」、「順風耳」的神蹟傳說，是源自於大陸原有的「**降伏二神**」傳說，而是媽祖信仰移植到臺灣之後所土生土長的「**本土新生傳說**」。但此傳說何以發生於媽祖，而罕見於其他如主祀保生大帝、王爺、清水祖師的廟宇？「抱接砲彈」的傳說到底是一種真實的「神蹟」，還是信眾們一種集體心理的投射？「抱接砲彈」的神蹟傳說，第一次出現在臺灣的時間是在終戰之後嗎？清朝之時，有沒有盛傳過類似「抱接砲彈」的神蹟傳說？如果有，神明是媽祖還是其他神明？終戰後臺灣諸多媽祖廟宇「抱接砲彈」的神蹟傳說，是否是因爲過去有類似「抱接砲彈」傳說散播的影響？

神蹟傳說如雪花般紛飛，令人好奇，本文試圖從歷史文獻相關的記載、民間傳說的角度與戰爭期間信眾的集體心理等層面切入，對於上述一連串的疑惑作出初步的探究與分析。

二、清代臺灣新生的媽祖神蹟傳說

鄭、荷之戰，鄭成功於 1661（明永曆 15）年攻臺之時，史載：「**時鹿耳門水漲數尺，戰艦縱橫而入，荷蘭力戰不克，盡載其財寶以歸。**[5]」當時陳文達《臺灣縣志》只有單純陳述「**水漲數尺，戰艦得入**」的現象，字裏行間並未將鄭成功擊敗荷蘭人之事，渲染爲媽祖助戰的神蹟、刻意強調天后默佑的結果。

到了施、鄭之戰，當清朝政權完全取代了臺灣的明鄭政權之後，有關媽祖「**神顏有汗**」、「**衣袍俱濕**」、「**井湧甘泉**」等「**助戰神蹟**」——浮現在臺灣方志的記載，成爲媽祖信仰移入臺灣之後的新生傳說。例如范咸《重修臺灣府志》載：

5　陳文達《臺灣縣志》，〈輿地志〉一，沿革，頁 4。

康熙二十二年，水師提督施琅克澎湖，入廟見神像面有汗，衣袍俱濕；知為神助。事聞，特遣禮部郎中雅虎致祭。[6]

周于仁、胡格《澎湖志略》也記：

又師苦無水，琅禱於神，井湧甘泉，數萬師汲之不竭。今其井尚存，名曰大井。及行，恍見神兵導引；至鹿耳門，水漲數倍，戰艦得逕入，賊驚奔潰。琅上其事，奉詔加封天后。[7]

這時媽祖助戰神蹟被清將施琅刻意強化，媽祖不僅「**神顏有汗**」、「**衣袍俱濕**」；當士兵於澎湖正為無淡水可飲所苦之時，遂向媽祖祈禱，竟然井湧甘泉，使得士兵汲水無虞，乃將此井命名為「**師泉井**」[8]。且往臺灣途中，恍有「**神兵**」為前導，施琅戰艦得以順利行入鹿耳門港口，字裏行間，無一不在強調媽祖為清軍助戰的神蹟。

　　就理論上而言，鑿井之時，井湧泉水之機率並不是沒有，而歷史上也有此類的記載。例如朱一貴事件時，總兵藍廷珍率軍駐在府城，就有井湧泉水的事蹟，藍廷珍並將此井命名為「**靈濟井**」。王必昌《重修臺灣縣志》載：「**靈濟井：在小東門外萬壽寺後。康熙六十年，南澳鎮總兵藍廷珍率師克復臺灣駐此，泉大湧出，軍無渴患；作歌勒石以記之，因名『靈濟』。**」[9]所以林豪在《澎湖廳志》裏就對施琅「**禱神得泉**」的「**師泉井**」神蹟傳說提出質疑。志謂：

施襄壯侯奏疏云：「八罩虎井大海之中，井泉甚少，供水有限；

---

[6]　范咸《重修臺灣府志》，卷七〈典禮〉，頁266～267。

[7]　周于仁、胡格《澎湖志略》，宮廟，頁34。關於澎湖大井，又劉良璧《重修福建臺灣府志》，卷十〈古蹟〉，頁465也提到：「澎湖大井：在媽祖宮東，開鑿不知何年。施琅平臺時，水泉大湧，即此井也，亦名大井頭。」

[8]　陳壽祺《重纂福建通志》，卷十五〈澎湖廳〉，頁90提到：「師泉井：在媽宮澳天后廟東。康熙間，將軍施琅駐師於此，禱神得泉。」馬公當地居民習慣稱為「媽宮大井」或「萬軍井」的「師泉井」，址在馬公市中央里一巷十一號，與天后宮迎面而立。至於其命名之由來，於施琅所撰〈師泉井記〉一文有曰：「在《易》，地中有水曰『師』。師之行於天下，猶水之行於地中；既著『容民畜眾』之義，必協『行險而順』之德。是知師以眾正，乃克副大軍討貳撫順、懷柔萬邦之命。」（見王必昌《重修臺灣府志》，卷二十二〈藝文〉，頁673。）可見「師泉井」之命名，無非是強調所率清軍為「正義之師」。

[9]　王必昌《重修臺灣縣志》，卷十五〈雜紀〉，古蹟，頁536。

自臣統師到彼，每於潮退，就海次坡中，扒開尺許，俱有淡水可餐。從未曾有。及臣進師臺灣，彼地之淡水遂無矣。」按郡乘錄〈師泉井記〉，以為禱神得泉之證；不知師泉井固在內地之平海澳也。又，藍襄毅提督疏請御賜天妃宮匾額稱：「大師所到，各處井枯，甘泉焂爾騰沸，足供食用。再加六月十七等日，在七鯤身血戰，其地處在海中，適當潮退，軍士就坡中扒開尺許，俱有淡水可餐云云。」郡邑乘何以遺之？而《紀略》以媽宮街大井，指為施侯得泉濟渴之處，考之奏疏，似未盡合。蓋施軍惟在八罩虎井，故艱於得泉耳。若既入媽宮澳，則，澎地已平，隨處可汲，何必獨恃此一井乎？且從前劉國軒兵守媽宮港者亦多，何以並無患渴，而所汲者又何井乎？[10]

明鄭大將劉國軒以兵駐守媽宮港，並無患渴發生，所以林豪認為施琅到了馬公，「**澎地已平，隨處可汲**」，得泉濟渴，事屬平常，並非神蹟。雖然所謂施琅「**禱神得泉**」的神蹟傳說，並不是非常傳奇，但卻如同鄭成功在鐵砧山上國姓井「**插劍得泉**」[11]的神蹟傳說一樣，在臺灣民間世代相傳、四處蔓延開來。例如《臺東州采訪冊》記載：

> 天后宮：在馬蘭街。光緒十五年，統領鎮海後軍各營屯東湖張提督兆連建。其前一年，土匪、逆番之叛，后屢著靈異；張提督詳請巡撫劉公銘傳奏請頒給匾額，有經歷高爵、訓導劉春光、巡檢陳炳熙等撰碑可稽。……宮中恭懸御頒「靈昭誠佑」匾；額中摩刻御寶，旁未刻年月日。[12]

由上段引文得知，在 1888（光緒 14）年，臺東當地土匪、逆番叛變時，史冊僅僅暗示著媽祖曾經「**屢著靈異**」的助戰神蹟，至於是怎樣

10　林豪《澎湖廳志》，卷一〈封域〉，山川，附考，頁 23。

11　沈茂陰《苗栗縣志》，卷二〈封域志〉，頁 25 載：「鐵砧山：一名銀錠山。……山上有井，當日鄭成功舉兵於此，水多毒；以劍插地，得甘泉，今相傳為國姓井。」
　　吳德功《戴施兩案紀略》，頁 34 載：「鐵砧山上國姓井，俗傳明鄭成功駐軍山上，無水可汲，拔其佩劍插入山中，甘泉湧出，其劍相傳留於井中，清夜嘗露芒。」
　　光緒十一年余寵〈國姓井碑記〉載：「臺北府新竹縣大甲鐵砧山國姓井，相傳鄭成功駐兵處，被困乏水；以劍插地，得甘泉，大旱不涸。」（《臺灣中部碑文集成》，頁 60。）

12　不著撰人《臺東州采訪冊》，祠廟，頁 48。

「靈異」的助戰神蹟，並未詳加說明，但當地卻傳出是「禱神得泉」的靈異神蹟，頗似施琅於澎湖師泉井「禱神得泉」傳說的「再生」。

據臺東市天后宮的傳說，光緒 14 年 6 月，大庄客民劉添旺結合附近墾民及平埔族人起事，燒毀卑南廳署，圍攻張提督兆連的鎮海後軍[13]。因堡壘內沒有水井，官兵們口渴難以忍受。張提督命陳添等人臨時挖井，井挖了九仞深還不見泉水，正當大家都焦急萬分的時候，張提督燒香向媽祖膜拜禱告，說也奇怪，一剎那間甘泉立即湧出，軍心大振。俟此事平定之後，張提督為感謝媽祖的救助，於清光緒 15 年，慷慨捐出養廉俸，倡議建廟感恩，並先得到知州吳本杰、高垚及宋維釗的贊助，發動地方士紳、後山各庄社募捐，共襄盛舉。清光緒帝曾頒「靈昭誠佑」匾額一塊，初建於臺東市和平街東禪寺內，後遷建於今之中華路。

除了佑助施琅、張兆連等清朝將領「禱神得泉」的「神蹟」之外，媽祖另一則助戰傳說發生在清末（同治元年，1862 年）的大甲鎮瀾宮，媽祖「顯靈」降下大雨淋溼了「戴逆」彈藥之火，而解除大甲城之圍。林豪《東瀛紀事》載：

> 鎮瀾宮神降乩云：「今夜大難。」隨當空書符以壓之。是夜四更，賊潛至南門，暗藏火藥，火發，城垣大震，忽大雨；乃息。時水道屢斷，民皆飲溝水，垂罄，幸節婦林氏三出禱雨，雨降，士氣倍奮。⋯⋯賊盡遁過溪，大甲圍解。[14]

這是媽祖佑助官軍「降雨息火」的一段傳聞。與此同時，倪贊元《雲林縣采訪冊》也記錄了一段媽祖佑助一般百姓作戰、抵制「叛軍」的傳說。即戴潮春部眾舉事時，媽祖顯靈指示兩位護駕大將金精大將軍（千里眼）、水精大將軍（順風耳），率領神兵，協助北港當地居民嚇退之，地點是在北港朝天宮。《采訪冊》載：

---

[13] 不著撰人《臺東州采訪冊》，兵事，頁 69 載：「（光緒）十四年六月，大莊客民劉添旺，⋯⋯殲弁勇，劫掠軍械、火藥南趨。七月，糾合呂望等番焚燬埤南廳署，攻圍張統領兆連鎮海後軍中營。⋯⋯次年，始誘獲劉添旺等，誅之。」

[14] 林豪《東瀛紀事》，卷上〈大甲城守〉，頁 22～23。

同治元年顯聖退賊事。先是，正月十五日居民迎神輿至廟廷，轎（按：同「轎」字）擔忽飛起，直立神桌上，大書「今夜子時速以黑布製旂二面，各長七尺二寸、闊三尺六寸，上書『金精、水精大將軍』字樣，立吾廟廷。」左右居民見神示異，敬謹製備，然莫知何用也。及戴萬生反，圍嘉義，居民惶惶，聚議不決，乃相率禱於神；卜避不吉，卜戰吉。於是增壘浚濠，聚民習戰事。方集，而賊至，無所得旂，遂迎神命所立旂為前隊崇禦；賊不戰退，我民亦不敢偏，恐有詐也。後賊焚新街，民激於義，爭相赴援，救出被難男婦並擒賊二人；詢以當日不戰故，賊云：「是日見黑旂下人馬甚眾，長大異常，疑是神兵，故不敢戰。」居民知神祐，相率詣廟叩謝。[15]

至今北港人仍特別崇奉兩位將軍，出巡時必持「**金精將軍**」、「**水精將軍**」旗號，並特製兩尊將軍的「**神偶團**」[16]為媽祖護衛，參與遶境活動。

此外，媽祖信仰移入臺灣之後的另一則新生傳說是「**北港朝天宮孝子釘**」的故事。相傳清朝中葉，有一位姓蕭的孝子，陪同母親，由大陸來臺灣尋找父親。所搭乘的船隻，遇到大風浪沈沒了，孝子被漁夫救起來，母親卻下落不明。有一天，孝子來到朝天宮，向媽祖許願，如果還能找到母親，一家團圓，手中的鐵釘就能以手掌擊打貫入石階，鐵釘果然釘入堅硬的石階中。不久，孝子就找到父母親。至今北港朝天宮，在觀音佛祖殿前之石階上仍可看到「**孝子釘**」痕跡。

總之，清代在臺灣所產生的媽祖神蹟新傳說主要有兩個類型，一是佑助孝子尋親的傳說，一是助戰類型的傳說。佑助孝子尋親傳說只發生於北港，而助戰類型的傳說則發生於澎湖與臺灣本島各地。

三、臺灣砲彈神蹟傳說的可能源起
——清法戰爭

15　倪贊元《雲林縣采訪冊》，大槺榔東堡，兵事，附天后顯靈事，頁58～59。

16　這個神偶團成立於1927年。戰後，改名稱為「朝天宮莊儀團」，1993年正式向政府立案，成立「雲林縣莊儀團協會」，為附屬於寺廟的社團法人。

　　終戰之後，在臺灣民間各地有關媽祖在二次大戰期間，曾經抱接過美軍（1941～1945 年）飛機所投下的砲彈之神蹟傳說四起，其實民間流傳神明「抵擋砲彈」神蹟傳說的發生時間更早，是在清末的中法戰爭期間（1884～1885 年），且南安平、北滬尾與外島澎湖均有此一傳說。

　　安平地區，當地盛傳 1884（光緒 10）年中法戰爭期間，當時法國艦隊時常遊弋安平沿海，民心惶恐不安，相傳有人見一女子騎白馬馳騁於沿海。事後安平地方無事，未罹砲彈之災，有人盛傳媽祖穿弓鞋，纏腳布沾滿海沙，居民深信這是媽祖顯靈護佑地方的神蹟[17]。

　　滬尾地區，福佑宮為淡水地區最古老的廟宇之一，俗稱媽祖宮，背山面水。淡水當地相傳，1884（光緒 10）年法軍進犯滬尾時，鎮守將軍孫開華祈求媽祖庇蔭，於是天后顯靈而大敗法軍，光緒 12 年，巡撫劉銘傳奏請賜匾。事後獲頒光緒皇帝御筆「翌天昭佑」匾額，今仍懸掛於正殿內[18]。

　　然而清法戰役中，媽祖並非唯一一位在臺灣民間傳說中「抵擋」過砲彈的神明，民間盛傳另一位「抵擋」砲彈的神明是城隍爺，時間也發生在中法戰爭期間，地點是在澎湖馬公。

　　座落在澎湖縣馬公市重慶里光明路與建國路口，址在建國路 26 號的「城隍廟」，廟中懸掛著警誡世人的「你來了」、「悔者遲」兩方匾額，與精算世人一生行善作惡的大算盤一只[19]。馬公城隍廟於林豪《澎湖廳

---

[17] 謝進炎、何世忠《媽祖信仰與神蹟》，頁 89，安平開臺天后宮，2000 年。
　又林朝成、鄭水萍《安平區志》，卷六〈文學志〉（頁 795，1998 年）也提到這則傳說：「光緒十年（1884 年），中、法宣戰，法軍封鎖台灣，其軍艦常巡弋安平沿海，人心惶惶，晦暝時常見媽祖騎著白馬馳騁往來於沿海線，保佑地方，平安無事。」

[18] http://gis.tpc.gov.tw/Human2/Tourism/Travel/NorthCoast/ScenicInfo.html。

[19] 至於其創建年代，有人提出創於乾隆 44 年之說，雖然文獻未載明其創始年代，但乾隆 44 年〈澎湖改建城隍廟碑記〉有「改建而新之」一語，可以推知乾隆 44 年並非馬公城隍廟的始創年代，始創年代應該早於乾隆 44 年。該廟的建置經緯，據林豪《澎湖廳志》，卷二〈規制〉，祠廟，頁 56～57 載：「乾隆四十四（1779）年十月，前廳謝維祺捐俸，率監生郭志達等重修（有碑記）。乾隆五十五年風災，殿宇損壞，前廳蔣曾年捐修，添建後殿五間。嘉慶三（1798）年，前廳韓蜚聲續修。（嘉慶）二十二年十一月，前廳藩觀光以黃研罰項番銀五十二元半生息之款，召匠修葺。道光四（1824）年，中殿前楹塌壞，前廳蔣鏞重修。甲辰（按：1844）年十月，左營遊擊葡斐然、監生張騰賡，重新修建。光緒十一（1885）年法夷亂後，通判程邦基飭紳士黃濟時、蔡玉成、徐癸山等捐賞重修（有碑記）」。據乾

志》裡輯錄了一則城隍「**顯靈**」「**排除夷砲**」的軼事：

> 光緒十年二月，法夷犯澎。十三日，媽宮百姓扶老攜幼，北走頂山，皆口呼城隍神保佑。時夷砲沿途雨下，顆顆墜地即止，無一炸裂傷人者，亦足異也。及事平，廳主程公據實請大憲，奏明加封，號為靈應侯。御賜「功存捍衛」匾額。程公重新廟宇，為文記之。[20]

文中所言「程公」為澎湖廳海防通判程邦基，程邦基於其所撰〈重修城隍廟碑記〉，有「**具詳奏請封號、頒匾額，以答神庥**[21]」之語，可知清法戰役之時，史載夷砲雖然沿途如雨下，卻因顆顆墜地即止，而沒有任何一顆砲彈爆炸，媽宮百姓無一人遭炸裂之傷，為感念城隍護佑，程邦基奏請光緒皇帝對馬公城隍爺加封號為「**靈應侯**」、對城隍廟御賜「**功存捍衛**」匾額，應屬可信。對於當時「**顆顆墜地即止**」的砲彈傳說，後來馬公當地居民卻將之口耳相傳成城隍爺現身保護居民，以「**腳踢開砲彈**」的神蹟傳說[22]。

其實清法戰爭，臺灣人將之稱為「**西仔反**」，是臺灣史上受到外國船堅砲利入侵而能戰勝敵方的第一次，因此對於臺灣當地民眾信心、駐地軍隊士氣的鼓舞，不言而喻。所以此役除了安平天后宮傳出媽祖曾助戰「抵擋」法軍砲彈，馬公城隍廟傳出城隍爺助戰「踢除」法軍砲彈外，淡水也有一些有關這場戰爭神明助戰的故事流傳下來。例如淡水祖師廟就傳出清水祖師曾經顯靈助戰，拯民有功，而獲光緒皇帝御賜「**功資拯濟**」的匾額。傳說如下：

隆 44 年謝維祺所撰〈澎湖改建城隍廟碑記〉：「皇帝建元四十有二年，祺分守澎湖。故有城隍廟偏署之東，廔陋湫溢而囂塵。祺抵任之始，心擬捐俸改建而新之。戊戌（按：乾隆四十三年）夏，郡伯蔣公（按：蔣元樞乾隆四十年任臺灣府知府）有聞焉，捐清俸三百圓，以為之助緣金；澎人士各隨其心之願而力之稱。（《臺灣南部碑文集成》，頁 121）」

20 林豪《澎湖廳志》，卷十一〈舊事〉，軼事，頁 383。

21 林豪《澎湖廳志》，卷十三〈藝文〉，頁 448。

22 中法戰爭時，有一民間傳說，當法軍要以大砲轟炸之時，城內的居民於是趕緊前往山邊避難，並且口中不斷的默念「城隍爺保佑渡險」，結果在這場砲轟中，全村的居民全都毫髮無傷，還有人親眼目睹城隍爺顯靈，以腳踢開砲彈，保護居民的安全，此後，更加深人民對城隍爺的信仰及遵從。見 http://www.sunfate.com/H/05-intro.asp。

當中法滬尾戰爭發生時，清軍孫開華提督除了率軍奮勇殺敵之
外，也請來滬尾眾廟宇的神力相助，相傳祖師爺在此次大戰中，
曾帶著他的兵馬出現在滬尾上空，大顯神威。因此孫開華除了在
戰後獻金八百元以謝神恩，也奏請光緒皇帝頒賜「功資拯濟」的
匾額，至今仍懸掛。[23]

　　除了媽祖廟、祖師廟之外，淡水龍山寺也傳出觀音菩薩顯靈來助
戰，因此獲御書「**慈航普渡**」匾額。而離島的澎湖，有一觀音亭主要祀
奉南海觀音菩薩，也傳出在中法戰爭期間，曾顯靈幫助當地居民避免遭
受砲火蹂躪。這些當地居民、信眾口耳相傳的神蹟，雖然有者僅能以一
語「神明顯靈助戰」的說詞簡單帶過，而無法詳細道出清水祖師、觀音
菩薩等神明如何顯靈、如何化解砲彈危機等助戰經過，但因居民信眾的
主觀信仰意識似已凌駕於真實的史事記載之上，而將勝戰克敵之功歸之
於神明的靈力，而做出因神明有神力能化解砲彈危機以護國佑民，廟宇
才能獲頒皇帝賜匾的解釋，亦可理解。劉銘傳〈敵攻滬尾血戰獲勝摺〉
就當時致勝的實情上奏云：

臣查此次敵兵猛撲滬口，蓄銳猝登，志在必克。當敵划送兵上崖，
各划皆開入海中，自斷歸路，以決死戰。我軍自基臺被毀，無礮
還攻，全賴軍士赤手短兵，誓死不退。雖槍礮如雨，士氣益奮決
無前，竟能斬將搴旗，遏其凶焰。滬尾英人登山觀戰，拍手狂呼，
無不頌孫開華之奮勇絕倫，餽食物以鳴歡舞。伏念各將士忍饑裹
創，野宿山隈。當呻吟疲病之餘，處絕險孤危之地，奮身血戰，
以弱摧強，實屬異常勞苦。所有統領擢勝等營署福建陸路提督記
名提督漳州鎮總兵孫開華，身先士卒，忠勇善戰，危局獨支，厥
功尤偉。[24]

在法軍「**自斷歸路，以決死戰**」的情況下，孫開華冒著槍林彈雨，「**身
先士卒，奮身血戰**」，終於克敵，這才是此役致勝的主因。劉銘傳的奏
摺清清楚楚說明孫開華奮勇絕倫的實情，連觀戰的英國人也狂呼稱頌。

23　http://tamsui.yam.org.tw/hubest/hbst4/hube421.htm。

24　劉銘傳《劉壯肅公奏議》，卷三〈保臺略〉，頁 176～177。

至於孫開華是否於戰前曾至「福佑宮」祈求媽祖庇蔭，或者至「福佑宮」
祈求後，「福佑宮」媽祖是否曾經顯靈助戰，劉銘傳則隻字未提，儼然
已無關緊要。

　　安平傳說清法戰爭期間，有一女子「**穿弓鞋，騎白馬，馳騁於沿海**」，
使得安平當地免於遭受法軍砲彈攻擊一事，雖然未表明媽祖是否以手抱
接住砲彈，或者是以裙襬接迎住砲彈，但已然「**暗示**」著法軍攻襲安平
失敗是媽祖顯聖「**化解**」砲彈的結果。又清法戰爭期間，馬公城隍爺現
身以「**腳踢開砲彈**」的神蹟傳說，與安平女子騎白馬馳騁於沿海「**化解
砲彈**」的神蹟傳說，頗有「異曲同工」之妙。因為這兩則典型傳說，正
是臺灣民間信眾相信神明具有抵禦炸彈攻擊神力的肇始。

四、臺灣媽祖「抱接砲彈」手法之類型

　　臺灣媽祖廟宇傳出「抱接砲彈」傳說者，遍佈北部、中部、南部、
東部各地區，依戴寶村初步的統計，至少有 33 座以上的媽祖廟宇有此
傳說[25]。儘管臺灣媽祖廟宇盛傳「抱接砲彈」極為普遍，但媽祖「抱接
砲彈」之手法，其實主要可以分析歸納為三大類型，（一）**以衣裙接迎
砲彈類型**，（二）**以雙手抱接砲彈類型**，（三）**顯現其他「神力」類型**。
茲分述如下。

（一）以衣裙接迎砲彈類型

1、鳳山雙慈亭媽祖

　　位於高雄縣鳳山市三民路 287 號的「雙慈亭」，當地人稱為「大廟」、
「天后宮」、「媽祖廟」。原主祀佛教的觀音菩薩，1753（乾隆 18）年增
建前殿，兼祀民間信仰的天上聖母，由於二神皆為慈悲至聖的女神，故
信徒將此廟宇稱為「雙慈亭」[26]。

25　戴寶村〈B29 與媽祖：臺灣人的戰爭記憶〉，頁 252，《戰時體制下的臺灣學術研討會論文
　　集》，行政院文建會、國史館臺灣文獻館編印。

26　1828（道光 8）年〈重修雙慈亭碑記〉曰：「慈何以名？取慈悲之義而名之也。雙何以名？

鳳山當地傳說，美軍空投炸彈時，鳳山雙慈亭上方空中出現一古裝中國女子，頭梳髮髻，身著長裙，在半空中利用身上長裙的裙襬，將炸彈整個攬起，並轉丟向海上，而使鳳山當地逃過一劫[27]。

2、安平開臺天后宮媽祖

《安平區志》收錄了一則媽祖「以布巾裹炸彈」的地方傳說，即「1945年3月上旬，美軍在太平洋戰場節節勝利，美軍飛機猛炸日軍在臺的軍事設施。當時安平區內有日本設立的大型軍事工廠，如製鹽、製鹼、油脂、造船場等，及日軍營隊（八十四部隊），是美軍轟炸的主要目標。奇怪的是，炸彈總是落在魚塭和外海，沒有工廠或民宅遭到炸毀。相傳是因為每值晦暝，常見媽祖以布巾裹炸彈向外海丟棄的緣故。[28]」

3、將軍清湄宮媽祖

據蔡相煇的調查指出，臺南縣將軍鄉漚汪西甲的清湄宮，所供奉的三尊媽祖，二媽是先民由大陸家鄉請來，歷史最早，而大媽和三媽則是從北港朝天宮請來。其中，三媽是昭和13年（1938年）日本對中國發動七七事變以後，廟方特別迎請來廟以保護當地居民。當地父老們說，三媽來漚汪後數年，美軍轟炸臺南時，即屢次顯靈，用裙裾將盟軍飛機投擲的炸彈攔往溪澗，讓漚汪的子民免受兵災，這些事蹟，老一輩的都耳熟能詳，且津津樂道[29]。

4、新港奉天宮媽祖

新港奉天宮位於嘉義縣新港鄉新民路53號。據《新港奉天宮志》載：

> 民國三十四年，第二次世界大戰接近尾聲，美軍空軍大肆轟炸日本領土，有一天，五架B24轟炸機，飛臨新港古民村上空，丟下六顆炸彈，想炸古民國小，每顆炸彈重達五百公斤，眼看古民村

是廟昔奉觀音佛祖，迨乾隆癸酉（按：即乾隆18）年增建前進，兼祀天上聖母，故名之曰『雙慈亭』。」（《臺灣南部碑文集成》，頁239。）

27　謝進炎、何世忠《媽祖信仰與神蹟》，頁114，安平開臺天后宮，2000年。

28　林朝成、鄭水萍《安平區志》，頁418，安平區公所，1998年

29　蔡相煇〈漚汪西甲人──將軍的子民們〉，頁173，《觀清湄．映西甲──文教史料拾穗》，財團法人西甲文化傳習基金會，1997年。

就要成為灰燼，村民驚恐萬分，紛紛下跪，祈求媽祖顯靈保佑。
千鈞一髮之際，村民親眼看見媽祖出現了，媽祖全身穿著白色的
衣服，她用大加沙衣裙接住從空中丟下來的炸彈，方才離去，結
果，六顆炸彈都沒有爆炸，村民發現，其中五顆丟在古民村水池
裡，一顆丟在一位人家的廚房大灶裡。[30]

5、二水安德宮媽祖

位於彰化縣二水鄉二水村員集路 121 號的「安德宮」，建於 1875
年（光緒元年），主祀媽祖。「二八水文史工作室」的網站有一「阿公
說故事」單元，是當地國小退休校長賴宗寶主述。他說 1945 年初夏的
某一個星期六（一說是 4 月 15 日），盟軍飛機突然空襲二水，除了用
機關槍掃射外，也投下了數十顆炸彈都沒有爆發。當時對於美國飛機投
下之炸彈，有數十顆沒有爆發一節，大家都感覺非常訝異。鄉人議論紛
紛，傳說係二水「安德宮」天上聖母顯靈，以聖袍將炸彈攬兜下來，挽
救了這場空前之浩劫，使吾鄉親免受災難。也有人傳說：當時奉派到二
水投擲炸彈之美軍飛行員，事後說，曾經看到有位身穿白衣之婦人，將
他們投下來之一顆顆炸彈，用衣角兜下來，並誇獎臺灣女人真厲害。這
位攬下炸彈的白衣婦女，大家都認為是二水安德宮媽祖婆顯靈，拯救了
二水鄉民[31]。

6、新屋天后宮媽祖

位於桃園縣新屋鄉笨港村 2 鄰 10 號的天后宮，所奉祀媽祖神像係
由南部北港朝天宮香火分來，因此稱為「笨港天后宮」。該宮有一尊高
達一百臺尺、重達一二〇噸，全臺第一高的青銅媽祖神像，矗立於永安
漁港海域附近，守護著進港的船隻。青銅媽祖神像建造的源起，日治時
代，美軍曾經對新屋鄉笨港村附近進行密集的砲彈轟炸掃射，當時彈如
雨下，然而，整個天后宮方圓幾里都相安無事，而美軍所投製的炸彈有
六枚剛好落在寺廟後方的大榕樹，好像被接住般沒有爆炸。

事後，有許多當地人士指出，當時曾經看到一位白衣女子飛上天

---

[30]　林德政《新港奉天宮志》，頁 188，財團法人新港奉天宮董事會，1993 年。

[31]　http://www.erhshui.gov.tw/mywarmday/grandfather%20story.htm。

空，拉起衣服撐起炸彈，不讓炸彈落地，於是，在地方民眾的協議下，才興建這座全臺最高、永遠守護著臺灣海峽海域的媽祖銅像。

（二）以雙手抱接砲彈類型

1、枋寮德興宮媽祖

德興宮位於枋寮鄉，歷史悠久，興建於 1778（乾隆 43）年 5 月 16 日，至今已有兩百餘年，先民為感念媽祖，保佑捕魚維生的漁民，及往來的船隻免於風災和海盜的掠奪。尤其是第二次世界大戰，傳說美軍投下 500「噸」的炸彈落於廟前，被媽祖接住，轉移到海中爆炸，使枋寮鄉民免遭劫難，媽祖顯靈保祐枋寮事實，使鄉民難以忘懷，故至今香火鼎盛[32]。

2、萬丹萬惠宮媽祖

位在屏東縣萬丹鄉萬新路 1660 號的「萬惠宮」，在昭和年間完竣的鐘鼓樓係仿巴洛克式樣的兩層洋樓建築，外觀十分顯眼。至今信徒遊客絡繹不絕，參拜媽祖之外，基於好奇心想目睹萬惠宮媽祖「接拿」炸彈斷指受傷的神像與宮前所立未爆彈者（參圖 1、圖 2、圖 3、圖 4），亦復不少。據《萬丹萬惠宮》宮誌記載：

> 萬惠宮媽祖顯靈的故事，時有所聞，尤其是第二次世界大戰，民國三十四年二月二十日，農曆正月初八日，上午十一點左右，盟軍美機 B25 來臺空襲，要轟炸萬丹街內大營內的日軍，當時有數枚五百公斤左右的炸彈，投擲在萬丹街內地區，幸好引爆者甚少，其中有一枚炸彈落在萬惠宮與誘和商店厝邊，衝破十一層屋壁，最後落在廟後方李同益先生粗糠間內，始停了下來而沒有引爆，否則萬惠宮又將再度毀於兵燹中。而當時傳言有鄉民看見媽祖用祂的神腳，把炸彈不斷踢開，遠離萬惠宮而沒有爆炸；還有傳說，美軍投下的炸彈，媽祖顯靈化身美女，用雙手去「拿炸彈」，炸彈才沒有爆炸。事後鄉民焚香祭拜時，發現媽祖神像腳上的布

鞋因踢炸彈而鞋子破損，還看到道光年間雕刻的媽祖顯赫金身，
竟然雙手大拇指都斷了一小節，食指也受了傷，善男信女請示聖
母，扶鸞借乩，媽祖降示：因為空襲，顯靈化身「挈炸彈」，不
小心手指才受傷。[33]

3、朴子配天宮媽祖

1945 年 2 月中旬下午一時許，美軍百架以上的 B29 與 B25，轟炸
日軍嘉義機場，片刻之間，火光衝天，死傷慘重。朴子居民紛紛躲入配
天宮避難，祈求媽祖保佑。此時大批 B25 飛機盤旋於空中，用機關槍掃
射，居民以為必死無疑。等警報解除後，竟然發現奇蹟，整個朴子地區
的民眾絲毫沒有受到傷亡，不但如此，在近郊鴨母寮卻發現一架 B25
飛機隆隆地在爆炸燃燒，機內的飛行員燒得體無完膚，大家在莫明奇妙
的情況下就地草草埋葬了事。臺灣光復不久，有三個美軍飛行員找到朴
子來，向他們罹難的同袍致哀；同時另築墓碑上刻：約翰派金斯之墓。
據傳說這次來朴子的美軍提起：他們當時掃射朴子時，看到有位穿著中
國古裝衣服的年輕女人，在空中把他們發射出來的子彈像磁鐵般的全部
吸收去，他們覺得很奇怪，所以命令派金斯飛行員追蹤，調查究竟，一
瞬間，紅光一閃，飛機爆炸掉了下來[34]。

4、北港朝天宮媽祖

在美軍空襲北港期間，有一纏足女子，自廟中騰空而起，在半空中
飛旋於美國軍機群中，把飛機丟下的炸彈，一顆顆地接住，然後小心地
丟在北港橋下的河床，美軍離去之後，北港橋下留下許多未爆彈[35]。

5、埤頭合興宮媽祖

祀奉媽祖的合興宮，位於彰化縣埤頭鄉合興村，宮內現在置放著一
顆所謂重達五百磅的砲彈，砲彈旁的牆面上懸掛著一方由「合興宮管理
委員會」所撰說明牌，題曰〈合興宮建宮沿革及聖母救世事跡〉（參圖
5、圖 6、圖 7），有一則媽祖抱接砲彈的傳說。而該宮的宮誌也有〈合

33　萬惠宮管理委員會《萬丹萬惠宮》，頁 7～8，2001 年。

34　謝進炎、何世忠《媽祖信仰與神蹟》，頁 106，安平開臺天后宮，2000 年。

35　謝進炎、何世忠《媽祖信仰與神蹟》，頁 104，安平開臺天后宮，2000 年。

興宮天上聖母救世事蹟〉，其文如下：

> 媽祖在埤頭顯化救世、神威廣大，民國三十三年（公元一九四四年），當時臺灣受日本界管。第二次世界大戰時，祖國準備奪回臺灣，聯合國特派美軍新發明成功 B29 轟炸機，攻打臺灣機關重地，在合興宮北側五分車站處投炸五百磅炮彈，本宮聖母大發神威，負著此炮彈下地面不爆炸，因此救了埤頭鄉人民生命財產，據那時美軍飛行員描述，曾看見媽祖神威幻影，穿著紅色衫、裙，撲腳（穿著三寸弓鞋），臺灣姑娘能接炮彈，轟動大陸及世界各國。媽祖因接此砲彈而犧牲一支手指頭，由佛師接了數次還是掉下來，後來求聖母同意，才將手指接好。
>
> 此顆炮彈由永豐村信徒蘇順喜、杜仙加協助找回（六十年前證物），此顆砲彈彈殼現存於本宮，為歷史做見證。[36]

（三）、顯現其他「神力」類型

1、豐原慈濟宮媽祖——顯靈

位於臺中縣豐原市中山里中正路 179 號的「慈濟宮」，主祀媽祖，此宮也有一段關於媽祖與炸彈之間的傳奇。《豐原慈濟宮廟誌》：「**第二次世界大戰末期，盟軍轟炸豐原時，本宮週圍房屋均被炸毀，獨本宮未受其害，可見神威之顯赫，聖母之靈驗。**[37]」

本傳說並未說明媽祖是以衣裙或雙手承接砲彈，只簡單說慈濟宮周圍均遭炸毀，而唯獨慈濟宮未蒙其害，故將之歸納為媽祖顯現「神力」類型。

2、大甲鎮瀾宮媽祖——顯靈

大甲鎮瀾宮的大媽鎮殿媽是軟身媽祖，手腳身體都可以自由轉動，傳說在二次大戰期間，美軍丟下兩顆炸彈在大甲街上，一顆炸燬了火車站一帶；一顆未爆彈落在媽祖廟旁的市場邊，當時鎮殿媽祖的雙手是張開的，民間流傳是鎮殿媽祖顯靈接砲彈，才使鎮瀾宮城內一帶沒有受到

---

[36] 該宮撰《合興宮》，頁 4～5，合興宮管理委員會，2004 年。

[37] 《豐原慈濟宮廟誌》，頁 7，豐原慈濟宮管理委員會，1986 年。

炸彈損傷[38]。另有傳說，美機轟炸時，有人看到一位白衣女子，用衣裙接住從飛機掉下來的炸彈，才使得大甲地區沒有受到嚴重的災害，居民紛紛感念媽祖德澤，因此每年大甲媽進香活動，居民縱使再忙碌，至少也會做到「**送出城**」的儀式，以表達對媽祖庇佑地方的一份謝意[39]。

儘管大甲鎮瀾宮所傳說的媽祖神蹟，有「**雙手抱接砲彈類型**」與「**衣裙接迎砲彈類型**」兩種不同版本，本傳說的重點乃在於鎮瀾宮信眾相信「**大甲地區沒有受到嚴重的災害，是媽祖顯現神力的德澤**」。

3、竹南慈裕宮媽祖——顯靈

位於苗栗縣竹南鎮中美里民生路 7 號的中港慈裕宮，1985 年被列為三級古蹟。傳說日治末期被徵調為軍伕的中港子弟，經常受媽祖保佑；美軍轟炸時，因媽祖護持，以致轟炸大厝里的炸彈未引爆，住民相傳這都是二媽顯靈。於是中港地區認為慈裕宮的三大媽祖各有職司，因此留下「**大媽鎮殿，二媽出征，三媽做醫生**」的諺語。本傳說同樣是未說明慈裕宮媽祖是以「**雙手抱接砲彈**」，還是以「**衣裙接迎砲彈**」，卻將轟炸的炸彈未引爆，傳說是二媽顯靈的結果。

4、中壢仁海宮媽祖——廟宇突然消失

仁海宮座落於中壢市新街里延平路 198 號，創建於 1840（道光 20）年，分靈自北港朝天宮。當地相傳，東亞戰爭時，日軍從大陸撤退至本宮駐紮，情報洩漏，美軍戰機頻來偵察，欲加以轟炸，皆尋覓不到廟宇，僅見一森林，最後無功而返。到了光復之後，我空軍偵察隊也暫駐在本宮，才說當時隨著美軍偵察機經過，很詫異一直找不到此廟，因此認為是媽祖顯靈庇護，地方才得以安寧，民眾因此更加崇敬神靈[40]。

五、臺灣媽祖「抱接砲彈」神蹟傳說剖析

（一）紅衣女子與白衣女子

[38]　www.dajiamazu.org.tw/html/104-2.htm。

[39]　謝進炎、何世忠《媽祖信仰與神蹟》，頁 96，安平開臺天后宮，2000 年。

[40]　http://www.nknu.edu.tw/~geo/04_geography/92/48814002/zh.htm。

　　姑不論真實與否，歷來文獻所載媽祖顯靈助人而外現時，常是穿著紅色衣服。例如媽祖濟助海難時即是「朱衣」妝扮：

> 宋徽宗宣和五年，給事中路允迪使高麗，八舟溺其七；獨允迪見神朱衣坐桅上，遂安。歸聞於朝，賜廟額「順濟」。[41]

臨水夫人斬妖除魔之時，也是服「朱衣」以顯其靈力：

> 古田縣臨水鄉有白蛇洞，巨蛇吐氣為疫癘。一日鄉人見朱衣人仗劍索蛇斬之。[42]

這裡所傳古田縣臨水鄉鄉人所見到的「朱衣人」就是臨水夫人。第二次大戰期間，臺灣民間所傳「抱接砲彈」的女子，除了埤頭合興宮媽祖是**「穿著紅色衫裙」**顯靈助戰之外，其餘各宮廟的媽祖顯靈助戰的第一項外顯性的特徵就是**「白衣」**妝扮。為何是「白衣」穿著？正如元、耶律楚材〈贊李俊英所藏觀音像〉所言：

> 白衣大士足威神，運智興悲詎可陳。金色界中垂萬臂，碧蓮花上露全身。鎮州鑄就金難似，天竺鐫來玉未真。不識觀音真面目，鶯吟燕語過殘春。[43]

　　「抱接砲彈」雖是臺灣民間街頭巷尾的傳說，但民間傳說往往能反映出民間對媽祖神靈的認知，即媽祖實為觀音之化身，所以「朱衣媽祖」可以幻化而成「白衣大士」，「雙慈」是「二位一體」的。此種認知，與媽祖林默的母親是吃了觀音大士所賜予的**「優缽花」**[44]或**「藥丸」**[45]，

---

[41]　周煌《琉球國志略》，卷七，頁167。

[42]　王必昌《重修臺灣縣志》，卷六〈祠宇志〉，頁180。

[43]　耶律楚材《湛然居士文集》，卷二〈贊李俊英所藏觀音像〉，頁21～22，北京，中華書局，1985年。

[44]　明朝《三教源流搜神大全》載：「妃林姓，舊在興化路寧海鎮，即莆田縣治八十里濱海湄洲地也。母陳氏，嘗夢南海觀音與以優缽花，吞之，已而孕，十四月始免身得妃。」

[45]　《天上聖母源流因果》，〈第一章求佳兒大士賜丸〉載：「天后，林氏女也。先世自唐迄宋，代有功績，世勳承襲，遂家於莆田。父惟慤公尤好善樂施，敬奉大士，年四旬餘，止一子，焚香祝天，願得佳兒。己未六月，夜夢大士告曰：『上帝式佑爾善。』授以丸藥，遂孕。」（收錄於《天妃顯聖錄》，頁51。）

才懷有身孕生下林默的傳說，全然吻合。清人林曉俞在《天妃顯聖錄》的序文甚至就直接點出媽祖是觀音所轉身：「**天妃，……湄山上白日飛昇，相傳謂大士轉身。其救世利人，扶危濟險之靈，與慈航寶筏，度一切苦厄，均屬慈悲至性。**[46]」

「觀音」全稱爲觀音菩薩或觀世音菩薩，「觀世音」是梵文佛經的漢文譯名，其實漢文譯名共有三，一是「光世音」，二是「觀世音」，三是「觀自在」。觀世音之譯名雖最爲普遍，但因避諱唐太宗李「世」民之名，乃省稱爲「觀音」。之所以譯成觀世音，乃因該菩薩是依修音聲法門而成道，即《楞嚴經》裡所說的「耳根圓通」，借傾聽萬法之聲，得證菩提。《妙法蓮華經》說：「**苦惱眾生，一心稱名，菩薩即觀其音聲，皆得解脫，以是名觀世音。**[47]」

觀世音菩薩又稱觀音佛祖、南海觀世音、觀音大士、白衣大士、圓通大士、大悲菩薩，是佛教傳到中國之後，最受崇敬的菩薩之一，故有「家家彌陀佛，戶戶觀世音」之說。臺灣民間俗稱祂爲觀音「媽」，即以民間對婦女長者的俗稱，來暱稱這位佛教的菩薩。

正因爲媽祖慈悲善意、救苦濟難之至性，實與觀音大慈大悲形象無異，民間也相傳祂是觀音大士轉世，所以至今許多媽祖廟幾乎都是前殿祀媽祖，後殿則祀觀世音菩薩，這種現象當非憑空臆想而來，早於清初時期就有媽祖、觀音同祀一祠的慣例了[48]。所以臺灣民間所傳二次大戰期間媽祖「抱接砲彈」的神蹟，該神蹟的第一項外顯性的特徵就是「白衣」妝扮，此正符合媽祖爲觀音轉世之傳說。

（二）足穿弓鞋、纏腳妝扮

「弓鞋」原指如形如弓般彎底之鞋，後泛指「纏足」婦女所穿的小腳鞋子。這種女鞋，具有「小」、「尖」、「彎」、「高」四大特點。

一、小：窄小是弓鞋的第一項特點。因爲弓鞋窄小，所以纏足婦人

---

[46]　《天妃顯聖錄》，頁1。

[47]　戴文鋒《萬年傳香火、世代沐法華》，頁13，萬華社區大學，2002年。

[48]　戴文鋒《2002府城媽祖行腳》，頁47，臺南市文化資產保護協會，2002年。

之小腳被稱爲「縛腳」；而一般未纏足（天然足）婦人或是婢女之大腳被稱爲「赤腳」。清、劉家謀《海音詩》謂：「**大腳者，曰『赤骹』；小腳者，曰『縛骹』。婢皆大腳跣足，或指配與人，始得穿屨，而執役依然。**[49]」清、福格《聽雨叢談》也提到：「**建炎四年（1130 年），柔福帝姬至，以足大疑之，顰蹙曰：『金人驅迫，跣行萬里，豈復故態。』上爲惻然。**[50]」即在盛行纏足傳統時代，若遇戰亂之時，爲了逃亡方便，即使閨秀女子亦會赤足，而使得纖小之足變大。傳統時代，女子盛行纏足，成爲風尚，女足不但是以纖小爲貴，也是舉止儀態風雅的表徵，此即宋、元南戲作品《小孫屠》所謂：「**金蓮三寸太輕盈，言談舉止多風韻。**[51]」元、陶宗儀《南村輟耕錄》載：「**楊鐵厓耽好聲色，每於筵間見歌兒舞女有纏足纖小者，則脫其鞋，載盞以行酒，謂之『金蓮盃』。**[52]」可見古人有以弓鞋載酒杯以行酒之癖好，並美其名爲「金蓮盃」。

　　二、尖：纏足婦女所穿的弓鞋，一般都以尖頭爲之。宋、陸游《老學庵筆記》載：「**宣和末，婦人鞋底尖，以二色合成，名『錯到底』。**[53]」

　　三、彎：鞋底內凹，形如彎弓，故名「弓鞋」。詩云：「**弓鞋窄窄剪春羅，香沁酥胸玉一窩。麗質難禁風雨驟，不勝幽恨蹙秋波。**[54]」此詩即將弓鞋、酥胸、麗質、秋波等意象交織成一副想像中的傳統美女圖。《醒世姻緣》亦描述童奶奶的穿著道：「**龍氏穿著油綠縐紗衫，月白湖羅裙，白紗花膝褲，沙藍袖扣的滿面花彎弓似的鞋，從裏邊羞羞澀澀的走出來與眾人相會。**[55]」此處彎弓似的鞋，似乎就是當時貴婦穿著的表

---

[49]　清、劉家謀《海音詩》，頁 16。

[50]　清、福格《聽雨叢談》，卷七〈裹足〉，頁 157，北京，中華書局，1984 年。

[51]　收錄於《永樂大典》，第九十九冊，卷之一萬三千九百九十一，戲，頁六，世界書局，1962 年。

[52]　元、陶宗儀《南村輟耕錄》，卷之二十三〈金蓮盃〉，四，上海書店，1985 年（據商務印書館 1936 年版重印）。

[53]　宋、陸游《老學庵筆記》，卷三，頁三十，收於王雲五主編《叢書集成簡編》，臺灣商務印書館，1966 年。

[54]　明、施耐庵、羅貫中《水滸全傳》，第七十三〈黑旋風喬捉鬼，梁山泊雙獻頭〉，頁 1223，里仁書局，1994 年。

[55]　清、西周生《醒世姻緣》，第五十九回〈孝女于歸全四德，悍妻逞毒害雙親〉，頁 488，世界書局，1972 年。

徵。

　　四、高：鞋子一般襯有厚底，俗謂「高底」。《醒世姻緣》道：「**白細花松綾裙子，元色緞扣雪花白綾高底弓鞋。**[56]」

　　臺灣民間所傳二次大戰期間媽祖「抱接砲彈」的神蹟，該神蹟的第二項外顯性的特徵就是「弓鞋纏足」妝扮。而媽祖誕生之年、月、日，歷來雖然共有以下六種不同的記載：

　　（一）唐玄宗天寶元年（742 年）三月二十三日
　　（二）五代後晉高祖天福八年（943 年）三月二十三日
　　（三）宋太祖建隆元年（960 年）三月二十三日
　　（四）宋太祖乾德元年（963 年）三月二十三日
　　（五）宋太祖太平興國四年（979 年）三月二十三日
　　（六）宋哲宗元祐八年（1093 年）三月二十三日

　　不過目前在臺灣或中國最爲普遍、也最被學者認同的記載是北宋太祖建隆元年（960 年）。而此一年代，此正符合中國開始有纏足記錄的五代末、北宋初。宋、張邦基《墨莊漫錄》云：「婦人之纏足，起於近世，前世書傳，皆無所自。……如《古樂府》、《玉臺新詠》，皆六朝詞人纖艷之言，……無一言稱纏足者。如唐之杜牧之、李白、李商隱之輩，作詩多言閨幃之事，亦無及之者。……後主作金蓮，……以纖弓爲妙。以此知札腳自五代而來方爲之。[57]」清、福格《聽雨叢談》亦云：「弓足之事，宋以後則實有可徵。[58]」

（三）「大媽鎮殿，二媽出征」之說

　　竹南慈裕宮在二次大戰美機轟炸期間，傳出二媽顯靈，致使美機所投下炸彈無法引爆，故當地留下有「**大媽鎮殿，二媽出征，三媽做醫生**」

---

[56]　清、西周生《醒世姻緣》，第五十四回〈狄生客中遇賢主，天爺秋裏殛兇人〉，頁 446，世界書局，1972 年。

[57]　元、陶宗儀《南村輟耕錄》卷之十〈纏足〉，頁十一～十二，上海書店，1985 年（據商務印書館 1936 年版重印）。

[58]　清、福格《聽雨叢談》，卷七〈裹足〉，頁 157，北京，中華書局，1984 年。

的諺語。其實，在臺灣民間的女神「觀音媽」與「媽祖」均有所謂大媽、二媽、三媽的神職階層與區別，與類似的傳說與諺語，例如嘉義縣新港鄉溪北村的「六興宮」亦有「**大媽尊貴鎮殿、二媽出巡食便、三媽救苦出戰**」[59]的諺語。因此，若說是二次大戰美機轟炸期間，因二媽、三媽顯靈出征，而留下有「大媽鎮殿，二媽出征，三媽做醫生」、「大媽尊貴鎮殿、二媽出巡食便、三媽救苦出戰」等諺語，倒不如說是臺灣民間早就有「鎮殿大媽」之信俗，既然「大媽」不能任意擅離「鎮殿」之神職，故救苦救難之神職乃轉由二媽、三媽專司，適值各地媽祖廟「抱接砲彈」傳說盛極一時，故供有大媽、二媽與三媽的廟宇，因應而生「二媽出征」、「三媽救苦出戰」之說，亦屬可解。

　　例如位在臺北縣林口鄉菁湖村竹林路 325 號的竹林山觀音寺，建於1938 年，佛尊是於嘉慶辛酉年間（1801 年）由福建省晉江縣安海龍山寺分靈來臺。因信徒廣及蘆竹、林口、龜山三地，遂各取一字，寺名曰「竹林山寺」。

　　根據林口鄉太平村地方耆老傳說，戰爭末期，美軍大舉轟炸臺灣，可是林口地區卻屢投不中，地方上傳說是因為美軍投下來的炸彈還沒有著地，就被一位白衣女子的裙擺迎接住了。日本人調查後懷疑，這位白衣女子就是竹林山所奉祀的觀音媽，擔心白衣女子會作法對日本人不利，於是全面搜尋，計畫將竹林山寺觀音媽焚毀，以絕後患。虔誠的信眾擔心觀音佛像遭日人燒毀，於是另外雕刻一尊觀音像，準備隨時為「本尊」犧牲，於是有了「二媽」的誕生。所幸日本人到戰爭結束都沒有搜到本尊，「二媽」因此免於受難而保存下來。光復後，二媽則由林口、蘆竹、龜山、桃園、大園、鶯歌等地區信徒輪流「過爐」奉祀。輪值的爐主通常會起新厝，風光供奉「二媽」，每次一年。隔年再「過爐」給新爐主。「過爐」前一天時家家戶戶殺豬公，擺流水席，成為地方的一大盛事[60]。

　　臺中縣清水鎮「紫雲巖」，也是主祀觀音菩薩，位於鰲峰山麓。據

---

[59]　http://www.matzu.org.tw/。

[60]　http://myweb.hinet.net/home4/nikkoadsl/Chulin/CL9/CL_01.htm。

當地所傳，早期有一位福建省泉州人氏，欲往神岡鄉作瓦匠工人，途經紫雲岩該地，在大榕樹下休息，其人帶有一只觀音菩薩香火，掛在榕樹下就離去，至夜間樹下光明四射，居民奇之，翌日相邀同往探望，只見一香火，別無他物，而至夜間又發亮光，經過多天之後，當地民眾才去瞻拜，說亦奇怪，有求必應，遠近聞風而來參拜者日增月盛，於是附近任士，乃有建廟之議。落成後發生泉州人、漳州人的分類械鬥，泉州人失利，不敵敗退，漳州人趁勝追擊。至廟附近時，忽出現一位白衣女子，騎著一匹白馬，手執寶劍，寒光閃閃，威風凜凜，擋住去路，使漳州人望而生畏，因之泉州人待以反攻，轉敗為勝，保住家鄉。傳該白馬女子，係觀音菩薩化身顯聖，當時廟內有三尊觀音菩薩佛像，大媽長年在廟鎮殿，二媽、三媽供信徒迎請外出治病[61]。

雖然，清水鎮紫雲巖的傳說中，僅傳出「**白衣女子**」係觀音菩薩化身，而未明示該白衣女子究竟係大媽、二媽或三媽，但若係該廟宇如僅供奉一尊「觀音媽」或「媽祖」，那麼就無大媽、二媽或三媽之分，此白衣女子就是指該廟宇的「鎮殿媽」或「鎮寺媽」，而當該廟宇如僅供奉三尊以上「觀音媽」或「媽祖」，則解除砲彈危機的神蹟故事通常是發生在二媽或三媽身上。這是因為民間認為大媽是專司「鎮殿」或「鎮寺」，故稱「鎮殿媽」或「鎮寺媽」，平時只在廟宇裏接受香火，而不能隨意外出廟宇，所以出巡、出征、繞境、醫療等廟宇之外的神職就由二媽或三媽來負責。因此，大甲鎮瀾宮當地也流傳一則類似的諺語：

> 大媽鎮殿，二媽喫便，三媽愛人扛，四媽閹尻穿。

這則諺語是說大媽鎮坐廟宇內，接受信眾香火；二媽與大媽一樣，長年坐廟宇內，但廟內有大媽坐鎮，所以祂永遠「**喫便（徒享香火）**」；三媽則專司謁祖、進香、坐轎、繞境，故謂「愛人扛」；四媽專司信眾迎請回家奉祀，並由乩童扶鸞降乩開示藥方治病，然因藥方中有所謂神像木屑一片，久而久之，信徒將神像底座削出一個洞穴，故謂「**閹尻穿**」

61　http://www.tccab.gov.tw/history/2image/02_3.htm。

62。

（四）媽祖何以成為「抱接砲彈」傳說之主神

　　臺灣民間傳說的「抱接砲彈」神蹟何以發生於媽祖，而罕見於其他如主祀保生大帝、王爺、清水祖師的廟宇？此一方面與臺灣媽祖助戰傳說的歷史淵源有關，特別是清末的中法戰爭期間（1884～1885 年），南安平、北滬尾與外島澎湖等地，均有類似之傳說，即當地神明曾顯現神蹟，於中法戰爭期間**「抱接」**、**「阻擋」**或**「踢除」**炸彈。例如安平媽祖化身白衣女子，騎白馬馳騁於沿海「抵擋」法軍砲彈；淡水祖師廟傳出清水祖師曾經帶著他的兵馬出現在滬尾上空，顯靈助戰，拯民有功，而獲光緒皇帝筆賜「功資拯濟」的匾額；馬公城隍廟於林豪《澎湖廳志》裡也輯錄了一則城隍「顯靈」「排除夷砲」的軼事。

　　所以臺灣媽祖**「抱接砲彈」**的神蹟傳說，並非始於二大戰期間，臺灣神明能**「排除夷砲」**的神蹟傳說，早於中法戰爭期間（1884～1885 年）即已埋下種子，主要神明包括媽祖、觀音、清水祖師與城隍爺。然則，至二次大戰期間，媽祖成為「抱接砲彈」神蹟傳說中的主角，這另一方面與媽祖在日治時期在整個臺灣民間信仰（或謂通俗信仰）的地位亦有關。據臺灣總督府文教局社會課於 1930 年所存之社寺臺帳所作的統計，土地公廟 674 座，王爺廟 534 座，媽祖廟 335 座，觀音寺廟 329 座，玄天上帝廟 197 座，關聖帝君廟 157 座[63]。若據 1941 年梶原通好《臺灣農民生活考》之統計，福德正神廟有 740 座，王爺廟 471 座，祀媽觀音佛祖有 321 座，媽祖廟有 318 座，玄天上帝廟有 194 座，關聖帝君廟 145 座[64]。可見日治時期整個臺灣民間信仰中，若排除福德正神與各姓氏王爺的廟宇，媽祖廟宇與觀音廟宇兩者數量為數相當，時而媽祖廟宇稍多，時而觀音廟宇稍多，分居一、二位，旗鼓相當，在整個臺灣民間信仰中佔有最多的信眾。加上，媽祖、觀音在臺灣民間信仰的認知中經

---

[62]　黃敦厚〈臺灣媽祖文化語彙全紀錄〉，頁 90～91，中興大學中國文學系碩士論文，2004 年。
[63]　見李汝和《臺灣省通志》，卷二〈人民志‧宗教篇〉，頁 303，省文獻會，1971 年。
[64]　梶原通好《臺灣農民生活考》，頁 147～154，緒方武歲發行，1941 年。

常是「二位一體」的，而「白衣」妝扮、以裙承彈的故事類型，正體現了媽祖為觀音轉世傳說的民間認知。

（五）轟炸機與炸彈磅數

據鍾堅《臺灣航空決戰》一書指出，進駐在菲律賓的美國陸軍第五航空軍，為美軍空襲轟炸臺灣的主要軍力，佔臺灣空襲轟炸的總架次的八成以上。除了一般戰鬥機投擲 20 磅的小型炸彈之外，茲將當時的轟炸機的機種、所負載的炸彈磅數、執行轟炸的架次製如下表：

表1：美軍對臺灣轟炸的機種、炸彈磅數與架次一覽表

轟炸機機種	負載炸彈磅數	執行轟炸架次	轟炸架次比例
B-32 重型轟炸機	1,000 磅	約　　14 架次	0.2%
B-24 重型轟炸機	500 磅	約 5,000 架次	75.6%
B-25 中型[65]轟炸機	250 磅	約 1,400 架次	21.2%
A-26 輕型轟炸機	100 磅	約　　100 架次	1.5%
A-20 輕型轟炸機	100 磅	約　　100 架次	1.5%
合計		約 6,614 架次	100%

資料來源：鍾堅《臺灣航空決戰》，頁 271，麥田出版社，1996年。

臺灣所傳媽祖所接之砲彈，幾乎均由 B-24 重型轟炸機與 B-25 輕型轟炸機所投擲，此與當時美軍對臺灣轟炸的機種主要是 B-24 重型轟炸機與 B-25 輕型轟炸機的歷史背景十分吻合，B-24 重型轟炸機約出動 5,000 架次，佔 75.6%；B-25 輕型轟炸機約出動 1,400 架次，佔 21.2%；B-24 與 B-25 共出動 6,400 架次，約佔 97%。

B-24 解放者（Liberator）轟炸機，是二次大戰中美國空軍重要的轟

---

[65]　鍾堅《臺灣航空決戰》，將 B-25 寫成「輕型」轟炸機，然則 B-25 負載的炸彈為 250 磅，在當時似乎不是「輕型」轟炸機，因此筆者將之改為「中型」轟炸機。

炸機之一。福特汽車公司就在 1942 年二次世界大戰時，關閉民用車輛生產線，以其強大的生產力在不到 3 年之間，製造出 8,600 架 B-24 解放者（Liberator）轟炸機。而從 1941 年投入生產，至 1945 年停產為止，B-24 轟炸機與各種派生型之總產量已經超過 18,000 架，為當時美國各類轟炸機之冠。

B-25 是二次大戰中世界最優異的中型轟炸機之一，它以「米切爾」命名，以紀念第一次大戰時美國指揮官威廉‧米切爾（William Mitchell），在空軍從陸軍分離的過程中，米切爾作出了重要的貢獻。B-25 是美國空軍少數以名字命名的飛機，停產前各種型號的 B-25 共生產了 9,800 餘架。以 B-25J 為例，它的機長是 52.1 英尺（16.13 米），翼展是 67.7 英尺（20.6 米），航程是 350 英里（2,173 公里），時速是 230 英里（370 公里），最大極速每小時是 272 英里（438 公里），載彈 3,000 磅，18 挺 0.5 英寸機槍。

埠頭合興宮所傳的 B-29 轟炸機，是當時美軍轟炸臺灣最罕見的重型轟炸機。今天一提起波音 B-29，就會令人想起在廣島和長崎上空爆炸的兩枚原子彈，其有超級空中堡壘（Superfortress）之稱，是二次大戰中最傑出的重型轟炸機，創下了多項轟炸機新紀錄：載彈量 9 頓、航程 6,000 公里，能在萬米高空巡航，最大極速每小時 600 公里。B-29 的研製完成了美國「讓戰火在敵國的領土上燃燒」的戰略目標，加速了太平洋戰爭的結束。

而臺灣民間所傳當時媽祖所抱接的砲彈，主要是由 B-24、B-25 轟炸機所負載，這是符合二戰期間盟軍襲臺轟炸機的機種。但所投擲炸彈的重量，說法上卻紛紜不一，萬丹萬惠宮說是 500「公斤」，埠頭合興宮說是 500「磅」，枋寮德興宮說是 500「噸」，其他各廟則未說明炸彈的重量。很清楚美國並不是以「公斤」為重量單位的國家，至於 500「噸」之說，當然過於離譜，不過 500 這個數字卻是與當時出動約 5,000 架次、轟炸架次比例佔 75.6% 的 B-24 重型轟炸機，其所負載 500 磅炸彈的數目字相吻合。

六、臺灣民間媽祖顯靈助戰傳說的四種質性

　　媽祖顯靈助戰在臺灣民間傳說之初，一開始就富有「官方性」、「正義性」的色彩，清鄭之戰，施琅率清軍攻打澎湖媽宮之後，就傳出媽祖**「神顏有汗」**、**「衣袍俱濕」**、**「井湧甘泉」**等**「助戰神蹟」**，續而來到鹿耳門時也傳出了**「恍見神兵導引，水漲數倍，戰艦得逕入，賊驚奔潰」**的**「神異現象」**。這樣的傳說當然是具有政治性與正義性的暗示，即隱約地透露出媽祖神意是站在清朝這一邊的。

　　到了同治元（1862）年，發生戴潮春率部眾反清事件時，媽祖顯靈助戰的傳說除了仍具有政治性的暗示外，其情節已更加具體化了，不是清初「神顏有汗」、「衣袍俱濕」、「井湧甘泉」等數語帶過，而是：

> 篙（按：同「轎」字）擔忽飛起，直立神桌上，大書「今夜子時速以黑布製旂二面，各長七尺二寸、闊三尺六寸，上書金精、水精大將軍字樣」，立吾廟廷。終使賊見黑旂下人馬甚眾，長大異常，疑是神兵，故不敢戰。

　　這說明了此時傳說故事的情節更加詳細、完整。

　　清法戰爭時，法軍挾帶船堅砲利之威，入侵臺、澎。面對巨砲與砲彈，「神兵」雖人高馬大，但以傳統兵器為主的神兵似難抵擋砲彈之擊，加上當時砲彈技術較差或因其它因素而未爆，產生**「顆顆墜地即止」**的情形，使得澎湖城隍廟得以傳出**「城隍顯靈」**「**排除夷砲**」之說。而馬公當地信眾，卻進一步地將夷彈**「顆顆墜地即止」**的**「神異現象」**，口耳傳述為城隍**「踢除砲彈」**的神蹟。

　　同樣地，面對巨砲與砲彈的安平，事後地方無事，未罹砲彈之災，也有人盛傳媽祖穿弓鞋，纏腳布沾滿海沙，騎白馬馳騁於沿海。這個傳說也隱藏著媽祖顯現神蹟，以排除砲彈的攻擊。可見到了清法戰爭時，臺灣所面對的戰爭，已不是傳統短兵相接的廝殺，而是射程更遠、殺傷力更強的砲彈。此時媽祖助戰傳說的內容，不得不面臨這樣的轉變，即以神力直接來面對抵擋砲彈。

　　至二次大戰時，生活在盟機空襲陰影下的臺灣民眾與信徒，除了承襲了清法戰爭以來神明能以神力直接來面對抵擋砲彈的傳說外，也將媽祖顯靈的形象「標準化」，如以「白衣女子」來暗示觀音與媽祖二位一體的民間認知，以「弓鞋纏足」來說明媽祖生年時代的服飾特性，以「裙襬迎彈或雙手接彈」來傳述媽祖昇空化解砲彈危機的過程，以「炸傷指斷」來傳述媽祖化解砲彈危機的可能結果。

　　臺灣民間媽祖助戰傳說的內容，除了與過去媽祖於宋、元、明、清歷代發生過的助戰傳說一樣，具有高度的政治性與正義性的暗示，所以媽祖被明朝政府封為「**護國庇民、妙靈昭應、宏仁普濟天妃**」。此外，臺灣民間媽祖助戰傳說的內容更具有承襲性、模糊性、天意性、時代變異性等四種重要的質性。

（一）情節的承襲性

　　第一個質性是承襲性，即傳說的內容是「有跡可尋」或「有例可尋」的，後例的神蹟傳說可以由前例已發生的神蹟傳說，找到明顯依循的痕跡。例如清末張兆連於後山處理當地土匪、「逆番」叛變時，史冊僅僅暗示著媽祖曾經「**屢著靈異**」的助戰神蹟，至於媽祖是透過怎樣「**靈異**」的現象表現出助戰神蹟，並未詳加說明，但當地卻有張兆連向天后「**禱神得泉**」的傳說，這正是清康熙 60 年藍廷珍於府城「**靈濟井**」傳說與康熙 22 年施琅於澎湖的「**師泉井**」傳說的承襲與再版。至二次大戰時，臺灣各廟宇所傳媽祖抱接砲彈的傳說，也可由澎湖城隍「**踢除砲彈**」的神蹟傳說與安平媽祖穿弓鞋纏腳、騎白馬馳騁於沿海「**排除砲彈**」的神蹟傳說，找到故事情節依循的痕跡。

（二）顯靈方式的模糊性

　　第二個質性是模糊性，即傳說的內容是「隱約不明」的。例如豐原慈濟宮週圍房屋均被盟軍轟炸機炸毀，唯獨慈濟宮未受其害之傳說；中壢仁海宮廟宇突然消失，以致未遭盟機轟炸之傳說。這些傳說故事，與

1884（光緒 10）年法軍進犯滬尾時，鎮守將軍孫開華祈求媽祖庇蔭，於是「天后顯靈」大敗法軍之說一樣。傳說的內容是模糊不清的，有關媽祖如何顯靈化身、如何助戰的情節，均語焉不詳，僅以「**威靈顯赫**」、「**屢著靈異**」、「**天后顯靈**」等語略過。就媽祖助戰傳說的比例而言，這一類的神蹟傳說，出現的頻率甚高。例如康熙 60 年，「**臺匪（按：朱一貴）竊發，天后顯靈，鹿耳門水驟漲數尺，舟師揚帆並進，七日克復全臺。雍正四年，巡臺御史禪濟布奏聞，御賜『神昭海表』額。**[66]」

（三）過程暗示天意性

第三個質性是天意性，即傳說的內容與一切自然變化均是天之意、神之意。例如康熙 22 年 6 月，劉國軒「**令各船皆泊南風澳，而我師誤泊北風澳。國軒大喜，謂可不戰而勝；乃置酒談笑，意氣自若。時南風迅發，忽疾雷一聲，颱頓止，轉起北風，敵舟自相撞碎，而我舟安穩無恙。蓋俗有六月一雷止九颱之謠，至是竟驗，實天意也。**[67]」炎炎夏日，竟吹北風，致使劉國軒的舟船自相撞碎，水師提督施琅能大破劉國軒於媽宮港內，不能不歸「天意」。范咸《重修臺灣府志》就認為：

> 康熙癸亥年克鄭逆，舟進港時，海水乍漲；康熙辛丑年克朱一貴，舟進港時，海水亦乍漲，前後若合符節。蓋由聖人在上，海若效順；王師所指，神靈呵護，理固然耳。[68]

李欽文〈赤嵌城賦〉亦曰：

> 水漲鹿門兮滂湃，航入臺江兮縱橫。信天意之有歸，慶海宇以永清。[69]

所以連「**水漲鹿門**」都被認知是「天意」而非「天候」，這顯示神蹟傳說往往隱含著論述者的一種「天意觀」。

---

[66] 王必昌《重修臺灣縣志》，卷六〈祠宇志〉，頁 172。

[67] 林豪《澎湖廳志》，卷十一〈舊事〉，頁 355。

[68] 范咸《重修臺灣府志》，卷十九〈雜記〉，頁 570。

[69] 李欽文〈赤嵌城賦〉，王必昌《重修臺灣縣志》，卷十三〈藝文志〉，頁 488。

（四）助戰內容的變異性

第四個質性是時代變異性，即傳說的內容是「與時俱進」、隨時代而變異。例如同樣是媽祖顯靈助戰的傳說，早期媽祖助戰之法不外是「**禱神得泉（媽宮）**」、「**水漲數倍，戰艦得逕入（鹿耳門）**」。到了戴潮春率部眾反清事件時，北港朝天宮之傳說則變成媽祖派遣金精大將軍、水精大將軍二部將率領神兵助戰，雖然媽祖派遣二部將助戰也於施琅攻打澎湖時發生過：

> 康熙二十二年六月十六、二十二等日，臣（按：施琅）在澎湖破敵，將士咸謂恍見天妃如在其上，如在其左右；而平海之人，俱見天妃神像是日衣袍透濕，與其左右二神將兩手起泡。觀者如市，知為天妃之助戰致然也。[70]

千里眼、順風耳二位媽祖的神將在施琅攻澎之役的傳說中，是因為助戰而「**兩手起泡**」，至戴潮春事件時，二部將則化身為黑旗，成為居民前隊來禦敵，因旗下人馬甚眾，長大異常，使得敵眾疑是神兵而敗退。這樣媽祖二部將助戰的情節由「**兩手起泡**」轉變為「**率領神兵退敵**」。

至清法戰爭時，媽祖助戰之法有了重大改變，即以神力直接來面對抵擋或排除砲彈。而至二次大戰時，傳說內容加入了「白衣女子」、「弓鞋纏足」、「裙襬迎彈或雙手接彈」、「炸傷指斷」等情節，而助戰之法就是「**昇空攔截**」。可見臺灣媽祖助戰神蹟傳說的內容與情節，並非只有承襲性，也有其與時並進的時代性、變異性。

七、結語：轟炸與未爆彈——神蹟傳說與　　　　庶民集體歷史記憶

臺灣媽祖「抱接砲彈」神蹟傳說，是臺灣歷年來有關媽祖助戰傳說的一部分。自媽祖飛昇羽化成神之後，大陸即有「平寇助戰」的傳說。

---

[70]　《天妃顯聖錄》，〈歷朝褒封致祭詔誥〉，頁12。

而在臺灣，施、鄭之戰時，媽祖**「神顏有汗」「衣袍俱濕」**、**「井湧甘泉」**等**「助戰神蹟」**一一浮現在臺灣方志的記載，成為媽祖信仰移入臺灣之後新生的助戰傳說。

臺灣媽祖「抱接砲彈」神蹟傳說，最初是源起清末的中法戰爭，傳說的地點為安平、淡水、澎湖等零星點狀分佈，至二次大戰期間，開始散佈成為全面性的傳說，於臺灣北、中、南各地媽祖廟宇同時傳說四起。直至戰後，面對中共砲犯金門戰地時，與「抱接砲彈」類似的傳說再度興起。一在金寧鄉雙鯉湖堤的關帝廟，一在金沙鎮官澳村的媽祖廟。

相傳於 1958 年「八二三砲戰」期間，金寧鄉古寧頭幾乎被為大陸砲火夷為平地，惟獨雙鯉湖湖堤的關帝廟，依然聳立無損，當地居民盛傳砲彈是被關公抵擋下來[71]。金沙鎮官澳「龍鳳宮」，主祀媽祖，「八二三砲戰」期間，大陸軍隊本欲從馬山登陸，攻打官澳村，可是，傳說龍鳳宮的媽祖顯靈了，祂用黑令旗遮住敵人的視線，因此擾亂了敵人的判斷而改變方向，就此才保住官澳免於受炸彈攻擊而減少損傷[72]。

或許有人認為「抱接砲彈」之說實屬「荒誕不經」，然而，這些「抱接砲彈」神蹟傳說的形成蘊含兩個部分，一是歷史事蹟部分，即二次大戰期間，臺灣各地上空遭盟軍轟炸機 B-24、B-25 空襲不斷，如雨下般地投擲巨大的炸彈，但有許多炸彈因故墜地未爆。一是庶民心理部分，即面對巨大的炸彈，居民的生命財產倍感威脅，造成心理上的恐懼與不安，固不待言。當居民們目睹爆炸威力甚強的炸彈落下時，以為應已面臨萬劫不復之地，未料炸彈竟墜地即止，認為此種情境若無神助實難以思議，故媽祖「承接」砲彈之說一時四起，成為當時媽祖廟宇信仰圈內「地不分東西南北、人不分男女老幼」共同流傳的話題。如果說施、鄭之戰時媽祖**「神顏有汗」**、**「衣袍俱濕」**之神蹟傳說，是施琅等軍方一種事後有意識的宣傳散佈的話；那麼，臺灣媽祖「抱接砲彈」的神蹟傳說，應是庶民集體性恐懼不安無意識下的流露與反映。哈伯瓦克

---

[71]　洪淑苓〈當砲彈遇到關公——金門古寧頭關帝廟傳說〉，中央日報長河版，1995 年 8 月 11 日。

[72]　http://smps.km.edu.tw/class9105/ourplace.htm。

（Maurice Halbwachs）就曾提出這樣的觀點，他認為「**集體記憶（Collective Memory）就是一種集體的社會行為，每一種集體記憶皆有其相對應的社會群體，社會群體所提供一種持久的架構，人們的記憶一定會與這個架構相符。**[73]」臺灣民間媽祖「抱接砲彈」的神蹟傳說，於戰後的臺灣民間社會與媽祖廟宇信徒群體間廣為流傳，亦符應哈伯瓦克「集體記憶」觀點的論述。

　　戴寶村曾據劉鳳翰《日軍在臺灣》、鍾堅《臺灣航空決戰》等書的統計，整理出二戰末期美軍對臺的轟炸，自 1943 年 11 月起，至 1945 年 6 月止，落彈量達 20,000 噸。而美軍的空襲行動，對於臺灣居民平日生活造成極大影響，不僅生活作息被打亂，「躲空襲」已經成為日常生活的一部分[74]。美國為了防制日本神風特攻機自臺灣起飛，對美軍進行自殺式攻擊，其陸軍第五航空軍乃於 1945 年 1 月進駐菲律賓，並開始展開對臺灣不分晝夜的全面空襲，遍炸軍事設施外，更對非軍事目標如市區民宅進行濫炸。因此 1945 年 1 月起，至終戰止，總計出動各型飛機 7,709 架次，投彈 16,014 噸[75]。

　　光是 1945 年 5 月 31 日這一天，美軍第五航空軍就出動了四個大隊、117 架次 B-24 重型轟炸機，大舉轟炸臺北市，炸彈不僅擊中總督府、帝大醫院，連新公園內的防空洞都被炸毀，許多日本官員與眷屬都被炸死，整個臺北市有三分之一被毀，當天傷亡的居民超過 3,000 人[76]。這樣的轟炸紀錄，自然對於生活在盟軍空襲的臺灣人民而言，心理上產生莫大的衝擊與恐懼；而在衝擊與恐懼的陰影中，戰爭的記憶自然如刀痕一般，難以抹失。

　　加上此時美軍印製繪有媽祖在空中用裙襬承接炸彈之圖案傳單，空投而下，讓臺灣居民撿拾，使得媽祖「抱接炸彈」的神蹟傳說，原本在

---

[73] Maurice Halbwachs 1992《On Collective Memory》,Edited ,Translated ,and with an Introduction by Lewis A. Coser, P.22。

[74] 參戴寶村〈B29 與媽祖：臺灣人的戰爭記憶〉，頁 243～248，《戰時體制下的臺灣學術研討會論文集》，行政院文建會、國史館臺灣文獻館編印。

[75] 鍾堅《臺灣航空決戰》，頁 237，麥田出版社，1996 年。

[76] 同前註，頁 264、279～281。

臺灣信眾口耳相傳盛行之外；也讓「抱接炸彈」的神蹟傳說得以透過圖案宣傳，加深臺灣信眾之外的一般居民的靈異「印象」，巧妙地達到「神蹟」宣傳擴散的效果。洪敏麟即曾表示說：「**二次大戰末期，盟機 B29 猛炸臺灣各地，民眾疲於奔命。筆者當時駐守清水大肚臺地，某日美機來襲，日方高射砲齊發，俱未擊中，忽見空中大量傳單飄飛而落入陣地。撿得一張讀之，竟然繪有媽祖在空中，滿身大汗，用裙承接炸彈，使不落地面，以保護媽祖信徒的臺人。當時臺人之間盛傳媽祖在擋美機炸彈傳說，美國可能獲有情報，善加用臺人敬仰媽祖的心理，堪稱很巧妙的心戰。**[77]」由此可見，二次大戰期間臺灣媽祖「抱接砲彈」神蹟傳說，應是盛極一時，轟動全臺，且當時美軍對於臺灣民間的心理恐懼與謠傳四起知之甚詳，故意印製繪有媽祖在空中用裙襬承接炸彈之圖案傳單，作爲安撫臺人反美的情緒。然而臺灣民間媽祖「抱接砲彈」的神蹟傳說，與美軍繪有媽祖在空中用裙襬承接炸彈圖案之傳單，卻加倍相乘地使此一「抱接砲彈」的神蹟傳說在臺灣民間廣爲盛傳，牢不可破，莫怪乎戰後十餘年，此一傳說也能盛傳於金門八二三砲戰戰地。

---

[77]　洪敏麟等《萬和宮志》，頁95～96，財團法人萬和文教基金會，2004 年。

圖1：屏東縣萬丹鄉萬惠宮外觀
圖2：萬惠宮媽祖挲炸彈紀念碑
圖3：萬惠宮媽祖挲炸彈紀念碑文

圖4：萬惠宮媽祖受傷的手指

圖5：埤頭鄉合興村合興宮外貌

圖6：信徒蘇順喜、杜仙加等於1999年挖掘出當時炸彈的彈殼，
存放在合興宮作為神蹟之證物。

圖7：題為〈合興宮建宮沿革及聖母救世事跡〉的說明牌

徵引書目

一、史料

宋

　　陸游《老學庵筆記》，收於王雲五主編《叢書集成簡編》，臺灣商務
　　　　印書館，1966 年。

元

　　陶宗儀《南村輟耕錄》，上海書店，1985 年（據商務印書館 1936
　　　　年版重印）。

　　耶律楚材《湛然居士文集》，北京，中華書局，1985 年。

明 1407（永樂 5 年）

　　解縉等編《永樂大典》，世界書局，1962 年。

　　不著撰人《圖繪三教源流搜神大全》，清葉德輝麗廔叢書本，1980
　　　　年聯經影印。

　　施耐庵、羅貫中《水滸全傳》，里仁書局，1994 年。

清

　　福格《聽雨叢談》，北京，中華書局，1984 年。

　　西周生《醒世姻緣》，世界書局，1972 年。

　　不著輯人《天妃顯聖錄》，臺銀版。

1720（康熙 59 年）

　　陳文達《臺灣縣志》，臺銀版。

乾隆初年（年代不詳）

　　周于仁、胡格《澎湖志略》，臺銀版。

1740（乾隆 5 年）

　　劉良璧《重修福建臺灣府志》，臺銀版。

1747（乾隆 12 年）

　　范咸《重修臺灣府志》，臺銀版。

1752（乾隆 17 年）

王必昌《重修臺灣縣志》，臺銀版。

1779（乾隆 44 年）

謝維棋〈澎湖改建城隍廟碑記〉，《臺灣南部碑文集成》，臺銀版。

乾隆年間（年代不詳）

周煌《琉球國志略》，臺銀版。

1828（道光 8）年

盧朝宗等〈重修雙慈亭碑記〉，《臺灣南部碑文集成》，臺銀版。

1855 年（咸豐 5 年）

劉家謀《海音詩》，臺銀版。

1870（同治 9 年）

林豪《東瀛紀事》，臺銀版。

1871（同治 10 年）刊

陳壽祺《重纂福建通志》，臺銀版。

1885（光緒 11 年）

余寵等〈國姓井碑記〉，《臺灣中部碑文集成》，臺銀版。

1888（光緒 14 年）

劉銘傳《劉壯肅公奏議》，臺銀版。

1893（光緒 19 年）

林豪《澎湖廳志》，臺銀版。

1893（光緒 19 年）

吳德功《戴施兩案紀略》，臺銀版。

1894（光緒 20 年）

沈茂陰《苗栗縣志》，臺銀版。

1894（光緒 20 年）

倪贊元《雲林縣采訪冊》，臺銀版。

1894（光緒 20 年）

不著撰人《臺東州采訪冊》，臺銀版。

1894（光緒 20 年）

盧德嘉《鳳山縣采訪冊》，臺銀版。

1917（大正 6 年）

不著撰人《天上聖母源流因果》，臺銀版。

1941（昭和 16 年）

梶原通好《臺灣農民生活考》，緒方武歲發行。

二、近著與專書

1971

李汝和《臺灣省通志・卷二人民志・宗教篇》，臺灣省文獻會。

1986

該宮撰《豐原慈濟宮廟誌》，豐原慈濟宮管理委員會。

1992

Maurice Halbwachs,*On Collective Memory*,Edited ,Translated ,and with an Introduction by Lewis A. Coser。

1993

林德政《新港奉天宮志》，財團法人新港奉天宮董事會。

1995

洪淑苓〈當砲彈遇到關公──金門古寧頭關帝廟傳說〉，中央日報長河版，8 月 11 日。

1996

鍾　堅《臺灣航空決戰》，麥田出版社。

1997

蔡相煇〈漚汪西甲人──將軍的子民們〉，《觀清湄・映西甲──文教史料拾穗》，財團法人西甲文化傳習基金會。

1998

林朝成、鄭水萍《安平區志》，安平區公所。

2000

謝進炎、何世忠《媽祖信仰與神蹟》，安平開臺天后宮。

2001

　　該宮撰《萬丹萬惠宮》，萬惠宮管理委員會。

2002

　　戴文鋒《萬年傳香火、世代沐法華》，萬華社區大學。

2002

　　戴文鋒《2002 府城媽祖行腳》，臺南市文化資產保護協會。

2003

　　彭增龍〈民間信仰在清法滬尾戰役角色之研究〉，臺北市立師範學
　　　　院國民教育研究所社會科教學碩士班碩士論文。

2004

　　該宮撰《合興宮》，合興宮管理委員會。

2004

　　洪敏麟等《萬和宮志》，財團法人萬和文教基金會。

2004

　　黃敦厚〈臺灣媽祖文化語彙全紀錄〉，中興大學中國文學系碩士論
　　　　文。

2004

　　戴寶村〈B29 與媽祖：臺灣人的戰爭記憶〉，《戰時體制下的臺灣學
　　　　術研討會論文集》，行政院文建會、國史館臺灣文獻館編印。

三、網站資料

http://gis.tpc.gov.tw/Human2/Tourism/Travel/NorthCoast/ScenicInfo.html。

http://www.sunfate.com/H/05-intro.asp。

http://tamsui.yam.org.tw/hubest/hbst4/hube421.htm。

http://www.erhshui.gov.tw/mywarmday/grandfather%20story.htm。

http://163.24.16.10/black/page8/page8_10/page8_10.htm。

http://www.nknu.edu.tw/~geo/04_geography/92/48814002/zh.htm。

http://myweb.hinet.net/home4/nikkoadsl/Chulin/CL9/CL_01.htm。

http://www.tccab.gov.tw/history/2image/02_3.htm。

http://smps.km.edu.tw/class9105/ourplace.htm。

www.dajiamazu.org.tw/html/104-2.htm。

http://www.matzu.org.tw/。

安平海頭社魏大猷史事試探*

摘要

　　安平海頭社魏宅，位於東土地公廟「文龍殿」廟埕之左前方，大正年間重建於現址，爲一間罕見的單伸手（單護龍）住宅。此一市定古蹟魏宅，據魏家後代所提供神主牌位等資料顯示，其來臺始祖乃是曾經擔任「臺灣水師協（鎮）副將」的魏大猷。

　　朱一貴事件期間，海壇鎮右營守備的魏大猷，與當時擔任遊擊的林亮、守備葉應龍一同從鹿耳門登陸，奪回鹿耳門之後，趁勝進攻安平，並且擊退朱一貴部將而收復安平。而後與林亮共同擔任前鋒，與朱一貴的數萬部眾大戰於西港與安定蘇厝一帶，使朱一貴潰不成軍。又自安平潛水游行至府城，探得敵方在府城兵力之虛實。林亮、魏大猷因爲在朱一貴事件中戰功彪炳，所以原任「遊擊」的林亮官階連陞二級，1722年（康熙61年）由「遊擊」跳過「參將」，直接陞任「臺灣水師副將」；而原任「守備」的魏大猷也官階連陞二級，1721年（康熙60年）由「守備」跳過「都司」，直接陞任臺協右營「遊擊」。而兩年之後的1724年（雍正2年），林亮陞任臺鎮「總兵官」，而魏大猷則補林亮水師副將之缺而陞任「臺協副將」。

　　1953年石暘睢〈安平的碑、匾、聯〉與朱鋒〈安平拾錦〉、1958年黃典權《臺南市志稿‧卷六人民志》、1966年黃典權《臺灣南部碑文集成（下）》、1997年謝國興《續修臺南市志‧卷二人民志‧氏族篇》等文或書籍皆有提及魏大猷事蹟，但內容多在數行至半頁之間（參見附錄1：安平海頭社魏大猷家族相關史料表）。因此本文除透過清代臺灣文獻

---

* 本文得以完成，感謝兩位匿名審查教授惠賜高見，而安平諸多耆老接受訪談、地方人士提供資料、照片，尤其是安平文教基金會董事長何世忠先生、安平開臺天后宮前總幹事謝進炎先生、魏氏家族魏福成、魏炳輝、魏羅撒，以及助理施晶琳小姐、洪瑩發先生，協助魏宅神主牌位抄錄、比對、魏宅家族系譜的整理，謹此誌謝。

爬梳魏大猷在朱一貴事件中的地位與功績、整理出魏大猷武職的陞遷過程外，亦藉著海頭社「魏總兵救皇帝」、「魏皮陳骨」等傳說，配合魏宅後代提供僅存的四十餘座神主牌位（參見附錄2：魏宅神主牌位調查清冊）、日治時期魏宅戶籍謄本等資料，印證「魏總兵救皇帝」、「魏皮陳骨」等地方傳說的可能性與可疑處。

關鍵詞：海頭社、安平六社、水師副將、神主牌位、文化資產

一、前言

　　安平傳統聚落並不是目前行政區域所劃分的「安平區」，而是由海頭社、港仔尾社、王城西社、妙壽宮社（囝仔宮社、港仔宮社）、十二宮社、灰窯尾社等六個角頭所形成的「安平六社」，包含現在安平區的西門、海頭、港仔、石門等四里全部，以及金城、平安二里的部分區域所構成的傳統聚落。

　　海頭社是安平最古老的角頭之一，範圍大致上是以延平街、古堡街、安北路、以及延平街 70 巷，爲四周界線，形成海頭社目前的角頭範圍。清朝時期，安平爲水師的主要駐紮重鎮，當時駐紮在安平的臺灣水師協兵員有三個營隊，編制如下：

> 臺灣水師中營經制額設：駐劄臺灣紅毛城地方（係報部永鎮），副將一員、遊擊一員、中軍守備一員、千總二員、把總四員、步戰守兵一千名。
>
> 臺灣水師左營經制額設：駐劄臺灣紅毛城地方（係報部永鎮），遊擊一員、中軍守備一員、千總二員、把總四員、步戰守兵一千名。
>
> 臺灣水師右營經制額設：駐劄臺灣紅毛城地方（係報部永鎮），遊擊一員、中軍守備一員、千總二員、把總四員、步戰守兵一千名。[1]

上述是 1694 年（康熙 33 年）《臺灣府志》記載全臺海防編制的情形，當時編制兵力員額共達三千名，不僅臺灣水師協鎮衙門設於安平鎮，而且中營、左營、右營的衙署也均設於安平鎮[2]，以便直接指揮。另據道光年間《臺灣采訪冊》所載，臺灣各地駐點如打狗汛口只派 60 名、岐後（今旗津）汛口只派 10 名、鹿仔港汛口只派 55 名水師兵力駐防[3]，

1　高拱乾《臺灣府志》，卷四〈武備志〉，頁 72。

2　蔣毓英《臺灣府志》，卷之六〈規制〉，頁 113 載：「臺灣水師協鎮營衙門在安平鎮，……臺灣水師中營衙門在安平鎮，臺灣水師左營衙門在安平鎮，臺灣水師右營衙門在安平鎮。」

3　林棲鳳等《臺灣采訪冊》，全臺軍制條目，頁 169 載：「打鼓汛，把總一員，兵六十名。岐後汛，兵十名。」高拱乾《臺灣府志》，卷四〈武備志〉，頁 73 載：「鹿仔港汛，千把一

餘者兵力大多駐防安平，可見安平水師之兵力與規模都非臺灣其他港汛所及。

　　由於臺灣爲清朝新附領土，僻處海外，爲了防患兵亂，康熙 23 年起，清廷駐守臺灣的士兵，係採「班兵制度」，三年一期，以閩、粵之兵，與駐防臺地之兵撥換，遇有出缺，不准臺灣當地人補足。因爲士兵都是外地來臺，且居留短暫，所以依班兵的來源地，在安平一共建立有烽火館、海山館（海壇館）、金門館、閩安館、提標館等五大系統的館舍，以爲士兵的住宿、飲食、祭祀以及活動空間之用。據 1897 年（明治 30 年）《臺南縣檔案》中的〈官有房屋調查表〉，安平當時有大量的軍事相關設施與班兵所使用的相關館舍，其中又以海頭社與十二宮社的數量最多，而海山館（海壇館）系統的房舍，幾乎都位於海頭社聚落。魏家的祖先擔任水師將領時，即屬於海山館的館舍系統，所以當時魏家移民入臺時，極可能就因此以海頭社作爲落腳之處。

二、朱一貴事件中魏大猷、魏天錫之功績

　　海頭社最爲醒目的民宅當屬大正年間所建的魏宅，址在安北路 121 巷 16 弄 2 號，坐落於「文龍殿」[4] 廟埕之左前方，爲一建築空間不大的罕見單伸手（單護龍）住宅，現已公告爲市定古蹟。

　　據魏家後代所提供神主牌位等資料顯示，其來臺始祖乃是曾經擔任「臺灣水師協（鎮）副將」的魏大猷。依清朝水師營制，臺灣水師有二，一稱爲「協鎮澎湖水師（亦稱澎湖水師協鎮）」，駐紮在媽宮澳（今馬公）；一稱「協鎮臺灣水師（亦稱臺灣水師協鎮）」，駐紮在安平，其衙署稱爲「協鎮署」[5]。

　　員，步戰守兵五十五名。」

[4]　安平人慣稱「文龍殿」爲「東土地公廟」，因該廟原主祀福德正神，現則改主祀邢府千歲。「西土地公廟」則是指「金龍殿」。

[5]　高拱乾《臺灣府志》，卷二〈規制志〉，衙署，鎮屬衙署，頁 30 載：「總鎮署在府治鎮北坊，水師協鎮署在鳳山縣之安平鎮，澎湖水師協鎮署在澎湖之大山嶼媽宮澳。」所謂「總鎮」即總兵，清當時總兵衙署即設於鎮北坊。

「臺灣水師協鎮」又稱「協鎮臺灣水師」，所謂的「協鎮」就是「副將」，如范咸《重修臺灣府志》載：「臺灣水師副將：在安平鎮，北向。……乾隆五年，協鎮王清捐資建右畔花廳一座。七年，協鎮林榮茂捐資改為二座。[6]」此處的兩位「協鎮」，即是指臺灣水師「副將」，王清為廣東海陽縣人，武進士出身，於 1739 年（乾隆 4 年）任臺灣水師副將，1741年（乾隆 6 年）逝於官；而林茂榮為福建海澄縣人，乾隆 6 年陞任臺灣水師副將[7]。

「臺灣水師協鎮」又簡稱為「臺協鎮」，如志載：「許方度：漳州海澄縣人，臺協鎮許雲之子。[8]」朱一貴事件發生時，許雲任第九任臺灣水師副將之職，可見「臺協鎮」即「臺灣水師副將」之簡稱；又「臺灣水師協鎮副將」或「臺灣協鎮副將」，亦可簡稱為「臺協副將」，如志載：「許方度，臺協副將雲子。[9]」即說許方度是「臺協副將」許雲之子，而「臺協副將」就是「臺灣水師副將」之簡稱。

謝國興於《續修臺南市志‧卷二人民志‧氏族篇》曾經提及，在1721 年（康熙 60 年）時，祖籍福建省泉州府同安縣的魏大猷，曾在安平擔任臺灣水師副將，其後裔繁衍今安平區[10]。雖然臺灣水師副將魏大猷之後裔在安平已繁衍數代，但目前所收集到海頭社魏氏家族的文獻及資料中，仍以魏大猷與其兄魏天錫的記載較為清楚、有關事蹟記載較多，或許是魏天錫、魏大猷兄弟於朱一貴事件中，功勳卓著，且曾官至參將、副將，地位較為崇高，史書方志記載也相對詳細，至於其子孫、後代，則鮮見資料。

6　范咸《重修臺灣府志》，卷九〈武備（一）〉，頁 312。

7　劉良璧《重修福建臺灣府志》，卷十四〈職官二（武職）〉，臺灣水師協鎮，頁 385 載：「王清：廣東海洋人，武進士。乾隆四年二月任。六年正月，卒於官。林榮茂：福建海澄人，乾隆六年任。」案：「海洋」應作「海陽」，王必昌《重修臺灣縣志》，卷九〈職官志〉，頁 304 載：「王清，海陽人，武進士。」又林榮茂之籍別，史料亦作「南靖人」，如周凱《廈門志》，卷十〈職官表〉，頁 395 載：「林榮茂，南靖人。」范咸《重修臺灣府志》，卷十〈武備〉，頁 328 亦載：「林榮茂：南靖人。」

8　劉良璧《重修福建臺灣府志》，卷十四 〈職官二（武職）〉，頁 391。

9　王必昌《重修臺灣縣志》，卷九〈職官志〉，頁 292。

10　謝國興《續修臺南市志‧卷二人民志‧氏族篇》（臺南市政府，1997 年），頁 84。

　　文獻上與魏大猷事蹟相關的記載，以 1722 年（康熙 61 年）藍鼎元所撰《東征集》為最早，其次是 1732 年（雍正 10 年）藍鼎元所撰《平臺紀略》、1736 年（乾隆元年）黃叔璥所撰《臺海使槎錄》等書。1721年（康熙 60 年）4 月，朱一貴事件發生，全臺淪陷，文武官員倉皇逃至澎湖，水師提督施世驃[11]先至澎湖安定軍心，總督覺羅滿保立即檄召南澳總兵藍廷珍，統率水陸大軍八千人渡海進兵[12]。藍廷珍遂邀請從弟藍鼎元隨行，擔任軍事幕僚。藍鼎元不僅對於臺灣形勢的掌握以及經理事宜，有過人見解，於朱一貴事件亦曾親身目睹，事平之後，文移、書札，皆出其手，據事直書，其建言可謂開啓清廷後來經理臺灣、建置郡縣、設鎮駐防之契機。因此藍鼎元《東征集》所提到魏天錫、魏大猷協助平定朱一貴事件之英勇事蹟，不但是記錄朱一貴事件的重要文獻，也是了解魏天錫、魏大猷生平事蹟的第一手史料。後來之方志、文集，所記載內容多與《東征集》大同小異，應是以《東征集》、《平臺紀略》為本，輾轉鈔錄而成者。

　　朱一貴事件從康熙 60 年 4 月始事，迄雍正元年 4 月餘亂之平定，歷時二年整，其於羅漢內門（今高雄縣內門鄉）聚眾起釁、蔓延全臺，府治與鳳山縣、臺灣縣、諸羅縣三邑俱陷。清軍先奪回鹿耳門，再進取安平，收復府治，搜捕餘眾，正如藍廷珍所言：「一戰拔鹿耳，再戰復安平，三戰、四戰定鯤身、掃瀨口，復大戰于西港仔（今西港鄉）、竿寮鄉（今安定鄉管寮村）、蘇厝甲（今安定鄉蘇厝村、蘇林村），遂收府治。七日之內，復我臺疆。追奔逐北，捷于大穆降。分兵南北二路，巨

11　施世驃，靖海將軍侯施琅之第六子，以外委守備隨父攻克澎湖立功，累官至水師提督，駐廈門。

12　對於藍廷珍統率來臺之部隊兵力，文獻所載計有「一萬七千」、「一萬二千」、「八千」三說。丁紹儀《東瀛識略》，卷七〈奇異〉，兵燹，頁 86 載：「提督施世驃先已登舟，總兵藍廷珍繼之，以萬七千兵東渡。」錢儀吉《碑傳選集》，藍廷珍，福建水師提督襄毅公廷珍家傳，頁 453 載：「委令總統水陸大軍，領戰船四百餘號、官兵一萬二千員名，前赴征勦。」《東征集》舊序曰：「辛丑夏四月，小醜朱一貴等倡亂，傷害官兵，竊踞全郡，浙閩總制覺羅滿公檄予總統水陸大軍八千人，偕水師提督施公勦之。」以上三說，當以《東征集》舊序為準，因為此一舊序正是藍廷珍之自序，較有說服力。

魁就縛，脅從以次勦撫。[13]」其過程大約可分爲以下幾個階段。

（一）登陸鹿耳門，奪回鹿耳門砲臺，朱一貴部將蘇天威逃入安平。

康熙 60 年 4 月朱一貴始事，5 月全臺俱陷，各官難民紛至澎湖，右營守備林亮死守澎湖，眾心始安。全臺俱陷之後，朱一貴命鄭定瑞、蘇天威率兵三千，鎮守鹿耳門。

5 月 15 日，總督覺羅滿保馳至廈門，召令南澳總兵藍廷珍會水師提督施世驃於澎湖，進討朱黨[14]。6 月 13 日，藍廷珍率王萬化、林政等四百餘艘，連檣並進，林亮、董方乘勝追殺，焚燬朱黨船隻。遊擊林秀、薄有成、守備魏大猷、葉應龍追擊逃逸朱黨，蘇天威逃入安平鎮城[15]。

（二）乘勝追擊，進攻安平，大破「牛車陣」，安平克復，朱部退保府治。

蘇天威逃入安平鎮城之後，當日清軍即乘勝進攻安平。守備魏大猷、葉應龍作前鋒，先驅擊朱黨。魏天錫等各官兵，攻入敵營，登上安平鎮城，豎立清大軍旗幟[16]。

朱一貴知安平爲戰略要地，猶欲奪回安平，第一次遣楊來虎率眾八千餘人，強攻安平。林亮、魏大猷等駕小船，沿岸夾擊，追楊來虎至七鯤身瀨口。朱一貴復遣李勇等率眾數萬人，駕牛車，列盾爲陣，復犯安平。藍廷珍親督大砲，連環齊發，倒敵烏龍旗，破牛車陣。林亮、魏大

---

13 藍鼎元《東征集》，舊序，頁 3。

14 鄭鵬雲《新竹縣志初稿》，卷五，考三〈兵燹〉，頁 193。

15 藍鼎元《平臺紀略》，康熙六十年六月，頁 13。

16 藍鼎元《東征集》，卷一，頁 7 載：「伊時日方及午，乘勝進攻安平。遊擊林秀、薄有成氣吞勁敵，守備魏大猷、葉應龍目無堅壘，命同前鋒，先驅擊賊。蠢爾鄭定瑞，尚逞螳臂以當車；衂矣蘇天威，欲藉豚威而咋虎。我軍鼙鼓動地，旌旗蔽空。林亮、董方，復先登岸。本鎮親率王萬化、林政、邊士偉、朱文、謝希賢、魏天錫、……等各官兵，如熊如羆，如飛如翰；寶刀怒舞，賊血濺紅平沙，鎗砲連環，僵屍填滿水涘；……遂登安平鎮城，豎立大軍旗幟。安平百姓，簞壺迎師，載道歡呼，復見天日。」

猷各乘小舟，駕大砲，附岸夾攻。朱黨大敗，入水死者千餘人。兩次進兵，欲強攻奪回安平不成，朱一貴部眾只得退保府治[17]。

（三）朱部眾退保府治，官軍與激戰蘇厝甲，敗朱部眾於蔦松溪，克復臺灣府。

朱黨在蘇厝甲一地與林亮、魏大猷決戰。朱黨大敗奔散，藍廷珍乃督大兵南下，敗朱黨於木柵仔（今新市鄉），追剿至蔦松溪（今鹽水溪），直搗府城。朱一貴率群數萬遁去。藍廷珍收復府治，出示安民，駐劄萬壽亭。府治克復之後，即遣外委守備陳章飛航至廈，赴總督覺羅滿保軍前報捷[18]。關於這次西港仔大捷，攻克府治之經過，藍鼎元〈鯤身西港連戰大捷遂克府治露布〉有云：

> 惟丙午之大捷，收鹿耳與安平。……遇賊七千餘人，大戰於蘇厝甲。俄而近村四出，敵眾漸增，雜踏荊榛，彌漫數萬。前鋒軍林亮、魏大猷等用命爭先，左右軍林政、邊士偉等奮力衝殺。胡璟等以奇兵繞賊陣後，首尾夾攻。呂瑞麟以遊兵突出竹林，橫截賊陣。本鎮悉驅精銳，自將中軍，槍砲震天，鼓鞏動地。大敗賊眾，獸散土崩；俘馘斬傷，不可勝計。癸丑揮兵南下，沿途廓清。凡遇凶頑，輒行勦滅。乃敗之於木柵仔，復敗之於蔦松溪。朱一貴捨命奔逃，率其黨顛連北去。本鎮先復臺灣府，榜諭安民，掃肅萬壽亭，收捕逸賊。[19]

據這則「露布」可知，清軍與朱一貴部眾七千餘人相遇，雙方於「蘇厝甲」（今臺南縣安定鄉蘇厝）發生激戰，未料朱一貴尚有許多部眾埋伏於蘇厝甲村落四周，反清部眾突然激增到數萬人之多，清軍危險至極。誠如總兵藍廷珍所掛慮的，朱黨眾果在竹林埋伏，分佈要害，四面掩擊，幸清軍採「登岸棄舟」之策，以示只進不退之必死決心，又賴擔任前鋒軍的林亮、魏大猷等人將士用命，爭先殺敵，才使朱一貴部眾潰不成軍，

17　藍鼎元《平臺紀略》，康熙六十年六月，頁14。
18　藍鼎元《平臺紀略》，康熙六十年六月，頁16。
19　藍鼎元《東征集》，卷一，頁8~9。

捨命逃逸，藍廷珍統率之大軍方得克復臺灣府。

（四）廓清南路，追剿至茅港尾、鐵線橋，收復鹽水港，朱一貴敗走下加冬。

臺郡既平，提督施世驃、總兵官藍廷珍分遣大兵，廓清南北二路。剿撫南路朱黨，收復南路營鳳山縣，安撫下淡水各處人民社番，而南路五百里地方俱皆平復。至於朱黨北路餘眾，降者、散者十之八、九，朱一貴率數千人走灣裏溪（今曾文溪）。大軍追至茅港尾、鐵線橋，收復鹽水港。朱一貴走下加冬（今後壁鄉下茄苳）[20]。

（五）廓清北路，擒朱一貴及其黨，招輯流亡。

先是有義民王仁和，與朱一貴同鄉，知其蹤跡，欲捕朱一貴而自效；密告藍廷珍，藍廷珍授與王仁和守備之職。當朱一貴率千人至溝尾莊（今嘉義縣太保市）時，兵眾饑餓逐漸散去，遂向溝尾莊索食。王仁和豫知朱一貴至，竊與莊民楊旭、楊雄等給食，備舍而使之宿，佯為守護。夜半，擒綁朱一貴。藍廷珍下令將朱一貴檻送廈門，聽總督覺羅滿保押解至北京正法。朱一貴既擒，餘黨解散[21]。

朱一貴等人被押解至廈門之同時，朱文等諸軍至北路，擒斬萬和尚等，收復諸羅縣，安撫哆囉嘓（今東山鄉）、斗六門（今斗六市）各處莊社民番。景慧引兵至笨港，林亮、魏大猷以舟師來會，遵海上下，掃除眾藪，招輯流亡。北路千餘里地方，盡皆恢復蕩平[22]。

朱一貴既擒，倡謀者尚有杜君英、杜會三（杜君英之子）、陳福壽、劉國基、江國論、薛菊、陳成、鄭文苑等人，至雍正元年4月15日，所有倡亂餘黨，均遭押解內地正法。朱一貴事件終於告平[23]。事定之後，

20　藍鼎元《平臺紀略》，康熙六十年六月，頁18。

21　川口長孺《臺灣割據志》，不分卷，頁84。
　　藍鼎元《平臺紀略》，康熙六十年六月，頁18～19。

22　藍鼎元《東征集》，卷一，〈擒賊首朱一貴等遂平南北二路露布〉，頁10。

23　藍鼎元《平臺紀略》，雍正元年四月，頁20～29。

論功行賞，總督覺羅滿保以軍前諸將，問誰可當大任。藍廷珍答曰：

> 澎湖協右營守備林亮，平臺首功，且有抗守澎湖之大節，人品將
> 略，在軍前諸將以上；提鎮之任，靡所不宜。將軍標右營遊擊魏
> 天錫、海壇鎮右營守備魏大猷，係同胞兄弟，皆奇諳水性，能頂
> 盔束甲游海面，又能赤身入海底潛行一二百里。如安平鎮至臺灣
> 府，水程五十里，大猷、天賜入海潛行，頃刻即至。同安營守備
> 葉應龍，銅筋鐵骨，刀棍不能傷。以石擊其頭，石反碎。三人皆
> 奇傑卓犖，非尋常將弁可比。畀以封疆，誰曰過分？但魏天錫已
> 病，恐不及待節鉞耳。[24]

藍廷珍認為，當時中階武將之中，平臺首功，當推澎湖協右營守備林亮。
「林亮於澎湖獨排眾議，保守澎湖，諸將中第一出色。使斯人早在臺灣，
必無棄地奔逃之事。[25]」而官職遊擊的魏天錫、官職守備的魏大猷二兄
弟，戰功誠亦彪炳，既能頂盔束甲、全副武裝泳游海面；亦能赤身入海
底潛行一、二百里，此或許不無誇大之嫌詞，但水師人員多係生長海濱、
漁民船戶出身，對於波濤、水性較為了解，也是事實。王必昌《重修臺
灣縣志》即曰：「水師人員，多係生長海濱，當未入伍之先，或由商漁
出海，涉歷波濤，凡外洋島嶼之情形、風雲之氣色，蚤瞭然於胸中；及
入伍，再加練習營陣紀律，便成精熟之師。[26]」黃叔璥《臺海使槎錄》
記載臺灣之潮汐時就提到：

> 水師副將魏大猷云：「自鹿耳門至打狗港，潮汐較內地早四刻，
> 水長五、六尺；打狗至瑯嶠，潮汐較內地早一時，水只三、四尺；
> 自三林港北至淡水，潮汐與內地同，水丈餘。」[27]

可以看出魏大猷對臺灣南北沿岸各港口潮汐之變化、漲潮退潮時刻之掌
握、各港口漲退潮之深淺，十分熟知。

24　藍鼎元《東征集》，卷四，〈覆軍前將弁可當大任書〉，頁 54～56。
　　連橫《臺灣通史》，卷三十，〈藍廷珍列傳〉，頁 793。
25　藍鼎元《平臺紀略》，雍正元年，頁 33。
26　王必昌《重修臺灣縣志》，卷八〈武衛志〉，頁 256。
27　黃叔璥《臺海使槎錄》，卷一〈赤嵌筆談〉，頁 10～11。

另外，藍廷珍、藍鼎元所評論魏天錫、魏大猷二兄弟是「矯矯出眾」、「非尋常將弁可比」的將才，應是實評，其「奇諳水性」、善於潛水的水師特性，也印證在《重纂福建通志》的記載裡。志曰：

> 魏天賜，龍溪人[28]。康熙末任右營遊擊，與同懷弟海壇鎮右營守備大猷皆善水性，能頂盔束甲游海面，又能赤身入海底潛行二百里。朱一貴之亂，從軍奪安平鎮。安平至臺灣府，水程五十里，天錫兄弟奉帥令沒海潛入府城，往還祇數刻，得其要領歸報，遂復府城。[29]

據上引文獻記載，臺灣府城能夠克復，完全是魏天錫、魏大猷兩兄弟從安平潛水，游行至府城，探得府城敵方的虛實，掌握敵軍情報而返所立下的戰功。但是根據田野訪談後，魏家後代與安平海頭社聚落耆老常常談起魏大猷在安平一段甚富傳奇性的事蹟，此即「魏總兵（魏大猷）」曾經在安平救過皇帝，數代以來海頭社有所謂的「魏總兵救皇帝」的傳說，一直流傳至今，聚落當地長者多能侃侃而談，深以為傲。

「魏總兵救皇帝」的傳說，包括兩個命題，一是「魏大猷即魏總兵」，一是「魏大猷救過皇帝」。關於魏大猷是否當過總兵，查清代臺灣各方志中之職官、武備、官秩等各卷，僅部分有魏大猷相關史料，如 1752 年（乾隆 17 年）王必昌《重修臺灣縣志》提到：「魏大猷，閩安副將，署海壇鎮。[30]」1821 年（道光元年）謝金鑾《續修臺灣縣志》亦載：「魏大猷，閩安副將，署海壇總兵。[31]」所謂「署海壇鎮」、「署海壇總兵」，

---

[28] 在相關的史料記載中，提到魏大猷之籍別時，有說其原籍「臺灣（縣）」，如范咸《重修臺灣府志》卷十〈武備〉（頁 318）、余文儀《續修臺灣府志》卷十〈武備〉（頁 394）均曰：「魏大猷，同安人，原籍臺灣。」而王必昌《重修臺灣縣志》卷九〈職官志〉（頁 304）則曰：「魏大猷，本縣（即臺灣縣）人，同安籍。」亦有說他是「同安縣人」，如謝金鑾《續修臺灣縣志》卷四〈軍志〉（頁 277）曰：「魏大猷，同安人。」而其兄魏天錫卻被記載為「龍溪縣人」，同安縣屬泉州府，而龍溪為漳州府，弟兄二人竟不同籍，不知是龍溪縣所載有誤，還是另有他因而造成二人不同籍，由於目前缺乏進一步的相關資料以資考證原因，故對於兄弟兩人不同籍貫地的記載，筆者只好忠於原始史料，先存而不論。

[29] 陳壽祺《重纂福建通志》，卷一百四十五，宦績，頁 497。

[30] 王必昌《重修臺灣縣志》，卷十〈選舉志〉，頁 369。

[31] 謝金鑾《續修臺灣縣志》，卷三〈學志〉，軍功，頁 225。

即爲「代理」或「暫任」海壇總兵之意，因此「魏總兵」應是世居安平海頭社的人民，對魏大猷「代理」或「暫任」總兵的一種榮稱與尊詞，所以第一個命題仍屬合理。然若說魏大猷曾經救過皇帝的話，那麼以年代來推算，該皇帝不是康熙就應是雍正，但史實上兩位皇帝均未來過臺灣。「魏總兵救皇帝」的傳說雖然盛行於安平海頭社，但「救皇帝」應是以訛傳訛所造成的，或許是安平後人對魏大猷這位從「安平至臺灣府，水程五十里，奉帥令沒海潛入府城，往還祗數刻，得其要領歸報，遂復府城」的英勇事蹟，在崇拜尊敬的心理下加以浮誇所造成的結果吧！

依清代武備制度，各省武官可分陸路（陸軍）與水師（海軍）二種。其最高官員爲總督，一般多具有「兵部尙書」銜；次爲巡撫，一般多具有「兵部侍郎」銜。總督、巡撫之下，分別是：提督→總兵→副將（副總兵）→參將→遊擊→都司→守備→千總→把總→外委→額外。

清代之兵防與營制，各有其專稱。總督直轄之兵稱爲「督標」，巡撫直轄之兵稱爲「撫標」，總兵直轄之兵稱爲「鎮標」，副將直轄之兵稱爲「協標」或「協」，參、游、都、守之部隊稱爲「營」，千總、把總、外委爲「汛」，僅安兵丁者曰「塘」，置兵守宿者曰「堆」[32]。

至於清代臺灣陸路與水師的各層級將領兵弁與總兵力的編制情況，隨著各朝而有增減異動，例如「雍正年間，全臺額設水陸戰守兵一萬二千六百七十名。初無馬兵，乾隆五十三年始議增設，並增添步兵。今計全臺共設水陸馬步戰守兵一萬四千六百五十七名。[33]」以下舉 1830 年（道光 10 年）陳國瑛《臺灣采訪冊》「全臺軍制總目」的編制，作爲推估清代臺灣陸路與水師的各層級將領兵弁與總兵力編制的一般概況。

　　總兵官一員、副將三員（陸路一員、水師二員）、參將三員（陸

---

[32] 陳淑均《噶瑪蘭廳志》，卷四〈武備〉，頁 171 載：「在十有八省者，總督所屬為督標，巡撫所屬為撫標，提督所屬為提標，總兵所屬為鎮標，成都將軍所屬為軍標（直省各將軍，惟成都、福州、廣州所屬有綠營兵。福州、廣州不設專標），河督所屬為河標，漕督所屬為漕標。分其治於副將為協，參、遊、都、守為營，千、把、外委為汛，僅安兵丁者曰塘，置兵守宿者曰堆，以慎巡守，以備徵調。」

[33] 唐贊袞《臺陽見聞錄》，卷下〈防務〉，營制，頁 98～99。

路二員、水師一員)、遊擊七員(陸路三員、水師四員)、都司五
員(陸路四員、水師一員)、守備十六員(陸路十員、水師六員)、
千總三十三員(陸路二十二員、水師一十一員)、把總五十八員
(陸路三十七員、水師二十一員)、外委一百零四員(陸路七十
員、水師三十四員)、 額外五十員(陸路三十四員、水師一十六
員)、陸路兵共九千七百九十七名(外委額外在內)、水師兵共四
千八百五十九名。[34]

根據上述引文,製成「清代臺灣軍制總目一覽表」如下:

表 1:清代臺灣軍制總目一覽表

官銜	總員額	陸路員額	水師員額	陸路兵力	水師兵力
總兵(官)	1				
副將	3	1	2		
參將	3	2	1		
遊擊	7	3	4		
都司	5	4	1		
守備	16	10	6	9797	4859
千總	33	22	11		
把總	58	37	21		
外委	104	70	34		
額外	50	34	16		
合計	279	183	96		

資料來源:筆者整理自陳國瑛《臺灣采訪冊》

　　由上表可知,基本上,包括各級將弁在內的臺灣水師兵力約有 5,000
名的編制,其中 3,000 名(即三營兵力,每營千人)配置於臺灣安平,
2,000 名配置於澎湖媽宮(即二營兵力,每營千人);而包括各級將弁在

---

[34] 陳國瑛《臺灣采訪冊》,〈全臺軍制總目〉,頁 151。

內的陸路兵力約有 10,000 名的編制，因此水師兵力約爲陸路兵力之一
半，所以水師各級武官將領的總員額爲 96 名，其編制也約爲陸路各級
武官將領的總員額編制 183 名的一半。

　　在清代的武職官中，副將爲從二品，地位僅次於總兵，所以副將爲
地方最高將帥總督等之直屬官，負責統理總督營務，並且也負責統轄本
協（副將之直屬軍隊稱「協」）[35]。「水師副將」在臺灣的編制有兩位員
額，一是「臺灣水師協（鎮）副將，駐劄安平鎮，統轄本標三營官兵」，
一是「澎湖水師協（鎮）副將，駐劄澎湖媽宮，統轄本標二營官兵。[36]」
而魏大猷陞任的水師協（鎮）副將，在臺灣武員中的地位僅次於臺灣鎮
總兵官，且他所擔任駐守安平的「臺灣水師協鎮副將」，更是副將中的
首席。這是因爲安平水師最高將領「副將（副總兵）」，雖然位階與「澎
湖水師副將」相等，同屬「副將」，然則實質地位上比「澎湖水師副將」
爲高（因澎湖水師副將只直轄二營兵力），故其地位僅次於「總兵（總
兵官）」。

　　魏大猷之兄魏天錫曾任職「烽火門參將」[37]，「參將」地位次於「總
兵」與「副將」，爲「正三品」的官職；魏大猷之子魏國璜曾任職「水
師提標後營遊擊」[38]；「遊擊」亦可寫作「游擊」，營隊最高將領即爲「遊
擊」，位階次於「總兵（總兵官）」、「副將（副總兵）」、「參將」，爲「從
三品」的武官。魏家在營伍之表現與地位，可見一斑。

三、魏大猷武職之陞遷

　　由文獻資料的整理，可以初步了解魏大猷原籍泉州府同安縣，並任
職水師協標右營守備，屬海壇鎮。在平定朱一貴事件時，海壇鎮右營守
備魏大猷，與當時擔任遊擊的林亮、守備葉應龍一同從鹿耳門登陸，奪

---

[35] 許雪姬《清代臺灣的綠營》（臺北市：中研院近史所，1987 年），頁 42～43。

[36] 陳國瑛《臺灣采訪冊》，〈全臺軍制總目〉，頁 158～160。

[37] 謝金鑾《續修臺灣縣志》，卷三〈學志〉，軍功，頁 225。

[38] 同前註。

回鹿耳門之後，趁勝進攻安平，並且擊退朱一貴部將而收復安平。而後
與林亮共同擔任前鋒，與朱一貴的數萬部眾大戰於西港與安定蘇厝一
帶，使朱一貴潰不成軍。又自安平潛水游行至府城，探得敵方在府城兵
力之虛實。府城克復之後，「林亮與魏大猷而後並率舟北上，平定沿海
一帶。[39]」林亮與魏大猷二將因為在朱一貴事件中戰功彪炳，如藍鼎元
〈覆軍前將弁可當大任書〉所言：「澎湖協右營守備林亮，平臺首功」，
所以原任「遊擊」的林亮官階連陞二級，1722 年（康熙 61 年）由「遊
擊」跳過「參將」，直接陞任「臺灣水師副將」；而原任「守備」的魏大
猷也官階連陞二級，1721 年（康熙 60 年）由「守備」跳過「都司」，
直接陞任臺協右營「遊擊」。而兩年之後的 1724 年（雍正 2 年），林亮
陞任臺鎮「總兵官」，而魏大猷則補林亮水師副將之缺而陞任「臺協副
將」[40]。1731 年（雍正 9 年）魏大猷去世前，已誥授為「榮祿大夫」（參
見圖 1：魏大猷神主牌位），茲將魏大猷官品陞遷製成表 2。

---

[39]　藍鼎元《東征集》，卷一，〈擒賊首朱一貴等遂平南北二路露布〉，頁 9～10。

[40]　見王必昌《重修臺灣縣志》，卷九〈武職〉（頁 304、311）、余文儀《續修臺灣府志》，
　　　卷十〈武備〉，臺灣總鎮（頁 390）、謝金鑾《續修臺灣縣志》，卷三〈學志〉，軍功（頁
　　　225）。雍正 2 年正是林亮陞職總兵官之年代，副總兵之遺缺正由魏大猷遞補陞任。

圖1：魏大猷之神主牌位，牌位書刻「皇清誥授榮祿大夫顯考滋
菴魏府君，男國璜、國寶、國華、國球、國賢奉祀」字樣。

表 2：魏大猷官品陞遷一覽表

年　　代	官銜或誥授名稱	官品	資料來源
1721（康熙 60）年 6 月前	海壇鎮右營守備	正五品	藍鼎元《平臺紀略》，康熙六十年六月，頁 11。
1721（康熙 60）年	臺協右營遊擊	從三品	王必昌《重修臺灣縣志》，卷九〈職官志〉，頁 311。
1724（雍正 2）年	臺協副將 閩安副將署海壇總兵	從二品	謝金鑾《續修臺灣縣志》，卷三〈學志〉，軍功，頁 225。
1731（雍正 9）年前	誥授榮祿大夫	從一品	神主牌位

　　由文獻亦可知魏大猷之兄魏天錫，在平定朱一貴之亂時，擔任將軍標右營遊擊（為「從三品」官銜），與當時任海壇鎮右營守備（為「正五品」官銜）的魏大猷、澎湖右營守備林亮、同安營守備葉應龍，由於先驅擊敵，破朱一貴部將鄭定瑞、蘇天威，並且奪回安平鎮，故皆同列名在為副督師藍廷珍推薦將弁可當大任者 20 人之名單中[41]。而後，魏天錫又升任烽火門參將，為「正三品」官銜[42]。另外，魏大猷之子魏國璜，根據文獻的記載則於廈門水師任後營遊擊，為「從三品」官銜[43]，魏國璜死前誥授為福建水師提標後營副總，為「從二品」官銜[44]。

　　關於魏大猷家族的資料，史料記載僅止於上述，幸石暘睢於 1953

---

[41]　關於藍廷珍認為可當大任者，推薦人數到底幾人，共有 16 人、20 人、28 人三者說法。陳壽祺《福建通志臺灣府（重纂福建通志）》，卷一百四十五〈宦績〉，頁 503 載：「副督師藍廷珍薦十六人可當大任，而以林亮、魏天錫、魏大猷及葉應龍為最。」薛紹元《臺灣通志》，列傳，武功，魏天錫，頁 552 載：「總兵藍廷珍薦將弁可當大任者二十八人，天錫兄弟與焉。」藍廷珍〈覆軍前將弁可當大任書〉曰：「征臺將弁甚多，獨評論此二十人，以二十人矯矯出眾，可望節鉞，則人才之盛極矣。」所薦舉者共為二十人，所以《重纂福建通志》記為 16 人、薛紹元《臺灣通志》記為 28 人，均有誤。

[42]　謝金鑾《續修臺灣縣志》，卷三〈學志〉，軍功，頁 225。

[43]　王必昌《重修臺灣縣志》，卷十〈選舉志〉，戎功，頁 369；該同鄉會《福建省同安志》（臺北市：福建省同安縣同鄉會，1986 年），頁 529。

[44]　根據安平魏家公廳擺放的魏國璜神主牌上所書寫的官銜推測。

年在《臺南文化》發表〈安平的碑、匾、聯〉一文中，已提到：「碑一、福建閩安等處水師副將／魏公夫人許氏順德墓道／雍正庚戌年。」石暘睢於註釋文說：「魏公即魏大猷，清初時臺灣縣安平人，官閩安水師副將，于雍正八年庚午（西元一七三〇年）為故德配許氏順德營造墳墓所鐫，前述同文墓道碑兩方，一方立於安平市街仔尾，坐南向北，今在民屋內；一方立于本市東區大東門的外側，坐西向東，該碑於光復後被竊毀無存。[45]」由此可知，魏大猷曾在雍正庚戌年（1730 年、雍正 8 年）為故德配許氏，營造墳墓所鐫的墓道碑兩塊，其中一塊原在臺南市東門城，但已遺失；另一塊則在安平的民宅內。

　　所謂「墓道碑」，即古時為對具有較高名望或官銜的墓主表示尊重與敬意，特別於通往墳墓所經之處開通一條路徑，此路徑稱為「墓道」，並在「墓道」上立一「墓道碑」，作為標示之用。「墓道碑」或由官方所立，如「五妃墓道碑」，為乾隆 11（1746）年臺灣道莊年所立[46]；或由家屬所立，如「許氏順德墓道碑」為魏大猷所立。

　　另據朱鋒〈安平拾錦〉一文說：「魏總兵夫人逝於清康熙六十年（1721年），葬於臺南市郊外柳仔林，其墓道碑有二：一在臺南市東區大東門外城附近，又一在安平市仔街民宅。光復後，前一件被竊，後一件仍在原址。[47]」但是，本研究調查進行時，卻連石暘睢與朱鋒二位前輩所言原先立在安平民宅內的許氏墓道碑，也無法尋獲。

　　魏大猷之神主牌位，正面書刻：「皇清誥授榮祿大夫顯考滋菴魏府君神主／男國璜、國寶、國華、國球、國賢奉祀。」內面書刻：「生于康熙庚戌年正月初九日巳時／府君諱大猷、字叔侯、行二、享年七十有二歲／卒于雍正辛亥年六月廿八日酉時／葬於閩安紅山地方坐乾向巽。[48]」據此，得知魏大猷生於 1670 年（康熙 9 年），卒於 1731 年（雍正 9 年），生有國璜等五子，得年實為 62 歲而非 72 歲，葬於閩安鎮。

45　石暘睢〈安平的碑、匾、聯〉，頁 7，《臺南文化》03：03。

46　連橫《臺灣詩乘》，卷二，頁 50。

47　朱鋒〈安平拾錦〉，頁 18，《臺南文化》03：03。

48　同前註。

死前一年（雍正 8 年），曾爲其夫人許氏營造兩方墓道碑。另外，儘管在安平魏家公廳並未發現到魏大猷雙親之神主牌位，但黃典權於 1966 年《臺灣南部碑文集成（下）》中提到，有兩座墓道碑：其一方爲上述魏大猷之妻許氏的墓道碑，碑文書：「福建閩安等處水師副將／魏公夫人許氏順德墓道／雍正庚戌年。」另一方則爲魏大猷替父母親墳墓所鐫的墓道碑，現存於臺南市赤嵌樓，但字跡已模糊難辨，碑文書：「誥贈驍騎將軍鎮守福建水師沿海等處地方副總兵官、加一級輔佐魏公偕元配孝慈池氏夫人墓道／雍正庚戌年陽月穀旦／不孝男大猷泐石。」[49]

　　由黃典權收錄兩墓道碑之全文與註釋文中，除了得知魏大猷之妻爲許氏外，我們另外可以得知，魏大猷之父親魏輔佐、母親池氏。其爲雙親與夫人許氏立墓道碑的年代均爲雍正庚戌年，即 1730 年（雍正 8 年）。

　　然而，在田野查訪中，魏家後代與當地耆老均稱魏大猷爲「魏總兵」，且說是由來已久。而朱鋒在〈安平拾錦〉一文中，也稱魏大猷官陞至「總兵」之銜，「魏總兵」之說似乎並空穴來風或憑空臆造；但考據史料、文獻，查證結果並未發現任何提及魏大猷曾經陞官至總兵之職的記載，而各〈職官志〉或〈軍功〉之「總兵官」，亦未列其名。唯一相關者爲謝金鑾《續修臺灣縣志》，卷三〈學志〉，「軍功」載：「魏大猷：閩安副將署海壇總兵。」雖載有「署總兵」之職，但此官職爲「代理」或「暫任」性質，且魏大猷死於 1731 年（雍正 9 年），死前一年其爲妻子所立的墓道碑，所書刻的官銜乃僅止於「水師副將」，與其父魏輔佐的「副總兵官」同一職階，因此朱鋒的說法實有待商榷。黃典權於《臺南市志稿》提到魏大猷說：「康熙六十年，征朱一貴，奮戰西港仔一帶，屢建殊勳。以功陞臺協水師副將。後移閩安，卒於任。[50]」據此，魏大猷應以「水師副將」之職銜任內去世，未再高陞「總兵官」。茲將魏大猷之前歷任「臺灣水師副將」名單整理如表 3，以釐清魏大猷生前的最高官銜。

49　黃典權《臺灣南部碑文集成（下）》，頁 766～767。
50　黃典權《臺南市志稿‧卷六‧人物志》（臺南市文獻委員會，1958 年），頁 273。

表 3：魏大猷之前歷任臺灣水師副將一覽表

任別	姓名	任職年代		籍別	備註
第 1 任	林　葵	1684 年	康熙 23 年	福建漳浦	投誠，康熙 25 年赴部另補。
第 2 任	李日珵	1686 年	康熙 25 年	福建安溪	武生，康熙 30 年陞湖廣永州鎮。
第 3 任	唐希順	1692 年	康熙 31 年	陝西涼州	行伍，康熙 32 年陞貴州總鎮。
第 4 任	衛聖疇	1693 年	康熙 32 年	山西洪洞	武舉。
第 5 任	張憲載	1697 年	康熙 36 年	陝西臨洮	行伍。
第 6 任	董大功	1701 年	康熙 40 年	奉天遼陽	行伍。
第 7 任	張應金	1703 年	康熙 42 年	山西太原	行伍。
第 8 任	張得功	1707 年	康熙 46 年	江西瑞昌	行伍。
第 9 任	張　國	1711 年	康熙 50 年	福建晉江	由功加。
第10任	潘承家	不詳	不詳	福建南安	行伍。康熙 56 年陞爲廣東碣石總兵官（然《泉州府志》謂：「潘承家……遷安平參將，超陞碣石總兵。」卻稱自參將越過副將超陞爲總兵，與《清聖祖實錄選輯》有所不同）。
第11任	許　雲	1718 年	康熙 57 年	福建海澄	康熙 60 年朱一貴事件中殉難（有傳）。
第12任	倪　興	1721 年	康熙 60 年	福建海澄	《重纂福建通志》作康熙 61 年，《重修臺灣縣志》作康熙 60 年，但許雲於康熙 60 年朱一貴事件中殉難，故倪興任職年代應緊接其後，爲康熙 60 年。
第13任	朱　文	未載	未載	福建南安	一說晉江。雍正元年 9 月 20 日陞爲福建海壇總兵官（有傳）。
第14任	林　亮	1723 年	雍正元年	福建漳浦	一作康熙 61 年，有誤。《臺

					灣通志》作雍正元年（有傳）。
第15任	魏大猷	1724 年	雍正 2 年	臺灣安平	原籍同安。

資料來源整理自：

1、王必昌《重修臺灣縣志》，卷九〈職官志〉，武職，頁 303～304。

2、謝金鑾《續修臺灣縣志》，卷四〈軍志〉，軍官，頁 276～277。

3、高拱乾《臺灣府志》，卷四〈武備志〉，歷官，頁 77～93。

4、《清聖祖實錄選輯》，康熙五十六年，頁 167。

5、《清世宗實錄選輯》，雍正元年，頁 5。

6、章倬標《泉州府志選錄》，志人，頁 143。

7、薛紹元《臺灣通志》，列傳，頁 534～535。

8、鄭喜夫《重修臺灣省通志》，卷八〈職官志〉，頁 78～79。

　　因第十一任臺灣水師副將林亮陞職「總兵」，魏大猷乃於 1724 年（雍正 2 年）接任第十二任臺灣水師副將；一直到 1731 年（雍正 9 年）逝世前，清代文獻上並未見其陞職記錄，而且清代文獻上的歷任「總兵官」名單中，亦未列其名，可見魏大猷生前的最高職銜實為「水師副將」。

　　按照清代封贈制度，文職隸吏部，八旗、綠營等武職隸兵部，文武官員共可分為九品十八級。魏大猷為其父魏輔佐所鐫的墓道碑，碑文書「誥贈」「驍騎將軍」，查清時武職正、從一品官員，俱封「榮祿大夫」；而正二至從五品，俱封將軍[51]。此即《大清會典事例》所載：「正一品、從一品，均封榮祿大夫；正二品封驃騎將軍，從二品封驍騎將軍；正三品封昭勇將軍，從三品稱懷遠將軍；正四品明威將軍，從四品宣武將軍；正五品武德將軍，從五品武略將軍。[52]」所以魏輔佐「誥贈」「驍騎將軍」

---

[51] 崑岡《欽定大清會典事例》（《續修四庫全書》，上海古籍出版社，2002 年），兵部一，卷五百四十二，兵部一，官制一，舊設武職品級，頁 495。

[52] （清）高宗敕撰　《清朝文獻通考》（臺灣商務印書館，1987 年），卷九十〈職官考〉，十四，封階，武職載：「初制，武職正二品稱驃騎將軍，從二品驍騎將軍。正三品昭勇將軍，從三品懷遠將軍。正四品明威將軍，從四品宣武將軍。正五品武德將軍，從五品武略將軍。正六品昭信校尉，從六品武顯校尉。正七品奮力校尉。八品、九品則級所無焉。」（頁 1～2）又《欽定大清會典事例》，兵部一，卷五百八十三，兵部四二，恩錫一，封贈

應是「從二品」之封贈。

魏大猷 1731 年（雍正 9 年）逝世，魏大猷神主書「誥授榮祿大夫」，《大清會典事例》雖明載：「正一品、從一品，均封榮祿大夫。」然考其實，正一品所封應爲「特進榮祿大夫」，較之「從一品」所封「榮祿大夫」多出「特進」二字。「大夫」原爲文職用銜，清初沿襲舊例，一品武職不稱「將軍」，而稱「大夫」；清嘉慶之後，才改「一至二品爲將軍，三至九品，都尉、騎尉、校尉等字樣，遞爲差等，以示區別。[53]」誥授可分初授、升授、加授三個階段，「榮祿大夫」爲「從一品」之「初授」所封（見表 4：清代一至五品官職封階一覽表）。

表 4：清代一至五品官職封階一覽表

品階	授職共通字	初授	升授	加授
正一品	特進	特進榮祿大夫	特進光祿大夫	無
從一品	祿大夫	榮祿大夫	光祿大夫	無
正二品	資	資善大夫	資政大夫	資德大夫
從二品	奉	中奉大夫	通奉大夫	正奉大夫
正三品	議	嘉議大夫	通議大夫	正議大夫
從三品	中	亞中大夫	中大夫	太中大夫
正四品	中	中順大夫	中憲大夫	中議大夫
從四品	朝	朝列大夫	朝議大夫	朝請大夫
正五品	奉	奉議大夫	奉政大夫	無

載：「武職封階七等。正一品、從一品，仍均封榮祿大夫。正二品，原封驃騎將軍，今改爲武顯大夫。從二品，原封驍騎將軍，今改爲武功大夫。正三品，原封昭勇將軍，今改爲武義大夫。從三品，原封懷遠將軍，今改爲武翼大夫。正四品，原封明威將軍，今改爲昭武大夫。從四品，原封宣武將軍，今改爲宣武大夫。正五品，原封武德將軍，今改爲武德郎。從五品，原封武略將軍，今改爲武略郎。正六品，原封昭信校尉，今改爲武信郎。從六品，原封忠顯校尉，今改爲武信佐郎。正七品，原封奮力校尉，今改爲奮武郎。」（頁 163～164）

[53]　《欽定大清會典事例》，兵部一，卷五百八十三，兵部四二，恩錫一，封贈，頁 166。

| 從五品 | 奉 | 奉訓大夫 | 奉直大夫 | 無 |

資料來源：據《續文獻通考》，卷六十二〈職官考〉，十二「文散官」整理。

　　五品官之內者用「誥」字，六品至九品用「敕」字。凡是生者稱為「封」，如誥封、敕封；死者稱為「贈」，如誥贈、敕贈。文武正、從一品官，妻封一品夫人。正、從二品官，妻封二品夫人。正、從三品官，妻封淑人。正、從四品官，妻封恭人。正、從五品官，妻封宜人。正、從六品官，妻封安人。正、從七品官，妻封孺人。正、從八品官，妻封八品孺人。正、從九品官，妻封九品孺人。魏大猷生前官銜為「水師副將」，故其妻死後「誥贈」為「二品夫人」。

四、有關陳氏入贅魏宅的傳說

　　在田野調查中，初步家族訪談得知魏家「開基祖」僅有獨女，後招陳姓入贅的傳說，然而由於魏家並未存有族譜，加上魏家公廳所擺放的神主牌位也有所遺缺，故無法經由重建族譜的方式證實此一傳說的真實性。加上目前所訪談到的魏家後代，皆無法提出此傳說較為確切的年代或是人名，因此也無法確定此傳說的可靠性。不過，至今海頭社的魏家長者，仍堅信魏家曾因故而入贅陳姓男子，致使當地有所謂的「魏皮陳骨」之說。而今安平海頭社魏宅單伸手的近鄰仍有多戶陳姓的民家，與魏家往來與稱呼甚為密切。本文透過魏宅公廳神主牌位的整理、抄錄、比對時，的確發現到了一些陳姓人士的神主牌位，茲先將目前記錄中的陳姓神主牌位，整理如下（圖2：魏宅陳姓神主牌位系譜、圖3：編號【009】陳仁德神主牌位）：

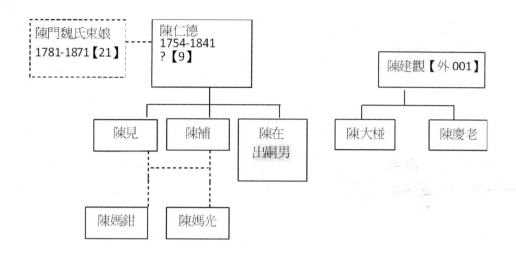

圖 2：魏宅陳姓神主牌位系譜

圖 3：編號【009】陳仁德神主牌位

　　編號【021】「陳門魏氏束娘」神主牌位，據推測極有可能就是「陳氏入贅」傳說中的女主角「魏束」娘[54]，但是由於神主牌的遺缺，所以

---

[54] 神主牌位上所書的「魏束娘」，其本名應為「魏束」。「娘」與「觀」字的用法一樣，「觀」是清代臺灣民間社會對男子尊稱的常見用字，魏家其他後代神主牌之關係，在編號：整 002、編號：17（魏再觀神主牌）；編號：整 003（魏老觀神主牌）；編號：內 001（魏便觀神主牌）、編號：整 004（魏釭觀神主牌）；編號：外 001（陳建觀神主牌），皆可見到「觀」

我們無法得知其正確的後代。而編號【009】的「陳仁德」神主牌位，生年是「乾隆甲戌年（1754）」，卒年是「道光辛丑年（1841）」，享壽為88歲，非64歲，其與「魏束」娘生於乾隆辛丑年（1781），卒於同治辛未年（1871）的年代較為接近，所以推測可能是「陳氏入贅」傳說中的男主角，但是由於兩人的出生年代相差27年，因此兩人之間的真正關係，還有待更多資料的佐證才能釐清。再者，陳仁德牌位書有孝男「見」、「補」、出嗣（過繼給他人為子）男「在」、孫「媽鉗、媽光」，在家業、家系的父系傳承過程中，乏子承嗣意味著家產落入他人之手，「香火」也會斷絕，出嗣、收養和招贅就成為傳統社會三種主要的變通辦法。因此，陳仁德之子「陳在」應是過繼給族親當兒子。至於陳媽鉗與陳媽光，究竟是屬於陳仁德之子「陳見」、「陳補」哪一房所出，也有待進一步的資料才有辦法查證。

　　另外在編號【外001】神主牌的陳建觀，推測其有可能為陳氏入贅之後代，故才會將神主牌擺放在魏家，然此人之出生年代因為神主牌的遺缺而無法得知，所以陳建與魏束娘以及陳仁德之間的關係，還需要進一步的資料來釐清。

五、魏家神主牌位系譜調查

　　整理魏家神主牌資料後，本文目前大致可以推測出三個主要的關係部分，除了上一節所提到是「陳氏入贅」傳說來源的可能神主牌之外，另外一部分是我們可以較為肯定的魏大猷上下代之關係，主要是依據目前安平魏家公廳神桌上所擺放的五座清代神主牌，包括魏大猷、許德順、魏國璜、劉真慎、魏國平（參圖4～圖9），以及文獻中關於魏家墓道碑資料而推論，以下繪出關係表來顯示五座神主牌之間的關聯：

字出現於姓名之中，乃是因為「觀」為清代臺灣對男人的一種尊稱，如同現今尊稱某某人為某某先生。「娘」則為清代臺灣民間社會對婦女尊稱的常見用字。因此魏家公廳神主牌位上有書「魏門洪氏合娘」，其本名應為「洪合」，故日治時期戶籍資料本應登記為「洪合」，但當時卻登記成「洪目」，筆者推測，「合」與「目」福佬話十分接近，可能是其後代誤解其寫法，登記時未發覺所致。

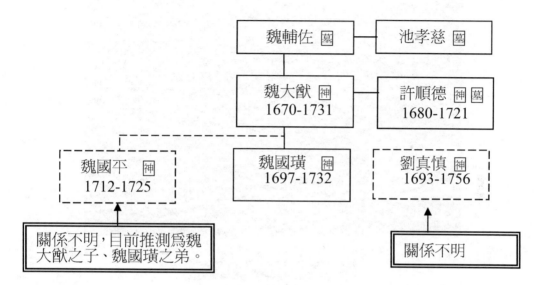

神 ：現存神主牌
墓 ：文獻資料中之墓道碑文內容提及

圖 4：魏大猷等五人關係推論圖

說明：池「孝慈」、許「順德」與劉「真慎」並非本名，因傳統
社會女性於墓碑、神主牌位上僅記姓氏，而「孝慈」與「順德」
等具孝順慈祥美德之詞，實為諡號。

圖 5：魏大猷、許順德、魏國平、魏國璜、劉真慎等人之神主牌位

圖 6：劉氏神主牌位

圖7：許氏神主牌位　　圖8：魏國平神主牌位　　圖9：魏國璜神主牌位

　　上列關係表的建立主要的推論理由爲：

　　（一）由現存於赤嵌樓的「輔佐魏公偕元配孝慈池氏夫人墓道碑」，而可得知魏大猷之雙親爲魏輔佐與池氏。

　　（二）魏大猷與許順德的關係，則因有神主牌位以及許氏墓道碑文獻的佐證，而得知兩人之間爲夫妻關係。許氏神主牌位所書爲「誥封淑人」，係因其丈夫魏大猷尙任職臺協右營遊擊的「正四品官」時（1721年，康熙60年）去世，故誥封爲淑人。而許氏墓道碑則書「魏公夫人許氏順德墓道」，係因此墓道碑爲其丈夫魏大猷於1730年（雍正8年）所立，然魏大猷已於1724年（雍正2年）升任爲水師副將的二品官，故書其贈銜「夫人」。

　　（三）魏國璜與魏大猷的關係，則有現存的魏大猷之神主牌位（其上書寫有：孝男國璜），以及《福建省同安志》中所提到的魏國璜資料[55]，而得知魏國璜確爲魏大猷之子。

　　（四）魏國璜與劉真愼的關係不明。因兩人神主牌位所記載之出生年代雖然較相近，魏國璜爲1697年（康熙36年）；劉真愼爲1693年（康

────────────

[55]　該同鄉會《福建省同安志》（臺北市：福建省圈同安縣同鄉會，1986年），頁529。

熙 32 年）；以卒年來看，魏國璜卒於 1732 年，劉真慎卒於 1756 年，若
設兩者爲夫婦，則早卒者魏國璜爲二品銜，晚卒者最低應爲二品夫人，
但劉真慎誥封爲淑人（三品）、而魏國璜誥授爲福建水師提標營副總（從
二品），兩人官品封典並不相符合，故兩人應不是夫妻關係。

（五）目前五座神主牌位中，身份較不確定的是魏國平，因其姓名
中有「國」字，與魏大猷之神主牌位中所書寫的孝男國璜、國寶、國華、
國球、國賢來推測，魏國平有可能與魏國璜同爲魏大猷之子，屬於同一
輩。但魏國平可能是幼殤（1712～1725，13 歲）才附長房祭祀，因習
俗長房要繼承公媽牌，其他諸「國」各房已分房另立[56]。

根據魏氏家族魏福成先生口述，魏家單伸手創建者是魏梓（1880
～1945 年，參圖 10：魏梓畫像、圖 11 魏梓戶籍資料）。關於安平魏家
系譜建立，由於神主牌位的缺遺以及魏家並無族譜流傳，僅能依據魏家
公廳內所保存的神主牌位、日治時代戶籍登記資料，整理出安平海頭社
魏家的族譜總表。資料較確定的是從魏大猷（1670～1731 年，康熙 9
年～雍正 9 年）之後的兩代，以及魏再（1814～1884 年）之後至今的
四代，中間的魏家傳承系譜，因爲牌位仍有缺漏，受囿於資料不足，無
法完全釐清[57]。

 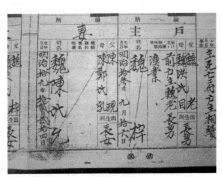

圖 10：魏梓畫像（魏福成先生提供）
圖 11：魏梓之戶籍資料（魏福成先生提供）

56　魏國平可能是幼殤之推論，為匿名審查委員書面意見之提醒，謹此誌謝。
57　為省篇幅，「安平海頭社魏家族譜總表」，於此不錄。有興趣者可參《臺南市市定古蹟安
　　平海頭社魏宅調查研究與修復計畫》（財團法人成大研究發展基金會，2003 年），附錄 2。

六、結語

　　就歷史地位而論，安平於清初之時，就是水師駐紮的重鎮，領臺第一年的 1684 年（康熙 23 年），清政府就立即於安平鎮設置「臺灣水師協署（或稱臺灣水師協鎮署）」，由水師協（鎮）副將駐署指揮調度。

　　魏大猷原籍泉州府同安縣，朱一貴事件發生時（1721 年，康熙 60 年），由福建渡臺，曾經於臺南縣西港、安定鄉蘇厝遭遇到朱一貴部眾，魏大猷奮戰不懈而使朱一貴部眾潰不成軍。接著奪回受敵軍掌控的安平鎮，並與兄魏天錫二人，憑藉對水性的熟黯，從安平潛水游至府城，探得敵方軍情而回，臺灣府城能夠克復，天錫、大猷兄弟，功不可沒。

　　也由於魏大猷在朱一貴事件中戰功彪炳，故被藍廷珍在〈覆軍前將弁可當大任書〉的「報告書」中，推薦為 20 位可當大任的將弁之一。這 20 位將弁當中，受到特別推薦者共有四位，其中任職將軍標右營遊擊的魏天錫、任職海壇鎮右營守備的魏大猷兄弟就佔了兩位；另兩位則是任職澎湖協右營守備的林亮、同安營守備的葉應龍。

　　魏大猷為水師世家，原任職海壇鎮右營守備，其父魏輔佐官至福建「水師副總兵（水師副將）」。魏輔佐死後「誥贈」「驍騎將軍」。封典始於晉代，其制度歷代各不相同。清制，以封典給官員本身稱為「授」；給曾祖父、祖父母、父母和妻室的稱為「誥」；給尚存者稱為「封」，給已故者稱「贈」。一品官曾祖父母以下均有封典，三品以上封其祖父母以下，七品以上封其父母以下，九品以上僅給予其本身。所以魏輔佐死後「誥贈」為「驍騎將軍」，應是受其子魏大猷官至「臺協副將、閩安副將」二品官的官銜之蔭。

　　清代福建水師始設於 1656 年（順治 13 年）。1669 年（康熙 8 年）清廷為了示好臺灣的鄭經，以便製造和談的氣氛，將之裁撤，1678 年（康熙 17 年）又恢復設立。福建水師駐同安縣廈門，轄本標中、左、右、前、後五營，並節制海壇、金門、福寧、澎湖、臺灣等五鎮。所以 1721 年（康熙 60 年）朱一貴事件起，原本任職「海壇鎮右營守備」的魏大猷便奉命渡臺，不久即擢陞為「臺灣水師協標右營遊擊」，從「正

六品」晉陞爲「正四品」。事件之後，因其功勳，於 1724 年（雍正 2 年）晉陞「臺協副將、閩安副將署海壇總兵」的「從二品」官職。

　　魏大猷雖然原籍泉州府同安縣，但因朱一貴事件而渡臺，事件結束後卻住在臺灣縣安平鎮，所以 1752 年（乾隆 17 年）王必昌《重修臺灣縣志》記爲：「本縣人，原籍同安。[58]」因此，魏大猷可以說是第一位當到水師副將的臺灣人。光就此點而言，魏大猷的史事與海頭社魏家後代單伸手民宅，對於臺灣史的深層探索上，就具有無可抹滅的歷史意義與史蹟價值。

　　就家族移民史而論，魏家移民甚早，從 1721 年（康熙 60 年）朱一貴事件起渡臺至今，已經 280 年以上的歷史，如今有魏宅公廳仍有爲數可觀的歷代神主牌位，赤崁樓至今亦保有一方魏大猷爲其雙親所立「誥贈驍騎將軍鎮守福建水師沿海等處地方副總兵官、加一級輔佐魏公偕元配孝慈池氏夫人墓道／雍正庚戌年陽月穀旦／不孝男大猷泣石」的墓道碑，此碑立於 1730 年（雍正 8 年），距今也有 270 年以上的歷史，因此魏宅單伸手民宅與公廳的保存與修護，對於墓道碑的存在與臺灣史的印證上，亦不可或缺。

　　就建築保存價值而言，在臺灣傳統民宅建築中，「一條龍」或由正廳室與兩側護龍組成的「三合院」較爲普遍，而由正廳室與單側護龍所構成的「單伸手」民宅屬於稀有民宅建築，由於單伸手本身結構上是不對稱的，於風水格局上較爲不佳，非萬不得已，儘量不建。海頭社魏宅原屬小型的「一條龍」格局，但因面寬過小，無法供所有的子孫後代居住，日治時代，魏梓（1880 年～1945 年，魏老之長子；魏福成先生之祖父）乃於狹隘的庭院裡，另隔出一個護龍來，以供魏石匹（魏梓之三弟）一房居住。當時在單伸手建築裡大約居住 20 人左右，在單伸手建築主廳的後面房間，主要是居住魏梓一家人（當時除了大人之外，約住 7 個小孩），在單伸手建築的護龍部分（在公廳與單伸手建築中間的增建部分）主要居住魏石匹一家人（當時除了大人之外，約住 9 個小孩）。

---

[58]　王必昌《重修臺灣縣志》，卷九〈職官志〉，武職，頁 304。

因此，魏宅單伸手宅民的保存與修護，可以讓後人了解到前人在如此有限的居住空間中，如何生活、互動、渡日、養家糊口、傳宗接代。

就文化資產的保護與文化資產知識的推廣而言，安平古蹟、廟宇觀光景點甚多，堪稱全臺古蹟、廟宇密集度最高的地方，舉凡開臺天后宮、熱蘭遮城殘垣（安平古堡）、熱蘭遮城博物館（原安平稅務司公館，後為永漢民藝館）、二鯤身礮臺（億載金城）、安平樹屋、延平老街、海山館、德記洋行、東興洋行、安平小砲臺、安平漁港、海濱秋茂園、四草大橋，早已經形成了一個「文化資產特區」，加上安平傳統民宅群數量眾多，街道巷弄曲折有趣，海頭社魏宅的存在對於傳統民宅的鑑賞與了解，具有相加相乘的效果。而同樣位在海頭社的第三級古蹟海山館，大約於 1736 年（乾隆元年）建造而成，是水師海壇鎮官兵所建的廟館。而魏大猷未渡臺之前，就曾任職「海壇鎮右營守備」，是故海頭社魏宅單伸手民宅與公廳的修復，無論是對臺灣安平水師「班兵」史的印證，或是對臺灣文化資產的保護與文化資產知識的推廣，其重要性自是不言而喻。

徵引書目

一、史料

1687 年（康熙 26 年）

　　蔣毓英《臺灣府志》，北京中華書局，1985 年。

1696 年（康熙 35 年）

　　高拱乾《臺灣府志》，臺灣銀行經濟研究室（下略稱臺銀本），1960
　　　　年。

1719 年（康熙 58 年）

　　陳文達《鳳山縣志》，臺銀本，1961 年。

1722 年（康熙 61 年）

　　藍鼎元《東征集》，臺銀本，1958 年。

　　《清聖祖實錄選輯》，臺銀本，1963 年。

1732 年（雍正 10 年）

　　藍鼎元《平臺紀略》，臺銀本，1958 年。

1735 年（雍正 13 年）

　　《清世宗實錄選輯》，臺銀本，1963 年。

1736 年（乾隆元年）

　　黃叔璥《臺海使槎錄》，臺銀本，1957 年。

1740 年（乾隆 5 年）

　　劉良璧《重修福建臺灣府志》，臺銀本，1961 年。

1747 年（乾隆 12 年）

　　范咸《重修臺灣府志》，臺銀本，1961 年。

1752 年（乾隆 17 年）

　　王必昌《重修臺灣縣志》，臺銀本，1962 年。

1760 年（乾隆 25 年）

　　余文儀《續修臺灣府志》，臺銀本，1962 年。

乾隆年間

高宗敕撰《清朝文獻通考》，臺灣商務印書館，1987年。

1821年（道光元年）

謝金鑾《續修臺灣縣志》，臺銀本，1962年。

1822年（道光2年）

川口長孺《臺灣割據志》，臺銀本，據道光2年（日本文政壬午）

日本秘閣所藏原抄本，1957年。

1830年（道光10年）

林棲鳳、陳國瑛等《臺灣采訪冊》，臺銀本，1959年。

1835年（道光15年）

陳壽祺《福建通志臺灣府（重纂福建通志）》，臺銀本，1960年。

1839年（道光19年）

周凱《廈門志》，臺銀本，1961年。

1840年（道光20年）

陳淑均《噶瑪蘭廳志》，臺銀本，1963年。

道光年間

錢儀吉《碑傳選集》，臺銀本，1962年。

1870年（同治9年）

章倬標《泉州府志選錄》臺銀本，1967年。

1873年（同治12年）

丁紹儀《東瀛識略》，臺銀本，1957年。

1891年（光緒17年）

唐贊袞《臺陽見聞錄》，臺銀本，1958年。

1893年（光緒19年）

林豪《澎湖廳志》，臺銀本，1963年。

1894年（光緒20年）

薛紹元《臺灣通志》，臺銀本，1961年。

1897年（光緒23年、明治30年）

鄭鵬雲等《新竹縣志初稿》，臺銀本，1959年。

1901年（明治34年）

織田萬《清國行政法汎論》，臺北市：華世出版社，1979 年。

1908 年（光緒 34 年）

　　崑岡《欽定清會典事例》，《續修四庫全書》，上海古籍出版社據清
　　　　　光緒 34 年上海商務印書館石印本，2002 年。

1910 年（明治 43 年）

　　臨時臺灣舊慣調查會《臺灣私法物權編》，臺銀本，1963 年。

1920 年（大正 9 年）

　　連橫《臺灣通史》，臺銀本，1962 年。

1921 年（大正 10 年）

　　連橫《臺灣詩乘》，臺銀本，1960 年。

1966 年

　　黃典權《臺灣南部碑文集成》，臺銀本，1966 年。

二、期刊論文

1953 年

　　朱鋒〈安平拾錦〉，《臺南文化》　03：03。

　　石暘睢〈安平的碑、匾、聯〉，《臺南文化》　03：03。

1962 年

　　林衡道〈安平地區家族調查〉，《臺灣文獻》13：02。

1972 年

　　石暘睢〈安平水師三營軍裝局碑年代考證〉，《臺南文化》09：03。

三、專書

1958 年

　　黃典權《臺南市志稿‧卷六人民志》，臺南市：臺南市文獻委員會。

1986 年

　　該同鄉會《福建省同安縣志》，臺北市：福建省同安縣同鄉會。

1987 年

許雪姬《清代臺灣的綠營》，臺北市：中研院近代史研所。
1993 年
鄭喜夫《重修臺灣省通志・卷八職官志・武職表篇》，南投縣：臺灣省文獻委員會。
1997 年
謝國興《續修臺南市志・卷二人民志・氏族篇》，臺南市：臺南市政府。

附錄 1：安平海頭社魏大猷家族相關史料表

出處	內容
石暘睢〈安平的碑、匾、聯〉，《臺南文化》3 卷 3 期，頁 7，1953 年。	碑一、魏公夫人許氏墓道碑 福建閩安等處水師副將 魏公夫人許氏順德墓道 雍正庚戌年 註：魏公即魏大猷，清初時臺灣縣安平人，官閩安水師副將，于雍正 8 年庚戌（1730）為故德配許氏順德營造墳墓所鐫，前述同文墓道碑兩方，一方立於安平市街仔尾坐南向北，今在民屋內，一方立於本市東區大東門的外側坐西向東，該碑於光復後被竊毀無存。
朱鋒〈安平拾錦〉，《臺南文化》3 卷 3 期，頁 17～18，1953 年。	魏總兵神主： 安平一地，古為中西交通要衝，優先吸收中西文化，既具有如此優越條件，文風應為丕振，乃理所當然，其實相反，以出身人物而言，武多於文，及武人冠於各地，而文人比之鹿港艋舺等地懸殊太甚，查其原因，乃數世之間，本省海防重鎮－水師協鎮署－舉此為基地，而且居民多業漁，熟諳水性，海國男兒踴躍從戎者遂多，其中以歷史悠久，官階崇高，現尚傳誦於民間者，應推「魏大猷」一人。他係安平人，祖籍福建同安，行伍出身，升至海壇鎮左營守備。康熙 60 年朱一貴之役，調遣徵臺，血戰臺南，迭建殊勳，平定後躍升安平水師協鎮副將，又調升總兵。魏氏一族世居安平，迄今已有十餘世，子孫藩衍，俱以漁為業。魏總兵夫人逝於清康熙 60 年，葬於臺南市郊外柳仔林，其墓道碑有二；一在臺南市東區大東門外城附近，又一在安平市仔街民宅，光復

	後，前一件被竊，後一件仍在原址無恙。此次採訪，基於此碑，獲悉其故居，走而訪之，遺物無存，僅有夫妻及長子三具神主尚在，茲擇其本人一具標錄如次： 【本文附有魏大猷神主圖】
黃典權《臺南市志稿・卷六人民志》，頁 272，1958 年。	臺灣水師協副將　駐安平 魏大猷（康熙 9 年 1670 年～雍正 9 年 1731 年） 魏大猷，字叔侯，號滋菴，臺邑安平人，祖籍同安，父輔佐任閩安水師副將。大猷少從戎，以家濱海，習於海，隸水師，積功升海壇左營守備。康熙 60 年，征朱一貴，奮戰西港仔一帶，屢建殊勳，以功陞臺協水師副將。後移閩安，卒於任，葬於閩安紅山地方。子國璜，號涓得，任水師提標後營遊擊，後大猷　年卒，葬廈門。大猷一門海軍承繼，尚武成風，波濤揚威，三代未替，亦堪稱鄉土之光矣。
黃典權《臺灣南部碑文集成》，臺銀本，頁 766～767，1966 年。	附錄中提到有兩墓道碑： 1. 誥贈驍騎將軍鎮守福建水師沿海等處地方副總兵官、加一級輔佐魏公偕元配孝慈池氏夫人墓道。雍正庚戌年陽月穀旦，不孝男大猷泐石。 2. 福建閩安等處水師副將 魏公夫人許氏順德墓道 雍正庚戌年
謝國興《續修臺南市志・卷二人民志・氏族篇》，頁 84，1997 年。	康熙 60 年（1721），魏大猷，來自福建泉州府同安，係安平水師協領，其裔繁衍今安平區。

附錄 2：魏宅神主牌位調查清冊

編號	神主名稱	子孫	生年卒年
001	淑人顯考妣純懿魏門杜氏	孝男（喜、江）	1694～1752
002	純德魏門陳氏儒人	孝男（光、基、立），孫（天生、慶清、書英）	1739～1796
003	魏福星	孝男（阿興）	1870～1937

004	魏椪	孝男（彭胡、全）	不詳
005	華娘		1724～1754
006	不詳		1734～1780
007	陳氏儒人	孝男（諒、欽）	不詳
008	待查		1778～1804
009	陳仁德	孝男（見、補）、出嗣男（在），孫媽（鉗、光）	1754～1841
010	魏彭湖	孝男（溪老）	不詳
011	魏繼光	男（尚任、天助）	不詳～1890
012	不詳		1752～1816
013	魏府歐氏	再生	1759～1812
014	魏陳氏		1886～1919
015	魏長		不詳
016	魏騰		不詳
017	魏再	孝男（使、老、極、邵），孫（清、才、子）	1814～1884
018	魏門洪氏合娘	孝男（梓、叭下、法額、五使）	1859～1903
019	黃氏閨名不纏娘		1831～1885
020	黃氏鉗娘	孝男（阿財、天安），孫（廖松、德根）	1854～1877
021	陳門魏氏束娘		1781～1871
022	魏椪	孝男（彭胡、全）	不詳
023	魏明真		1902～1925
024	許氏阿聞		1905～1935
025	蕭氏		不詳

026	孝行二名誥魂儀		1727～1745
內 001	無		生於康熙□子年
內 002	無		1697～1776
內 003	□法娘		1718～1803
內 004	無		1716～1753
內 005	張嘉官		1716～1783
內 006	無		1715～1754
內 007	鄭金娘		1704～1739
內 008	魏連邦		1705 或 1717～1739
內 009	無		1737～1749
內 010	無		1813～1872
內 011	魏便觀		1850～1899
內 012	魏彭湖		1892～1986
內 013	魏鳥陰		1883～1931
外 001	陳建觀	陳大椪、陳慶老	
外 002	王善慈	子（魏品）、孫（魏有）	
外 003	許阿閑	子（魏阿南、魏阿登）	
外 004	魏正直	子（魏阿欽）	
外 005	蔡勤慈	子（魏珊）	
外 006	魏真觀	魏阿德	
整 001	沈萬娘	魏芳生	1826～1856
整 002	魏再觀	子（魏使、魏老、魏椪、魏矼），孫（魏清、魏才、魏子）	1814～1884

整 003	魏老觀	魏鳥滄、魏承頌、魏子□、魏□□	1854～1914
整 004	魏釭觀	魏舍、魏法	1862～1889
整 005	魏天賞	魏雞壽	1892～1932

「媽祖」名稱由來試析

摘要

　　海神林默信仰早期在明清之際，大陸當地一般民間多以「娘媽」稱之，而清初康熙年間，施琅攻臺，澎湖馬公的媽祖廟尚稱「娘媽宮」，與內地俗稱相同，但臺灣民間至遲於康熙末年已將海神林默暱稱爲「媽祖」，「媽祖」名稱到底如何形成？本文首先從媽祖與觀音信仰之密切性與關聯性，闡明民間信仰中媽祖與觀音的關係，包括媽祖自小就「性好禮佛」、媽祖是「普陀現前世」、「大士轉身」之降誕傳說，與二次大戰臺灣各媽祖廟的媽祖顯靈幻化而成「白衣大士」，去「抱接砲彈」的神蹟傳說，反覆論證臺灣民間信仰中對媽祖神靈的認知，即是媽祖本爲觀音之應化。

　　其次，歷來民間信仰中對於女性神明常見的俗稱有女、姐（姊）、娘、母、姑、媽、婆等稱，用「祖」字來稱呼者除了「觀音佛祖」之外，就只有「媽祖」。因此本文推論林默之「媽」，除了源自於民間對婦女長者的俗稱外，也極可能源自於觀音「媽」，而「媽祖」之「祖」，也極可能源自於觀音佛「祖」。最後，文末強調「媽祖」這兩字的暱稱，看似平常無奇，與早期「娘媽」這兩字的暱稱沒什麼不同，但其背後卻隱含著「觀音『媽』化身」、「觀音佛『祖』轉世」的誕降傳奇色彩，以及臺灣民間信仰將「救苦救難」海神的「神」與「慈悲濟世」的「佛（祖）」（又稱慈航尊者）合而爲一，頗有「神佛同體」的揉合性格。

關鍵詞：娘媽、媽祖、尊稱、俗稱

一、前言

　　媽祖研究在近年來雖然十分熱絡，海內外研究成果也相當豐碩，但其有待進一步釐清之處也有不少，諸如媽祖之生卒年代、父母姓名、出身、里籍、仙逝過程等等，這些問題雖有部份論爭，不過仍算單純，因為仍可透過各種原始資料的比對、分析來作辯證。但是臺灣民間將海神林默俗稱為「媽祖」，究竟起源於何時？「媽祖」俗稱如何形成？為何至今成為兩岸甚至世界共同的稱呼？首先涉及此論題的是大陸學者蔣維錟先生，1992 年他曾發表〈「媽祖」名稱的由來〉一文，他說：「近年來，臺灣出現誰是最早從湄洲分靈的媽祖的激烈爭論。……這場爭論很可能就是以「娘媽」改稱「媽祖」為契機的。[1]」也就是說，大陸民間一向將海神林默俗稱為「娘媽」，而臺灣民間卻將之稱為「媽祖」，蔣維錟認為原因是近幾十年來，臺灣許多廟宇爆發了誰是最早從湄洲分靈而來的「娘媽」之爭，誰是最早的娘媽「祖廟」，正因臺灣廟宇在爭論誰是「娘媽祖廟」，導致大陸的「娘媽」在臺灣改稱為「媽祖（娘媽祖廟之簡稱）」。這樣的推論實在難以令人信服，因為「媽祖」或「媽祖廟」、「媽祖宮」等名稱早在清代康熙年間的臺灣民間就已經出現了。

　　接著福建師範大學文化研究所的陳元熙先生，於 2001 年「媽祖信仰與現代社會國際學術會議」中，發表一篇題為〈莆田人普遍信仰媽祖的原因──兼談「娘媽」名稱的由來及其演變〉的論文，針對蔣維錟的論點加以闡述補充。他更指出大陸民間一向將海神林默俗稱為「娘媽」，其由來是：「娘媽」的「娘」是指天妃神名的末字，而「媽」是對祖母與婦女的尊稱。……莆田民間的暱稱習慣只稱人名的末字，不直呼其姓名，……因此，莆田百姓取天妃神名「默娘」的「娘」，後加一「媽」字，便稱天妃為娘媽了。[2]」問題是「七星娘娘」在臺灣民間也稱為「七

---

[1]　蔣維錟〈「媽祖」名稱的由來〉（《海內外學人論媽祖》，中國社會科學出版社，1992 年），頁 136。

[2]　陳元熙〈莆田人普遍信仰媽祖的原因──兼談「娘媽」名稱的由來及其演變〉（「媽祖信仰與現代社會國際學術研討會」，北港朝天宮主辦，臺灣宗教協會承辦，2001 年），頁 6。

娘媽」，難道「七娘媽」之神名也是由「人名」末字「娘」字，後再加一「媽」字而形成的嗎？更何況媽祖的本名是「默」而不是「默娘」。2009 年「媽祖國際學術研討會——媽祖、民間信仰與文物」在臺中市舉行，福建社會科學院歷史研究所研究員兼所長徐曉望教授，發表〈廈門島的媽祖廟與媽祖稱呼的起源——關於媽祖之稱起源的一個假說〉一文，認為明代福建沿海民眾稱天妃為「娘媽」，對廈門人來說，東澳的順濟宮是娘媽祖廟，所以可稱之為「媽祖宮」。由於東澳順濟宮歷史悠久，而且其香火是直接由莆田聖墩順濟廟傳來，在廈門地位很高，所以被廈門人稱為「娘媽祖廟」，進一步簡稱為媽祖廟，這就是乾隆時期《同安縣誌》、《鷺江志》、《廈門志》都稱順濟宮為「媽祖宮」的原因。明末清初的赴臺客往往從廈門朝天宮及順濟宮二座「娘媽祖廟」擷取香火帶到臺灣，為了宣傳廟宇的正統性，在臺灣新建的廟宇都自稱為「媽祖宮」。徐曉望結語更指出清代初年的臺灣人口尚少，缺乏影響全國的文化能量。作為一個閩南文化區域，清初的臺灣與廈門最為接近，實際上是廈門文化的一個部分。因而，臺灣出現的媽祖稱呼不單是本地人的創造，更有可能是廈臺文化區共同的創造[3]。

然而，臺灣的媽祖廟是否都從廈門朝天宮及順濟宮擷取香火而來，仍值商榷，且文獻亦缺乏記載。另外，臺灣「媽祖」一詞的使用是否真如三位大陸前輩學者一致強調的，係源自「娘媽祖廟」的簡稱？這些考辨性的問題，至今尚未見學術界為文辯證、考論，筆者認為學術界對「媽祖」名稱之由來，因文獻缺乏，論辨甚少，目前仍有探論空間，實有必要將個人的推論與淺見，訴諸文字，以拋磚引玉，希望多一點媽祖信仰的研究者能投入此一議題。

二、媽祖與觀音——民間視媽祖為觀音之應化

由於筆者認為媽祖名稱的由來，與觀音信仰有直接而密切的關係，

---

[3]　《媽祖國際學術研討會——媽祖、民間信仰與文物論文集》（臺中縣文化局，2009 年），頁 29～54。

所以本節首先闡明民間信仰中媽祖與觀音的關係，包括媽祖自小就「性好禮佛」、媽祖是「普陀現前世」、「大士轉身」之降誕傳說。其次再說明臺灣民間信仰中早將媽祖與觀音視為「雙慈」，並將媽祖與觀音一神一佛同祀一祠，此種習以為常、由來已久的信仰文化，似乎隱含著媽祖與觀音在臺灣民間信仰有著「神佛一體」的密切性。復次，二次大戰中臺灣各地媽祖廟有許多關於媽祖抱接砲彈的傳說，其中的媽祖所顯現的形象卻是觀音，可以印證臺灣民間媽祖的信徒們在不自覺的認知裡，已將媽祖視為觀音之應化。

（一）媽祖與觀音因緣

明代僧人照乘所輯《天妃顯聖錄》言，林默是出身自一個官宦家庭，為都巡檢之女。曾有學者質疑《天妃顯聖錄》宗教氣氛過濃，可信度不高，其家世顯赫是明代以後增添形成，而認為林默只是一位平凡海島漁女[4]；也有學者指出：「媽祖所傳顯靈事蹟，不少是與摩尼教徒行為契合，媽祖生前很可能即為女摩尼。[5]」另有學者認為林默為一位女巫之流，並引宋人李俊甫《莆陽比事》所記載的「湄洲林氏女，為女巫，能預知人之禍福」之語為證[6]。「都巡檢之女」、「海島漁女」、「女摩尼」或者是「女巫」，都是指稱其出身與家世，而非媽祖林默與佛教因緣。換言之，不管媽祖林默是何種出身與家世背景，其誕生經過一開始就富有傳奇性與宗教色彩，且與佛教觀音有直接而密切的關係。例如媽祖父母因虔誠祀奉觀音，終而得「女」。照乘《天妃顯聖錄・天妃誕降本傳》記載：

> （林）子孚承襲世勳，為福建總管。孚子惟慤，諱愿，為都巡官，即妃父也。娶王氏，生男一，名洪毅，女六，妃其第六乳也。二人陰行善，樂施濟，敬祀觀音大士。[7]

[4] 石萬壽《臺灣的媽祖信仰》（臺北市：臺原出版社，2000年），頁13～15。
[5] 蔡相煇《臺灣的王爺與媽祖》（臺北市：臺原出版社，1989年），頁132～133。
[6] 邱福海《媽祖信仰探源》（臺北市：淑馨出版社，1998年），頁90～94。
[7] 明、照乘刻傳《天妃顯聖錄》（臺北市：臺銀經濟研究室，以下稱臺銀本，1960年），頁17。

即言媽祖父親林惟愨（諱愿）當過都巡檢，祀拜觀音甚為虔誠。林惟愨年過四十之後，常常感到只有一子，人丁單薄，乃朝夕向觀音菩薩焚香祝禱，遂得林默。明朝《三教源流搜神大全》就說，媽祖「幼而穎異，甫週歲，在襁褓中，見諸神像，叉手作欲拜狀。五歲能誦觀音經。[8]」王必昌《重修臺灣縣志》云，媽祖「喜焚香禮佛」，連橫《臺灣通史》也言，媽祖自小就「性好禮佛」[9]。以上所言，正是媽祖雙親禮佛甚虔，媽祖本身亦是自幼就能誦觀音經、喜焚香禮佛諸般事蹟。

　　林默另一項與觀音關係密切的事蹟是，林默之母親是吃了觀音給她的曇花才懷有媽祖之事，《三教源流搜神大全》曰：「母陳氏，嘗夢南海觀音與以優缽花，吞之，已而孕。……誕之日，異香聞里許，經旬不散。[10]」優缽花，即 udumbara 的音譯，或譯成優曇缽花、優曇缽羅花，簡稱曇花，意為祥瑞靈異之花。臺南市二級古蹟開元寺內就有福建水師提督兼任臺灣鎮總兵哈當阿，於嘉慶元年（1796 年）整修後所題〈彈指優曇〉之匾（上款書丙辰仲秋，下款書燕北哈當阿敬題）。《妙法蓮華經·方便品第二》云：「佛告舍利弗，如是妙法，諸佛如來，時乃說之，如優曇缽華，時一現耳。」按佛教傳說，轉輪王出世，曇花才生。南海觀音賜曇花給媽祖母親這一段情節，後來卻演化成「觀音大士賜藥丸」之說，例如光緒 18 年（1892 年）賴玄海《湄洲天上聖母慈濟真經》就載有觀音大士示藥丸予媽祖母親服用之情節云：

> 父母二人，……齋戒慶讚大士，當空禱拜，夜望大士告之曰：「汝家世敦善行，上帝式佑。」乃出丸藥示之曰：「服此當得慈濟之貺。」遂娠。宋太祖建隆元年，庚申三月二十三日方夕，見一道紅光，從西北射入室中，晶輝奪目，異香氤氳不散，俄而聖母降生焉。……十餘歲，喜淨几焚香，誦經禮佛。十三歲時，有老道士玄通者來其家，聖母樂捨之，道士曰：「若具佛性，應得入正

---

[8]　明、不明撰者《三教源流搜神大全》（臺北市：臺灣學生書局，1989 年），頁 182。

[9]　清、王必昌《重修臺灣縣志》（臺銀本，1962 年），卷六〈祠宇志〉，頁 170。連橫《臺灣通史》（臺銀本，1962 年），卷二十二〈宗教志〉，頁 573。

[10]　明、不明撰者《三教源流搜神大全》，頁 182。

果。」[11]

另外大正 6 年（1917 年）《天上聖母源流因果》（臺北保安堂拓印本）
也有「夜夢大士告曰，上帝式佑爾善，授以藥丸，遂孕[12]」之說。正因
媽祖之降誕傳說與南海觀音賜花或賜藥丸有關，明朝禮部尚書林堯俞在
《天妃顯聖錄》的序文就直接說：

> 考諸譜載：天妃，……湄山上白日飛昇，相傳謂大士轉身。其救
> 世利人，扶危濟險之靈，與慈航寶筏，度一切苦厄，均屬慈悲至
> 性。得無大士之遞變遞現於人間乎？[13]

林堯俞直言不諱的說，傳說中的「媽祖」根本就是觀音大士「轉身」、
由大士「遞變遞現」而來。出使琉球國的清人趙文楷在其詩稿《槎上存
稿》也曾贊頌天后林默云：

> 水德尊元后，神功遍大川；皇靈嘉惠若，祀典協幽元。有宋開基
> 日，惟神降誕年；普陀現前世（相傳天后是觀音化身），湄嶼應
> 高躔（湄洲嶼天后降生之地）。[14]

詩稿中也是直言，媽祖即是「普陀化身再現」。另外從媽祖的卒年月日，
也可得知媽祖與觀士音之密切關係。媽祖的卒年月日一共有下列諸說：
（一）宋太宗雍熙 4 年（987 年）2 月 19 日，（二）宋太宗雍熙 4 年（987
年）9 月 9 日，（三）宋真宗景德 3 年（1006 年）10 月 10 日。其中第
一說記載媽祖昇化於宋太宗雍熙 4 年 2 月 19 日，此說見清朝廖必琦《莆
田縣志》，志載：「鄉民以病告輒愈（癒），長能乘席渡海，乘雲遊島嶼，
閭人呼曰神女，又曰龍女，宋雍熙四年二月十九日昇化。[15]」筆者認為，
此說極可能是受到媽祖母親「嘗夢南海觀音與以優缽花，吞之，已而孕」

---

[11] 光緒 18 年（1892 年）賴玄海《湄洲天上聖母慈濟真經》（高雄市：慶芳書局，未書出版年代），頁 8～9。

[12] 大正 6 年（1917 年）、陳愷南《天上聖母源流因果》（臺銀本，1960 年），頁 51。

[13] 明、照乘刻傳《天妃顯聖錄》，〈序一〉，頁 1。

[14] 清、趙文楷《槎上存稿》（《清代琉球紀錄集輯》，臺銀本，1971 年），頁 98。

[15] 清、廖必琦修、宋若霖纂《莆田縣志》（臺北市：成文出版社，1968 年），卷三十二〈人物志〉，頁 661。

之說的影響，因為 2 月 19 日媽祖昇化為神的當天，正好是觀音菩薩之誕日。

（二）媽祖與觀音神佛同祀

正因為媽祖慈悲善意、救苦濟難之至性，實與觀音大慈大悲形象無異，民間也相傳祂是觀音大士轉世，所以至今許多媽祖廟幾乎都是前殿祀媽祖，後殿則祀觀音菩薩，這種現象當非憑空臆想而來。澳門歷史學者金國平在〈澳門與媽祖信仰早期在西方世界的傳播——澳門的葡語名稱再考〉一文，舉出西班牙人迪斯（Pero Diez）描述到他 1544 年在浙江普陀山參觀了一間廟宇，這座廟宇內有一女子的漂亮畫像，畫像前有面目猙獰的魔鬼，金國平推斷此漂亮的女子畫像是媽祖，面目猙獰的魔鬼就是千里眼、順風耳，而普陀山不但已有媽祖信仰，也出現天妃與觀音合祀的現象。除了西班牙人之外，葡萄牙人也注意到了天妃與觀音合祀的現象。1553 年《葡萄牙人發現與征服印度史》記載：「崇拜兩位婦女的形象，將其視為聖人。其中一個名叫娘媽，海上人將其尊為保護神。他們對此神十分虔誠，常常為其進行祭祀。」金國平也認為這兩位婦女無疑就是天妃與觀音[16]。可見至少在 16 世紀中葉時期，中國民間之天妃信仰中已有將媽祖與觀音神佛同祀一祠之例了。

在臺灣無論是民建或官建的廟宇，清初時期也早有媽祖、觀音同祀一祠的慣例。例如臺南鹿耳門媽祖廟，於清康熙 58 年（1719 年）創建之時，是「前殿祀媽祖，後殿祀觀音，各覆以亭。兩旁建僧舍六間，僧人居之，以奉香火。[17]」乾隆 53 年（1788 年）由官方所建的「海安宮」（今臺南市協進國小對面），初建之時，也是媽祖、觀音同祀一宮，志載：「海安宮：宮凡三進，中殿祀天后，其後殿祀觀音大士。[18]」陳淑均《噶瑪蘭廳志》載：「天后廟：俗呼媽祖宮，在廳治南街，東向。嘉慶

16　金國平〈澳門與媽祖信仰早期在西方世界的傳播——澳門的葡語名稱再考〉（《媽祖文化研究——第一屆媽祖文化研究獎得獎作品集》，澳門中華媽祖基金會，2005 年），頁 2。

17　清、陳文達《臺灣縣志》（臺銀本，1961 年），卷九〈雜記志〉，頁 211。

18　清、謝金鑾《續修臺灣縣志》（臺銀本，1962 年），卷二〈政志〉，頁 65。

13 年（1808 年），居民合建，中塑神像；左祀觀音菩薩，右安置萬壽龍亭。……募僧住持。[19]」

又如雲林縣麥寮鄉拱範宮、西螺鎮的福興宮與廣福宮等媽祖廟，都是清朝廟宇初創建時即已形成前殿祀媽祖、後殿祀觀音的祭祀傳統。倪贊元《雲林縣采訪冊》載：

> 拱範宮：在麥寮街；三楹、三進，廊房九間。嘉慶庚申年公建。前殿祀天上聖母，後殿祀觀音大士。
> 福興宮：在街內。廟屋中座及左右廊共十六間。前座祀聖母，後座祀觀音。嘉慶五年，舖民捐建。
> 廣福宮：在街南。中座合左右廊共七間。前座祀聖母，後座祀觀音。乾隆二十五年，本堡紳董捐建。[20]

可見這種媽祖、觀音同祀，神、佛同祀於媽祖廟的傳統慣習，不論是官建或民建，早在清代臺灣民間媽祖信仰裡面，已是十分普遍的現象。其實，不只同屬慈悲至性「女神」媽祖、觀音同祀，連觀音與關聖帝君、城隍爺都已同祀，玉皇大帝也供奉於媽祖廟內。連雅堂詩云：「神佛於今已混同，觀音關帝城隍公，聖神畢竟真平等，玉帝壇依媽祖宮。[21]」

由於媽祖、觀音同屬慈悲至性，故於清朝之時早被臺灣民間人士同祀供奉，而且將祂們稱為「雙慈」。清代所建之「寺廟」有兩處，一座位於現鳳山市三民路與雙慈街口的「雙慈亭」。原主祀觀音菩薩，因於乾隆 18 年（1753 年）增建前殿，兼奉祀天上聖母，二神皆為女性，信徒感念二聖慈悲，合稱「雙慈亭」，地方上慣稱「天后宮」、「媽祖廟」、「大廟」。〈重修雙慈亭（即天后宮）碑〉云：

> 慈何以名？取慈悲之義而名之也。雙何以名？是廟昔奉觀音佛祖，迨乾隆癸酉年（案：即乾隆 18 年） 始建前進，兼祀天上聖母，故名之曰「雙慈亭」。……從茲共沐化雨之沾，且享安瀾之

---

[19] 清、陳淑均《噶瑪蘭廳志》（臺銀本，1963 年），卷三〈祀典〉，頁 118。

[20] 清、倪贊元《雲林縣采訪冊》（臺銀本，1962 年），〈海豐堡〉，頁 83；〈西螺堡〉，頁 106。

[21] 連橫《雅堂文集》（臺銀本，1964 年），卷四〈筆記〉，頁 283。

慶。是為序。[22]

可見觀音、媽祖雖一佛一神，在民間的形象中卻均屬「慈悲」的象徵。
盧德嘉《鳳山縣采訪冊》也記曰：

> 天后宮：額「雙慈亭」，後祀觀音，故名。俗呼大廟。[23]

「亭」本為「觀音」祀所之名，「宮」本為「媽祖」祀處之稱，一佛一
道，本應不相含混，但由於臺灣民間信仰觀念中，觀音、媽祖如同形影，
相依相隨，所以「雙慈」其額雖題為「亭」，而非「宮」，但居民卻仍以
天后「宮」稱之。由於媽祖是增建前殿時才祀奉於前殿，觀音於增建前
殿之後反而奉於後殿，正與一般媽祖廟供奉位序相同，莫怪雙慈「亭」
會被當地信眾稱為「天后宮」、「媽祖廟」或「大廟」。

雙慈「亭」於增建「前殿」之後，主祀對象雖然變成媽祖「神」，
原先所祀之觀音「佛」反而退居後殿，但其額卻仍名為雙慈「亭」，致
使日治時期的連橫誤以為它是佛教的佛寺建物，並誤認為「佛」供奉在
前，「神」奉祀在後。他說：「雙慈亭：在縣治，俗稱大廟，建於乾隆初
年。道光八年重修。前祀觀音，後祀天后，故曰雙慈。[24]」

另一座雙慈宮在屏東縣里港鄉大平村大平路，當地人習稱所供奉的
媽祖為「里港媽」，建於乾隆年間。雙慈宮內有一面乾隆 22 年（1757
年）的〈合境平安〉碑記，記曰：

> □□我媽祖之靈感，奉旨敕封「天后」、「聖母」，由來久矣。……
> 爰造天后宮，奉祀聖母。……右畔瓦店三間。共五間，帶店稅，
> 交付當家和尚掌管收理。[25]

據上引碑記可以知道里港「雙慈宮」主祀媽祖，雖然碑記也未提到觀音

---

[22] 盧德嘉《鳳山縣采訪冊》（臺銀本，1964 年），壬部藝文（一），〈重修雙慈亭（即天后宮）碑〉，頁 346。

[23] 盧德嘉《鳳山縣采訪冊》，丁部規制〈祠廟〉，頁 167。

[24] 連橫《臺灣通史》（臺銀本，1962 年），卷二十二〈宗教志〉，頁 589。

[25] 見黃典權《臺灣南部碑文集成》（臺銀本，1966 年），頁 54。

之祀，但其宮名爲「雙慈」[26]，主要是由於媽祖、觀音同祀一宮而來，何況媽祖、觀音同祀本就是清代臺灣民間媽祖廟的傳統，所以雙慈「宮」裡才會有和尚住持，並掌管店的經營與稅收。

（三）臺灣民間媽祖抱接砲彈傳說中的觀音形象

雖然有人認爲媽祖是道教神明，而觀音是佛教禮拜的對象，不應混爲一談，張檉就指出：「以基本教義而言，道教相信感應，主張修心煉性；佛教主張慈悲，相信明心見性，……相傳媽祖是觀音的化身，這是沒有依據的傳說，……媽祖道成而在湄峰白日飛昇，飛昇是道者成道的終極目標。媽祖得道後，復以神功濟度世人，因而歷代帝封分別以夫人、天妃、天后、聖母爲號，也都是道教的稱謂。媽祖的祠宇亦以道教名稱宮、廟爲額，而不稱寺庵，法身不穿僧衣，均足證明媽祖是神非佛。[27]」

媽祖不是佛教的神尊，這是毋庸置疑的，但是在臺灣民間信仰裡「佛道雜揉」卻是十分普遍的現象，特別是民間傳說中媽祖顯靈時所顯現的觀音形象，在在反映出民間信仰中對媽祖神靈的認知。二次世界大戰期間全臺各地媽祖廟，由南到北皆有媽祖顯靈而以「白衣大士」之身姿抱接砲彈神蹟之傳說[28]。

《新港奉天宮志》載：「民國三十四年，第二次世界大戰接近尾聲，……五架 B24 轟炸機，飛臨新港古民村上空，丟下六顆炸彈，想炸古民國小，每顆炸彈重達五百公斤，眼看古民村就要成爲灰燼，村民驚恐萬分，紛紛下跪，祈求媽祖顯靈保佑。千鈞一髮之際，村民親眼看見媽祖出現了，媽祖全身穿著白色的衣服，她用大加沙衣裙接住從空中丟下來的炸彈，方才離去，結果，六顆炸彈都沒有爆炸，村民發現，其中

---

[26] 里港「雙慈宮」之名早於清朝即已有之，《鳳山縣采訪冊》，丁部〈規制〉，頁 169 載：「天后宮：一在阿里港街（港西），縣東北四十里，屋十間，額『雙慈宮』。」但《里港鄉志》（2005 年，頁 758）卻撰述：「迨至民國 18 年（昭和 4 年、1929），將天后宮更名爲現今雙慈宮。」

[27] 張檉〈淺說道教〉（臺北市道教會印《道教諸神聖紀》，未標示出版年代），頁 5～6。

[28] 有關臺灣民間媽祖抱接砲彈的傳說，可參閱戴文鋒〈臺灣媽祖「抱接砲彈」神蹟傳說試探〉，（《南大學報》39：02，2005 年），頁 41～66。

五顆丟在古民村水池裡，一顆丟在一位人家的廚房大灶裡。[29]」

位於彰化縣二水鄉二水村員集路 121 號的「安德宮」，建於光緒元年（1875 年），主祀媽祖。「二八水文史工作室」的網站有一「阿公說故事」單元，是當地國小退休校長賴宗寶主述。他說 1945 年初夏的某一個星期六（一說是 4 月 15 日），盟軍飛機突然空襲二水，除了用機關槍掃射外，也投下了數十顆炸彈，都沒有爆發。當時對於美國飛機投下之炸彈，有數十顆沒有爆發一節，大家都感覺非常訝異。鄉人議論紛紛，傳說係二水「安德宮」天上聖母顯靈，以聖袍將炸彈攬兜下來，挽救了這場空前之浩劫，使吾鄉親免受災難。也有人傳說：當時奉派到二水投擲炸彈之美軍飛行員事後說，曾經看到有位身穿白衣之婦人，將他們投下來之一顆顆炸彈，用衣角兜下來，並誇獎臺灣女人真厲害。這位攬下炸彈的白衣婦女，大家都認為是二水安德宮媽祖婆顯靈，拯救了二水鄉民。

大甲鎮瀾宮信徒間流傳說美機轟炸時，有人看到一位白衣女子，用衣裙接住從飛機掉下來的炸彈，才使得大甲地區沒有受到嚴重的災害，居民紛紛感念媽祖德澤，因此每年大甲媽進香活動，居民縱使再忙碌，至少也會做到「送出城」的儀式，以表達對媽祖庇佑地方的一份謝意[30]。

位於桃園縣新屋鄉笨港村 2 鄰 10 號的天后宮，所奉祀媽祖神像係由南部北港朝天宮香火分來，因此稱為「笨港天后宮」。該宮有一尊高達 100 臺尺、重達 120 噸、全臺第一高的青銅媽祖神像，矗立於永安漁港海域附近，守護著進港的船隻。青銅媽祖神像建造的源起是日治晚期，美軍曾經對新屋鄉笨港村附近進行密集的砲彈轟炸掃射，當時彈如雨下，然而，整個天后宮方圓幾里都相安無事，而美軍所投擲的炸彈有六枚剛好落在寺廟後方的大榕樹，好像被接住般沒有爆炸。事後，有許多當地人士指出，當時曾經看到一位白衣女子飛上天空，拉起衣服撐起炸彈，不讓炸彈落地，於是，在地方民眾的協議下，才興建這座全臺最

29　林德政《新港奉天宮志》（嘉義縣：財團法人新港奉天宮董事會，1993 年），頁 188。

30　謝進炎、何世忠《媽祖信仰與神蹟》（臺南市：安平開臺天后宮，2000 年），頁 96。

高、永遠守護著臺灣海峽海域的媽祖銅像[31]。

　　以上神蹟傳說姑不論真實與否，歷來文獻所載神明顯靈助人而外現時，常是穿著紅色衣服。例如臨水夫人斬妖除魔之時，也是服「朱衣」以顯其靈力的：

> 古田縣臨水鄉有白蛇洞，巨蛇吐氣為疫癘。一日鄉人見朱衣人仗劍索蛇斬之。[32]

這裡所傳古田縣臨水鄉鄉人所見到的「朱衣人」就是臨水夫人。第二次大戰期間，臺灣民間所傳「抱接砲彈」的女子，除了彰化縣埤頭合興宮媽祖是「穿著紅色衫裙」顯靈接住砲彈之外，其餘各宮廟的媽祖顯靈接彈的第一項外顯性的特徵就是「白衣」妝扮。為何是「白衣」身影？因為「白衣」正是民間對「觀音大士」的第一個意象，元、耶律楚材〈贊李俊英所藏觀音像〉言：

> 白衣大士足威神，運智興悲詎可陳。金色界中垂萬臂，碧蓮花上露全身。鎮州鑄就金難似，天竺鐫來玉未真。不識觀音真面目，鶯吟燕語過殘春。[33]

溫婉慈祥的白衣觀音，是中國民間最熟悉的觀音形象、觀音的代表，「抱接砲彈」雖是第二次大戰期間臺灣民間街頭巷尾的傳說，但民間傳說往往能反映出民間對媽祖神靈的認知，即媽祖本為觀音之應化，所以「媽祖」可以顯靈幻化而成為「白衣大士」的「觀音」。

（四）媽祖與觀音如出一轍的「稱名救難」信仰

　　觀音女性化形象的產生大約是在唐宋之交的第十世紀時，中國唐代之前的觀音是以男人形象出現，唐代之後才以女像呈現，並透過小說、筆記、戲曲、寶卷等在中國民間傳播蔓延開來，而值得注意的是媽祖出

---

[31]　戴文鋒〈臺灣媽祖「抱接砲彈」神蹟傳說試探〉，頁 48～49。

[32]　王必昌《重修臺灣縣志》，卷六〈祠宇志〉，頁 180。

[33]　耶律楚材《湛然居士文集》（北京，中華書局，1985 年），卷二〈贊李俊英所藏觀音像〉，頁 21～22。

生（960 年）、成神（987 年），也幾乎與女性化觀音的形成產生了「同時性」的現象，這應是一種「有意義的巧合」。換言之，媽祖誕生不僅與南海觀音賜花或賜藥丸的傳說有關，媽祖主要神職「鎮海安瀾」也與觀音信仰「稱名救難」的職能如出一轍[34]。

觀音信仰最初的發展是南印度人渡海時，常遇海難，祈求觀音救難而衍生，只要稱唸觀音名號，就得解救，因此觀音信仰的出現就與「稱名救難」信仰有形影不離的關係。如萬鈞編印《觀音靈異記》所言：「稱觀世音者，謂觀世間眾生稱名，悉蒙救拔離苦。」「楊枝一滴，徧灑大千世界，尤與我東土眾生最有緣。凡至心持其名號及經咒等，隨獲感應，不獨慈雲徧覆南海一隅而已。」「若有眾生，受三途等苦惱，凡能念我，稱我名字，為我天眼天耳聞見，不能免斯苦者，我終不成菩提。[35]」可見在民間信仰中認為觀音悲心深重，對濟渡眾生的種種苦難有特別的願力，因應各類有情眾生之需而應化成各種身形來施行救渡，慈悲普渡、聞聲救苦正是民間信仰對此「慈悲女神」的深刻印象。

媽祖信仰在中國民間的崛起，似乎也有著觀音「千處祈求千處現，苦海常作渡人舟」的神蹟傳說，特別閩臺航海者，如遇海難，亦有「呼之立應」（見後引文）的傳說。因為臺灣民間信仰中的媽祖形象有著十分微妙的觀音身影，所以臺灣有被命名為「慈航宮」的媽祖廟，例如屏東縣萬巒鄉五溝村得勝路「慈航宮」、宜蘭市梅州里津梅路「慈航宮」；有懸掛著與「慈航」一語有關匾額的媽祖廟，如內埔鄉內田村六堆天后宮有咸豐 8 年（1858 年）「慈航普濟」；有參與媽祖進香的隊伍組織稱為「慈航聖母會」（1983 年，神岡鄉王水車、豐原市邱茂峰等人，邀請同業及香客，組成「臺灣省廠商會」，1985 年「臺灣省廠商會」改稱「慈航聖母會」）。

34　有關媽祖主要神職「鎮海安瀾」與觀音信仰「稱名救難」的職能如出一轍，本段文字係根據兩位匿名審查委員之一的意見加以補述，謹此誌謝。

35　萬鈞編（1936 年無錫萬氏排印本）《觀音靈異記》（臺北市：新文豐出版公司印行，1983年），頁 1、頁 2、頁 4。《觀音靈異記》在大陸已印成十版十七餘萬部，流傳頗廣，民國35 年由林旭丹居士自福建攜來臺灣（參李世偉〈戰後臺灣觀音感應錄的製作與內容〉，《成大宗教與文化學報》第 4 期，2004 年，頁 291）。

「慈航」、「普渡」這兩個佛教詞語，在臺灣民間信仰的媽祖廟宇中處處可見，連媽祖廟的「媽祖百首籤詩」裏，亦可見到「我本慈航大士身」之語。如臺南祀典大天后宮第三九首籤詩曰：

> 我本慈帆大士身，扶危救苦濟紅塵；吉凶禍福雖前定，善念一萌神鬼欽。

佛教以塵世為苦海，故以慈悲救渡眾生，脫離苦海，猶如以舟楫渡人，因稱「慈航」。而鳳山市三民路同祀觀音與媽祖的「雙慈亭」，嘉慶 23 年（1818 年）書刻「雙眼觀來早空色相澄蓮座，慈航渡處長息風注奠海邦」木聯一對，不正是對同屬慈悲濟世的觀音與媽祖，下了一最微妙的註解。

三、媽祖是清朝臺灣民間對林默親暱而慣用的稱呼

臺灣人習慣將天上聖母俗稱為「媽祖」，可從清代臺灣各方志、采訪冊、雜記、詩詞、甚至碑文，見其一斑。「媽祖」名稱與臺灣民間生活用語息息相關，茲將臺灣與媽祖有關之名稱，製如表1。

表1：清代臺灣民間生活用語中與媽祖有關詞彙舉隅一覽表

名稱	性質	資料來源	內容或備註
媽祖颶	氣候現象名	陳壽祺，重纂福建通志，卷八十七風信，頁 404。	3 月 23 日，俗稱媽祖颶。所謂真人（保生大帝）多風，媽祖多雨。
媽祖港街	街名	王必昌，重修臺灣縣志，卷一疆域志，頁 29。	
媽祖樓街	街名	王必昌，重修臺灣縣志，卷一疆域志，頁 29。	媽祖樓街即今忠孝街，街上尚有名為「媽祖樓」之廟宇。
林媽祖坑	地名	陳國瑛，臺灣采訪冊，圍溪，頁 28。	

媽宮	地名	王必昌，重修臺灣縣志，卷二山水志，頁 40。	媽宮澳，嶼居澎島正中，澳在嶼之西南，上有天后廟，舟人稱天后為媽祖，故曰媽宮。[36]
小媽祖宮	廟名	謝金鑾，續修臺灣縣志，卷二政志，頁 65。	在鎮北坊水仔尾，即今自強街開基天后宮。
大媽祖廟	廟名	陳文達，臺灣縣志，雜記志九，頁 209。	即今大天后宮
大媽祖宮	廟名	安平縣雜記，風俗現況，頁 14。	即今大天后宮
媽祖嶼	島名	杜臻，澎湖紀略，頁 64。	
媽祖埔莊	村莊名	倪贊元，雲林縣采訪冊，布嶼西堡，頁 195。	
媽祖堰	堤堰名	盧德嘉，鳳山縣采訪冊，丙部地輿，魚堰（水利六），頁 113。	
媽祖會	社團名	沈茂蔭，苗栗縣志，卷七風俗考，頁 116。	
媽祖龕	神龕名	欽定福建省外海戰船則，頁 17。	用杉木板 12 塊、鷹板 2 塊、番仔板 4 塊、順風板 2 塊，各長 2 丈 5 尺、寬 6 寸、厚 1 寸製成。
媽祖旗	旗幟名	欽定福建省外海戰船則例，頁 114。	長、寬各 5 尺。
媽祖旗竿	旗竿名	欽定福建省外海戰船則，頁 17。	長 2 丈、圍大 1 尺 3 寸。
媽祖杖	棍杖名	王必昌，重修臺灣縣志，卷二山水志，頁 81。	舟人虔事天后，設媽祖杖以驅水怪。

　　以上這些名稱包括氣候現象名、街名、地名、島名、廟名、村莊名、

---

[36]　澎湖天后宮為國家一級古蹟，是全臺最早創建的媽祖廟，原稱為「娘媽宮」，後來略稱為「媽宮」。「媽宮」應是「娘媽宮」或「媽祖宮」之省稱，今已改名「馬公」。

堤堰名、社團名、神龕名、旗幟名等等，由此可見清代臺灣民間對於「媽祖」一詞慣用的程度。

　　「媽祖」的俗稱在臺灣民間信仰裡已通行甚久，所以清代臺灣廟裡的碑文早就直言：「我媽祖之靈感，奉旨敕封『天后』、『聖母』，由來久矣。」[37]，此外，「媽祖婆」也是臺灣民間對海神林默常用的稱呼。日治時代臺灣總督府對臺灣的舊慣進行調查時就載：「旂后莊……隨置媽祖宮一座，坐西南，向東北，像祀媽祖婆。」[38]連橫《雅堂文集》也說：「臺人素祀天后，信仰極深，稱之曰『媽祖婆』。」[39]日治時代來臺的梁啓超也寫了一首〈臺灣竹枝詞〉曰：

> 郎搥大鼓妾打鑼，稽首天西媽祖婆；今生夠受相思苦，乞取他生無折磨。[40]

他還特別註解說：「臺人最迷信所謂『天上聖母』者，亦稱為媽祖婆。謂其神來自福建；每歲三月，迎賽若狂。」可見媽祖、媽祖婆本是清朝臺灣民間對於天后海神林默親暱而獨特的稱呼。

四、「媽祖」稱呼由來試探

　　上述提到「媽祖」或「媽祖婆」是臺灣民間對海神林默親暱而慣用的稱呼，因為大陸福建、廣東方面於明清時代多稱祂為「娘媽」。然則何以「娘媽」來到臺灣之後，就被廣泛以「媽祖」之稱取而代之呢？這個問題目前學界只有極少數幾人碰觸到，首先是大陸學者蔣維錟先生在1992 年發表〈「媽祖」名稱的由來〉一文，他說：「近年來，臺灣出現誰是最早從湄洲分靈的媽祖的激烈爭論。……這場爭論很可能就是以

---

[37] 乾隆 22 年（1757 年）〈合境平安碑記〉，碑存屏東縣里港鄉大平村大平路 50 號之雙慈宮左壁；碑文內容可參見《臺灣南部碑文集成》頁 54。

[38] 臨時臺灣舊慣調查會《臺灣私法物權編》（臺銀本，1963 年），卷三〈物權之特別物體〉，頁 926。

[39] 連橫《雅堂文集》，卷四〈筆記〉，頁 304。

[40] 沈光文等諸家《臺灣詩鈔》（臺銀本，1970 年），頁 256。

「娘媽」改「媽祖」爲契機的。[41]」接著福建師範大學文化研究所的陳元熙，於 2001 年「媽祖信仰與現代社會國際學術會議」中，發表一篇題爲〈莆田人普遍信仰媽祖的原因——兼談"娘媽"名稱的由來及其演變〉的論文，針對蔣維錟的論點加以闡述補充。他認爲：

> 「娘媽」的「娘」是指天妃神名的末字，而「媽」是對祖母與婦女的尊稱。……莆田民間的暱稱習慣只稱人名的末字，不直呼其姓名，……因此，莆田百姓取天妃神名「默娘」的「娘」，後加一「媽」字，便稱天妃爲娘媽了。[42]

首先，根據原始文獻記載，媽祖本名並非「林默娘」，而是「林默」，若照陳元熙的推論，則天妃應被莆田百姓稱爲「默媽」而非「娘媽」，可見陳元熙認爲「莆田百姓取天妃神名「默娘」的「娘」，後加一「媽」字，便稱天妃爲「娘媽」，這種論點完全無說服力。

　　雖然閩粵一帶民間的確將海神林默稱爲「娘媽」，但此「娘」（娘媽）非彼「娘」（林默娘，實爲林默），「娘媽」的「娘」實與「媽」一樣，都是民間對婦女的尊稱或俗稱。例如織女，民間習慣上就祂爲七娘媽、七星娘娘，七夕時就稱「七娘媽生」，若依陳元熙之說，海神林默稱爲「娘媽」是其名林默「娘」再加上「媽」字的尊稱而成，那七娘媽的女神本名最後一個字是否也是「娘」呢？事實上，清代之時不論是民間或皇家，都習慣將婦女稱爲某某娘，而且這樣的稱呼，由來已久。清、高士奇《天祿識餘》曰：

> 娘字，俗書古無，當作孃，今通爲婦女之稱。韓魏公傳中云：「宮中稱郭后爲大娘，劉妃爲小娘。」則皇家亦如此稱之，不獨民間。[43]

---

[41]　蔣維錟〈「媽祖」名稱的由來〉（《海內外學人論媽祖》，中國社會科學出版社，1992 年），頁 136。

[42]　陳元熙〈莆田人普遍信仰媽祖的原因——兼談「娘媽」名稱的由來及其演變〉（「媽祖信仰與現代社會國際學術研討會」，北港朝天宮主辦，臺灣宗教協會承辦，2001 年），頁 6。

[43]　清、高士奇《天祿識餘》，卷下，葉四十，《叢書集成續編》215 冊（臺北市：新文豐出版公司，1985 年），頁 635。

可見「娘媽」是一個同義的複合名詞，娘即是媽，媽即是娘，都是民間對婦女的稱呼，特別是對已婚婦女的稱呼。即因「娘」為清代以前民間對一般婦女的稱呼，所以一般庶民就將「林默」稱為「林默娘」，以示親切。問題是林默是以「處子之身」得道成神的，何以被冠以「娘」之稱呢？《清朝續文獻通考》載：

> 天妃廟，其姓氏則閩中之女子林氏也，死為海神。……林氏生前固處子耳。彼世有深居重闈之淑媛，媒妁之流突過而呼之曰妃、曰夫人、曰娘，則有見其面，避之惟恐不速，而林氏受之而不以為泰，是三怪也。[44]

這段考證是說，林默是生前是處子，死後成神，「當時怎會對一位未嫁的閨女直呼為妃、夫人、娘，而林默卻能泰然接受呢？這很奇怪。」依《清朝續文獻通考》的考證，這的確是很奇怪。但值得注意的是，《清朝續文獻通考》的質疑犯了一項錯誤，即林默被稱為妃、夫人、娘等稱呼的出現並不是在她生前，而是在她仙逝之後，所以這就無關林默能否泰然接受了。

先暫不管處子之身可否被稱為妃、夫人、娘？妃、夫人、娘這些稱呼的出現，確實於林默成神之後，先是宋高宗紹興25年（1155年）首次受封「夫人」（崇福夫人），宋光宗紹熙元年（1190年），晉昇為「妃」（靈惠妃）。就民間層次而言，「夫人」也好，「妃」也好，都是對有爵位的官方稱呼，既然官方都可對處子之身的林默封為「妃」、「夫人」；民間當然也就可冠以一般婦女的通常稱呼「娘」。例如明寧靖王的妾室、婢女死後被封「五妃」，而臺灣民間即直稱為「五妃娘」。

因此，如果未醮之處子，可被官方尊稱封為「后」、「妃」、「夫人」的話，民間俗稱她「娘」並無不當。更何況林默是成神之後才被稱為「妃」、「夫人」、「娘」（娘娘、娘媽）的。若從神仙信仰層次來細思，「妃」、「夫人」、「娘」（娘娘、娘媽）原本就是女性神明的用詞。例如「天妃」、

---

[44] 清、劉錦藻《清朝續文獻通考》（臺北市：臺灣商務印書館，1987年），卷一百五十八〈祀考二〉，直省專祀，頁9126。

「臨水夫人」、「七星娘娘」、「女媧娘娘」、「七娘媽」等稱，所以「娘」
也不完全是指已嫁婦人的專稱，也是女性神明的稱呼，如果再加「娘」
字或「媽」字，成爲複合名詞，當然也可成爲女性神名的用語，這正是
林默一開始被誤稱爲「林默娘」，後來又被暱稱爲「娘娘」或「娘媽」
的原因了。明朝《三教搜神大全》就稱林默爲天妃「娘娘」、明朝吳還
初所撰的林默傳就稱《天妃「娘媽」傳》。

　　也就是說，民間以一般婦女的通稱而叫林默爲「娘」、爲「媽」，應
更爲單純而親近。但若稱爲夫人，就非一般婦女的俗稱了，它是有爵位
的，這些爵位是會隨著各朝各代的加封而有變化的，如林默於南宋高宗
時被封爲「崇福夫人」、「靈惠夫人」，「夫人」的爵位等於「侯」；南宋
光宗時封爲「靈惠妃」，「妃」的爵位等於「王」；至康熙 23 年（1684
年），加封「天后」，「后」的爵位等於等「帝」。所以女神冠以夫人之名，
即表其位於「侯」爵。明、陸容《菽園雜記》云：

> 洪武元年，各處城隍神，皆有監察司民之封，府曰「公」、州曰
> 「侯」、縣曰「伯」。……甚者又爲「夫人」以配之。[45]

城隍神因地而異，在府封爲「公」，在州封爲「侯」，在縣封爲「伯」，
有的地方則以「城隍夫人」配祀之。城隍之「配偶神」之所以配祀「城
隍夫人」[46]，而不配「城隍妃」，主因「城隍」本身之爵位爲「侯」爵而
非「王」爵，其「配偶神」當然不能逾越，故只可稱爲城隍「夫人」。

　　前面提到，中國民間信仰的女性神明，大多以媽、娘（娘）、姑、
婆、夫人等冠其名，除了夫人之外，其他這些「字詞」其實正是符合民
間社會對婦女慣用、通用的尊稱，而被套用於女神身上的庶民性稱法，
茲舉例製如表 2。

---

[45]　明、陸容撰《菽園雜記》，卷五，葉五十，《叢書集成新編》第一二冊（臺北市：新文豐
　　　出版公司，1986 年），頁 642。

[46]　通常供於城隍廟後殿，姓名無從考。臺灣另有「城隍娶某」之傳說。

表 2：以女性稱謂為神名俗稱的女神一覽表

女性長輩尊稱	神名俗稱	神名正稱或首稱	本名	神職或受祀之因	神誕
女	九天玄女	（九天）玄女			2/15
	織女	七星夫人[47]			7/7
	七仙女	七星夫人			7/7
	天女[48]	天女			
	神女[49]	天上聖母[50]	林默	海神	3/23
	龍女[51]	天上聖母	林默	海神	3/23
姐（姊）	七仙姐（姊）	七星夫人		育幼	7/7
娘	五妃娘	五妃	袁氏、王氏、秀姑、荷姐、梅姐[52]	節烈自縊從死	
	地母娘	地母元君、地母至尊			10/18
	東施娘[53]	紫姑	何媚	廁神、針	1/15

47　清代府城東安坊有「七星夫人廟」。《臺灣府輿圖纂要》（臺銀本，1963 年），頁 90 載：「東安上坊：考棚、公廨內、府倉、右營埔、經廳口、元會境、顧婦媽廟、觀音亭街、慈雲閣、七星夫人廟。」

48　「辨才天女」是護持佛法的天王力士，日文稱為弁才天（べんざいてん）。清朝琉球國（今日本沖繩）有「天女堂」，供奉辨才天女。徐葆光《中山傳信錄》（臺銀本，1972 年），頁 154 載：「圓覺寺，在王宮之北久慶門外，國王本宗香火所在。規模宏敞，為諸寺之冠。寺門西向，門前方沼數畝，四圍林木攢鬱。沼中種蓮，中有一亭；有觀蓮橋，供辨才天女，名天女堂。池名圓鑑池，亦名辨才天池；辨才天女，云即中國斗姥也。」周煌《琉球國志略》（臺銀本，1971 年），卷十六〈志餘〉，頁 288 載：「傳聞國祀六臂女神，手執日月，名曰「辨戈天」；靈異特著。……臣按使館後善興寺右有天滿神，云即祀天孫氏女處。圓鑑池天女堂稱「辨才天女」。「戈」字疑「才」字之誤，「天」字下當加「女」字，於義為順。姑闕之。」

49　陳文達《臺灣縣志》，雜記志九〈寺廟〉，頁 209 載：「媽祖，莆田人，宋巡檢林愿女也。居與湄洲相對，幼時談休咎，多中。長能坐席亂流以濟人，群稱為神女。」

50　尚有天妃、天后、天后聖母等神名正稱。

51　清·李調元、姚東升撰《神考·釋神》（臺灣學生書局，1989 年），頁 27 載：「《臨安志》：神為五代時，閩王統軍兵馬使林願第六女。能乘席渡海，雲游島嶼間，人呼為龍女。」

52　連橫《臺灣通史》另作袁氏、王氏、荷姑、梅姑、秀姐，稍有不同。供於五妃廟，分別為大娘、二娘、三娘、四娘、五娘。

53　林焜熿《金門志》（臺銀本，1960 年），卷十五〈風俗記〉，頁 387 載：「上元祀神，小兒翦竹紙為燈，人物、花鳥酷肖。夕燒舊燈籌，視其紅黑，以卜一年晴雨。沿街張燈結彩

				媯神	
	七星娘[54]	七星夫人			7/7
母	床母	床母		育嬰	7/7
	地母	地母元君、地母至尊			10/18
	電母[55]	金光聖母	秀文英		
姑	關（觀）三姑	紫姑	何媚	廁神 針黹神	1/15
	椅仔姑[56]	紫姑			1/15
	三姑	紫姑			1/15
	子姑（神）[57]	紫姑			1/15
	戚姑	紫姑			1/15
	七仙姑	七星夫人			7/7
媽	貞節媽[58]	貞節媽	林春娘	節孝	
	註生媽	註生娘娘		祈子	3/20
婆	花婆[59]	百花公主		祈子	
	閃那婆	金光聖母（《封神演義》）	秀文英		
	阿婆[60]	天上聖母	林默	海神	3/23

棚，三日夜始罷。閨女賽紫姑，歌詞唧噥，俗呼為東施娘。詞曰：『東施娘，教儂挑，教儂繡、穿針、補衣裳。』」周凱《廈門志》（臺銀本，1961年），卷十五〈風俗記〉，頁641載：「上元，未字少女賽紫姑，俗呼東施娘。」

54　清代臺灣方志有七星孃、七星娘、七娘媽、織女等稱，七夕謂七娘媽生。王必昌《重修臺灣縣志》，卷十五〈雜紀〉，頁563載：「七夕，臺女設果品、花粉向簷前禱祝，云祭七星娘，男則殺狗祭魁星，諸生會飲。」

55　為傳說中「雷公」之妻，主掌閃電，臺南市民權路三級古蹟風神廟主祀風神爺，同祀雷公、電母二神。雷公鳥嘴鳥爪、手執斧鑿、腳踏皮鼓；電母為雙手持明鏡之造型。

56　連橫《雅言》（臺銀本，1963年），頁104載：「中秋之夕，小兒女集庭中。兩人扶一竹椅，上覆女衣一襲，裝義髻，備鏡奩、花、米、刀、尺之屬；焚香燒紙，口念咒語，以迓『紫姑』。臺人謂之『椅仔姑』。」

57　《東坡集》有子姑神，又有三姑問答，又有戚姑。戚夫人也，王勿翦以七姑即戚姑之訛。見清、李元春撰《益聞散錄》，卷下，葉七十七，《叢書集成續編》第22冊，頁270。

58　林春娘為大甲人，幼為童養媳，未婚夫17歲時赴鹿港經商溺死，時春娘12歲，矢志照顧婆婆，未曾改嫁。清道光13年（1833年）敕旨旌表，並建貞節牌坊一座。見陳培桂《淡水廳志》（臺銀本，1963年）卷十〈列傳〉，列女，頁278。

59　臺南臨水夫人媽廟有配祀有花公、花婆神像。

媽祖	媽祖	天上聖母	林默	海神	3/23
姑娘	姑娘[61]	天上聖母	林默	海神	3/23
娘娘	眼光娘娘[62]	眼光娘娘			3/6
	子孫娘娘[63]	子孫娘娘		祈子	3/20
	九天玄女娘娘	九天玄女			2/15
	天妃娘娘[64]	天上聖母	林默	海神	3/23
	七星娘娘	七星夫人			7/7
	織女娘娘	七星夫人			7/7
	女媧娘娘[65]	無極虛空地母至尊	女媧氏		9/15
	石母娘娘	石母、石母娘娘		石頭神	不一
	王母娘娘	王母、西王母、西王金母、瑤池金母	楊回		7/18
	地母娘娘	地母元君、地母至尊			10/18
	曹娥娘娘	靈孝夫人[66]	曹娥		5/22
娘媽	七娘媽	七星夫人			7/7

60 林瑤棋〈媽祖信仰與烏石天后宮〉一文指出：「媽祖在閩東地區霞浦一帶，被尊稱為『阿婆』，而莆田湄洲一帶，尊稱為娘媽。」（《臺灣源流》2，頁126）另陳國強〈霞浦松山天后宮的歷史與特點〉一文也說：「霞浦民間對媽祖尊稱為『阿婆』，船民、漁民們和附近居民多到此宮朝拜『阿婆』，此宮背後為『阿婆山』。」（《臺灣源流》1，頁105～106）

61 夏子陽《使琉球錄》（臺銀本，1970年），卷下，頁277載：「航海水神，天妃最著。天妃者，莆陽人；生於五代，封於永樂間。以處子得道，以西洋顯蹟；莆人泛海者輒呼為『姑娘』，蓋親之也。」

62 光緒元年〈神佛誕辰碑記〉，有「三月初六日，眼光娘娘聖誕」之記載（《南部碑文集成》，頁712）。

63 光緒元年〈神佛誕辰碑記〉，有「三月二十日，子孫娘娘聖誕」之記載。三月二十日也就是註生娘娘的聖誕，在臺灣民間信仰中，子孫娘娘多被認定是註生娘娘。

64 明《三教搜神大全》有林默圖繪，稱「天妃娘娘」。又光緒元年〈神佛誕辰碑記〉，有「天妃娘娘聖誕」之記載。

65 中國有「女媧搏黃土作人」、「女媧補天」等神話，宜蘭縣壯圍有「補天宮」。

66 光緒元年〈神佛誕辰碑記〉，有「五月二十二日，遭娥娘娘聖誕」之記載，疑「遭娥」應為「曹娥」之誤。筆者案：曹娥為投江尋父之漢朝孝女，死後被封「靈孝夫人」。宋朝崇信道教，當時宮、觀、寺、院，少有不賜名額；神鬼少有不封爵號者，如上虞曹娥立廟，表曰：「始自漢世，亦足以示勸矣！宋大觀四年八月，封為『靈孝夫人』；政和五年十一月，封為『靈孝順夫人』；淳祐六年六月，封為『靈孝昭順純懿夫人』。」（明、陸容撰《菽園雜記》，卷十一，葉一百二十三，《叢書集成新編》第12冊，頁660。）

	娘媽[67]	天妃、天上聖母	林默	海神	3/23
婦媽	婦媽[68]	婦媽	林氏	節孝	4/15
姐母	姐（鳥[69]）母	姐母		育嬰	
婆姐	婆姐	婆姐（婆者[70]）		育幼	7/7
老母	無生老母[71]	無生老母（無極老母）			9/15
母娘	老母娘	無生老母（無極老母）			9/15
夫人	臨水夫人	順天聖母	陳靖姑	救產護胎	1/15
	陳夫人	順天聖母	陳靖姑	救產護胎	1/15
	三奶夫人[72]	三奶夫人	林紗娘等	安產	
	池頭夫人[73]	池頭夫人		安產	3/6

[67] 明、吳還初有《天妃娘媽傳》，「天妃娘媽」一詞是「天妃」正稱加上「娘媽」俗稱而成。

[68] 位於臺南市青年路 226 巷 63 號的「韋婦媽廟」，建於乾隆年間，主祀一位集孝媳、賢妻、良母於一身的韋湯純之妻林氏。韋婦媽俗姓林，20 歲時嫁府城東定坊韋湯純為妻，結褵未久，韋湯純不幸染病而撒手西歸。當時，韋家無恆產，而妾所生兩子尚幼，而韋婦媽雖然只是一個弱女子，還是毅然負起家庭重擔，不但勤儉恭謹，含辛茹苦，還將妾所生的兩子視若己出，懇待孝順翁姑，賢孝之名素為鄰里所讚譽。清代文獻記載東安坊亦有一座「顧婦媽廟」（見《臺灣府輿圖纂要》，臺銀本，1963 年，頁 90），極可能為同一寺廟。

[69] 無論從音或從義來看，「鳥母」實為「姐母」之音訛，「姐母」意指如其姐、如其母之照顧嬰孩的女神。請參戴文鋒〈日治晚期的民俗議題與臺灣民俗學：以「民俗臺灣」為分析場域〉（中正大學歷史學博士論文，1999 年），頁 268。

[70] 萬華龍山寺有十二「婆者」，供於註生娘娘旁，「婆者」應為「婆姐」之誤。《安平縣雜記》（臺銀本，1959 年），頁 5 載：「七月七日，名曰七夕。……有子年十六歲者，必於是年買紙糊彩亭一座，名曰「七娘亭」。備花粉、香果、酒醴、三牲、鴨蛋七枚、飯一碗，於七夕晚間，命道士祭獻，名曰「出婆姐」。言其長成不須乳養也。俗傳：男女幼時，均有婆姐保護。婆姐，臨水宮夫人之女婢也。」

[71] 目前一般學術界對無生老母起源的共同看法是無生老母起源於明朝羅教，但李湘杰認為無生老母源於羅教說充滿著許多矛盾，不能成立。他指出無生老母是從元代白蓮宗《廬山白蓮正宗雲華集》的阿彌陀佛「父母」演變而來的，阿彌陀佛「父母」是以「母」的意念創造出來的。阿彌陀佛「父母」先是演變為「無生父母」，但後人認為以「母」來架構「父母」並不恰當，因此讓「無生老母」從「無生父母」中獨立出來（請參李湘杰〈明清寶卷中無生老母神話之研究〉，中國文化大學中國文學研究所碩士論文，2001 年）。

[72] 相傳陳靖姑、李三娘、林紗娘三人為「三奶教」教主，陳靖姑稱為陳大奶或陳夫人，李三娘稱為李三奶或李夫人，林紗娘稱為林九奶或林夫人，合稱「三奶夫人」。

[73] 臺灣民間「池頭夫人」之聖誕有二，一是 3 月 6 日，一是 7 月 14 日。關於其來歷向有二說，一是清咸豐 3 年（1853 年），漳、泉械鬥，萬華龍山寺的泉州人因祭典勞累而熟睡，漳州人乘機夜襲，一孕婦於龍山寺旁發覺而驚叫，卻被漳州人殺害，斷頭而亡，泉人感念婦人之恩，乃供其神像奉奉於龍山寺內。參鍾華操《臺灣地區神明的由來》（臺中市：臺灣省文獻會，1979 年），頁 399。二是「池頭夫人」為看守冥府血池的女神。臺灣民間相信女子

					7/14
	戚夫人	紫姑	何媚	廁神 針黹神	1/15
	城隍夫人	城隍夫人			
	三山國王夫人	三山國王夫人			
夫人媽	夫人媽[74]	夫人媽			
媽祖婆	媽祖婆	天妃、天上聖母	林默	海神	3/23

上表所謂「女性長輩尊稱」，是指生活中對年紀稍長婦女的稱謂，包括女、姐（姊）、娘、母、姑、媽、婆、祖等與複合名詞的姑娘、娘媽、婦媽、姐母、娘娘、母娘、夫人等；至於「夫人」一詞，則不只是用於一般婦女，它同時也是指有官爵婦女的一種稱謂。

所謂的「神名正稱或首次稱」，正稱是指歷代「敕封」，如媽祖的正稱就有許多，包括崇福「夫人」、靈惠「妃」、護國庇民妙靈昭應弘仁普濟「天妃」（簡稱天妃）、天后、天上聖母；首稱是指未有「敕封」而見於文獻的首次稱謂，如五妃並未有「敕封」，文獻的首次稱謂就為「五妃」，可是民間習慣稱祂們為「五妃娘」，所祀神像亦直接寫成「大娘、二娘、三娘、四娘、五娘」等，又如眼光娘娘、註生娘娘等，於文獻的首次稱謂就是如此。

「神名俗稱」是民間的習慣稱呼或暱稱，這雖是大家較熟稔的稱謂，但也是最多而複雜的稱謂，包括娘（如五妃娘、東施娘）、母（如姐母、王母、瑤池金母）、媽（如貞節媽、註生媽）、婆（花婆、阿婆）、

因難產而死者，死後會落入血池受苦，為了將難產而死亡的靈魂從血池中救出來，就必須向池頭夫人祈願，求祈赦免。參鈴木清一郎《臺灣旧慣冠婚葬祭と年中行事》（臺北市：臺灣日日新報社，1934 年），頁 461。

[74] 謝金鑾《續修臺灣縣志》（臺銀本，1962 年），頁 338 載：「臨水夫人廟：在寧南坊，今移在東安坊山仔尾，乾隆五十一年里人梁厚鳩眾建。」《雅堂文集・卷三筆記》（臺銀本，1964 年），頁 167 載：「臺南郡治有臨水夫人廟，香火甚盛。每當元宵、中秋，婦女多入廟進香，而產子者設位以祀，祈禱輒應。」臺南市「臨水夫人廟」，現今之廟額則題為「臨水夫人媽廟」，主祀「臨水夫人」陳靖姑。另外《臺灣私法債權編》（臺銀本，1960 年），頁 208 亦有「決於七月初七日答禮，……欲叩謝咱宮夫人媽」之句。此處的「夫人媽」就是指「七星夫人媽」。

姑娘、姑婆、娘媽等，而且往往隨著地域而有不同，如七星夫人至少就有七星孃（娘）、七星娘娘、七娘媽、七仙姑、七仙姐（姊）、織女等俗稱；註生娘娘也有子孫娘娘、註生媽等俗稱；天上聖母（天妃、天后）則有姑娘、娘媽、阿婆、姑婆、媽祖、媽祖婆等俗稱。

莆田的娘「媽」也好，臺灣的「媽」祖也好，「媽」字的用法與稱呼，基本上與閩東地區霞浦一帶稱阿「婆」，或者是臺灣林姓的信眾直稱她爲「姑」「婆」，沒什麼兩樣，都是對於民間婦女長者的習慣稱謂。

既然「娘」「媽」是複合名詞，「娘」即是「媽」，「媽」即爲「娘」，都是源於民間對婦女長者稱謂，已如前述。「媽」「祖」當然也是複合名詞，「媽」與「姑」、「婆」均是指女性長者，至於「祖」當作何解呢？由清代臺灣林氏宗族的媽祖信徒直稱祂爲「姑婆祖」[75]看來，「祖」似乎具有女性「祖先」之意。但陳元熙卻認爲：

> 「媽祖」就是「娘媽祖廟」的簡稱。這裏關鍵的是一個「祖」字，它能真正反映臺灣爭論的實質，即究竟誰是從湄洲最早分靈的娘媽廟問題。因爲泛稱「娘媽廟」不能體現出首廟的地位，只有改稱「媽祖廟」才能顯示某廟爲最早的「娘媽廟」，也才能反映廟史之悠久、神格之崇高。……這是「媽祖」之稱的由來。[76]

陳元熙並引用《說文》：「祖，始廟也。」接著又引《廣韻》「祖，始也、本也」，來說明「媽祖」的全稱應爲「娘媽祖廟」。對於「媽祖」就是「娘媽祖廟」的簡稱，而「娘媽祖廟」是因爲臺灣曾經出現過哪一座才是最早從湄洲分靈的娘媽廟問題的推斷，筆者以爲矛盾重重。因爲臺灣出現過哪一座媽祖廟才是最早從湄洲分靈的論爭，是光復之後的事情，先是1960年代土城聖母廟與鹿耳門天后宮之爭，接著是1990年代北港朝天宮與新港奉天宮之爭，而後各大媽祖廟宇無不宣稱自己才是「開臺」、「開

---

[75] 道光8年（1828年）〈林氏姑婆祖碑記〉載：「天上聖母，保障四方，慈帆廣濟，報應設施，其捷如響；所以南朔東西無不崇奉者也。茲因阿緱我林姓姑婆祖僅存公銀七十員，逐年收利不足祀典之費，……重新鳩捐，湊足置業，以垂萬古恭足千秋祀典之用。」（《臺灣南部碑文集成》，頁242。）

[76] 陳元熙〈莆田人普遍信仰媽祖的原因——兼談「娘媽」名稱的由來及其演變〉，頁6～7。

基」、「最早」之媽祖廟。也就是說，臺灣之媽祖廟爭「娘媽」「祖廟」
也只不過是近幾十年來的事，但「媽祖廟」的名稱早在清代康熙年間的
臺灣就出現了，因此以「媽祖」爲天妃、天后的俗稱，最慢於康熙年間
的臺灣民間即已出現。吳桭臣〈閩遊偶記〉載：

> 媽祖廟（即天妃也），在寧南坊。有住持僧字聖知者，廣東人；
> 自幼居臺，頗好文墨。嘗與寧靖王交最厚，王殉難時許以所居改
> 廟，即此也。天妃廟甚多，惟此爲盛。[77]

寧南坊的媽祖廟即「大媽祖廟」，另有「小媽祖廟」位於「鎮北坊水仔
尾」，陳文達《臺灣縣志》載：「小媽祖廟，開闢後，鄉人同建。在水仔
尾。[78]」所謂「開闢後」雖至遲應在明鄭時期，但卻難以證明明鄭時期
已有「媽祖」俗稱，因陳文達《臺灣縣志》成書於康熙 59 年，因此僅
能推知最慢於康熙年間的臺灣民間「媽祖」之俗稱即已出現。

　　媽祖的「祖」，並未必能夠等同於「祖廟」或「始祖」之意，因爲
民間俗稱李鐵拐爲「李仙祖」，而李鐵拐正稱爲「凝陽帝君」、「光耀大
帝」；俗稱（唐）呂洞賓爲「呂祖」或「純陽祖師」，而呂洞賓正稱爲「孚
佑帝君」，可見民間俗稱某神明爲「祖」，早在媽祖之前即已有之。且「祖」
字本身亦隱含二意，一是指「祖先」，另一爲古時出遠門所祭拜的「路
神」。宋王觀國《學林》曰：

> 祖者，行神也。古者，行出有祖祭。故韓奕詩曰：「韓侯出祖。」
> 鄭氏箋曰：「祖者，將去而祀軷也。」又烝民詩曰：「仲山甫出祖。」
> 鄭氏箋曰：「祖者，將行，祀軷之祭也。」[79]

也就是說除了人盡皆知的「祖先」之意以外，「祖」亦是指古代外出遠
行時所祀拜的神明，後來被用於某某祖師等神佛之稱。此處媽祖的「祖」
是亦同時具有「祖先（女性祖先）」與「神明」有兩層含意。例如清代
臺灣林氏族人習慣稱林默爲「姑婆『祖』」，另外清代也有林氏族人稱林

---

[77]　康熙 54 年，吳桭臣〈閩遊偶記〉，《臺灣輿地彙鈔》（臺銀本，1965 年），頁 19。

[78]　清・陳文達《臺灣縣志》，〈雜記志九〉，寺廟，頁 210。

[79]　宋・王觀國撰《學林》，卷四，葉一〇五，《叢書集成新編》第 12 冊，頁 44。

默爲「姑『祖』母」。林遠峰曰：

> 天后聖母，余二十八世姑祖母也。未字而化，靈顯最著。海洋舟
> 中，必虔奉之。遇風濤不測，呼之立應。[80]

　　所以「媽『祖』」的稱呼與林姓族人稱「姑婆『祖』」或「姑『祖』
母」，都有「女祖先」的意味，只是林姓族人在「祖」之前冠上「姑婆」
或「姑」之稱，感覺上較「媽」更爲親暱而已，因爲林姓族人與林默有
同宗關係，作爲信眾的他們自認是林默的後裔子孫；這是第一層含意。
然而一般而言，神明稱「祖」習慣被用於男性，如呂仙祖（呂洞賓）、
王禪老祖、慚愧祖師、三坪祖師、清水祖師、普庵祖師等。考祖師之稱
源於《漢書》，而後爲佛、道二教沿用。清、虞兆隆《天香樓偶得》云：
「祖師之稱，今世但知爲釋、道二家所創，今覽《漢書・外戚傳》，『定
陶丁姬易祖師，丁將軍寬之玄孫。』則祖師之稱，實始於此。[81]」既然
「祖」爲後來的釋、道二教所沿用，且爲男性神佛之稱，何以唯獨天上
聖母於臺灣民間被稱爲媽「祖」呢？清、趙翼《陔餘叢考》有謂：

> 江漢間撜舟者，率奉天妃，而海上尤盛。……臺灣往來，神跡尤
> 著，土人呼爲媽祖。倘遇風浪危急，呼媽祖，則神披髮而來，其
> 效立應。若呼天妃，則神必冠帔而至，恐稽時刻。媽祖云者，蓋
> 閩人在母家之稱也。[82]

據此文亦可推知，到了清代臺灣民間早對海神林默直呼「媽祖」，而不
稱爲「天妃」或「天后」，表面上理由是叫天妃時，林默需要掛帔戴冠
才降臨，會拖延救溺時刻，而叫媽祖則是「隨傳隨到」，但是「媽祖」
是臺灣民間對海神林默的俗稱，而官方都敬稱祂爲「天妃」或「天后」，
照趙翼的解釋，稱「天妃」或「天后」的官方人員豈不是因祂「稽延時

---

[80]　清、袁枚《續子不語》，《筆記小說大觀叢刊》（臺北、新興書局，1978 年），卷一〈天
后〉。

[81]　清、虞兆隆《天香樓偶得》，葉九，《叢書集成續編》215，頁 7。案《漢書》列傳，卷九
十七下〈外戚傳〉，第六十七下〈定陶丁姬〉載：「定陶丁姬，哀帝母也，易祖師丁將軍
之玄孫。」

[82]　清、趙翼《陔餘叢考》（新文豐出版，1975 年），卷三十五天妃條，葉十二─十四。

刻」而遭遇不測了？

　　由清朝文獻記載來看，當時迎接媽祖神明出來救駕時所燒給祂的紙錢「甲馬[83]」一共有三種，一是畫戴冕垂旒（古帝王以絲線穿玉珠，垂於所戴之冕前後）之像，一是著普通服裝之像，一是披髮赤足而持劍之像。清、袁枚《續子不語》曰：「天后……遇風濤不測，呼之立應。有甲馬三：一畫冕旒秉圭；一畫常服；一畫披髮跣足，仗劍而立。每遇危急，焚冕旒者輒應；焚常服者，則無不應。若焚至披髮杖劍之幅而猶不應，則舟不可救矣。[84]」可見媽祖的「神像」並非固定的，而呼「戴冕垂旒」的「天妃」或「天后」，也可以呼之立應，並不會「稽延時刻」。其實，兩者最大的差別在是，「天妃」或「天后」之稱呼為敬稱，其形象是「戴冕垂旒」；而「媽祖」之稱呼為暱稱或俗稱，其形象是「普通常服」，即「媽祖為閩人在母家的稱謂」，較之「天后」稱為「媽祖」更加親切罷了。

　　媽祖的「祖」一字與「娘」、「姑」、「媽」、「婆」的民間用法是一樣的，只是對女姓長者親切的一種暱稱罷了。江桂珍曾為文指出：

> 廟宇與家中乃信徒祭拜神明之二處主要場所，故對神祇之稱呼亦依此區分為：「在廟之尊稱」與「在家之暱稱」二類。進廟燒香，是在大庭廣眾之前，不敢絲毫褻瀆，默禱必稱全名。但回到家中，以親切為主，故私下便以暱稱來代替。因此，在廟裏稱「釋迦牟尼」，在家中則稱為「佛祖」；在廟裏稱「保生大帝」，在家中則稱為「大道公」；在廟裏稱「關聖帝君」，在家中則稱為「關帝爺」；在廟裏稱「觀音菩薩」，在家中則稱為「觀音媽」。故以此類推，在廟裏稱之「天上聖母」，在家則暱稱為「媽祖」。[85]

此文認為「媽祖」為「在家的暱稱」這樣的說法，基本上只是呼應了清

---

[83]　甲馬又稱紙馬、神馬、總馬，是迎神、送神燒化給神明坐騎之神馬及神兵天將所戴冑甲之用。其名稱源自於古代武備，古代將一切冑甲、戰馬等武備稱為「甲馬」，清、虞兆隆《天香樓偶得》，葉九，頁 15〈馬字寓用〉，就云：「俗于紙上畫神佛像，塗以紅黃彩色，而祭賽之，畢即焚化，謂之『甲馬』。以此紙為神佛所憑依，似乎馬也。」

[84]　清、袁枚《續子不語》，卷一〈天后〉。

[85]　江桂珍〈試論媽祖信仰與臺灣移民史的關係〉（《史博館學報》6），頁 127。

代學者趙翼的看法，也就是「媽祖是爲閩（南）人在母家的親暱稱謂」。但既然是在家的親暱稱謂，爲何不暱稱爲「媽」（如註生「媽」），或暱稱「娘媽」（如臺灣稱織女爲七娘媽或莆田稱林默爲娘媽），或暱稱「姑」（如七仙姑、紫姑）等大家長久以來對女性婦人慣用的俗稱，何以要用「媽」「祖」這個複合名詞呢？更何況「祖」這個字是男性神佛慣用的稱呼。這些疑慮，江文並未作出任何詮釋。

　　首先，「媽祖」林默之「媽」字的用法與稱呼，雖與「娘」、「姑」、「婆」一樣，都屬通俗性的民間暱稱，但「媽」字卻較「娘」、「姑」、「婆」等稱更爲信徒接受盛行，此與林默爲觀音應化的傳說有非常密切的關係。大悲菩薩，是佛教傳到中國之後，最受崇敬的菩薩之一，故有「家家彌陀佛，戶戶觀世音」之說。觀音全稱爲觀音菩薩或觀世音菩薩，臺灣民間俗稱祂爲觀音「媽」[86]，即以民間對婦女長者的俗稱來暱稱這位佛教的菩薩。而且臺灣對觀音十分崇敬，經常將神龕的主位讓給觀音，而把祖先的神主牌位置於神龕兩側，陳文達《臺灣縣志》云：

> 祖宗父母，身所自出，祀於中堂。必誠必敬，追遠報本之義也。臺人祀其祖先，置於堂之左右，而祀菩薩於中，十居七、八焉；是祀先不如祀神，厚其所薄，薄其所厚，盍亦反而思之。[87]

臺灣民間對觀音之崇敬由此可見。因此「媽祖」林默之「媽」，除了源自於民間對婦女長者的俗稱外，也極可能源自於觀音「媽」。

　　其次，筆者認爲，「祖」雖也可以指女性祖先，但基本上它用於男性神明的，前面提到的各「祖師」或「呂祖」、「李仙祖」即是。但由於林默的誕降一開始就有濃厚的「佛、道」雜揉的色彩，說林默母親吃了觀音給的曇花才懷孕，或說觀音賜給藥丸後林默母親才生下她，又有說媽祖是觀音轉世或觀音化身（觀音有三十二應身），所以林默除了「媽」的稱呼外，也被用「祖」這個佛、道通用的俗稱。因爲觀音菩薩或觀世

86　道光12年（1832），林和尚作亂，恐人不附，造謠云：「天變地變，觀音媽來助戰。」（《鳳山縣采訪冊》，癸部〈藝文（二）〉，兵事，勦平許逆紀事，頁429。

87　清、陳文達《臺灣縣志》，〈輿地志一〉，風俗，頁57。

音菩薩，在臺灣民間也俗稱祂為觀音佛「祖」，或者簡稱佛「祖」，筆者認為媽祖的「祖」也極可能源自於觀音佛「祖」，所以才能在觀音佛「祖」之外，成為女性神明中唯一有「祖」字俗稱者。

五、結語

　　與「娘媽」、「姐母」、「娘娘」、「母娘」等女神稱呼一樣，「媽祖」也是一個複合名詞，不同的是「娘媽」、「姐母」、「娘娘」、「母娘」等女神稱呼是由兩個個別的不同或相同的名詞組成，「娘」即是「媽」，「母」即是「娘」，「娘」、「媽」、「姐」、「母」都是女性的稱謂。而「媽祖」則是由「媽」與「祖」兩個個別的名詞組成，「媽」是女性的稱謂，但「祖」則不是女性的稱謂，是指尊長、祖先。即孔穎達疏云：祖者，始也，己所從始也。

　　「媽祖」這兩字的暱稱，看似平常無奇，與「娘媽」這兩字的暱稱沒什麼不同，但其背後卻隱含著「觀音『媽』化身」、「觀音佛『祖』轉世」的佛教誕降傳奇色彩，所以在這裡可以看出「救苦救難」的海「神」與「慈悲濟世」的「佛（祖）」（又稱慈航尊者）已合而為一，「神佛同體」的揉合性格，這也正是明清時期出使琉球（今沖繩）的中國官員，把琉球的媽祖廟稱為「天妃宮」[88]，而琉球當地人至今卻仍稱媽祖廟為ブサドー的原因。因為，ブサドー的日文漢字寫成「菩薩堂」，建築體稱為「堂」，代表其為「佛堂」而非「宮廟」。琉球的「菩薩堂」所供奉的主神雖然是海神媽祖，卻是以佛教的觀音「菩薩」來稱媽祖，而稱媽祖廟為「菩薩堂」，媽祖與觀音逐漸被民間信眾轉化成「神佛同體」的揉合性格，在此又可得到明證。同時，清代所記載臺灣的媽祖廟，也都是「僧人居之」、「媽祖、觀音同祀一廟」，媽祖、觀音一神一佛，在臺

---

[88] 清、周煌《琉球國志略》（臺銀本，1971 年），卷七〈祠廟〉，頁 165～166 載：「天妃宮：有三，一在那霸天使館東，曰下天妃宮，門南向。明夏子陽、王士禎立〈靈應普濟神祠〉額。……堂內，有崇禎六年冊使杜三策、楊掄〈慈航普度〉匾。一在久米村，曰上天妃宮。《夏錄》云：『嘉靖中，冊使郭汝霖所建。』……一在姑米山，係新建。」

灣民間信仰裡早已如影隨形、無法切割了。

　　至於「媽祖婆」一稱，當然是源自「媽祖」之俗稱，只是加稱一「婆」字更顯親切而已。就如玉皇大帝（上帝）一樣，民間俗稱祂爲「天公」或「上帝公」，正月初九俗稱「天公生」。而男性神明的民間俗稱爲「公」，其對應的女性神明的俗稱就是「婆」，如土地「公」（福德正神）之另一半爲土地「婆」，保生大帝大道「公」與天上聖母媽祖「婆」鬥法，也是對應性的稱法。再加「婆」一字，只是爲了更凸顯其親切性罷了。

徵引書目

一、史料

宋、王觀國

　　《學林》,《叢書集成新編》第 12 冊,臺北市:新文豐,1986 年。

元、耶律楚材

　　《湛然居士文集》,北京:中華書局,1985 年。

明、照乘

　　《天妃顯聖錄》,臺北市:臺銀經濟研究室（以下稱臺銀本）,1960
　　　　年。

明、陸容

　　《菽園雜記》,《叢書集成新編》第 12 冊,臺北市:新文豐,1986
　　　　年。

明、夏子陽等

　　《使琉球錄》,臺北市:臺銀本,1970 年。

明、不明撰者

　　《三教源流聖帝佛祖搜神大全》,臺北市:臺灣學生書局,1989 年。

明、吳還初

　　《天妃娘媽傳》,高雄市:泉源出版社,1991 年。

清、廖必琦修、宋若霖

　　《莆田縣志》,臺北市:成文出版社,1968 年。

清、趙翼

　　《陔餘叢考》,臺北市:新文豐,1975 年。

清、袁枚

　　《續子不語》,《筆記小說大觀叢刊》,臺北市:新興書局,1978 年。

清、李元春

　　《益聞散錄》,《叢書集成續編》第 22 冊,新文豐,1985 年。

清、高士奇

《天祿識餘》,《叢書集成續編》215 冊,新文豐,1985 年。

清、虞兆隆

　　《天香樓偶得》,《叢書集成續編》215 冊,新文豐,1985 年。

清、劉錦藻

　　《清朝續文獻通考》,臺北市:臺灣商務印書館,1987 年。

清、李調元、姚東升撰

　　《神考‧釋神》,臺灣學生書局,1989 年。

清、林焜熿

　　《金門志》,臺銀本,1960 年。

清、敕撰

　　《欽定福建省外海戰船則例》,臺銀本,1961 年。

清、周凱

　　《廈門志》,臺銀本,1961 年。

清、陳文達

　　《臺灣縣志》,臺銀本,1961 年。

清、王必昌

　　《重修臺灣縣志》,臺銀本,1962 年。

清、倪贊元

　　《雲林縣采訪冊》,臺銀本,1962 年。

清、謝金鑾

　　《續修臺灣縣志》,臺銀本,1962 年。

清、鄭兼才

　　《六亭文選》,臺銀本,1962 年。

清、陳淑均

　　《噶瑪蘭廳志》,臺銀本,1963 年。

清、陳培桂

　　《淡水廳志》,臺銀本,1963 年。

清、不明撰者

　　《臺灣府輿圖纂要》,臺銀本,1963 年。

清、盧德嘉

　　《鳳山縣采訪冊》，臺銀本，1964 年。

清、吳桭臣

　　《閩遊偶記》，收入《臺灣輿地彙鈔》，臺銀本，1965 年。

清、陳壽祺

　　《重纂福建通志》，臺北華文書局影印同治 10 年刊本，1968 年。

清、諸家

　　《臺灣詩鈔》，臺銀本，1970 年。

清、趙文楷

　　《槎上存稿》，收入《清代琉球紀錄集輯》，臺銀本，1971 年。

清、周煌

　　《琉球國志略》，臺銀本，1971 年。

清、徐葆光

《中山傳信錄》，臺銀本，1972 年。

清、賴玄海

　　《湄洲天上聖母慈濟真經》，高雄市：慶芳書局，年代不詳。

明治初年、不明撰者

　　《安平縣雜記》，臺銀本，1959 年。

明治 43 年（1910）、臨時臺灣舊慣調查會

　　《臺灣私法債權編》，臺銀本，1960 年。

明治 43 年（1910）、臨時臺灣舊慣調查會

　　《臺灣私法物權編》，臺銀本，1963 年。

大正 6 年（1917）、陳愷南

　　《天上聖母源流因果》，臺銀本，1960 年。

大正 10 年（1921）、連橫

　　《臺灣通史》，臺銀本，1962 年。

昭和 8 年（1933）、連橫

　　《雅言》，臺銀本，1962 年。

昭和 9 年（1934）、鈴木清一郎

《台湾旧慣冠婚葬祭と年中行事》，臺北市：臺灣日日新報社。
民國 25 年（1936）萬鈞編（無錫萬氏排印本）
　　《觀音靈異記》，臺北市：新文豐出版公司，1983 年。
1964 年、連橫
　　《雅堂文集》，臺銀本，1964 年。
1966 年、黃典權
　　《臺灣南部碑文集成》，臺銀本，1966 年。

二、近人著作、專書

1979 年、鍾華操
　　《臺灣地區神明的由來》，臺中市：臺灣省文獻會。
1989 年、蔡相煇
　　《臺灣的王爺與媽祖》，臺北市：臺原出版社。
1993 年、林德政
　　《新港奉天宮志》，嘉義縣：財團法人新港奉天宮董事會。
1998 年、邱福海
　　《媽祖信仰探源》，臺北市：淑馨出版社。
2000 年、石萬壽
　　《臺灣的媽祖信仰》，臺北市：臺原出版社。
2000 年、謝進炎、何世忠
　　《媽祖信仰與神蹟》，臺南市：安平開臺天后宮。
2005 年、陳秋坤
　　《里港鄉志》，屏東縣：里港鄉公所。
未標示處出版年代、臺北市道教會
　　《道教諸神聖紀》，臺北市道教會印行。

三、期刊論文

1992 年、蔣維錟

〈「媽祖」名稱的由來〉,《海內外學人論媽祖》,中國社會科學出版
　　社。

1993 年、李豐楙

〈媽祖與儒、祀、道三教〉,《歷史月刊》63。

1996 年、陳國強

〈霞浦松山天后宮的歷史與特點〉,《臺灣源流》1。

1996 年、林瑤棋

〈媽祖信仰與烏石天后宮〉,《臺灣源流》2。

1997 年、江桂珍

〈試論媽祖信仰與臺灣移民史的關係——從荷蘭阿姆斯特丹國家博
　　物館館藏「媽祖神蹟圖」〉,《史博館學報》6。

1999 年、戴文鋒

〈日治晚期的民俗議題與臺灣民俗學:以「民俗臺灣」為分析場域〉,
　　中正大學歷史學博士論文。

2001 年、陳元熙

〈莆田人普遍信仰媽祖的原因——兼談「娘媽」名稱的由來及其演
　　變〉,「媽祖信仰與現代社會國際學術研討會」,北港朝天宮
　　主辦,臺灣宗教協會承辦。

2001 年、李湘杰

〈明清寶卷中無生老母神話之研究〉,中國文化大學中國文學研究
　　所碩士論文。

2004 年、李世偉

〈戰後臺灣觀音感應錄的製作與內容〉,《成大宗教與文化學報》第
　　4 期。

2005 年、金國平

〈澳門與媽祖信仰早期在西方世界的傳播——澳門的葡語名稱再
　　考〉,《媽祖文化研究——第一屆媽祖文化研究獎得獎作品
　　集》,澳門中華媽祖基金會。

2005 年、戴文鋒

　　〈臺灣媽祖「抱接砲彈」神蹟傳說試探〉,《南大學報》39：02。
2009 年、徐曉望
　　〈廈門島的媽祖廟與媽祖稱呼的起源——關於媽祖之稱起源的一個
　　　　假說〉,《媽祖國際學術研討會——媽祖、民間信仰與文物論
　　　　文集》,臺中縣文化局。

國家圖書館出版品預行編目資料

戴文鋒臺灣史研究名家論集/戴文鋒　著者. -- 初版. -
臺北市：蘭臺, 2016.8
面；　公分
ISBN 978-986-5633-45-5 (精裝)
1.臺灣史　2.文集

733.2107　　　　　　　　　　　　　　　　105010491

戴文鋒臺灣史研究名家論集

著　　　者：戴文鋒
主　　　編：卓克華
編　　　輯：高雅婷
封面設計：塗宇樵
出　版　者：蘭臺出版社
發　　　行：蘭臺出版社
地　　　址：台北市中正區重慶南路 1 段 121 號 8 樓之 14
電　　　話：(02)2331-1675 或(02)2331-1691
傳　　　真：(02)2382-6225
E—MAIL：books5w@gmail.com 或 books5w@yahoo.com.tw
網路書店：http://bookstv.com.tw/、http://store.pchome.com.tw/yesbooks/、
　　　　　　http://www.5w.com.tw、華文網路書店、三民書局
經　　　銷：成信文化事業有限公司
電　　　話：(02)2219-2080　　　　　傳　真：(02)-2219-2180
地　　　址：台北市中正區重慶南路 1 段 121 號 5 樓之 11 室
劃撥戶名：蘭臺出版社　帳號：18995335
網路書店：博客來網路書店 http://www.books.com.tw
香港代理：香港聯合零售有限公司
地　　　址：香港新界大蒲汀麗路 36 號中華商務印刷大樓
　　　　　　　C&C Building, 36,Ting, Lai, Road, Tai,Po, New,Territories
電　　　話：(852)2150-2100　　　　傳真：(852)2356-0735
總 經 銷：廈門外圖集團有限公司
地　　　址：廈門市湖裡區悅華路 8 號 4 樓
電　　　話：(592)2230177　　　　傳　真：(592)-5365089
出版日期：2016 年 8 月初版
定　　　價：新臺幣 2000 元整　　（全套新台幣 28000 元正，不零售）
ISBN：978-986-5633-45-5